北 京 史 通 论

北京史通论

于德源 著

學苑出版社

目 录

第一章　中国原始城市的起源

阅读提示

笔者认为：

城头山遗址，应该是一座原始城市；

王城岗遗址，不排除具有城市职能的可能性；

城子崖遗址，具有城市产生初期的原始性特征；

二里头遗址，是夏人创建、商人继承发展的都城遗址……

第一节　原始聚落的形成及其后的发展

古人类在与自然界斗争中积累了丰富的生产经验，石器、骨器的制造技术也有很大进步。石器制作技术由旧石器的打制进步到磨制和琢制，生产出很多大型、便于使用的石器和骨器工具，石器的种类也比过去分得更加精细，反映出生产力水平的进步和提高。生产力、生产工具的飞跃进步和提高直接促成物质生活资料的丰富（当然，这只是相对旧石器时代而言），进而使得古人类的生产关系、社会组织发生变化，生产力的发展推动古人类由旧石器时代进入了更高级的新石器时代。

按照人类学家摩尔根的划分标准：蒙昧时代的高级阶段以弓箭的发明为标志，古人类已经掌握简单的编织技术和石器的磨制技术。这个时期“已经有定居而成村落的某些萌芽”，野蛮时代的低级阶段以制陶术的发明为标志；中级阶段则以驯养家畜和原始农业的植物种植为标志[1]。

1 ［美］摩尔根《古代社会》（杨东莼等译），北京：商务印书馆1992，第12页中国考古资料证明，早在距今8000年以前的新石器时代古人类已经能够磨制各种石器工具，并且在新石器时代的早期或中期已经产生了原始农业和畜牧。因此，中国的新石器时代应该包括摩尔根所定义的人类社会蒙昧时代晚期和野蛮时代的早、中期阶段。

在太行山东麓的今河北磁山和河南裴李岗新石器早期遗址，于20世纪70年代已经发现比较发达的原始农业。磁山新石器时代遗址的年代为距今8000年以前，该处发现的陶器均为手制，火候较低，器形分别为：椭圆陶盂、靴形支架、敞口深腹罐、小口双耳壶、圈足或假圈足碗、敞口圜底钵、锥足钵形鼎、长方浅盘、四足鼎、各式小陶杯等，其中1/3带有各种纹饰。这反映出当时的制陶技术已经比较纯熟，制陶业已经比较发达。裴李岗遗址的年代与磁山相当或稍早。这里出土的陶器与磁山遗址出土的陶器大多类似，器形略少，但火候较高，同样均为手制，胎壁厚薄不均。但得注意的是，在两处遗址中均发现石磨盘、磨棒、石镰、石斧、石铲等农业工具，反映出当时的原始农业已经比较发达。在磁山遗址中发现农作物——粟的痕迹和猪、狗、牛、鸡等家畜的骨骼，在裴李岗遗址中发现陶塑羊头、猪头，这反映出在原始农业的基础上，当时已经出现了最初的家畜，猪、羊、鸡、狗、牛等动物都成为驯化畜养的对象。

当时的古人类已经具有比较成熟的社会组织形式，过着相对稳定的定居生活。磁山遗址是一处新石器中期人类聚落遗址，在1000多平方米的范围内繁密地分布着120多个古人类生活遗迹的灰坑。这些灰坑有些是窖穴或制作石器的场所，另有一些则是房址。这些原始的居所为半地穴式，入口处左、右用两根竖立的木棍支撑，有出入的台阶，室内烧烤成白硬地面以防潮湿。裴李岗遗址发现一片氏族墓地，发掘出114座长方形竖穴墓葬。这些墓葬排列有序，以单人葬为主，间或有双人合葬。一般墓穴中的随葬品很少，但个别墓穴较大而且随葬品稍多，显示出等级的差别。根据考古资料可以判断，当时人类社会已经进入原始氏族公社的初级阶段，即母系氏族社会阶段。在新石器时代，虽然骨质和石制的渔猎工具说明渔猎仍是当时古人类经济生活的重要补充，但大量的陶器和石制农业工具则显示出制陶业和原始农业在当时社会经济生活中的重要地位，因此在氏族社会组织中一直从事制陶，以及从事采集并转向种植的妇女的社会地位也就日益重要，并成为氏族血系的主干。在社会生产力和社会经济水平提高的情况下，氏族成员已有可能把一些随身必备的生产、生活用品据为己有，氏族首领也有可能比一般氏族成员占有更多的物品。裴李岗发掘的100余座新石器时代墓葬中，一般都有少量生活、生产实用器物随葬，个别墓葬的随葬品多达20余件，方磨盘、磨棒、斧、铲、镰、及陶器等物，显示出原始氏族社会的等级差别[1]。由于“人类必定先有村居生活，并且，简单的技术必定先已达到相当进步的水平，然后才会制造陶器”，“村居生活的开始……出现在制陶术以前”[2]；中国的考古成果也可以证明：“陶器的产生是和农业经济的发展联系在一起的，一般是先有了农业，然后才出现陶器”[3]，所以可以认为，这个时代，现代城市和村落的雏形——古人类的史前聚落已经形成。

距裴李岗以西20公里的河南密县莪沟遗址是与裴李岗遗址文化性质相同的新石器时代遗址。1977—1978年在该处发现六座新石器时代的房基，其中五座为圆形半地穴式，直径两米有余。在房基周壁发现六个柱洞，应属竖立木柱以支撑墙面之用；室内地面光滑平整，东北角有圆形烧土面而未见灶坑，应是烧火取暖之处；门开向西南，便于采光，还有伸出房基之外的斜坡阶梯式门道。从房屋开门所取的合理方向及筑房技术的熟练程度来看，这处居址早已摆脱了村落萌芽的阶段。因此，这里的原始农业萌芽及随之产生的原始村落，应该比磁山、裴李岗更早。

晚于磁山、裴李岗文化，距今7000—5000年的黄河中游地

1 中国社会科学院考古研究所编《新中国的考古发现和研究》，北京：文物出版社 1984，第35—36页

2 ［美］摩尔根《古代社会》（杨东莼等译），北京：商务印书馆 1992，第12页

3 中国硅酸盐学会主编《中国陶瓷史》，北京：文物出版社 1987，第2页

区的仰韶文化，是中国北方新石器时代中期文化的重要代表。目前发现的仰韶文化遗址大多分布在陕西关中地区、河南大部分地区、山西南部、河北南部。另外，在甘肃、青海交界及河套、河北北部、湖北西北部也有发现[1]。

西安半坡是仰韶文化的重要遗址，半坡类型存在的时间大约距今 6800—5600 年左右，属仰韶文化中、晚期。河北、河南交界地带存在的仰韶文化后岗类型（即安阳后岗一期文化）在时间上与之相当。半坡遗址位于西安市城东六公里河流二级阶地上，发现的新石器时代居住区约三万平方米，布局规型，排列有序。在居住区的中心有一座大型的近方形房屋。大房子的进门是一大空间，后部有墙壁相隔，划为三个小空间。推测前面的大空间应是公共聚会或举行仪式的场所，后面的三个小房间应是居住之用。这类大房子在仰韶文化的其他遗址中也都存在，其位于原始建筑群的中心，兼具居住和公共活动场所的性质。学者指出，根据民族学方面的材料，母系氏族社会中，每处聚落中心的大房子是社会地位最高的老外祖母或其他氏族首领的居所，同时也是被社会扶养的老弱（少年、儿童）病残者的集体居所。这种建筑已经具备了中国古建筑中的“前堂后室”的形式，可以说是中国帝王宫殿“前朝后寝”的祖型[2]。

陕西临潼姜寨仰韶文化遗址是一处比半坡遗址保存得更为完整的原始聚落遗址。居住区的中心是一个广场，四周地势稍高，有五组建筑群 。每组建筑群都以一个大房子主体，周围分布着 10—20 座中小房屋。所有房屋的门都朝向广场，表现出原始氏族的向心力。在居住区周围，还挖两条宽、深各约两米的壕沟，以防猛兽和其他氏族部落的侵袭。在沟外有三处墓地和数处制陶窑址。

根据大房子的数量和位置，可以判断半坡为单一氏族聚落，姜寨则为多个氏族组成的部族（部落）的聚落。这些遗址的文化面貌已经比较发达，有比较成熟的氏族社会组织形式和比较发达的农业、畜牧业和渔猎经济。建筑形式也比较成熟，除少数沿用“居穴”外，一般都居住在用木棍、草拌泥构筑的房屋内。仰韶文化的存在期正是中国母系氏族社会的繁荣时期。在这个时期，原始氏族聚落的形式更加完善，它已经不再单纯是古人类的居息之地，而是随着人类社会组织的进化，愈来愈具备管理和组织氏族成员活动的功能[3]。

晚于仰韶文化而属于新石器时代晚期的河南龙山文化存在的时间大约在距今 4500—4000 年左右。龙山文化时期，人类社会经历了父系社会和原始氏族社会的瓦解。其中，后期已经开始出现氏族公社的瓦解和阶级分化现象。

1976 年在汤阴白营发现的龙山文化遗址，属河南龙山文化中期偏晚（距今约 3800 年左右）的古人类聚落遗址。这里发现了 40 余座排列整齐，精陋各别的房基。考古学者认为当时可能已出现了逐步确立的一夫一妻制家庭和贫富分化的现象[4]。此后，在河南淮阳县平粮台、登封县告成镇王城岗又先后发现属于河南龙山文化晚期的城址，距今 4400 年左右，这正是原始氏族社会的末期，人类社会即将进入阶级社会的阶段。这种原始的、初期的城堡，无疑是从原始氏族社会的氏族或部族聚落发展而来的。

第二节　中国早期原始城市示例

一、城头山遗址

城头山古城，位于湖南澧县南岳村附近的徐家岗的平头岗地南端，澧水的主要支流澹水流经其南。自 1978 年以来经过多次发掘，发现这是一座至今为止我国最早的古城遗址，其年代距今 6000 年前，早于北方河南地区发现的龙山时期的古城。

该城平面呈圆形，由护城河、城墙、城门、道路、祭坛组成。护城河有些是自然河道，有些是人工开掘。城门有四座，东、西、南、北各一座，位置接近城墙中央。城墙剖面分为 12

1 中国社会科学院考古研究所编《新中国的考古发现和研究》，北京：文物出版社 1984，第 35—36 页

2《西安半坡》，北京：文物出版社 1963，第 2 页；杨鸿勋《建筑考古学论文集》，北京：文物出版社 1987，第 36 页

3 中国社会科学院考古研究所编《新中国的考古发现和研究》，北京：文物出版社 1984，第 54 页

4 安阳地区文物管理委员会《河南汤阴白营龙山文化遗址》，《考古》1980 年第 3 期

个文化层，以下为原生黄土。城墙是夯筑而成，先后修建过三次。第12层即第一期城墙是建筑在距今6000年以前，是我国目前发现的最早的城墙。第八层即第二期城墙是在第一期城墙的加高，距今5600—5300年之间。第五层即第三期城墙距今5200—4800年之间。在第十文化层发现灰坑、房基等遗迹，并出土釜、盘、等各种红褐陶器，年代在距今5700年左右。在第六层发现高领罐、鼎、釜、簋等泥质黑陶器，年代距今5300年左右。祭坛位于城内西南隅接近中心的地方，平面呈不规整的椭圆形，中央部位最高，四面为倾斜坡，是用细黄土夯筑而成，高出地面。祭坛上发现圆形浅坑、瓮棺葬、土坑葬；周围发现40多个祭祀坑，内部分别是草木灰、倒置的无底陶釜、钵、罐等物及大型动物骨骼、红烧土四种类型[1]。

在最早的城墙夯土下，考古学者发现第一期城墙和最早的文化层与原生黄土之间存在大片古老的稻田土和古稻叶、梗，年代距今约6000—7000年，是世界上目前发现的最早的古稻田。据此笔者认为，这座古城应该是在原始聚落的基础上发展起来的原始城市。

二、王城岗遗址

王城岗古城，位于河南登封县告成镇西的台地上，颍水流经城南，五渡河经其东而注入颍水。该城是东西并列的两座城堡，东城部分被洪水冲毁，西城是后来补筑。两城筑法相同，都有基础槽，夯具为河卵石，表现出原始性。估计各边城墙长度都不会超过100米。古城的修建和使用期均处于龙山文化中晚期。经测定，年代为距今4405±109年[2]。

由于王城岗古城规模过小，因此有学者认为不宜认定该处是一座城市[3]，这无疑是有道理的。但是，笔者认为，如果考虑到王城岗遗址存在前后数千年人类生活遗迹——在该城存在期内遗存物最为丰富，且出土石镰、蚌镰、石镞、骨镞等农业和狩猎工具，说明城内居民也从事农业和狩猎活动，而这正是原始城市特点——那么，好像也不能完全排除其具有城市职能的可能性。

三、平粮台遗址

平粮台古城，位于河南淮阳县城东南，面积约 34000 多平方米。经测定，年代在距今 4355 ± 175 年以前。城址平面呈正方形，长、宽各 185 米。城墙系采用小版筑堆筑法夯筑而成，技术原始。只发现南北两座城门，南门洞东西侧各有一座门卫房。南门路土下发现叠铺的三条陶制管道，北高南低，当是城市排水管道。城内发现三座陶窑和一处冶铜遗址，说明当时城中已存在手工业。城内发现的十余座龙山文化建筑基址，多为长方形排房。其中四号（F4）基址上原是一处高台建筑，估计是氏族首领的居址[4]。

四、城子崖遗址

龙山城子崖古城，位于山东章丘县龙山镇城子崖村。据测定，古城年代在公元前 2035 ± 170 年左右。古城平面呈纵长方形，总面积达 1.7 万平方米。城墙系版筑而成。梁思永先生指出："就地下包含物的分配情况而论，黑陶期人民是在全址上，东一家，西一家，散乱居着……许多年之后，才绕其居住之周围筑了城墙。墙形不甚规则，但它的根基却划出城子崖文化遗存的范围。其外即少见人住之痕迹。"尹达先生认为，这是在村落周围建筑的防御用的围墙[5]。但笔者认为，这种城市与村庄区别不甚明显，恐怕正是城市产生初期的原始性的特征。

五、后岗遗址

安阳后岗古城，位于河南安阳市小屯村东的后岗，城墙系版筑而成，恰围着高岗上的龙山文化遗址。经考古勘察，此城建于

1 湖南省文物考古研究所等《澧县城头山屈家岭文化城址调查与试掘》，《文物》1993 年第 12 期；湖南省文物研究所《澧县城头山古城址 1997—1998 年度发掘简报》，《文物》1999 年第 6 期

2 河南省文物研究所《登封王城岗遗址的发掘》，《文物》1983 年第 3 期

3 俞伟超《中国古城的规划发展阶段性》，《文物》1985 年第2期

4 河南省文物研究所《河南淮阳平粮台龙山文化城址试掘简报》，《文物》1983 年第 3 期

5 尹达《新石器时代》引《城子崖》，北京：三联书店 1979，第 54 页

龙山文化早期，“在龙山文化的人们刚来此地居住时即在仰韶文化的废墟上建筑起自己村落的围墙。”据测定，古城年代在公元前2155±120年至公元前2590±135年之间[1]。

六、二里头遗址

中国古代城市的发育期是在奴隶社会阶段。据史书记载，中国奴隶社会有夏、商、周三代，但夏朝史迹不详。近年来，随着考古学的发展，夏文化的特征已显露出来。据文献记载，夏人活动的地区主要在豫西的洛阳平原及颍水上游的登封、禹县一带，以及晋南的汾水下游地区。近年考古发现的早于商代二里岗期（即商文化早、中期），晚于新石器龙山文化晚期的二里头文化正分布在这个地区内，并划分为豫西二里头类型和晋南东下冯类型。夏朝纪年一般认为在公元前21—前16世纪，即距今大约4100—3700年以前。而从目前经碳14测定的年代来看，“无论从相对年代还是绝对年代上考察，二里头文化都和夏代年代相当。这样，我们就有理由认为二里头文化内容应属夏文化”[2]。

二里头文化以在河南偃师县二里头村发现的文化遗址而命名。遗址在洛河、伊河之间，面积达375万平方米，地势高亢。二里头文化堆积物可分四期：一、二期一般认为属夏文化，而三、四期出土陶器与二里岗期下层的渐趋一致，当属商早期文化（按：近年也有一种观点认为，二里头文化整体上都是夏文化）。在遗址中部及其东北分别发现两座宫殿，均为封闭的庑廊形式的高台建筑，年代属二里头三期，是商代早期宫殿。在宫殿基础周围还发现相当数量的房基、窖穴、灰坑、窑址及铸铜陶范、石料、骨料等，说明“二里头遗址已具有古代时期都邑的规模，而不是一般的自然村落”。具有特殊意义的是，在两座宫殿台基下分别发现二里头一期、二期灰坑和大面积夯土，很可能在商人迁都于此之前这里就是一处宫殿基础。殷玮璋先生据此推测说：“早于商代，因商文化的出现而受阻以至被融合的，在传说夏人活动地域内发展起来的，具有一定特征的二里头下层文化，有可能是我们探索中的夏文化。”[3] 由于在宫殿遗址中未发现生活居住遗迹，发掘者认为可能属王宫宗庙之类的建筑。《左传》庄公二十八年：“凡邑，有宗庙先君之主曰都。”据此，笔者推测，这里应是夏人创始而被商人所继承、发展的都城遗址。虽然时至今日尚未发现城墙遗迹，但比照龙山文化古城和郑州商城的实例，笔者相信随着发掘的深入和范围的扩大，是有可能发现的。

1 尹达《新石器时代》，北京：三联书店 1979，第 55 页

2 孙淼《夏商史稿》，北京：文物出版社 1987，第 113 页

3 殷伟璋《有关夏文化探索的几个问题》，《文物》1984 年第 4 期

第二章　北京古蓟城起源蠡测

阅读提示

笔者认为：

新石器时代的原始蓟城，应该位于今北京东部包括平谷在内的泃河流域一带；西商、西周时期的早期蓟城遗址，应该位于今北京城西部、永定河以东一带。此外，《水经·湿余水》中所云"蓟城"，应该称为"蓟城故城"，它距北魏蓟城（今北京广安门内外）140余里。过去学界对此多不重视，今天看来，有重新考虑的必要。此章最重要的内容是对渡口论的置疑和对蓟都蓟族的蠡测。

第一节　北京地区新石器时代的原始聚落

北京地区发现的明确的新石器时代早、中期遗址有门头沟区东胡林村和怀柔区转年村、平谷区上宅、北埝头四处。

一、北京东胡林新石器早期遗址

东胡林遗址在门头沟区东胡林村西侧清水河畔第二级原生黄土台地上，高出河床25米以上，其地理位置具有新石器时代遗址的典型特征。

这处遗址最早是在1966年初被在当地劳动的北京大学郝守刚先生发现。后经中国科学院古脊椎动物与古人类研究所周国兴、尤玉柱先生前往鉴定，确定是一处新石器早期的三具尸骨的合葬墓，一具女性尸骨属一次葬；两具男性尸骨属二次葬。除出土少量贝壳装饰品外，只发现八件石片，其中六件有明显加工打击痕迹。当时，这个遗址的年代就确定为距一万年左右的新石器早期。郝守刚教授“文革”后在美国所做的碳14鉴定，也确认其年代在距今9000至一万年之间。

墓葬中的两男均为成年男子，女性为16岁左右少女。在女性遗骸的颈部和腕部分别发现50余枚螺壳穿成的颈链和七枚截断的牛肋骨穿成的骨镯，螺壳和牛骨均经过打磨加工。此外，还发现经过穿孔加工的蚌壳两件，具有明显人工打击痕迹的灰色石英片六件[1]。经过打击的石片，在原始社会中通常是狩猎经济中的工具，应视为两男性的随葬物。从女性随葬的颈链、骨镯的加工技术来看，当时已具备较高的生产技术水平。在三具遗骸中，女性遗骸属一次葬，且有饰物随葬；两男性遗骸均为二次葬，且只有简单石英片随葬，显示出女性在当时的社会生活中享有较高的社会地位，应属母系氏族社会阶段。由于东胡林遗址的出土物十分贫乏，所以人们无法详细了解当时古人类的社会经济性质和生活形态。

笔者在撰写《北京农业经济史》时，根据该墓葬中不见任何陶器，只有经打击加工的石片的现象，认为“当时北京地区远古人类社会经济生活中还没有出现原始农业，或者虽然已出现了原始农业的萌芽，但仍以采集、狩猎为生活的主要经济来源”。不过，根据这处墓葬中，女性尸骨为一次葬，两男性尸骨均为二次葬的现象，笔者认为当时人类社会已经进入母系社会，而众所周知，母系社会的出现和原始农业的诞生和发展是密不可分的。东胡林新石器早期遗址中只发现少量石片，没有显示出原始农业文化的丝毫迹象，这正是长期以来令笔者困惑不解的地方。

2001年北京市文物研究所和北京大学考古文博学院联合组成东胡林考古队对东胡林遗址进行了深入发掘，有了惊人的新发现，还出土了大量反映当时文化的石器、陶器、骨器、兽骨、人骨、螺壳等极具价值的遗物及烧火遗址。2003年对该遗址进行第二次发掘，除又发现大量石器、陶器、骨器、蚌器及烧火遗址外，还又发现一处完整的新石器早期墓葬。2005年进行的第三次发掘，发现更为丰富，有烧火遗址、灰坑、房址和又一处完整墓葬。但是，除了1966年发现的第一处墓葬由于尸骨排列杂乱而无法判断外，2003年发现的墓葬和2005年发现的墓葬的葬式不同，一为仰面直肢葬，一为屈肢葬。笔者认为，这或者与墓主的性别、年龄或身份有关。由于东胡林遗址有着考古学、环境学、人类学等多方面的内涵，因此东胡林考古队在这里进行了继20世纪80年代北京周口店猿人生活遗址综合研究以来的，又一次考古学、年代学、人类学、环境科学、古生物学等多学科的综合研究，取得了丰硕的成果，为探讨北京地区原始农业的起源提供了更可靠的依据。

据报道，2003年发掘的墓葬遗址，文化层自上而下多达七层，新石器时期早期遗物大多出土在距今最早的第七层中，这无疑为人们认识北京地区新石器早期文化提供了丰富而确凿的资料。在前后三次发掘出土的石器中，除了狩猎用的石片、石核、石叶及打制的砾石块外，还有原始农业时期常见的石磨盘、磨棒和小型磨制石斧和石容器，均有使用痕迹。出土的陶器为夹砂粗陶，质地疏松，火候不均，制作技术原始，具有早期陶器的显著特征[2]。1992年北京文物研究所郁金城等先生和中国科学院古脊椎动物及古人类研究所的先生们联合发掘北京怀柔境内山区白河北岸转年乡新石器早期遗址时，除发现早期的夹砂粗陶器外，还曾发现石容器残片，这应该是后世陶器的原型[3]。东胡林新石器早期遗址中发现大量加工方法简陋的夹砂粗陶碎片，并且发现了完整的石容器，表明东胡林人与转年遗址的主人处于同一时期，已经完成了从旧石器时代向新石器时代的过渡。

目前披露的资料已足以说明东胡林遗址的文化性质，笔者仅根据已经发表的资料并结合本人对北京地区原始农业的研究，试对东胡林遗址的重大发现分析如下：

1 周国兴、尤玉柱《北京东胡林人的新石器墓葬》，《考古》1972年第6期；《北京大学教授郝守刚谈东胡林人及东胡林遗址的发现》，《中国文物报》2003年11月7日

2 东胡林考古队《北京新石器早期考古的重要突破》，《中国文物报》2003年11月7日；《记2005年中国重大考古新发现》，《光明日报》2006年1月27日

3 郁金城等《北京转年新石器时代早期遗址的发现》，《北京文博》1998年第3期

（一）关于对石制农具的认识

笔者曾著文认为，石磨盘、磨棒在其初期并不能肯定就是农业工具，也可能是加工采集的植物果实的工具，但是在原始农业产生以后，其作为原始农业工具的性质就确定下来了。因此，笔者认为，判断出土石磨盘、磨棒的遗址的社会经济性质，还应当参考同时伴随出土的其他物品。现在东胡林遗址的新发现中，石磨盘、磨棒是伴随着标志原始农业文明的夹砂粗陶一同出土，这无疑证明当时已经进入了原始农业社会。

（二）关于对晚更新世与全新世之际北京地区古环境变化的认识

地质学上的第四纪包括更新世（距今280万年—1.1万年）和全新世（距今1.1万年—今）两个阶段。考古学上人类社会的旧石器时代（距今约170万年——万年）正处于地质学上的更新世中、晚期，而新石器时代（约距今一万年—4000年）正处于地质学上的全新世早、中期。因此，根据对更新世中、晚期和全新世早、中期地质环境的研究，我们可以了解到古人类在远古时期的生活状况和经济水平。尤其是更新世晚期与全新世交替的距今一万年前后之际，正是人类社会由旧石器向新石器时代发生飞跃性质变的时期，也是人类母系社会和农业文明产生的关键时期。这个时期自然环境的变化及其对人类社会的影响历来是学术界重视的重大课题。

地质学已有的研究成果证明，在更新世阶段出现了全球性的大冰期，有广泛的冰川堆积。我国地质学界将中国大陆第四纪更新世冰期自距今120万年至一万年，分为鄱阳冰期、鄱阳—大姑间冰期、大姑冰期、大姑—庐山间冰期、庐山冰期、庐山—大理间冰期、大理冰期[1]。在最后一次冰期结束之后，即距今约一万年前后，全球气候回暖，冰川消融，进入全新世时代。人类社会的生产方式和社会性质发生重大变化，在这个时期完成了从旧石器向新石器时代的过渡。在东胡林遗址的发掘中，考古学者重点研究了文化层的地层关系，发现在全新世周原黄土层与更新世晚期马兰黄土层之间“有侵蚀不整合接触关系”。环境考古学家周昆叔先生指出，这种现象在我国华北地区普遍存在，“说明我国在更、全新世之间存在着与欧洲同样的气候地质事件，但我国有特殊性”。他认为这种现象具有以下意义：一是东胡林遗址为今后识别更新世与全新世地层提供了标志；二是遗物发现的地层关系表明了全新世周原黄土的存在是构成华夏文明的物质基础；三是说明了在旧石器文化向新石器文化转变的过程中有环境的动力，并暗示了新石器早期遗址稀少的环境原因[2]。马兰黄土是发现于东胡林村附近马兰台而得名的原生黄土层。1966年第一次发现的东胡林墓葬就是在马兰黄土之上的次生黄土底部堆积中。马兰黄土是由疏松黄土和底部砾石层构成。目前，东胡林考古队发现的东胡林遗址地层中马兰黄土上层面的侵蚀现象应该是第四纪最后一次冰期结束后冰川消融时水流作用下的产物，而厚度超过一米左右的周原黄土覆盖在马兰黄土侵蚀面之上，显示了北京地区在最后一次冰期结束之后的全新世早期，曾有过长时期的温暖多风气候。

根据对东胡林遗址早期文化层中孢粉的分析，可以得出以下结论：一是北京地区在全新世早期木本植物明显增多，达到55%，与更新世晚期的马兰黄土时期相比，草本植物明显减少，表明当时气候已趋温暖。二是从发现的植物种类可以肯定，“在全新世早期，当地是针、阔叶树木混交林植被类型。但是，草本中豆科、莎草科的集中出现也反映了山地草甸的存在”。三是在发现的树种中有现代生长在亚热带的铁杉树，说明在全新世早期北京地区气候回暖时气温曾大幅度升高，自然环境发生了巨大变化[3]。东胡林遗址反映出的更新世、全新世之际自然环境的这种变化，在北京地区并不是孤立的。20世纪80年代对周口店中国猿人遗址地区进行综合考察过程中，环境考古学者在对北京房山坟庄（周口店以南12公里）钻孔采取的孢粉样本进行分析时，

1 张家诚等编著《气候变迁及其原因》，北京：科学出版社1976，第21—24页

2 周昆叔《东胡林遗址环境考古信息》，《中国文物报》2003年12月12日

3 赵朝洪、郁金城、王涛《北京东胡林新石器时代早期遗址获重要发现》，《中国文物报》2003年5月9日

就发现距今 1.1 万年——万年的更新世晚期与全新世早期交替之际，北京地区气候转暖，湖泊增加，但草原仍占较大优势。在距今一万年以前，北京地区植被成为森林、草原混合类型，也就是前述东胡林遗址中反映出来的针、阔叶混交林植被，同时也存在草甸植被的混合情况[1]。坟庄和东胡林两地孢粉资料的分析结果可以互为证明其结论的准确性。综合以上资料，特别是坟庄的资料，从前后时期物种的不同，笔者认为可以推测从更新世晚期冰川消融到全新世早期气候全面转暖，是经历了距今 1.1 万年——万年的约 1000 年时间。正是在这个时间段中，人类社会发生了质的飞跃，从旧石器晚期进入新石器早期时代。这正是周昆叔先生所说的，“在旧石器文化向新石器文化转变的过程中有环境的动力”。

（三）关于东胡林人的生活方式

东胡林遗址在 2005 年发现了房屋居住遗址，充分说明东胡林人已经过渡到定居生活方式。自 2001 年以来进行的三次发掘中都发现了烧火遗迹。这些烧火遗迹值得注意，因为这些遗迹都是些较具规模的“火塘”。其平面呈不规则圆形，深 30 厘米，底部为马兰黄土层，自下而上用石块堆砌为圆环状，更准确地说应该是简陋的“灶膛”[2]。这种火塘出现得比较早，其深 30 厘米，底部即为马兰黄土层，可以肯定其出现在全新世早期。笔者认为，这些火塘发现的意义并不在于知道当时人类已经用火，因为早在旧石器时期古人类就已经掌握了用火技术，这并不需要在新石器遗址中去证明。我们需要注意的是：这些烧火遗址都是圆坑状、底部和四壁都衬以石块的灶膛，从而便于在上面放置煮食食物的石制或陶制的容器。这说明东胡林人已经不单纯烧烤食物，而是更多的吃煮食食物。由此也可以判断，东胡林人的食物已经不再单纯是兽肉，更多的是必须放在容器中煮食的植物果实颗粒。否则，东胡林人没有必要把火的使用方法从简单的火堆改造成相对来说比较复杂的灶膛。无论是在自然界还是人类社会，任何改变过程肯定都需要外在或内在的因素作为推动力，才可能产生并完成这种改变。东胡林遗址中马兰黄土上的灶膛的出现，说明在更新世晚期冰期结束之后，很快在全新世早期地面植被就发生了巨大的变化，古人类采集植物果实种籽变得非常容易，以至于煮食成为主要的食物加工方式。这不但促使石容器和陶器的产生，而且也促使新的用火方式——灶膛的产生。

当然，狩猎也仍然是古人类获取食物的另一个来源。东胡林遗址中出土的兽骨以鹿骨、猪骨等动物骨骼为多，特别是鹿骨[3]。鹿的性格温顺，便于圈养。猪在远古时代也是较早被驯养的动物。北京平谷县上宅新石器中期早段遗址中就曾经出土过陶制猪首，造型上显示其驯化未久，还带有野猪的某些特征。其出土地为第二期文化层，距今7000—6500年[4]。从上宅遗址的发现，如果反方向推测距今一万年以前的东胡林人时期就已经出现家养驯化猪的话，那么经过3000年的时间，上宅时期的驯化猪就不应该再具有那么明显的野生形象。因此，应该说东胡林人时期还没有驯化猪出现。不过，东胡林遗址出土的兽骨以鹿、猪为主，说明这两种动物当时已经成为新石器早期人类主要的肉食动物，并且不排除在某种情况下被圈养的可能性。

另外，还发现在新石器早期，东胡林地区蜗牛生长十分繁盛，并成为东胡林人的重要食物之一。这也应该被认为是促进煮食方式发展的原因之一。北京大学吕遵谔先生指出，东胡林人的牙齿磨损情况并不严重，当时人类应是主要吃煮熟的兽肉和植物果实[5]。这也是人类社会从旧石器时代到新石器时代的一个重要进步。

（四）关于东胡林原始农业问题的推测

国内外关于农业起源问题比较有代表性的看法，大致有以下三种：1.“沼地农业说”，认为原始农业起源于河流两岸的低平沼地。2.“大河理论说”，认为河流泛滥的洪冲积平原是原始农

1 孔昭宸等《根据孢粉资料讨论周口店地区北京猿人生活时期及其前后自然环境的演变》，载《北京猿人遗址综合研究》，北京：科学出版社1985年

2 赵朝洪、郁金城、王涛《北京东胡林新石器时代早期遗址获重要发现》，《中国文物报》2003年5月9日；张慧军、刘可《东胡林考古获重大突破，资料有助于东亚古人类研究》，《北京日报》2005年10月31日

3 赵朝洪、郁金城、王涛《北京东胡林新石器时代早期遗址获重要发现》，《中国文物报》2003年5月9日；《记2005年中国重大考古新发现》，《光明日报》2006年1月27日。

4 北京文物研究所等《北京平谷上宅新石器遗址发掘简报》，《文物》1989年第8期。

5 张慧军、刘可《东胡林考古获重大突破，资料有助于东亚古人类研究》，《北京日报》2005年10月31日。

业产生的关键。3. “山前理论说”，认为山区与平原过渡的丘陵和山前地带既无沼泽，又无茂密森林，易于开垦，是采集经济向栽培经济过渡的适宜环境[1]。

北京地区发现的门头沟区东胡林和怀柔区转年乡两处新石器早期遗址，均位于山间河谷台地；平谷区的上宅、北埝头两处新石器中期早段遗址则均位于山前地带，分别在泃河北岸和错河南岸的黄土台地上。笔者据此认为，北京地区原始农业的起源应该是属于第三种类型即“山前理论说”。

目前，经过2001—2005年的三次发掘，在东胡林遗址尚没有关于发现粟类和禾本科植物的遗物、遗迹的报道；2003年考古学者也慎重地认为“当时东胡林人是否已发明了农业，尚待进一步研究”[2]。这种科学慎重的态度是可取的。但是，笔者认为，根据已有的发现，我们也可以就这一问题进行一些有根据的推测和判断。这对于进一步地发掘也不无益处。

笔者认为：

其一，首先可以肯定东胡林人生活的全新世早期，冰川已经全部消融、气候回暖、气温大幅度上升、地面植被发生巨大变化。从自然条件方面来看，当时全部生物面貌和现代基本相似，因此在客观上已经具备了禾本科植物生长的环境。

其二，在2005年的发掘中发现房址遗址，这说明由于气候变暖，可以得到的食物相对于冰期来说方便得多，所以东胡林人已经采取了定居的生活方式。众所周知，人类的定居是原始农业产生的基本条件之一。因为，只有古人类较长时间地固定在一处生活，才可能从年复一年的植物生长过程中发现其枯而复荣的规律，并进一步有意识地栽培对自己生活有用的植物即禾本科植物，从而发生和完成从采集到农业栽培的转变过程。

其三，在2005年发现的东胡林墓葬遗物中有一件小型磨光石斧，郁金城先生认为该物是墓主的随葬品[3]，是十分正确的。以往的考古报告表明，在旧石器和新石器时期的墓葬中都有随葬品。因为在古人类的概念中，死去的人也和活着的人一样在另外一个空间中生活，所以也需要各种生活、生产用具。这就是随葬品的由来。最初的随葬品都是与墓主生前生活、生产密不可分的实用物品和装饰品。旧石器时期的墓葬中经常可以发现打击制成的石斧和石片，新石器时期的墓葬中经常可以发现磨制石器和各种骨制装饰品，如2005年在东胡林遗址发现的小型磨制石斧和穿孔螺壳串成的项链，以及1966年在第一次发现的墓葬中的用牛肋骨磨制成的骨镯、穿孔螺壳串成的项链等物。在过去的考古实践中，石斧在旧、新石器时期的遗址中都有发现。笔者认为两者之间不仅仅是加工技术的区别，更重要的是器物性质的变化。同石磨盘、石磨棒一样，随着时代的进步，石斧的用途也发生了变化。在旧石器时期，打击制成的石斧是狩猎的武器；但在新石器时期，制作得更加精良的磨制石斧却是古人类开辟荒芜之地，发展原始农业的得力工具。笔者认为，结合东胡林遗址的其他发现，这件小型磨制石斧应该属于开荒的农业工具。

其四，东胡林遗址中出土石制容器和大量夹砂粗陶器，以及圆坑状、周壁衬以石块的灶膛，说明东胡林人的食物加工方式发生了巨大变化，煮食成为主要的饮食方式。这种变化暗示着东胡林人的食物发生了变化。饮食方式由过去吃烧烤兽肉为主，变成以吃煮食兽肉和植物果实种籽为主；食物成分中植物的果实种籽和小的水生动物如蜗牛等物占的比重也愈来愈大。

综上所述，东胡林遗址目前发现的各种迹象，例如具有适宜的自然环境、具有发生原始农业的定居生活方式、具有比旧石器时代更为进步的磨光石斧等生产工具和技术水平、拥有食用农产品必不可少的煮食技术和工具——灶膛、石制和陶制容器等等，都表明这个时期是人类社会的重大转变时期，也是原始农业产生

1 冉光瑜《谈谈我国原始农业遗存的重要发现和农业起源问题》，《历史教学》1985年第7期

2 赵朝洪、郁金城、王涛《北京东胡林新石器时代早期遗址获重要发现》，《中国文物报》2003年5月9日

3 张慧军、刘可《东胡林考古获重大突破，资料有助于东亚古人类研究》，《北京日报》2005年10月31日

的时期。笔者认为，原始农业的产生可以分为两个阶段：一是古人类从无意识的重复到有兴趣的探索阶段，可称之为蒙昧时期；二是古人类初步认识到禾本科植物的生长现象，开始有意识播种阶段，可称之为萌芽时期。原始农业的诞生是从第一个阶段开始，到第二个阶段结束。再往后则是原始农业的成熟期，古人类大面积的开荒，有规律的播种和收割，并且出现了很多专用的石制农具，如石镰等物。

就东胡林遗址而言，笔者认为，原始农业毫无疑问是发源于距今一万年以前，理由已经如上所述，当时环境发生了根本变化，东胡林人的生活方式也发生了巨大变化，有条件产生原始农业。但这是一个不自觉的阶段，即所谓蒙昧时期。根据前述房山坟庄钻孔取得的花粉样本分析，北京地区在全新世早期的距今一万年—8000 年期间曾一度气候转冷，气温较今低湿。古人类的生活环境虽然不像冰期那样严酷，但在迎来了全新世的气温大幅度上升之后，确实又面临着一个较为艰难的时期。这个时期持续了 2000 年，直至距今 8000 年以后才又转暖[1]。正是在这 2000 年期间，东胡林人由于严酷环境的压力，不自觉地度过了原始农业诞生的蒙昧阶段，而在距今 8000 年时开始进入萌芽时期。

因此，笔者认为，有理由期待东胡林遗址在距今 8000 年左右的文化层中，发现较多的粟或禾本科植物的籽粒、花粉。

二、北京转年新石器早期遗址

怀柔区转年遗址的重要发现对此提供了较明确的答案。转年遗址位于怀柔区宝山寺乡转年村西的白河第二级阶地上，其第四层堆积为新石器时代文化堆积，年代为距今一万年左右，与东胡林遗址大致相当。考古学者在这里发现的新石器时代早期文化遗物竟多达 1.8 万余件。尤为重要的是，在磨制石器中发现石斧、石磨盘和磨棒。除磨制石器外，该处遗址还出土了大量的石核、石片、刮削器等打制石器；丰富而典型的细石核、细石叶等细石器，以及制作粗陋、火候不均的粗陶器，显示出新石器时代早期的文化特征[2]。打击石器具有旧石器时代的遗风，细石器正是盛行于中石器时代，磨制石器和陶器却宣告了新石器时代的到来。这几种类型的远古遗物共存于转年遗址的同一文化层中，正显示了新石器时代早期的新旧交替之际的文化面貌。旧的生产工具和生活用具正逐渐被淘汰，新的生产工具和生活用具已经出现但还有欠成熟。虽然转年遗址因未发现居住的房址而被认为是一处石器制造场所，但根据当时发展水平，古人类应该已采取定居的生活方式，原始氏族聚落的存在也是可能的。很可能当时已存在原始农业。新石器中期的陕西姜寨遗址，其制陶窑址位于居住区以外，因此笔者认为在转年遗址的附近也有可能发现这些石器制造场的主人的居住房址。

三、北京上宅新石器中期遗址

上宅遗址位于北京平谷区韩庄乡上宅村西北台地上，南临泃河，高出河床10—13米。该遗址新石器时代的文化堆积可分八层三期，最早的文化层的年代为距7000年左右，属仰韶时期的遗存。这处遗址出土的生产工具绝大多数为石器，数量达2000余件，种类有石斧、凿、锛、盘状磨石、磨盘、磨棒、铲、锄形器、砧石、石球、柳叶形石刀等，还有渔猎专用的石镞、陶球、弹丸、陶网坠。石器的制法分别采用打制、琢制、磨制、压剥等技术。生活用具均为陶器，可复原的达800余件，种类有罐、钵、碗、杯、勺等。该遗址是一条深达四米的大灰沟，应是古人类制造陶、石器的窑址和场所。笔者认为，如果参考河南姜寨遗址的布局，这条大灰沟应是位于当时古人类“上宅人”的居住区之外。考古学者根据现场情况判断，大灰沟的南面似为“上宅

1 孔昭宸等《根据孢粉资料讨论周口店地区北京猿人生活时期及其前后自然环境的演变》，载《北京猿人遗址综合研究》，北京：科学出版社1985

2 郁金城等《北京转年新石器时代早期遗址的发现》，《北京文博》1998年第3期

人”的居住中心，可惜已被现代砖窑破坏。

根据对上宅遗址各文化层孢粉、木炭测定的结果，第一期（第八层）距今约7500年，当时气候偏凉湿；第二期（第七层—第四层）距今7000—6500年，当时气候转温和、湿润；第三期（第三层）距今6000年左右，与河南仰韶文化后岗一期十分接近，当时气候转为凉干。值得特别注意的是，正是在距今6500年左右的文化层（第五层上部）发现了禾本科作物花粉和炭化或枯朽的种子，说明至迟这时该地区已经存在原始农业[1]。

古人类在上宅遗址共生活了1000余年，在距今7000—6000余年的时间段内，留下了丰富的遗物。经过比较可以发现，虽然各期石器工具的加工方法和种类没有太大的区别，但很明显的是，在第二期（第七层—第四层）文化遗存中，自早至近，打制、琢制石器逐渐减少；与此同时，磨制、琢制石器却相对增多，这反映古人类在长期生产斗争中生产技术的巨大进步。引人注目的还有，用来敲砸果核的砧石，在第二期早段（第七层和第六层）中发现较多，而晚段（第五层和第四层）则较少，这更充分反映出在当时的社会经济生活中采集逐渐被原始农业取代的事实[2]。

如前所述，根据现有的研究成果，学术界一般认为“陶器的产生是和农业经济的发展联系在一起的，一般是先有了农业，然后才出现陶器”。摩尔根也把掌握制陶术作为人类原始社会由蒙昧时代进入野蛮时代的标志。上宅一期（第八层）堆积中虽然没有发现石器，但出土少量陶器残片。这些陶器虽然从纹饰上看要比转年遗址出土的陶器成熟一些，但仍品种单一，火候很低，带有明显的原始性。第二期早段：第七层出土陶罐、钵、碗等物，虽然原料与第八层相同，仍为夹砂、滑石质料的粗陶器，但数量和品种都比以前明显增多。第六层开始出现精细的泥质红陶。第二期晚段：第五层除出土夹砂褐陶的罐、钵、碗等物外，还有泥质红陶的钵、碗、杯、勺等物，纹饰也比较丰富。第四层出土的夹砂褐陶和泥质红陶的纹饰更加丰富，显示出生产技术的更加熟练和审美观念的提高。第三期（第三层）出土的陶器以质量较高的细泥红陶为主，并有仰韶文化后岗类型和北方红山文化中常见的“红顶碗”。

关于新石器时代的家畜，考古学方面的材料可以肯定在中期有猪、狗、鸡三种；可能还有黄牛和蚕，但尚缺乏确凿的证据。从上宅遗址出土的陶羊头、石羊头饰件来看，当时羊与古人类的生活有密切的关系。陶蚕的出现，可以肯定当时古人类已知桑蚕，并有原始的纺织业。陶猪的造形，两耳较小且后背，拱嘴较长，两侧有獠牙，显示出野猪的特征。这种现象说明猪类或者当时尚是狩猪对象，而不是家畜；或者当时刚刚畜养，尚未完全驯化。值得注意的是，这些陶塑、石制的动物饰件与禾木科植物花粉、枯朽的作物种子共同存在于上宅遗址的第五文化层中，这似乎暗示着原始农业与原始家畜之间的某种联系。而这两种经济活动产生、发展的前提条件，就是古人类的定居生活方式，并由此发展成氏族或部族的聚落。

四、北京北埝头新石器中期遗址

北埝头新石器时代遗址位于北京平谷区大兴庄乡北埝头村西，东距上宅遗址约 30 公里。该遗址发现在错河南岸黄土台地上，高出河床约七米。错河古称洳水。《水经·鲍丘水注》云：“泃水又东南迳平谷县故城东南与洳河会。（洳河）水出北山，东南流迳博陆故城北，又屈迳其城东。洳水又东南流迳平谷县故城西，东南流注于泃河。”汉博陆故城即今北京平谷区北城子，错河自其北流过后复经其东侧，下与泃河相会。因此，错河自古是泃河支流，北埝头遗址与上宅遗址同处于泃河水系。上宅遗址虽然有丰富的发现，但非常遗憾的是，可能存在居住址的地区已被破坏。考古学者在北埝头遗址发现了 10 座新石器时代的房基，

1 北京市文物研究所《北京平谷上宅新石器时代遗址发掘简报》，《文物》1989年第8期

2 北京市文物研究所编《北京考古四十年》，北京燕山出版社1990，第18页

正好弥补了这一缺憾，从而初步向人们展示了北京地区新石器时代古人类的原始聚落面貌。

这些新石器时代的房基位于北埝头遗址的西部，面积约1500平方米，布局密集，属半地穴式建筑。这些房基发现在地表一米以下，显现为一片一片的“灰土圈”，呈不规则椭圆形，长径一般在四米以上。房屋为半地穴式，房基地面比周围低五至30厘米，表层是红烧土，厚五至六厘米，显然为了防潮曾经进行烘烤。当时的古人类已经初步掌握了建筑方面的采光知识，所以房屋的门都开在东面或南面，以便更多地利用光照。每座门都有向外延伸的门道，为了防止雨水倒灌，推测门道前端还应筑有一道泥埂，即后世户限的雏形。应该注意的是：在每座房基地面的中部或偏东位置，都埋有一个或两个较大的用来烧煮食物和保存火种的深腹罐，罐口露出地面六厘米左右。有的罐内残存有灰烬和火炭，其作用相当于后世的灶膛，反映出古人类当时的生活方式。陕西发现的仰韶文化遗址中，烧灶一般也都在房基的东部或中部，这种共同性的背后应该有一定的道理。北埝头遗址发现的房基中，有一座房基（F2）的南壁地上还发现四个柱洞，直径22—24厘米，紧邻的三个柱洞间距为50—60厘米，与西安半坡遗址的情况比较，这些柱洞原来树立的较粗的木柱，应该都是用来支撑屋顶的承重的主柱。

北埝头遗址出土陶器93件，分别为罐、钵、盘、碗、杯、环、陶饼、陶磨盘等；出土石器约73件，大型石器有盘状磨石、斧、铲、磨盘和用来渔猎的石饼、石坠等，细石器有狩猎用的石镞、石核及柳叶形石刀、尖状器、刮削器等，制法分打制、琢制、磨制三种，仍残留着新石器早期的某些特征。人们惊讶地发现，北埝头遗址也出现了与上宅遗址中相同的陶制鸟首镂孔器，推测这是崇尚飞鸟的原始部族祭祀时使用的图腾之类。如果此推测不误，那么“上宅人”与“北埝头人”应该是后世在北京地区繁衍生息的以“玄鸟（燕）”为图腾的燕部族的祖先。北埝头遗址的年代与上宅遗址的年代大致相当。根据类型学方面的分析，其上限晚于磁山文化（距今8000年），下限早于仰韶文化和北方红山文化（距今6000余年）[1]。

北京东胡林、转年遗址和平谷区上宅、北埝头新石器早、中期遗址的发现，证明了距今一万至8000年之间北京地区已经出现了原始农业的萌芽；至迟在距今6000余年以前，北京地区已经存在比较成熟的原始农业。正是在原始农业经济的基础上，出现了众多的原始聚落。

“东胡林人”“转年人”“上宅人”“北埝头人”选择靠近河流川溪的阶地上，以母系原始氏族公社的组织形式聚族而居，进行原始农业生产活动，并以采集、渔猎作为必要的经济补充。他们除了掌握制造陶器、骨器、石器的生产技术之外，还掌握了原始农业的生产技术。他们逐渐从深山、丘陵及山前地区的穴居生活方式中脱离出来，沿着河流分散到土壤肥沃、便于耕作的山前平原和平陆地区靠近河流的二级阶地。他们已经掌握了一定的建筑知识，可以搭建直径四至五米左右的房屋。他们把居室内的地面夯实以后再加以烧烤，破坏地面土壤的毛细结构，以保持地面的干燥，有利于健康。这些房屋都是半地穴式的，大门开在东面或南面，附有向外延伸的门道，门道中横筑泥埂，既便于采光和出入也可以防止雨水倒灌。居室内的中部或东部设置烧煮食物和保存火种的灶膛，是这个时代住所室内的基本格局。北埝头遗址发现的十座房基，还看不出这些建筑物有严密的规划和布局，但年代在其以后的母系氏族社会繁荣时期的仰韶文化遗址中，以陕西西安半坡和临潼姜寨遗址为代表，其住所已经按照氏族或部族社会组织的形式有了整齐规矩的布局。就北京地区而言，根据转年、上宅、北埝头遗址的发现，在距今一万年至7000年的新石器早、中期，北京地区已经出现古人类的原始聚落应该是肯定的。

1 北京市文物研究所《北京平谷北埝头新石器遗址调查与发掘》，《文物》1989年第8期北京地区新石器中期遗址还有密云县燕落寨，昌平区林场、雪山一期、马坊，房山区镇江营等处。

五、北京及周边地区的其他新石器遗址

与北京平谷上宅、北埝头遗址同处于泃河流域、性质相同的，还有河北三河市孟各庄和刘白塔新石器时代遗址。这两处遗址都位于泃河沿岸的台地上，是典型的新石器时代遗址地理面貌。孟各庄遗址位于北埝头遗址以南16公里，地处小清河与泃河交叉的泃河东岸台地上，高出周围地面三米左右。孟各庄遗址的第一期文化（第三层）的年代与磁山遗址的年代（距今8000年）接近，第二期文化（第二层）的年代相当于仰韶文化后岗类型（距今6000年）。第一期文化（第三层）包括房基二座，灰坑一个。以保存较为完好的第一号（F1）房基为例：房基呈方形，属半地穴式建筑，室内地面较为平坦，经过烧烤。房基四周共有16处柱洞，即四隅各有一柱洞，每边另有三柱洞。柱洞直径为10—30厘米，其中直径为20厘米以上的八个柱洞大多分布在南北两排，应属主要承重的支柱。根据杨鸿勋先生对西安半坡遗址发现的房基的分析，孟各庄F1房基的室内中部应有“中柱”，对房顶起中心支撑作用。据杨鸿勋先生的研究，如果室内有一个“中柱”，则房顶大半会是早期的攒顶式；如果有二个“中柱”，则大半会采用中心柱顶架梁（背檩）的方式，房顶为四坡顶的形式。考古学者在孟各庄F1房基的中部发现一个灰坑，上面高出居住面有一块突出的胶粘土灶台，北侧以缓斜与一凹槽相连，槽内填充灰土和炭末。这种灶台在室内中部的布局与北埝头、西安半坡遗址的情况都有相同之处。房门开在南面，门道为斜坡形，便于出入和采光。孟各庄遗址第一期文化（第三层）出土物中陶器以夹砂粗陶为主，种类有罐、碗、钵、盂、异形器、瓶形器等；石器有石斧、凿和石核等物。三件石斧中，一件为琢、磨兼制，其余二件为磨制。此外，还发现一个骨镞。第二期文化（第二层）仅发现十个灰坑，出土物比第一期文化丰富。陶器虽然仍为手制，

但相同种类的陶器中器形却有所变化，还出现了红顶碗；石器以磨制为主，种类和数量都比第一期有明显增加，有石斧、锤、凿、砧、磨棒、磨盘、耜，还有细石器镞、石核、石叶、尖状器、刮削器等物。在第二期文化（第二层）中还发现了兽骨和野核桃，这再次说明虽然古人类当时已经采取定居和从事原始农业的生活方式，但采集和狩猎仍是必要的经济补充[1]。

刘白塔遗址位于河北三河市埝头乡刘白塔村东，泃河南岸的台地上。该遗址因属抢救性试掘，所以出土物不很丰富，也缺少深入的有系统的研究。出土的石器中包括磨制石斧、铲、及琢制的石磨盘、磨棒，细石器相对较少。据此，可以认为当时原始农业已经在当地占据主要地位，狩猎退居其次。根据类型学方面的分析，刘白塔遗址的年代要晚于孟各庄遗址和上宅、北埝头遗址，与河南安阳仰韶文化后岗一期（距今5500年）的年代大体相当或稍晚。

迄今为止，北京地区发现的新石器中期文化遗址还有位于潮、白两河交汇处不远的密云县燕落寨遗址和位于北拒马河西岸的房山区镇江营遗址，以及昌平县城西四公里处，位于古河道西缓坡上的雪山一期文化遗存。燕落寨遗址原有4000平方米，可惜发掘时残留已不足1/10。该处发现似属灰坑的新石器时代遗存，出土石器有石斧、磨棒、杵等，分琢制、磨制；出土陶器有钵、碗、罐、壶、盆、红顶碗、杯等物，均为手制，其年代与上宅第三期（距今6000年左右）相当。镇江营遗址为一灰坑，出土若干陶器，如釜、鼎、盆、红顶碗、支座、钵等物，还有用燧石打制的两件石片。根据类型学的分析，该遗址的年代略早于河南安阳后岗一期（距今5500年）文化[2]。

昌平区雪山遗址的文化堆积十分丰富，可分为战国、西周、

1 河北省文物管理处等《河北三河县孟各庄遗址》，《考古》1983年第5期

2 廊坊市文物管理所、三河县文物管理所《河北三河县刘白塔新石器时代遗址试掘》，《考古》1995年第8期

夏家店下层和新石器时代四个不同时期的文化层。其中，新石器时代的文化堆积又可分为一、二两期，一期遗存属于新石器中期较晚阶段的文化堆积，其年代与上宅第三期及燕落寨遗址的年代相近，即距今6000年左右。在该文化层出土的陶器有罐、钵、壶、盆、豆、碗、纺轮等物，制法为泥条盘筑或捏制；石器有石斧、凿、刀、磨棒、杯、玛瑙镞等物，制法以打、磨为主。出土的生活用具和生产工具表明，当时古人类的经济生活以耕作、狩猎为主，同时编织业和纺织业也比较发展，在出土的某些陶罐的底部可以看到明显的编织席纹痕。雪山一期文化遗存共包括99处灰坑，在其中一处发现建房时的草拌泥墙面，说明这里曾是"雪山人"的居住址。可以推测，远在距今6000年左右，这里由于依山傍水的良好地理环境而被古人类选为栖身之地，逐渐形成的聚落，经历了夏家店下层文化及西周、战国时期而不衰[1]。

北京地区与燕落寨、镇江营、雪山一期文化遗存年代相当的新石器中期文化遗址，还有昌平区林场、马坊两处。

北京地区发现的新石器时代晚期遗址以昌平县雪山二期文化遗存最为丰富。雪山二期文化遗存包括三座房址、一条灰沟。该处出土的陶器以褐陶为主，但也出现黑陶，还有红陶、灰陶，种类有罐、鬲、盆、碗、豆、鼎、杯、环等物，制作方法以较为先进的轮制为主；石器有石斧、凿、锛、刀、环、镞、刮削器、石核等物，大型石器以磨制为主，且大多通体磨光，加工精致。雪山二期文化遗存的文化特征明显受河南龙山文化影响，其年代晚于雪山一期文化，早于夏家店下层文化，与河南安阳、后岗二期（龙山文化）年代接近，大约距今4000年左右。雪山二期文化遗存中陶器种类明显增加，显示出原始农业生活的进一步发展，间接反映出当时定居生活方式的更加巩固和聚落形式的更加稳定。但是，鉴于出土的石器中仍有石核、石镞等细石器，可以认为狩猎在当时的社会经济生活中仍占有一定地位。狩猎完全退出人类的社会经济生活，那还是人类进入文明时代（奴隶社会）以后的事情。

雪山二期文化的居址属于半地穴式房址，房基呈椭圆形，门开在东南方向，可以充分地采光。这些房址与其他地区发现的新石器时代居址一样，都带有斜坡门道。在一处居址的门道中部及穴壁两侧地面上发现柱洞遗迹，说明当时古人类已经能立柱筑墙，尽量扩大居住空间，改善生活环境。在该房址中央有一块柱础石，与门道中部的柱洞相对，表明房址中央支柱为主要承重的主柱，它的作用是把房顶尽量挑高。从房屋主要支柱在房址的前方门道和房址中央来推测，该房屋应该是房顶呈前高后低的斜坡形式，这样既便于采光，也便于使雨水及时流下，不致潴留，保护房顶不被浸塌。该房址内地面遗有红烧土圈，这是原来烧灶所在处，古人类在此取暖和烹饪食物[2]。昌平区曹碾、燕丹、平谷区刘家河三处新石器时代遗址的年代与雪山二期文化的年代大致相同，此外，密云县城东北坑子地村头高出河南30公尺左右的小山梁上，在一块巨石下发现四件石斧，其中三件长约33厘米，磨制精细；一件长约10厘米，较为粗糙。从加工方法来看，笔者认为这些石斧应属新石器晚期遗物。海淀区清河镇曾出土两件磨光石斧，据判断也是新石器晚期遗物。房山区丁家洼村商周遗址处曾采集到一件磨光石斧，形制与雪山二期相同。据此，昌平区曹碾、燕丹、平谷区刘家河，密云县坑子地，海淀区清河镇，房山区丁家洼等六处也应属新石器时代晚期文化遗址[3]。

北京城郊各地多年来还零散发现新石器时代石器，如海淀区中关村、西山和朝阳区立水桥出土柳叶形石刀、石片等细石器，怀柔区大榛峪村北砖窑出土石磨盘和磨棒，密云县南石城、怀柔区宝山寺、喇叭沟门和怀柔水库发现石铲、石锄、石镰，平谷区前吉山、顺义区大北坞、海淀区白家疃、怀柔区北干沟、密云县董各庄、龟脖子、山安口等地均出土过磨光石斧和石凿，海淀区田村、门头沟区松树峪、顺义区魏家店、怀柔区汤河口、密云县

1 北京市文物研究所编《北京考古四十年》，北京燕山出版社1990，第23页

2 北京市文物研究所编《北京考古四十年》，北京燕山出版社1990，第24页

3《文物考古工作三十年》，北京：文物出版社1981，第2页；《首都举行“北京出土文物展览”》，《文物参考资料》1954年第5期；尤文远《河北密云县坑子地发现新石器时代遗址》，《文物参考资料》1954年第2期；北京文物工作队《北京房山县考古调查简报》，《考古》1963年第3期

老爷庙等地也都发现过磨制石器和细石器[1]。笔者认为，虽然商、周时期也还残存有部分石器工具，但从石器加工手段来看，以上各地发现的石器中有相当多的数量应属新石器晚期器物，而且根据新石器早期的磁山、裴李岗遗址出土大量石镰、石铲的情况推测，也不排除以上石器中有些可能属新石器早期遗物。这些石器出土地点的共同地理特征是："主要分布于山麓坡地和河流冲积扇台地上。"笔者认为，这也正是史前时期原始聚落分布的地理特征。

六、北京新石器遗址和原始聚落的形成

前已言之，北京地区新石器时代早期的东胡林遗址处于山区河谷台地；中期的上宅，北埝头遗址分别位于山前地带和山前平原的河岸台地上，燕落寨遗址处于山前丘陵地带河岸沙丘上，镇江营遗址处于山前地带的河岸台地上，雪山遗址处于山前冲积平原的古河道以西的雪山缓坡上；晚期的坑子地遗址处于山区河岸山梁上，丁家洼遗址处于山前地带丁家洼河西岸，曹碾、燕丹、清河镇遗址分别处于洪冲积平原温榆河和清河河岸，刘家河遗址处于山前地带的北高南低的缓坡之上。其他在怀柔、密云、顺义、平谷、朝阳、海淀等地发现零散石器的地点也都位于山麓坡地和河流冲积扇台地上。通过对以上遗址地理面貌的归纳、比较，可以判断北京地区旧石器时代的古人类主要活动于山前丘陵地带的岩洞内。新石器时代早期的古人类主要活动于山区河谷靠近河流的台地上；中期的古人类则大多活动于山前地带或山前平原的河岸台地上；晚期的文化遗址除具有中期特征之外，个别则更向平陆发展，深入到洪冲积平原的河畔，如昌平区曹碾、燕丹、海淀区清河镇等处。据此，我们可以勾勒出北京地区新石器时代古人类由山区向山前地带和山前平原台地，并进一步向内陆洪冲积平原移动的轨迹。与古人类这种一步步脱离山区面向平原地带发展相对应，古人类逐渐脱离采集生活方式面向原始农业生产方式转变。在社会经济生活中，狩猎所占的比重也逐渐减少，原始农业所占的比重逐渐增加。因为只有平原地区河旁台地才能为古人类提供便于开垦的

肥沃土地，所以在生产水平十分低下，生产工具十分简陋（石器）的情况下，不断寻找便于耕作的土地正是促使古人类不自觉地由山区向平原地区迁徙的真正原因。山前靠近河流的台地，本身可以避免水患，四周有肥沃松软的土地可供开垦，又有丰富的水源和河道可供灌溉和交通，因此成为新石器时代古人类栖身之地，并在长期生息繁衍中形成氏族聚落。

北京新石器时代遗址就其大多位于河旁台地这一点来说，在中国带有普遍性。考古发现证明，黄河中游的关中地区已发现的600余处新石器时代中期的仰韶文化遗址，大多分布在靠近河床的第一阶地上。

这些遗址可分为三种类型：1. 土丘式遗址多分布在渭河以南的河流中游，比周围高出三米左右。2. 发育较好的马兰台地类型多分布在渭河北岸黄土原地，上面平坦，下为陡岸，一般高出河床20—50米。3. 泉源型遗址以泾河沿岸较为典型，多分布在距河流较远的泉水旁边。其形成原因：一为河流两岸沟狭坡陡，不宜居住；二为泉水附近有较好的台地。仰韶文化繁荣时期的西安半坡遗址即位于浐河东岸的二级台地上，高出河床约九米。至于晚于仰韶文化的新石器晚期的龙山文化遗址，梁思永先生总结其地理特征时说：“这个文化的占有者常常选择地面稍有倾斜的河谷做他们的村落……这些村落的遗址，虽然有相隔几百里的，但他们的地形是相同的。它们往往带着一个平岗的形式，高出四周的平陆，老远的就可以被人们看见。它们通常建在一个山麓的平坡之一，而且常是直接靠在河岸上或很接近河岸。”[2]

北京地区西傍太行山脉的西山山脉，北依燕山山脉，地貌分山地、兵陵、台地、平原四种类型。平原地带主要处于大清河、永定河、潮白河、北运河、蓟运河五大水系的洪冲积扇上。前已

1 北京市文物研究所编《北京考古四十年》，北京燕山出版社1990，第26页

2 《梁思永考古论文集》，北京：科学出版社1959

言之，北京地区发现的新石器时代文化遗址同北方其他地区的新石器时代文化遗址一样，都具有河旁山麓缓坡或河旁台地的地理特点。并且，根据年代的先后不同，还具有自山区向山前地带及平陆发展的趋势，而在如北京市密云县转年，平谷区上宅、北埝头，河北三河市孟各庄，刘白塔，昌平区雪山，房山区镇江营，密云县燕落寨等适合繁衍生息的地方形成现代北京郊区居民村落的萌芽——氏族或部族的定居的原始聚落。这些原始聚落有些由于地理位置十分优越而发展成为后来的城市，但大部分仍以村落的形式延续下来。

新石器时代的北京原始居民已经熟练地掌握了搭建房屋的技术，在没有能力建筑更高的墙壁的情况下，为了增加房屋的空间，他们通常采用半地穴式的建筑形式。墙壁和房顶用木柱支撑，为此在房内四周及中央常掘有深数十厘米的柱洞，竖立木柱后再加以夯实。墙面一般用草拌泥覆盖。为了便于出入，门道采用坡式，并在门口处筑有土埂，以防雨水倒灌。他们已经掌握了初步的气象知识，为了防止冬季西北季风灌入屋内，这些房间的门都开在东方或东南方向。取暖和煮炊的烧灶大多分布在房屋的中央或东南隅。

根据北京平谷区上宅、北埝头新石器时代文化遗址中均发现乌首镂空器，以及其他地区发现的新石器时代遗址的有关材料可以判断，新石器时代的古人类是聚族而居的，第一个氏族形成一个氏族聚落。当一个氏族聚落发展得规模过于庞大的时候，一部分氏族成员可能会分离出去，沿着原来氏族的分支，形成新的氏族聚落。这些原始聚落的房屋的排列形式，虽然在北京地区还没有发现实例，但根据半坡遗址和姜寨遗址发现的材料，可以推测是按照氏族组织的形式有序排列的。在这些原始聚落的居住区及其附近，既有氏族首领和一般成员居住的房屋，也有贮存器物的窖穴、制作陶器和石器的场所，以及公共墓地。新石器时代早期的人类社会已经进入野蛮时代高级阶段，原始农业已经产生并且发展到一定规模，古人类已经采取定居的生活方式，比较稳定的氏族或部族的聚落已经出现。到了新石器中期，随着原始农业的巨大发展，采集和狩猎开始逐渐退出人类社会经济生活的主要舞台，原始聚落更加稳定并呈现出明显的宗族色彩。与后世的以地域为特征的村落不同，这些以血系为纽带的一个原始聚落就是一个小的氏族社会，居民点与宗族组织、生产组织合而为一是原始氏族聚落的突出特征。这些氏族或部族聚落中，有些聚落由于其优越地理位置和在部族社会中的重要地位而发展成为原始城市（城），北京地区两个最大部落的都城——燕都和蓟都就是在这样的基础上发展而来的。

综上所述，北京地区的原始城市（城）的起源，可以追溯到遥远的石器时代。虽然距今十万年前旧石器时代早、中期穴居的猿人、古人（在北京地区就是房山区周口店猿人和“新洞人”）群体的生活遗址尚称不上是“聚落”，但是距今两万年左右的旧石器时代晚期的“新人”（在北京地区就是房山区“山顶洞人”）已经形成了比较稳定的氏族制度。在家庭组织方面，“新人”已经由猿人时代的“群婚制”和古人时代按辈分区分的“血缘婚姻”过渡到“族外婚”制度，即氏族内部不得通婚，而是一个氏族的男性与另一氏族的女性群婚，这对于人类的健康繁衍无疑有重要意义。在这种氏族制下，由于血系只能按母系计算，同一始祖母的若干后代就组成一个氏族公社。在世代繁衍之后，氏族的发展规模超过了低下的生产力所能支撑的程度，就又分出新的支族。在原始社会的发展过程中，源于同一祖族的若干氏族又往往组成部族。由于妇女从事的采集和农业劳动是氏族社会生活资料的稳定来源，同时也由于妇女在维系氏族繁衍中的重要作用，所以妇女在氏族社会中有重要的经济地位和社会地位，是氏族的领导者。这就是人类社会中的母系氏族社会阶段，一直到新石器时代晚期才被父系氏族社会所代替。

北京地区“山顶洞人”已经具有原始审美意识和宗教意识，

氏族社会内部有一定等级，遗址中有专门的墓地。“山顶洞人”在形体上与现代人十分接近，他们的群体无论在形式上还是在本质上都与过去（旧石器早、中期）有着本质的区别。他们虽然仍居住在洞穴中，但这些洞穴遗址已经具有原始聚落的某种特征。这些遗址在距今约两万年前出现在北京平原边缘地带的地平线上，象征着原始人类将要摆脱穴居生产方式而进入更高级的阶段——新石器时代，在旧石器时代晚期，我们已经可以依稀看到原始聚落诞生的曙光。

在旧石器与新石器时代相交之际，原始氏族社会的家庭组织形式由“群婚制”过渡到“对偶婚制”。虽然说这种“对偶婚制”还十分脆弱和不稳定，还不能对氏族社会的公共经济产生实质性的瓦解作用，但仍是人类社会进步史的一大飞跃。它为人类进入文明社会做好准备。

新石器时代早期，磨制石器比过去砸制石器更为锐利，石器的种类更加繁多标志着劳动工具的更加专业化。生产经验的不断积累和丰富，生产力水平的不断提高，使得原来不断沿河流迁徙、渔猎的古人类可能采取相对稳定的生活方式，在河流两侧的台地上定居下来，形成一个个史前氏族聚落。在定居生活的初期，原始农业得以产生和发展，这对于巩固原始人类定居生活方式有着决定性的意义。正是在这种情况下，由采集而转为务农的妇女由于在农业生产中的重要作用，在氏族社会中的地位更加崇高。人类社会进入母系社会的昌盛阶段，原始城市（城）的萌芽——从一座座半地穴式的原始氏族聚落中产生并发展起来。

第二节　“渡口论”的由来和质疑

恩格斯在讨论原始城市起源时说：“在新的设防城市的周围屹立着高峻的墙壁并非无故：它们的壕沟深陷为氏族制度的墓穴，而它们的城楼已经耸入文明时期了。”有学者据此认为城市产生于奴隶社会时期。笔者认为，恩格斯是在论述人类社会的野蛮时代高级阶段（即原始社会末期）时提及上述内容的。在同一处，恩格斯还提到："用石墙、城楼、雉堞围绕着石造或砖造房屋的城市，已经成为部落或部落联盟的中心；这是建筑艺术的巨大进步，同时也是危险增加和防卫需要增加的标志。"在以上论述之后，恩格斯才说："这样，我们就走到文明时代的门槛了。"[1]可见，恩格斯的这段论述并不能说明原始城市产生于文明时代初期的奴隶制社会。恰恰相反，恩格斯的这段论述正是明确无误地表明他认为原始城市是产生于人类社会"走到文明时代的门槛"的原始社会末期。在中国来说，也就是龙山文化即新石器时代的末期。

防卫和阶级对抗意识是中国古代城市出现的最原始的推动力。举例来说：西安半坡遗址居住区在聚落中心，围绕居住区有一条深、广各五至六米的大围沟。引人注目的是：靠居住区一侧的沟壁坡度较大，并且沟口比外侧高出一米左右。显示出对外部的防卫意识。

原始社会发展时期的这种防卫意识，到了原始社会末期，由于"同一氏族内部的财产差别把利益的一致变为氏族成员之间的对抗"[2]，而演变为防御本氏族内部成员的反抗。防卫意识开始向阶级意识转变。原始城市（城）就是在这种情况下产生的。

笔者认为，讨论中国城市起源应首先分清原始城市与后世"城市"的概念。这两个概念既有密切联系，又有区别。原始城市又简称为"城"，是很古老的概念。《轩辕本纪》云："黄帝筑城邑，造五城。"《吴越春秋》云："鲧筑城以卫君，造郭以居人，此城郭之始也。"[3]但无论中国原始城市始于黄帝还是始于夏鲧，这时的"城市"肯定更侧重于"卫君"和作为统治中心的职能。后世的"城市"则是较晚的概念，它更侧重于其中所包

1 恩格斯《家庭、私有制和国家的起源》，《马克思恩格斯全集》第21卷，北京：人民出版社1965，第188页

2 恩格斯《家庭、私有制和国家的起源》，《马克思恩格斯全集》第21卷，北京人民出版社1965，第188页

3 引自《太平御览》卷一百九十三《居处·城下》

含的社会经济内容。后者一部分是由原始城市发展而来；一部分是在奴隶社会或封建社会期间由于经济因素或军事因素从墟市形成或人为建立起来的。讨论中国城市起源，无疑应从作为氏族或部族联盟的防御和统治中心的“城”，即原始城市的研究着手。“城”的出现，其意义并不简单在于以高耸的墙体代替宽深的壕沟。城墙实际上是人类社会中对抗加剧的标志，也就是恩格斯所说的“危险增加和防卫需要增加的标志”。而危险和防卫需要增加的原因当时只有一个，即随社会发展而出现的私有财产和阶级分化的日益加剧。

据此笔者认为，像城子崖、后岗遗址那种把全体氏族成员居址圈起来的古城，当属最原始、最初级的“城市”。与此相比，王城岗古城当属更高一层的建筑。这种方圆不过百米的城堡肯定是目的在于“卫君”的城，一般氏族或部族成员则应居于城外。而且城的平面呈正方形，已有一定的规划。平粮台古城则属更为成熟的建筑，不但规模很大，而且有完善的公共设施和防卫设施。城内还有建筑在高台上的宫殿和制陶、冶铜手工业遗址。俞伟超先生认为：“平粮台遗址似已发展为最初的城市。”[1]这无疑是正确的。

中国古代城址大都选择靠近河道的高地，这在世界各国似乎也是通例。古埃及的孟菲斯、底比斯、阿玛纳诸城均位于尼罗河畔，两河流域的乌尔城、巴比伦城建筑在幼发拉底河畔，尼尼微城建筑在底格里斯河畔。然而，在讨论中国原始城市产生的条件时，人们往往引用马克思在《政治经济学批判》（1857—1858年草稿）中论述亚细亚所有制形式时的一段话作为自己的论点。马克思说：“在这里，与这些乡村并存，真正的城市只是特别适宜对外贸易的地方才形成起来，或者只是在国家首脑及其地方总督把自己的收入（剩余产品）同劳动相交换，把收入作为劳动基金来花费的地方才形成起来。”[2]但是笔者注意到，在《资本论》第三卷《关于商人资本的史的考察》一章中，马克思指出：“资本主义前的、民族的生产方式具有的内部坚固性和结构……在印度和中国，生产方式的广阔基础，是由小农业和家庭手工业的统一形式。此外，在印度，又还有在土地共有制基础上建立的村社的形式要加进来；这种村社在中国也是原始的形式。”[3]很明显，马克思所说的“亚细亚所有制形式”并不专指某个社会发展阶段，而是指以东方土地公社所有制为基础的，以自给自足的自然经济为特征的社会所有制。这种社会经济不但存在于中国原始社会，而且几乎贯穿中国奴隶社会和封建社会。实际上，马克思关于城市的这段话是在论述国家已经出现以后的历史时期中的奴隶制度或封建制度下城市形成条件，而不是在谈论人类社会历史中城市的最初起源，所以他特别称之为“真正的城市”。

华夏民族是农业民族，当古代先民由游猎转入农业定居以后，必然选择便于农业生产的处所为其居息之地。今在黄河中游的关中地区已发现的600余处仰韶文化遗址，大多分布在靠近河床的台地上即可为证。这里土地肥沃，便于种植；距水源较近，生活方便；地势较高，可避水害。以西安半坡遗址为例，其处于浐河东岸的二级台地上，高出附近河床约九米。居住区内，一圈房屋，面向一座大长方形房屋（F1）开门排列。F1内部有一道隔墙将房屋分为前后两部分，后半部分又分隔三室。这三间小室当为氏族首领和老幼成员居室，已经具备了后世建筑“前堂后室”的特征。随着阶级分化，这种原为氏族公共活动场所的大房子被氏族首领霸占而演变成为类似平粮台遗址中第四号（F4）基址那样的高台宫殿建筑，其进一步的发展，就是后世帝王的“前朝后寝”式的宫殿建筑，并且“朝”与“寝”由同在一室而分为前后两室格局。由帝王宫殿的这种演变，我们可以合理地得出这样的结论：如果说龙山文化时期以“卫君”为目的古城是后世“真正的城市”雏形的话，那么大房子为中心的仰韶文化氏族聚落则就是龙山文化古城的出发点。《管子·乘马篇》云：“凡立国都，非于大山之下，必于广川之上。高毋近旱而水用足。

1 俞伟超《中国古都城规划的发展阶段性》，《文物》1985年第2期

2 马克思《政治经济学批判》（1857—1858年草稿），《马克思恩格斯全集》第46卷（上册），北京：人民出版社1979，第474页

3 马克思《资本论》第3卷，北京：人民出版社1966，第361页

下毋近水而沟防省。”这种理论虽然晚出，但这一原则却早已为仰韶、龙山文化时代的先民所信守。前引梁思永先生总结龙山文化居址特征时讲到：“这个文化的占有者常常选择地面稍有倾斜的河谷做他们的村落……它们通常建在一个山麓的平坡之上，而且常是直接靠在河岸上或很接近河岸。”龙山文化居址的地理特征完全符合“高毋近旱而水用足，下毋近水而沟防省”的原则，即以发现的四座龙山文化古城而论：平粮台位于蔡河西岸台地，高出四周平陆三至五米；王城岗位于颍水北侧台地，中部略高于周围地面；后岗位于洹水南岸的高冈上；城子崖位于小清河水系网中，均无一例外。因此，可以推断原始城市最早应出现在临近河流或泉源的平敞台地上，其地理条件是便于农业耕作和生活取水。

在关于原始城市起源及具体到北京城的前身蓟城起源的问题上，从20世纪50年代以来，有学者根据马克思在《政治经济学》中的上述论点提出了原始城市起源于河流渡口附近的观点。例如有学者认为原始城市是私有制出现的产物，其与阶级、国家的出现是同时的。最初的城市型的居民点是由于剩余产品和私有财产交换需要有固定的交换场所而形成的[1]。关于历史上蓟城（今北京）的出现，虽然自20世纪50年代就提出了是“自然形成的”正确观点[2]，但却错误地认为蓟城的出现是由于其处于今永定河（㶟水、卢沟河、桑干河）渡口附近，便于交通[3]。这无疑是和上述所归纳的仰韶、龙山文化原始聚落和原始城市（城）遗址的分布特点并不一致；并且也并不是马克思上述论述的本意。众所周知，在20世纪50年代中国曾出现马克思理论学习高潮，在社会科学研究领域广泛应用马克思理论分析、研究问题，虽然取得了显著的成果，但也因为对马克思理论的理解过于表面化而出现过一些片面认识。在当时，中国考古学还没有对新石器文化遗址有所发现，对原始聚落还没有任何认识的情况下，就断言中国原始城市是产生于渡口附近，这实际上只是一种假说，并不能看做是历史研究的科学结论。

顺便说一下，科学的假说，无论是在自然科学研究中，还是在社会科学研究中，都是不可或阙的。它起着启发人类的智慧，吸引着人类不断探索和追求真理性认识的重要作用。正是在这些假说的推动下，人类对自然和社会的认识才一步步地深入，人类社会才得以进步到今天的地步。在人类社会发展历史上，科学的假说和科学研究本身都是十分重要的、不能缺少的过程。无论研究的最后结论证明这种假说的正确或错误，科学的假说都已经对科学研究的发展尽到了自己的推动责任。但是科学的假说毕竟是在缺乏严格论证条件下的一种假设，并不是真正的结论。所以，当科学研究成果已经达到更高程度的时候，我们就有必要重新审视原来的出发点即“假说”的正确与否。在这里，笔者并无意否认前辈的成就和努力。

从考古学发现的陶、石网坠及历史传说和民族学方面的资料判断，新石器时代的古人类已采取渔猎生产方式并能制造、使用舟筏。但是他们没有渡口这样的概念，更没有为了渡口而去选择居址。原始氏族公社是以农耕、渔猎、采集为主要生产方式的封闭社会，与外界的交换是非常有限的。如果有必要渡河，任何地方都是渡口，并无固定渡口可言。从另一方面来说，以赵州桥为例，中国古代劳动人民至少在隋代就已经熟练地掌握了造石桥的技术，但是据《金史·章宗纪》记载，直至金明昌三年（1192年）三月才修造“卢沟石桥成”[4]。在此之前，人们沿太行山东麓北上，经涿州、房山抵达卢沟河后，卢沟桥附近在枯水季节可搭设浮桥，自然可以便于通行；水盛时桥淹，人们一般都是乘船从今卢沟桥附近或者三家店附近渡河。也就是说，直到金代卢沟桥石桥建成后（按：时称广利桥）才正式确定其渡口的地位，而这时作为今北京前身之一的金中都（在今北京城区西南）已经是北中国的政治、文化中心。由于可见，渡口只不过是已经成

1 同济大学城市规划教研室编《中国城市建设史》，北京：中国建筑工业出版社 1982，第 4 页

2 郭沫若《中国古代社会研究》，北京：科学出版社 1961，第 294 页

3 尹钧科等《历史上的永定河和北京》，北京燕山出版社 2005，第 87 页

4《金史》卷九《章宗纪一》

熟的城市在与外界日益频繁的政治、经济交往中形成的交通设施，而不是原始城市产生的要素。至于在封建社会中沿运河或交通要道出现的一些商业城市，那已经是现代意义的城市即马克思所谓的“真正的城市”，并不是我们所讨论的人类文明发展史上从原始聚落演变而来的最初的原始城市——“城”。

随着中国新石器时代考古成果的不断积累，学术界对于包括中国原始城市产生在内的中国文明起源问题的认识愈加深入。新石器时代晚期后段遗址显示出的社会严重分化现象及原始聚落之间的差别，以及新石器时代末期龙山文化城址的出现，已经明确地表明中国原始城市是由原始聚落进化形成的。如上所述，现在的问题是：到底是什么因素使得某些聚落进化为城市，而其他聚落成为农村？是不是如某些观点认为的那样，位于所谓的“渡口”附近，便于交通、贸易是其决定的因素？这是一个值得思考的问题。20 世纪 80 年代，有学者认为中国原始城市出现在原始氏族社会后期即原始社会向奴隶社会过渡期。这时的城市只是一个城堡，在奴隶社会制的夏、商时期才成为统治阶级的工具[1]。张光直先生认为，中国初期的城市不是经济起飞的产物，而是政治领域的工具。中国型的初期城市与近东型的初期城市都是阶级、文明、国家一连串的社会现象开始显现时产生的。他认为，原始城市是古代聚落从早期阶段发生质的演进的产物，以及古代聚落在某一阶段的产物[2]。笔者理解张光直先生的观点是，在中国，原始城市产生于新石器时代末期——如龙山文化时期的古城，以及原始氏族社会向奴隶社会转变的初期。由聚落演进为原始城市的原因不是经济的因素，而是政治的因素。

任式楠先生在研究中国新石器时代聚落的形成和发展时，根据大量最新考古材料指出：在距今 1.2 万至一万年的新石器时代早期遗址中已经发现禾本科花粉、石磨盘、粗陶器等物，当时极可能已经出现原始农业。人类已经采取定居生活方式。

在距今 9500—7000 年的新石器时代中期可以肯定已经形成了原始聚落，墓地和居址分区安排。聚落划分已经具有一定规模。

在距今 7000—5000 年的新石器时代晚期，原始聚落兴盛发展并出现分化。但是，在其前段以陕西半坡、姜寨遗址为代表的聚落之间虽然有大小之分却没有地位高低区别。聚落周围往往有环形壕沟作为防卫措施，有居址、窖穴、墓地、公共活动场所——大房子等设施，体现出严整的布局和规划；在其后段以河南郑州大河村、邓州八里岗遗址为代表的聚落之间却已经明显出现分化，形成中心聚落和普通聚落的差别。特别是在这一时期开始出现了城址，年代一般在距今 5000 年左右，甚至更早，这是史前聚落形态的巨大变化，其中以湖南澧县城头山距今约 6000 年的古城址为代表。这时原始社会内部的分化由初步显露到不断加深，表现在聚落之间已经存在着等级差别，出现了地位高于普通聚落的中心聚落，以及中心聚落中远非普通住房可比的建筑在高夯土台上的殿堂式的特大型建筑物。

在距今约 5000—4000 年的新石器时代末期的龙山文化时代，原始聚落之间进一步发生分化。大型中心聚落和周围多少不等的中、小聚落结合在一起，形成等级差别和主从关系的聚落群体结构。许多中心聚落往往建成城址，由中心聚落与普通聚落的差别转变为城址聚落与普通聚落的显著差异。新石器末期的龙山文化时代，以河南淮阳平粮台、山东章丘龙山城子崖古城遗址为代表的原始城市普遍出现，是这一时期最为突出的社会现象之一。这些城址聚落具有地区性政治统治中心地位，其中居址建筑的多样化表明氏族成员贫富分化及氏族公共集体性的松动和瓦解；建筑在夯土台上的宏伟建筑更表明氏族领袖已经成为地位高贵并占有氏族财产的统治者。这一时期的原始城址表明，在夏朝出现以前的新石器时代末期，由于原始氏族社会的瓦解，已经初步出现了阶级对立，拥有大量私有财产的氏族领袖成为其他氏族

1 杜瑜《中国古代城市的起源与发展》，《中国史研究》1983 年第 1 期

2 张光直《关于中国初期“城市”这个概念》，《文物》1985 年第 2 期

成员的统治者，出现了强制性的权力系统和汇集了社会经济文化成就并拥有地区权力中心地位的原始城邑[1]。

由以上论述中，我们可以清楚看到，原始城市的出现是氏族社会发展到一定程度后内部分化、对立的产物，氏族领袖占有大量财富并成为其他氏族成员的统治者，其居住的聚落成为对其他聚落具有主从关系的中心聚落，并进一步随着阶级对立的激化而发展为拥有高耸城墙的原始城市。产品交换的方便与否，以及交通方便与否，在原始社会末期并不是原始城市产生的基本条件。“渡口论”的偏误一方面是由于对马克思理论的表面化理解，另一方面也是对中国古代城址分布的观察不够深入。中国古代城市大多分布在河流附近，这是由于包括后来发展为中心聚落城址的所有史前时期的原始聚落都是选择在河流两侧的二级或三级台地上的缘故。如前所述，所谓渡口是后来建立的设施，并不是原始社会中心聚落发展为原始城市的原因。至于在封建社会中沿运河或交通要道出现的一些商业城市，那已经是现代意义的城市即马克思所谓的“真正的城市”，而不是我们所要讨论的人类文明发展史上从原始聚落演变而来的最初的原始城市。

美国学者凯文·林奇认为：“无论如何，最早的城市只会出现在先期的农业革命之后，也就是在人们驯养了家畜、种植了庄稼、出现了永久性的小农庄后。”但是，他认为这些都是必要的条件，但却不是充分的条件。也就是说，他认为原始城市出现是在原始农业产生之后，但原始农业的发展并不一定促成每个聚落都能够发展为原始城市。那么原始城市出现的基本原因是什么呢？他认为“最典型和自立的途径似乎是由农民的聚落社会开始的，这个聚落有剩余产品，有地域性的首领与仪式。”他认为城市是宗教思想的物质基础，是支配其属民心理的重要工具，无论其在以后如何发展，“城市首先是一个宗教圣地”[2]。笔者认为，林奇关于原始城市是出现在人类文明发展到定居的农业社会以后的观点是正确的。印证中国的考古发现，他关于最初的原始城市是由地域性首领所在的并且拥有丰富物质生活资料的中心聚落发展而形成的观点也是正确的。至于城市首先是一个宗教圣地的观点，虽然原始社会奉行的是图腾崇拜，各个聚落都可以有崇拜的图腾，但由于氏族领袖的特殊地位，中心聚落所设置的图腾无疑是最有神圣力的。从这一点出发，中国原始社会末期形成为原始城市的中心聚落，其与周围较小聚落之间的主从关系，就不但体现在财富的占有上，而且还体现在精神的统治上。

通过对马克思以上论述的阐述，以及对中国新石器时期原始聚落和古城遗址的分析，我们不难看出，所谓中国原始城市是产生于渡口附近的观点是不确切的。

第三节　蓟都和蓟族蠡测

北京古称蓟城，最初应该是蓟国的国都。据说后来蓟国被燕国所灭，大约在战国时期蓟城又成为燕国的都城，称燕都蓟城。

燕和蓟都是自原始社会聚落中心自然发展起来的奴隶制国家，它们都分别有自己的国都。考古发现已经证明，早在商代和西周时期的燕国都城是在今北京西南的房山区琉璃河董家林村，那里及其附近已经发现了西周早期城址和第一代燕王墓葬，还有被周王朝征服的商朝贵族的墓葬。这些发现和早在河南安阳殷墟发掘的燕国女子“妇好墓”，都说明早在西周以前的商代，燕国作为商朝东北隅的一个属国就已经存在了。燕国之所以称为燕，是因为燕国是以飞鸟“燕”为图腾的燕氏族建立的国家。这从甲骨文中的“燕”字的字形就是一只飞燕中可以得到证明。对此，自王国维以来的前辈学者辨之甚详，已无疑义。

由于早在战国以来燕国一直以蓟城为都城，北京地区又久称燕蓟之地，所以过去一度在述北京史时往往从燕国说起，忽略了

1 任式楠《我国新石器时代聚落的形成和发展》，《考古》2000年第7期

2 ［美］凯文·林奇《城市形态》（林庆怡等译），北京：华夏出版社 2001，第2—5页

蓟国。《礼记·乐记》说："武王克殷，返商，未及下车，而封黄帝之后于蓟。"[1]《史记·周本纪》中又说：周武王灭商朝以后，"追思先圣王，乃褒封……帝尧之后于蓟……封召公于燕"[2]。可见，早在商朝时蓟国就是与燕国一样在北京地区并存的方国。只是由于蓟国灭亡得很早，史书中很少见有蓟国的记载；又不见其传世的器物和遗迹，所以考古实践中也很难辨别蓟国的遗迹和遗物。最早的蓟国和蓟都遂成为历史之迷。然而，蓟国的存在是不可否认的；北京城的起源是蓟国的蓟都也是毫无疑义的。

如果我们要了解北京城的发展过程就不能不探讨最初蓟都的方位。

战国时期成书的《韩非子·有度篇》称"燕襄王以河为界，以蓟为国。"史载燕王谱系中无襄王，只是春秋时期有燕襄公，因此后世学者或指其为春秋时燕襄公，或指其为战国时燕昭王。笔者认为且不论其究竟为何人，根据这段记述至少可以肯定春秋、战国即东周时期燕国的国都已经迁建在过去蓟国的国都——蓟都旧址上。关于蓟都即早期蓟城的方位，学术界有今石景山区古城、今宣武区广安门一带、今宣武门和平门至宣武门以南一带三种推测。我们可以看出，无论哪种推测，蓟都的方位都在西周燕都即今房山区琉璃河董家林村古城遗址的东北部。西周燕都本来是在今北京房山地区，为什么一迁到今北京城区附近就变成"以蓟为都"了呢？显然，琉璃河距离今北京城虽然只不过40余公里，但在商代及其以前已经是分属两个不同的氏族奴隶制国家。琉璃河地区属燕，今北京城区附近属蓟。两地之间的分界大致是今永定河。不过，当时的永定河自卢沟桥以北已经东去今清河一线，并不会成为燕、蓟之间分界。当时在两个氏族国家之间如果有天然分界的话，那么应该是今房山小清河上游的哑巴河一类的河流。这些河流，如周口店河，早在猿人时代就已经存在了。

从燕都名称的变迁中，我们可以判断出原始时期和商、西周初期的蓟国的领土亦即蓟族生活的区域是西至今永定河附近，最初的蓟城就应该在这一线以东寻找。至于蓟国的东界，《旧唐书·地理志二》说：唐代以蓟城改称范阳郡，又称幽州城，而将其东的春秋时期山戎建立的无终国之地改称为蓟，并认为最初的燕都蓟城就在今天津蓟县[3]。这种认识虽然不确，但其称古无终之地为蓟当有一定根据，或许该地在春秋以前就是蓟国的东界。

关于蓟族，我们应该看到燕和蓟在原始氏族社会时期是今北京地区两个最大的氏族部落。除此之外，一直延续到西周初期的马、驭、微、克等较小的氏族当时也应存在。当社会发展到人类文明时代的初期——奴隶制社会时，燕国和蓟国是今北京地区最大的两个奴隶制国家，燕族和蓟族则分别是两个奴隶制国家的国族。

根据考古发现，可以判断燕族是发育于古圣水流域即今琉璃河流域的氏族部落。不但是西周燕都，就是夏、商时期的燕都及燕部落联盟的原始中心聚落，也都应在这一区域，即今北京西南部。燕族以“燕”为族称，说明他们是以此为崇拜物即图腾。古籍上又称“玄鸟”。《史记·殷本纪》载：“殷契，母曰简狄，有娀氏之女，为帝喾次妃。三人行浴，见玄鸟堕其卵，简狄取吞之，因孕生契。”[4]契是殷人始祖，始封于商，后裔盘庚迁于殷，所以又称殷契。从这个传说中，我们可以知道商（殷）族是以玄鸟（飞燕）为图腾，所以我们可以判断燕人与商（殷）人属于同一氏族系统，有着血系的联系。商代，燕人与商（殷）人的关系十分密切。传世铜器中有一件商晚期的“玄妇方罍”，邹衡先生认为该铜器中的铭文含义是：燕国妇女出嫁商人为妇[5]。让人注意的是：有这种铭文的商代铜器大多出在当时商王朝统治的中心区域即今河南安阳，说明当时两地关系非常密切。这种密切的联系为北京地区的社会经济带来了发展和进步。

笔者认为，蓟族应该是活动于燕族的东部即今北京小平原

1 《礼记》卷三十九《乐记》

2 《史记》卷四《周本纪》

3 《旧唐书》卷三十九《地理志二》；《史记》卷四《周本纪》注引（唐）张守节《史记正义》；卷三十四《燕召公世家》注引（唐）司马贞《史记索隐》

4 《史记》卷三《殷本纪》

5 邹衡《关于夏商时期北方地方诸邻境文化的初步探讨》，载《夏商周考古学论文集》，北京：文物出版社 1980

上。其理由除上述根据古文献地名的判断以外，另分析如下：在这个区域内，北部的密云县、西部的昌平区雪山村和东部的平谷区都发现过重要的新石器时代遗址，而尤以平谷区上宅、北埝头等泃河流域的遗址最为系统。如前所述，北京平谷区上宅、北埝头遗址和河北三河市孟各庄、刘白塔遗址，都是泃河流域的新石器时代中期遗址，它们都属于同一种文化类型，而且在年代上也存在着明显的先后关系，即孟各庄遗址的年代最早，上宅遗址的年代其次，再次是北埝头遗址，刘白塔遗址的年代最晚。这些遗址充分说明泃河流域是北京原始文明的发祥地。同时，由于在上宅遗址第二、三期文化层和北埝头遗址中均出土了北方红山文化遗址中常见的“红顶碗”，因此可以推测，在这些原始聚落形成的过程中曾不断有外来文化的加入和影响。笔者认为，这些遗址的主人就是最早的蓟氏族部落。蓟族应该是发育于泃河流域的氏族部落。特别值得注意的是：在上宅和北埝头遗址中都发现了作工、器形完全相同的鸟首镂空器，由此可以判断蓟人也是以飞鸟为图腾崇拜。也就是说，蓟人与燕人一样，与商（殷）人也是属于同一氏族系统，有着血系的联系。笔者认为，学术界所谓的北京地区“夏家店下层文化”，即“夏家店下层文化”燕南类型，是燕山以南土著民族和燕北诸族文化，以及中原夏、商文化的融合体。邹衡先生考证，夏、商时期，在现北京地区生活着以“玄鸟”为图腾的燕族，其北和东北，分别有肃慎、孤竹、不令支、不屠何、山戎等族。肃慎是一个古老的民族，即后世的靺鞨、夫余。《淮南子·原道训》云：舜“纳肃慎”。《国语·鲁语》记述说：武王克商，肃慎来贺。据邹衡先生考证，肃慎族的原居地即在今燕山长城附近，直至东周时期仍在今渤海湾附近的辽河流域，以后不断东迁，至西汉时已迁至今吉林、黑龙江境内[1]。近年来，辽西地区新石器时代考古不断有新的发现。1980 年和 1981 年考古学者先后在辽宁喀左县东山嘴和凌源县、建平县交界处牛河梁发现属新石器晚期红山文化的规模宏大的祭祀建筑群和“女神庙”，年代为距今 5000 年。如果邹衡先生所考古肃慎族地不误，这些文化遗存当属肃慎族所有。在两处遗址中发现的裸体鼓腹妇女泥塑像和女神头像，表明当时社会中流行着祖先崇拜和对大地母神崇拜的意识。这种意识只能形成于发达的原始农业经济基础之上。辽西远古社会经济的这种发展势头在进入“夏家店下层文化”期后并没有减弱。苏秉琦先生指出：“距今4000年前后，是辽西地区社会发展、文明昌盛的时期。（燕山以北）‘夏家店下层文化’突出的特征是：村落密集分布河谷地带；几乎都有防御设施；由‘一大几小’土城堡聚落构成有机的群体。赤峰英金河岸岗丘上东西排列的小城堡带，同战国、秦汉长城大致平行，发人深思。”[2]在这种情况下，位于燕山南麓的北京地区受到发达的辽西地区社会经济、文化的影响正是理所当然之事。而蓟族在燕族东北，距这些北方民族更近，自然相互的来往和影响就更加密切，在平谷区上宅和北埝头新石器时代遗址中出土了北方民族同时期文化——红山文化——的典型器物“红顶碗”就可以说明这一点。蓟人虽然与“燕”同为以玄鸟为图腾的民族，与商（殷）同族，但其势力微弱，与商（殷）的联系稀疏，这就是商（殷）王朝的河南安阳殷墟遗址中只发现有关“燕”的记载，而没有关于“蓟”的记载的原因。王国维根据河北易县出土的商代铜器铭文认为商人势力早在盘庚迁殷之前就已经远至河北易水左右。商代末年，暴君纣王乱国，拒谏而杀王子比干，囚箕子。古籍记载周武王灭商后，将箕子释放，箕子受封于朝鲜而自立。王国维认为其事“非绝无渊源”，“商人于古营州之域（按：即今河北北部、辽河西部一带），夙有根据，故周人因而封之”[3]。北京大学吴荣曾教授根据近年琉璃河西周遗址出土的铜器铭文也同意王国维的这一看法，认为早在商初包括北京地区在内的河北北部一带就是商人旧居之地。他还指出，商人称都城为“亳”，犹如楚人称都城为“郢”，所以《左传》昭公九年

1 邹衡《关于夏商时期北方地方诸邻境文化的初步探讨》，载《夏商周考古学论文集》，北京：文物出版社 1980

2 苏秉琦《辽西古文化古城古国》，《文物》1986年第8期

3 王国维《观堂集林》卷十八《商三句兵跋》

所记："及武王克商……肃慎、燕亳吾北土也"一语，说明今北京地区曾经是商人的旧都之一。在周武王灭商以后，这里的商（殷）族的势力仍然很大。《史记·殷本纪》中称：舜帝封商人的祖先"契"于商地，"赐姓子氏"，所以商人建立的政权是子姓国家。子姓国家在北京及周边地区除了燕国之外，还有位于河北迁安、辽宁大凌河流域喀左地区的孤竹、位于今河北蔚县的代国、位于燕山以北的空同、位于今河北中部的中山等等[1]。蓟国其地在燕以东、孤竹以西，且建立蓟国的蓟族也是以玄鸟为图腾的氏族，因此它理当也是与商（殷）同族的子姓国家。

西周初年，周武王灭商朝，推行仁政，继绝世，举逸民，乃追思先圣王，封帝尧或黄帝之后于蓟；同时受封的还有神农之后，帝舜之后、大禹之后。此外，又封功臣谋士，封召公于燕，同时又封尚父吕望于齐、弟周公旦于鲁、弟叔鲜于管、弟叔度于蔡，等等[2]。但有关西周蓟侯，除了《史记》中的以上记载外，此后又再无记述。后世史家对此纷纷猜测。（唐）张守节《史记正义》认为"周封以五等之爵，蓟、燕二国俱武王立，因燕山、蓟丘为名，其地足自立国。蓟微燕盛，乃并蓟居之，蓟名遂绝焉。"笔者认为这个推测颇有道理，不过笔者认为蓟国的衰微不是由于燕国的强盛，而是受周边北方民族特别是强大的山戎部落压制、侵占的结果。西周乃至春秋时期，不但蓟国如此，就是在其西南的燕国也同样受到山戎的威胁，几至灭国。据《世本》记载，春秋早期燕桓侯（公元前697—691年）为躲避山戎威胁，曾徙都临易（今河北容城县古贤村）。燕桓侯死，其子庄公立。据《史记·燕召公世家》记载：燕庄公十二年（公元前679年）齐桓公为霸主。"二十七年（公元前664年），山戎来侵我（燕），齐桓公救燕，遂北伐山戎而还……"[3]三十三年（公元前658年）燕庄公卒，子襄公立。关于这段史事《史记·齐太公世家》，是这样记载的，"齐桓公二十三年（公元前663年），山戎伐燕，燕告急于齐。齐桓公救燕，遂伐山戎，至于孤竹（今河北卢龙县）而还。燕庄公遂送桓公入齐境……桓公于是分沟割燕君所至与燕。"[4]齐桓公援助燕庄公，发兵北伐山戎。齐军先至燕都（当时在临易），然后击山戎，东至孤竹，需要东西横穿西周蓟国，然而史书中却一字未提，这说明在此之前蓟国早已灭绝。所以，唐代张守节所谓“蓟微燕盛”的推测虽然不错，但是西周蓟国却应该是灭亡于山戎；并非被燕吞并。这次战役，齐桓公发齐兵不但救燕，而且帮助燕国开疆辟土，东至孤竹，使燕国得以拥有东北方向的原西周蓟国旧土，因此到了燕庄公之子燕襄公之世，燕国才得以迁都于蓟。关于这个问题，已故常征先生《古燕国史探微》一书中有详细论述。他指出：《史记·匈奴列传》记载：“秦襄公……始列为诸侯。是后六十有五年而山戎越燕伐齐，齐釐公与战于齐郊”。按，秦襄公“始列为诸侯”之年，为周平王元年即公元前 770 年。“是后六十有五年”为公元前 706 年，即周桓王十四年，鲁桓公六年，齐釐公廿五年，郑庄公三十八年，在燕则为宣侯五年。《左传》《史记》皆载“山戎越燕伐齐”之事。如：《左传》桓公六年云：“夏，北戎伐齐，齐侯使乞师于郑。郑大（太）子忽率师救齐，六月，大败戎师，获其二帅大良、少良，甲首三百”。《史记·齐世家》云：“公廿五年，北戎伐齐。郑太子忽来救齐，齐欲妻之，忽率师救齐，六月，大败戎师，获其二帅大良、少良，甲首三百”。《郑世家》云：“庄公三十八年，北戎伐齐，齐使求救。郑遣太子忽将兵救齐”。上述三文大同小异，皆指伐齐者为“北戎”。北戎，《左传》杜预注称其即山戎。该部落集团为殷王武丁所破后，匿居北太行深山。西周末世，汾河流域的条戎、奔戎先叛，姜氏之戎继之，曾在介休的千亩原一战中歼灭周宣王的“南国之师”。自此以后，周王朝失去了对太行山区的控制，山戎便也乘势而起，联合屠何，令支，孤竹，及貊人、濊人及据有今永清、固安的韩侯，叛周而攻略燕侯辖区。与周王朝保持良好关系的尧

1 吴荣曾《周代邻近于燕的子姓邦国考述》（打印稿）

2《史记》卷四《周本纪》

3《史记》卷三十四《燕召公世家》

4《史记》卷三十二《齐太公世家》

裔蓟国，为其所灭，箕氏朝鲜侯也因经受不住攻击而自朝、鲜二水流域经今承德地区避迁辽河两岸。作为北方方伯的燕侯由之崎岖于这些叛族中，一度丧失其方伯的地位。

齐在周王朝诸侯中最为大国，山戎竟得长驱二千里攻齐，且攻至齐都临淄城郊，亦足见其军力之盛。郑太子忽率诸侯联军尽管逐之出境，而只擒其首领二人、获甲首三百，山戎的实力并未损伤多少。及燕庄公二十七年（公元前664年）。“山戎伐燕，燕告急于齐，齐桓公遂伐山戎”。此事，上去“山戎越燕伐齐”为四十二年，燕国都临易已三十三年。这三十三年或四十二年中，是山戎最活跃也是最强盛的时期，原来服属于燕侯的北方诸侯或灭或走，其留居黄河以北者几乎皆叛燕而奉山戎之君无终氏为宗主，故自齐疆以北诸侯皆以山戎为号。齐桓公伐山戎出师于鲁庄公三十年（齐桓公廿二年，燕庄公廿七年）冬，次年六月班师回国，中历半年以上。

春秋时代，大战皆不逾月，甚至不过几天，用兵半年以上者绝无仅有，可见齐桓公伐山戎为一场大战。对于这场大战，《左传》及其他史书纪述皆甚简晦，兹据《管子》《国语》《说苑》《汉书·郊祀志》《水经注》等佐《左传》《史记》而疏理其事如次：鲁庄公三十年，燕庄公求救于齐桓公，“桓公将伐山戎、孤竹，使人请助于鲁。鲁君进群臣而谋，皆曰：师行数千里，入蛮夷之地，必不返矣”。于是庄公与齐桓公会于鲁济，“许助之而不行”。管仲劝桓公倾国自行。齐国的北界是《禹贡》黄河，该河当时在今深泽县以下分为两派，北派在今潴龙河（娄水），南派以滹沱河为水道，两派下流相会于今白洋淀、文安洼地区，当时该区为浅海。桓公、管仲统军沿今德州、沧州高地北发，首先攻击当面之濊、貊两族诸部落，这些“海滨诸侯莫不来服”。于是自今河间、任丘地区西北进，至临易与燕庄公相会，即以庄公之军为导，沿西山攻逐山戎，复破韩侯，继经今天津蓟县一线（按：当时蓟县以南的雍泽也是浅海）攻击令支国，灭之，而后北出青龙河谷，渡卑耳之溪（今大凌河），歼灭孤竹国于西辽河及锦州走廊。自此，回师西行，于今承德以南破屠何，是即《管子》所说的“荆令支，斩孤竹，馘屠何”。屠何氏部落逃去今龙关、赤城、密云深山，齐桓公乃统军“束马悬车登卑耳之山”，这就是《汉书·郊祀志》所说的“过孤竹西伐，束马悬车上卑耳之山”，追击屠何部落，至于“卑耳之西极”，到达今怀来盆地。《水经注》是以说：“清夷水又西南得桓公泉。盖齐桓公霸世，北伐山戎，过孤竹西征，束马县车上卑耳之西极，故水受斯名也。水源出沮阳县东而西北流入清夷水”。清夷水即今延庆县妫水河。此河东支之桓公泉，既云在沮阳县东，而沮阳县故城即今官厅水库下游东岸之“大古城”，则其泉自必便是源出军都山，北经瑞云观、花园村入于官厅水库的“南水泉”(在花园村附近)。齐桓公在此稍事休兵；而后沿壶流河、涞水河谷攻击已窜深山的山戎。故此后山戎即南逃今五台山以南而与晋国相望。齐桓公既达成北伐任务，乃归至临易，将所得诸地尽赐燕庄公，命他“复修召公之政，纳贡于周，如成康时［方伯］职。”齐军振旅南归时，“燕庄公送齐桓公，入齐境。桓公曰：‘非天子，诸侯相送不出境，吾不可以无礼于燕’。于是分沟，割燕君所至地与燕……。诸侯闻之，皆从齐”。据《燕世家》注引，《括地志》说，燕国乃城于此，俗谓之“燕留城”，并说该城在“长芦县东北十七里”。唐之长芦县即今沧州市，为横海郡辖县之一。其东北十七里的燕留城今虽已无遗址可寻，而其地正当齐国北境[1]。

齐桓公北伐之役，在燕国历史上是一个重要的转折点，如果说燕庄公以前的燕国，只是北方的方伯，代周王室统领此区的诸侯，那么，经过山戎的攻略兼灭，再经齐军的攻略兼灭，那些西周初年以来的邦国，除远在松辽流域者外，均已不复存在。这就为燕国设官置吏直接管理北方的居民提供了条件，方伯也就转化

1 常征《古燕国史探微》，聊城地区新闻出版局 1992

成了事实上的国王。

综上所述，笔者认为，新石器时代的原始蓟城应该位于今北京东部包括平谷区在内的泃河流域一带；而商、西周时期的早期蓟城应该位于今北京城西部、永定河以东一带，这从推测中的东周时期蓟城遗址都是位于今北京城西部中可以得到暗示。蓟城西移的原因则是受北方民族的压制所致。另外，还有一点值得重视的是，《水经·湿余水》载："湿余水（今温榆河及其上源）东流过军都县南，又东流过蓟县北。"《注》云："湿余水故渎，东迳军都县故城南，又东，重源潜发，积而为潭，谓之湿余潭。又东流，易荆水注之……又东迳蓟城，又东迳昌平故城南，又谓之昌平水。"[1]这座蓟城应该称为"蓟城故城"，它位于军都县故城东、昌平县故城西，距北魏蓟城（今北京广安门内外）东北140余里，亦即今北京城西北部。过去，学术界对此多不重视，或认为错简，或认为传刻误植。今天看来，有重新考虑的必要。

1《水经》卷十四《湿余水注》

第三章　战国时期蓟城的发展

阅读提示

笔者认为：

董家林古城很可能不但是周初燕国的都城，而且也是商朝末期的北方属国燕国的都城。

在春秋燕襄公或战国燕昭王时期，燕国都城已经自今北京西南的燕地向东迁到原来的蓟国都城——蓟城（今北京城区西南的广安门外）。

燕下都是战国中期燕国的陪都，位于今河北易县。它与蓟城南北呼应，是北方名城。

第一节　西周燕都和春秋战国时期的燕都蓟城

一、西周燕都

公元前11世纪，周武王灭商，西周王朝建立。据史书记载，周初分封诸侯，在今北京地区封有燕国、蓟国。燕国的受封者是召公，但蓟国受封者的身份及其与燕国的关系，由于年代久远，备有歧说。或说是黄帝之后，或说是帝尧之后。

召公姬姓，名奭，是与周王室同姓的宗室贵族。武王死后，召公与周公共同辅佐幼主成王，为大保，“自陕以西，召公主之；自陕以东，周公主之”。“陕”，《史记集解》引何休曰：“盖今弘农陕县是也。”[1]弘农陕县即今河南陕县。可见周初召公是与周公地位相埒的宗室重臣。召公之治西方，甚得民和，死后，百姓以其曾决狱于棠树之下，而不伐棠树，作《甘棠》诗以颂其德。但是，周初召公受封的燕国是否就在今北京地区？由于史文简略，过去史家始终没有一致的结论。

1 《史记》卷三十四《燕召公世家》

从20世纪60年代，这个问题开始有了解决的线索。近年来的考古成果可以肯定西周初封的燕国就在今北京地区，其都城在今北京房山区琉璃河董家林村。

琉璃河西周燕国遗址在今北京西南郊的房山区东南，今河北涿州市北，其范围包括刘李店、董家林、黄土坡、立教、庄头和洄城等城，东西长约3.5公里，南北宽约一公里。大石河流经遗址西侧和南侧，京广铁路从遗址东部穿过。大石河古称圣水。《水经·圣水注》载：“［圣］水出［上谷］郡之西南圣水谷，东南流，迳大防岭之东首……又东迳玉石山，谓之玉石口……其水伏流里余，潜源东出，又东，颓波泻涧一丈有余，屈而南流也。圣水南流，历［良乡］县西转，又南，迳良乡县故城西，王莽之广阳也，有防水注之。［防］水出县西北大防山南，而东南流迳羊头阜下，俗谓之羊头溪。其水又东南流，至县东入圣水。圣水又南与乐水合。［乐］水出县西北大防山南，东南流历县西，而东南流注圣水。［圣水］又东迳其县故城南，又东迳圣聚南，盖藉水而怀称也。又东南与侠河合……世谓之侠活河，又名之曰非理之沟也。”[1]今大石河发源于大房山，东流南转，自坨里以下一段为伏流河，在原房山县城东南复出为地面河，与众水相汇而下。在大石河伏流上源有地名“口头”，再上源有“白石口沟”，与《水经·圣水注》所述圣水“东至玉石山，谓之玉石口。其水伏流里许，潜源东出”，大致相符。防水是圣水支流，即今丁家洼河。今丁家洼河与大石河伏流之间有地名“羊头岗”，当即古防水所流经的羊头阜。乐水即今周口店河，这是一条十分古老的河流，也发源自大防山。圣水与防水、乐水相汇后，东南流，“东迳圣聚南”，复东南流与侠河相汇。侠河即今夹括河，其上源为牤牛河。今大石河（古圣水）与夹括河（古侠河）相汇处正在董家林南，故董家林周初燕都遗址当即郦道元所谓的“圣聚”[2]。《说文解字注》说：“聚，积也。积以物言，聚以人言，其义通也。”人口的聚居就叫做“聚”。可见在北魏及其以前，人们虽然知道这里是先民祖居之地，但详情已不能明白，所以就根据圣水流经其地而名之曰“圣聚”，即所谓“藉水而怀称也”。1962年北京市文物工作队就发现了这处遗址，并在刘李店、董家林等地做过小型试掘，以后又进行大规模发掘。

根据目前发表的考古报告，我们可以了解到：1962年在刘李店遗址中发现八件骨器，分别为笄、锥、镞等。石器三件，其中两件为长方形的石刀，另一件为石杵。出土物中，陶器占绝大多数，分别为鬲、甗、盆、簋、缸、纺轮等。陶器的制法分泥条盘筑、模制、轮制三种。陶鬲的器形可分为三式，其中第三式的形制与河南安阳大司空村殷商墓葬中出土的同类器的器形相同。根据这些器物的形制，可以判断刘李店遗址的年代，最早可到商代[3]。

1973年在刘李店村南又发现两座夏家店下层文化墓葬。夏家店文化是中国古代早期的一种北方文化类型，因较早发现于辽宁省赤峰市夏家店村而得名。其分布范围大致北起今内蒙古自治区的西拉木伦河，南至河北省东北部，遍于燕山南北。夏家店文化初步可分为燕南型和燕北型。近年来，有学者认为燕南型仍可分为不同类型。今北京地区正处于夏家店文化圈的南缘。至于夏家店下层文化的年代，一般认为相当于中原地区的夏、商时代，最晚不超过西周早期。在刘李店的这两座古代墓葬中，特别引人注目的是发现了“筒腹鬲”“圆腹鬲”“敛口罐”和铜耳环等物。“筒腹鬲”，敞口直腹，矮档实足，同类器物曾见于辽宁赤峰药王庙和夏家店村的文化遗址。“圆腹鬲”，敞口短颈，圆腹袋足，同类器物曾见于辽宁赤峰、河北大厂、河北唐山小官屯和北京昌平雪山村等地的夏家店下层文化遗址。“敛口罐”，敛口，边唇稍微外侈，短颈，肩腹无明显分界，同类器物曾见于河北唐山小官屯夏家店下层文化墓葬。铜耳环也曾见于河北唐山小官屯和北

1 《水经》卷十二《圣水注》

2 此承教于尹钧科先生

3 北京市文物工作队《北京房山县考古调查报告》，《考古》1963年第3期

京昌平雪山村遗址等地。根据出土器物比较，可以判断这两座墓葬属于夏家店下层文化，但年代较晚，或相当于商代晚期[1]。

1977年在北京平谷区刘家河村发现的一座商代墓葬中，除出土具有典型中原商文化风格的铜鼎、鬲、甗、爵、卣、斝、三羊罍、盉、盘等礼器外，还出土了具有典型夏家店下层文化风格的金耳环和臂钏[2]。这更说明今北京地区在当时文化融合的情况。

刘李店遗址的东南是黄土坡村。在黄土坡村附近有一处大规模的西周燕国墓葬遗址。京广铁路从中穿过，将遗址分为东、西二区。从1973—1979年，考古学者共在铁路以西的Ⅰ区发掘了33座墓葬和三座车马坑，其中七座墓葬有奴隶殉葬；在铁路以东的Ⅱ区发掘了27座墓葬和座车马坑。以上这些墓葬可分为四期：第一期属商代晚期，第二期属西周成王时期，第三期属西周康王时期前后，第四期属西周中期或晚期的墓葬。值得注意的是，Ⅰ区墓葬和Ⅱ区墓葬在文化上存在着明显差别。例如，七座有奴隶殉葬的墓都发现在Ⅰ区，且该区均为中小型墓葬，普遍有殉狗现象，随葬陶器多由鬲、簋、罐构成，这和河南安阳殷商墓基本相同。而在Ⅱ区发掘的墓葬，无论规模大小，都没有发现奴隶殉葬的情形，且极少殉狗，随葬器物由鬲、罐构成，表现出与Ⅰ区墓葬不同的另一种文化形态。可以认为，在黄土坡遗址Ⅰ区发现的奴隶殉葬墓当是在燕地的殷商遗民的墓葬，而Ⅱ区的墓葬当是西周燕国贵族和平民的墓葬。

黄土坡西周燕国葬遗址对于确定周初燕都有重要意义。据考古报告介绍，其情况如下：

黄土坡遗址Ⅰ区发现的七座奴隶殉葬墓中，殉葬的奴隶七至17岁不等，多为男性少年，间有女性青年。这七座墓葬共出土铜礼器19件、铜兵器12件、铜工具六件、陶器101件、釉陶器四件，以及用玉石、蚌、蛤蜊、象牙等制作的饰物。在出土物中，特别有意义的是带有铭文的铜器。如52号墓出土的一件盾饰，背面铸有阳文“匽（燕）侯”二字，明显地说明了该遗址与西周燕国的关系。该墓出土的“复鼎”，铭文为“侯赏复贝三朋，复用作（作）父乙宝彝”；“复尊”，铭文为“匽侯赏复冂衣、臣妾、贝，用乍父乙宝尊彝”。根据与同型器比较，可以判断是西周早期康王时代器物。53号墓出土的“攸簋”，器内铭文为“侯赏攸贝三朋，攸用乍父戊宝 彝，肇乍纪”。根据纹饰判断，其年代应在西周康王、昭王之际。54号墓出土的铜盘，其年代可早至商末周初时代。

在52号墓的南面有三座车马坑，均为整车埋放。陪葬的车置于坑的中部，舆北辕南。车辕两侧，各有埋放马的长方形土坑。车为木制，马身均有各种饰物。

过去在北京地区曾不止一次出土过西周铜器，最著名的就是清代传说出土于卢沟桥的“亚盉”。据《攀古楼彝器款识》载录，有盉一件、卣一件、爵两件、觚一件，俱同一人所作器。铜盉铭文为“……匽侯易（赐）亚贝，用作父乙宝彝”。解放初，在北京西郊也曾出土铜甗，据认为也是西周早期遗物。北京地区历年来西周燕国铜器的发现和琉璃河黄土坡西周燕国墓葬遗址的发现，有力地说明今北京地区和西周燕国有密切关系[3]。

黄土坡遗址Ⅱ区的发现最有意义。至1979年为止，共发掘了27座墓葬和两座车马坑。251号墓出地“伯矩鬲”“单子尊”“单子卣”“伯矩盘”和“庶觯”等铜器，其中“伯矩鬲”造型庄重、华丽，铭文为“在戊辰，匽侯易（赐）伯矩贝，用乍（作）父戊彝。”253号墓出土“堇鼎”“圉甗”“圉卣”“圉方鼎”等器，其中“堇鼎”最为珍贵。这不仅仅是因为它是一件高62厘米、重41.5公斤的重器，而且在于该器内壁铭文内容十分重要。铭文为“匽侯令堇大保于宗周，庚申，大保赏堇贝，用作太子癸宝尊彝……”“大”“太”相通，大保即太保。《史记·

1 琉璃河考古队《北京琉璃河夏家店下层文化墓葬》，《考古》1976年第1期

2 北京市文物管理处《北京市平谷县刘家河发现商代墓葬》，《文物》1977年第11期

3 琉璃河考古队《北京附近发现的西周奴隶殉葬墓》，《考古》1974年第5期；晏琬《北京、辽宁出土铜器与周初的燕》，《考古》1975年第5期

燕召公世家》云："其在成王时，召公为三公。"《史记·周本纪》云："成王在丰，使召公复营洛邑，如武王之意……"西周初年，成王年幼，周公、召公受武王遗命辅佐成王，"召公为保，周公为师，东伐淮夷，残奄，迁其君薄姑。"[1]位为三公之一的太保，是召公在成王时的官职。铭文中所说的太保就是召公奭，也就是周初"封召公于北燕"的召公。"堇鼎"是周初时器物，而铭载燕侯命"堇"谒见太保召公奭于宗周，这说明周初召公虽受封于燕，但由于他长期供职于宗周，其后实际统治燕地的乃是他的子辈。《史记索隐》即曾据《史记·鲁周公世家》记载周初封周公旦为鲁公，"周公不就封，留佐武王"，后又"卒相成王，而使其子伯禽代就封于鲁"的史实而推测"（召公）亦以元子（即长子）就封，而次子留周室代为召公"。253号墓出土的其他几件铜器的铭文则分别记载"圉"受燕侯赏赐和受周王赏赐等事[2]。

1981—1983年，考古学者在黄土坡遗址Ⅱ区又发掘西周初期墓葬121座，车马坑21座。墓葬可分大中小三种类型，其中有三座是带有斜坡墓道的燕国高级贵族墓葬。一般大中型墓葬均有车马陪葬，只是在数量上有所差别，最多者达马14匹、车五辆。陪葬的车辆大多是拆开后埋放，这与Ⅰ区车马坑中的整车埋放不同，显示着周人与殷人在风俗习惯上的不同。

这121座西周燕国墓葬的随葬品有陶器、铜器、漆器和玉、石、玛瑙制作的装饰品。陶器绝大部分不是实用器，而是专门用来陪葬的明器，分鬲、簋、罐三种器型，表面多饰绳纹。铜礼器有鼎、簋、罍、爵、尊、卣、甗等，且部分带有铭文。如1029号墓出土的一件铜戈，铭文为"匽侯"，分镌在穿木柄处两侧。同墓出土的铜钩戟，铭文为"匽侯舞戈"。又有一件铜泡（按：笔者估计是盾的中心饰件），背面铭文为"匽侯舞易"。这些铜器铭文与以前发现的铜器铭文相比较，虽然没有突破性的内容，但为说明这处遗址的西周燕国文化性质又增添了不少新的资料[3]。

在琉璃河刘李店既然发现了商周墓葬和相当于商晚期的夏家店下层文化墓葬，而在距刘李店不远的黄土坡遗址又发现了西周燕国的大规模墓葬，"个别较大的墓有南北两个墓道，总长达30米，这种墓与河南浚县发现的卫侯墓相同，推测有可能是燕侯的陵墓。”[4]那么，由这一切判断，周初燕国的都城应即在此不远。这个问题随着黄土坡遗址西北的董家林村古城遗址的发现，终于得到解答。

董家林村在刘李店和黄土坡村之间稍北。古城遗址在村西北隅，大石河（古圣水）流经古城西、南两侧。该地古代遗存十分丰富，在村道两旁的黄土断层中常可发现灰坑遗迹，其中混杂着早期绳纹灰陶碎片。在古城遗址的地表，也散落着很多古代遗物，有被农民耕地时翻出地面的陶纺轮等物。古城规模，东西长约829米，其南端遭大石河泛滥冲毁。1988年考古学者在古城的东南部进行部分发掘，惊喜地发现了类似北城墙内墙脚下护坡的地层堆积，从而确定了南城墙的具体位置。经测量，该古城南北宽700余米。全城平面呈横宽形。考古学者经过多年发掘、研究，至目前已可以肯定以下问题：该城墙基是在略以平整的地面上分层夯筑而成，墙基总宽约八米，分三层，每层宽约2.7米，墙体内侧有护坡，夯窝直径为三至五厘米。在古城东北侧墙基处发现一处排水沟，相当于后世的水关，宽四米左右，底部铺砌大块鹅卵石。城内中部偏北为宫殿区，发现六处夯土台基，其中二处为长方形，笔者认为这应该是宫殿基址；另四处为圆形，其中一处直径28米，在台基中部偏西发现一处西周时期平面呈长方形水井，四壁均用方木垒砌。因此，笔者认为四处圆形台基应当或为井台，或为登高游娱的高台建筑。宫殿区内的西南隅为祭祀区，共发现四处用于祭祀的牛马坑和占卜用的甲骨。甲骨上有为占卜而钻凿的痕迹，有的刻有文字。古城遗址内西北部为手工业作坊区和平民生活区。在遗址内还发现西周时期板瓦，说明当时城内应存在大型建筑。该城的建筑在事前曾进行过仔细规划，在

1 《史记》卷三十四《燕召公世家》；卷四《周本纪》

2 北京市文物局考古队《建国以来北京市考古和文物保护工作》，载《文物考古工作三十年》（1949—1979年），北京：文物出版社1981，第4页

3 琉璃河考古队《1981—1983年琉璃河西周燕国墓地发掘简报》，《考古》1984年第5期

4 中国社会科学院考古研究所《新中国的考古发现和研究》，北京：文物出版社1984，第260页

宫殿区周围还发现供、排水的西周时期陶制绳纹水管[1]。这一点倒不奇怪。如前所述，早在商早期，人们已知对城市按照自己的文化观念进行规划。郑州商城和湖北盘龙商城中宫殿区均位于城内东北部，恐非巧合。西周时代，城市建筑进一步发展。丰、镐二城的建筑过程不详，但成周和王城的建筑肯定是经过一番规划的。《史记·周本纪》载：成王“使召公复营洛邑……周公复卜申视”。《史记·鲁周公世家》亦载：“成王七年二月……使太保召公先之洛相土。其三月，周公往营成周洛邑，卜居焉，曰吉，遂国之。”这“相土”“复卜申视”“卜居”的过程中，除占卜之外，也包括择址和规划在内。从《周礼·考工记》中反映出来，西周时期由于专制和宗法观念的加强，已经确立了国都中宫室位置“面朝后市”的概念，并在中国数千年封建社会中沿续下来。但是，就城市的经济形态来说，西周时的城市仍没有完全摆脱原始面貌，农业生产仍占重要地位。这从东周王城中仍存在大量空旷之地和平民居住址非常稀落的现象中可以得到证明。

此外，曲英杰先生认为琉璃河燕都遗址为西周初年燕都应该没有问题，“惟其与同一时期较重要的封国都城如齐之临淄、鲁之鲁城相比，规模似较小。或有可能已发现的城垣只是燕城之宫城，此城外尚有外郭城已被毁坏或未被发现”[2]。这个推测也有一些道理，尤其是因为宫殿区的周围没有发现宫城的城基遗迹。考古勘察证实，临淄和鲁城都是始建于西周而沿用到东周的都城。临淄南北九里、东西七里，鲁城周长近22里，每边城垣五里有余。若以上述两城作尺度来衡量其他，那么长、宽不足二里的琉璃河西周燕国古城的性质究竟是都城还是宫城就自然会成疑问。但是笔者认为，齐、鲁都是西周初年大国，其都城规模并不能作为标准尺度。战国时期名将赵奢曾说：“古者……城虽大，无为三百丈者……”他所说的“古者”当指东周前期的春秋时代。如果以此为尺度，那么横宽接近二里的琉璃河西周燕国古城就完全有资格充当燕国都城了。城墙外护城河距城墙10米，宽15米左右，深约两米。城壕横断面呈梯形，上宽下窄，壕底有10厘米左右的淤土层。这说明当时也是利用护城河作为城市的防卫设施。城墙结构有主墙体和内外护坡。主墙体下挖有浅基槽，直达生土层，填土与基槽相平后，墙体再向两侧展宽。这种为加固城墙而在构筑时挖基槽的工程技术在中国起源甚早，根据考古学方面的发现，早在距今4000余年以前的龙山文化时期，我们的祖先就已经采用这种方法。如今已发现的河南登封王城岗龙山文化城址和山东章丘龙山城子崖古城址，墙体下都挖有基础槽。至于基槽填土与槽口相平后不是内缩而是向两侧展宽，这种现象见于商代城墙。例如商早期的河南偃师县尸乡沟商城，其基槽填平后墙身分别向两侧展宽20—35厘米；商代中期的郑州商城，其基槽在主城墙内侧，填平后墙体向外侧展宽。这种现象反映了中国古代筑城技术的发展。琉璃河董家林古城主城墙采用分段夯筑技术，并有内外护坡，这种现象见于商前期的山西夏县东下冯商城和商中期的郑州商城。所谓分段夯筑，就是将主城墙两壁和一端用木板相堵后填土夯实，完成一段后再向前延伸。主城墙内外侧的护坡实际只对木板起支撑作用，这从董家林古城的护坡仅仅是土质紧密但不见夯层和夯窝的现象中可得到证明。由于采用这种技术，夹在主城墙和护坡之间的筑板朽坏后就会在两者之间出现缝隙。郑州商城的主城墙和护坡之间就有一条垂直壁面，董家林城的城墙也应存在这种现象。董家林古城主城墙采用分层夯筑技术，夯层厚五厘米左右，夯窝直径约三厘米，非常密集。夯窝大小和龙山文化古城、商代早中期古城相差不大。当然，夯土技术的进步还是有的，例如王城岗龙山文化古城是用河卵石作为夯土工具；河南淮阳平粮台龙山文化古城就已经采用了四根木棍捆成一把的夯土工具；郑州商城，根据夯窝的密集程序，考古学者认为是采用成捆的圆棍绑在一起作为夯具的。董家林古城使用的夯具恐怕和郑州商城的相似。另

1 北京市文物研究所《北京考古四十年》，北京燕山出版社1990，第40页

2 曲英杰《先秦都城复原研究》，哈尔滨：黑龙江人民出版社1991，第287页

外，值得注意的是，早期古城的夯土层一般较厚，龙山文化古城通常在10—20厘米左右，郑州商城也在8—10厘米左右，而董家林古城却在五厘米左右。在夯具落后的情况下，减薄夯土层，从而使墙土夯打得更加坚实，使城墙更加牢固，这是董家林古城在建造技术方面的先进之处。古城内还发现有居住、窖穴基址和生产、生活用具。由于该城内侧护坡被商末周初墓葬和西周时期灰坑、房基打破，因此这座古城建造年代不会晚于西周初期，大致是商朝末期或更稍早一些。根据董家林古城东南不远存在着黄土坡村西周燕国贵族墓葬群，以及这座古城本身的年代和规模，可以肯定它就是西周燕国都城[1]。

1986年在黄土坡遗址Ⅱ区发掘的1193号大墓有了重大发现。该大墓为长方形土坑葬，有四条墓道分布在大墓四角。在椁室东南部出土的铜罍、铜盉上有四篇内容相同的铭文，据考古报告释读为："王曰太保：'佳乃明，乃享于乃辟。余大对乃享，令克侯于匽……羌、马……驭、微、克……匽入土……厥。'用作宝 尊彝"。据殷玮璋先生考证，这两件铜器是西周成王早期遗物，铭文内容当译读为："周王说：'太保，你明德贤能，于周有功。你常以香酒奉献给君主。为了报答你的忠诚和对君王的尊奉，封你侯于燕。将……羌、马……驭、微、克……等九族连同燕国纳入周土，由你治辖。'"这两件铜器就是太保召奭为纪念周王册封他燕侯爵位并授土授民而铸造的，即所谓"用作宝尊彝"。据此，可以判断1193号墓就是召公奭的陵墓。西周初召公被封于燕，其后因供职宗周而爵位由子辈承袭，所以他死后仍归葬于燕国封地内。目前，学术界关于这条铭文的解释方面尽管存在一些不同意见，例如有学者认为该墓的墓的墓主当为燕侯克，是召公奭的子辈或孙辈，属第一代或第二代燕侯，但是在董家林古城就是西周初期燕国都城且是西周初年周武王"封召公于燕"的始封地这一点上，大家的意见基本是一致的。至此，判断董家林古城不但是西周燕国都城遗址，而且是"封召公于燕"的西周燕国最初都城遗址，已经没有问题[2]。

董家林周初燕都古城遗址的年代早在商末周初，可见在周初封召公于燕以前这个城就已经存在了。《左传·昭公九年》周王使詹桓伯责晋，曰："及武王克商……燕亳，吾北土也。"这虽然是追述，但表明燕国作为商朝北方的一个属国在商朝灭亡以前就已经存在。这个燕国是周初燕国的前身，周武王灭商以后封召公奭于此，别立新邦，仍沿用燕国旧称。召公与周室同姓，原以封于召而称召公，至此改称燕召公。董家林古城很可能不但是周初燕国的都城，而且也是商朝末期的北方属国燕国的都城。

二、燕都蓟城

如前所述，在春秋燕襄公或战国燕昭王时期，燕国都城已经自今北京西南的燕地向东迁到原来的蓟国都城——蓟城。这个燕都蓟城就在今北京城区西南的广安门内外。

1949 年以后，在广安门地区、虎坊桥韩家潭先后发现战国时期燕国宫殿特有的建筑构件和饕餮纹半瓦当，可以证明这一点[3]。特别是 1956 年以后，自北京城西的会城门村向东经白云观、象来街至和平门一带，先后出土战国至汉代陶瓦井计 200 余座，其中战国时期的有 50 座左右[4]。此外，同时在北京城南的北京火车南站、陶然亭、天坛、蒲黄榆等地也先后发现战国至汉代的墓葬[5]。在陶然亭湖底还曾发现战国时期的居住遗址[6]。这些都可以进一步证明战国时期的燕国蓟都就在今北京城区西南一带。

关于春秋战国时期的燕都蓟城（今北京），文献中记载很少。据《史记·燕召公世家》记载：战国时期的燕都蓟城有燕召王为招纳天下贤士而筑的黄金台、碣石宫，城内有燕王宫、太子东宫、国相的公府及贵族的住宅。当然也有民居[7]。同书《乐毅传》记述蓟城作为燕国的国都，还有宁台、元英、历室等礼教性质的建筑。所谓宁台，应该是燕王郊天即向上天祷告的高台建

1 北京文物研究所《北京考古四十年》，北京燕山出版社 1990，第 40 页；河南省文物研究所等《河南淮阳平粮台龙山文化城址试掘简报》，《文物》1983 年第 3 期；《登封王城岗遗址的发掘》，《文物》1983 年第 3 期；中国社会科学院考古研究所洛阳汉魏故城工作队《偃师商城的初步勘探和发掘》，《考古》1984 年第 6 期；河南省博物馆等《郑州商代城墙遗址发掘报告》，《文物资料丛刊》第一辑，北京：文物出版社 1977

2 琉璃河考古队《北京琉璃河 1193 号大墓发掘简报》，《考古》1990 年第 1 期；殷玮璋《新出土的太保铜器及其相关问题》，《考古》1990 年第 1 期；《北京琉璃河出土西周有铭铜器座谈会》《考古》1989 年第 10 期

3 赵正之等《北京广安门外发现战国和战国以前的遗迹》，《文物》1957 年第 7 期；北京文物管理处《北京又发现燕饕餮纹半瓦当》，《考古》1980 年第 2 期

4 北京文物管理处《北京地区的古瓦井》，《文物》1972 年第 2 期

5 北京市文物局考古队《建国以来北京市考古和文物保护工作》，《文物考古工作三十年》(1949—1979 年)，北京：文物出版社 1981，第 4 页

6 苏秉琦《辽西古文化、古城、古国》，《文物》1986 年第 8 期

7《史记》卷三十四《燕召公世家》载：子之相燕，贵重，主断。燕王哙五年（公元前 316 年）将君位让于子之。燕国大乱，将军市被与太子平共谋，要党聚众，围攻子之公宫不克；百姓又反攻太子平，构难数月，死者数万，太子平、市被、燕王哙皆死。七年（公元前 314 年）齐国乘燕之乱发兵伐燕，杀子之。据此，可以推测蓟城之规模。

筑，犹如今北京明清遗留下来的天坛一样。元英、历室应该是燕王祭祀祖先的宗庙和陈设国家神器的宫殿式建筑。这些建筑直到唐代还有遗迹可寻。(唐)《括地志》说“宁台”在唐幽州蓟县（今北京）西四十里；元英、历室在宁台之下。其方位应该是今北京石景山地区。碣石宫是燕昭王为招纳齐国贤士邹衍所筑，自然应该离燕王宫不远。《括地志》说碣石宫在宁台之东，即蓟城与宁台之间[1]，当属合理。据2001年第一期《北京文物报》载，关续文等先生近年来在石景山区顶山主峰四周发现厚达一米约古代建筑遗迹，经鉴定属汉代大型古建筑遗存。作者据文献和地志的记载，推断该地应即唐代诗人陈子昂所谓的汉代轩辕台，亦即战国时期燕国历室宫所在地。金顶系“金鼎”之讹。历室宫应当是燕国宗庙性质的建筑。

宁台、元英、历室等礼教性质的建筑的存在，是和蓟城作为燕国都城的地位相符的。汉代人许慎《说文解字》中解释说：“都，有先君之旧宗庙曰都。”[2]《左传》中也说：“凡邑，有宗庙先君之主曰都；无，曰邑。”[3]看来，在古代，只有都城才有资格建立祭祀国族先君、神主的宗庙。一般的城是没有这种权利和资格的，只能称其为邑，例如公侯大夫封地的城。这种情况和原始时期中心聚落的情况相仿，中心聚落不但是氏族首领的居住地，因此也就是权力的集中地；同时也还是氏族最主要的图腾祭祀所在地，在此基础上发展起来的国家都城由于是国君居住地，因此也就有了祭祀祖先和上天的特权。关于宗庙的格局，《尔雅》解释说：“室有东、西厢曰庙；无东、西厢，有室，曰寝。”这是指庙和寝的区别。近年在陕西凤翔、扶风发现的西周宫殿基址，因有东、西厢房，故判断为西周宗庙遗址。清人郝懿行引《月令正义》解释说：“庙是接神之处，其处尊，故在前；寝，衣冠所藏之处，对庙为卑，故在后。”[4]所以宗庙的格局除有东、西厢之外，还有前庙后寝的特点。

战国时期是中国封建社会兴盛发展的阶段，商业、手工业迅速发展，城市的规模和人口也有惊人的变化。齐威王之世，齐国号称“地方千里，百二十城”。赵国名将赵奢说：“古者……城虽大，无过三百丈者；人虽众，无过三千家者。”“今千丈之城，万家之邑相望也。”[5]汉人桓宽《盐铁论·通有篇》追述战国时期的名都大城时说：“燕之涿（今河北涿州）、蓟（今北京）、赵之邯郸（今河北邯郸）、魏之温（今河南温县南）……齐之临淄（今山东临淄）、楚之宛（今河南南阳）、陈（今河南淮阳）、郑之阳翟（今河南禹县），三川之二周（洛阳、巩县），富冠海内，皆为天下名都。”[6]由此我们可以了解燕国蓟城在战国时期的地位。

战国时的都城中都有宏大的宫殿，而且不止一处。如秦国有咸阳南宫[7]、赵国有信宫、东宫、沙丘宫[8]、齐国有雪宫[9]、韩国有鸿台之宫[10]，而燕国如前所述则有碣石宫、燕王宫、太子东宫、元英、历室。这些宫殿，有些是君主居住和处理朝政之地，有些是游宴之地，有些则是宗庙。战国时期，夯土成台，在台上构建宫殿的的建筑技术已经十分成熟。考古发现的战国时期宫殿都是高台建筑。此外，在都城或都城以外的地区还建有用于游娱或军事目的的高台。例如，楚有章华台、秦有章台、赵有丛台、韩有鸿台、魏有范台、仪台、文台、齐有遄台、檀台、鲁国有泉台、而燕国则有宁台。这些高大的土台上，有的有建筑，可称之为宫，如鲁国的泉台又称泉台宫、韩国的鸿台又称鸿台之宫、楚国的章华台又称章华宫，实际是国君的离宫；有的只是一个纯粹凭栏望远的宴客游娱之地或军事上的瞭望之地，如燕国的黄金台、鲁国于庄公三十一年（前662年）“筑台于郎”“筑台于薛”的两台、赵国的野台，就都是用于以上目的。值得注意的是，高台建筑是都城建设中不可缺少的重要部分，直至封建社会末期明清北京城内外的宫殿建筑也还都是高台建筑；有些高台就位于都城或宫城内，如赵国的丛台就建在邯郸都城内、齐国的桓公台就建在临淄都城的宫城内西北隅等等[11]。这样做，部分是为了神化

1《括地志辑校》卷二《幽州蓟县》
2《说文解字》“邑部”
3《左传》“庄公二十八年”
4《尔雅义疏》中一《释宫》
5《战国策》卷八《齐策一》；卷二十《赵策三》
6《盐铁论》卷一《通有篇》
7《史记》卷六《秦始皇本纪》
8《史记》卷四十三《赵世家》
9《孟子》卷二《梁惠王章句》
10《战国策》卷二十六《韩策一》
11 群力《临淄齐国故城勘探纪要》，《文物》1972年第5期；山东省文物管理处《山东临淄故城试掘报告》，《考古》1961年第6期

封建君主的权威，部分也是为了封建统治者自身的安全。

在燕都蓟城的周围还有许多大大小小的城市，如燕在今河北徐水县西南有桑丘一城[1]，又如燕易王初立（公元前332年），齐宣王趁燕丧伐燕，“取十城”[2]。齐兵并未能抵达燕都蓟城，所以这些燕国的城市都在蓟城之南，易水之北。战国末年，燕王喜八年（公元前247年），赵国在久攻燕不克，又有秦兵来伐的局势下，与燕交换土地，燕国以与赵国相邻的葛城、平舒等城交换了赵国在今河北易县附近的龙兑、汾门、临乐；十二年（公元前243年）赵国攻燕，“拔武遂、方城”[3]，两城分别在今河北徐水县西和涞水、固安一带。在沧州长芦有燕留城[4]。在燕国的南疆今河北易县境内还有著名的燕下都又称武阳城，其与蓟城南北呼应，是燕国的重要陪都。

第二节　燕下都

燕下都是战国中期燕国的陪都，位于今河北易县境内。它与蓟城南北呼应，是北方名城。多年来考古学者对燕下都的勘察比较深入，其面貌揭示得比较清晰。我们由此也可以概测到一些当时蓟城的情况。

燕国在齐国的北部，论商业经济比齐国要落后一些。《史记·刺客列传》载：“荆轲既至燕，爱燕之狗屠及善击筑者高渐离。荆轲嗜酒，日与狗屠及高渐离饮燕市，酒酣以往，高渐离击筑，荆轲和而歌于市中，相乐也；已而相泣，旁若无人者。”可见当时燕国的城市中不但有繁荣的商业，而且有专供贸易的“市”。

今河北易县的燕下都故城始建于战国中期的燕昭王时代。燕下都城位于今河北易县城东南，北有北易水，南有中易水。该城平面略呈横长方形，东西约八公里，南北约四公里。城中间有一条古河道（俗称运粮河），纵贯全城南北，将城市分为东、西两部分。

东城年代较早，属战国中期；西城年代较晚，可能是战国末期为应付战争而增筑的外郭。在东城内中间偏北有一道横贯东西的隔墙，将东城分为南北两部分。燕下都城宫殿区的主要建筑就分布在隔墙两侧的武阳台、望景台、张公台、老姆台四处的高大夯土台基上。这四处建筑均位于一条南北直线上，看来也是经过详细规划后修建的。在武阳台基址的东北、东南和西南部，围绕着武阳台又有三处宫殿建筑群遗址。因此，可以判断武阳台是宫殿区的中心区，武阳台北的东西隔墙或即为保护这个中心区而建。考古报告指出：如果说在城中建立一座突出的土台基可能是春秋时期都城要邑的建筑形式，“那么以更多高大的夯土台作为主体建筑的基址，则是战国中期燕下都城市建筑的一个特点”。围绕着宫殿区，自西北至东南的弧线上基本是手工业作坊区。在宫殿区西北的虚粮冢以东发现两处（21、23 号）铸铁作坊遗址，在宫殿区西南的高陌村西北发现一处（5 号）铸铁作坊遗址。以上三处铸铁作坊遗址中，以虚粮冢附近的 23 号遗址面积最大，约 17 万平方米，堆积层厚两米，说明这是一处规模很大、使用时间很久的手工业作坊。在 23 号遗址东南还发现一处（13 号）专门铸箭镞和箭铤的兵器作坊。在武阳台西北 750 米处发现一处（18 号）专门铸箭铤的兵器作坊。在高陌村西北还发现一处（4 号）铸钱作坊，面积约 8000 平方米。在郎井村东南发现一处（11 号）制陶作坊。这些手工业作坊围绕宫殿区而设，应是属于王室控制下的官手工业作坊性质。市民居住址主要分布在城内西南、中、东和东北各部分，面积大小不一。郎井村西北的 10 号居址，面积达 20 余万平方米，堆积物中发现绳纹板瓦、筒瓦和半瓦当。该址隔古河道与宫殿区相毗邻。《管子·大匡篇》云：“凡仕者近宫，不任与耕者近门，工贾近市。”据此推测，10 号居址当是士卿或高级贵族的居住遗址。位于城东南的 14、15 号居址的堆积

1 《史记》卷四十三《赵世家》

2 《史记》卷三十四《燕召公世家》

3 《史记》卷四十三《赵世家》

4 《括地志辑校》卷二《沧州长芦县》

物中也发现绳纹板瓦和筒瓦。这里距宫殿区较远，且靠近东城墙，不大可能是士卿一类人物的居址。战国时代“礼崩乐坏”，等级制度并不严格，因此这里也可能是豪富一类人物的居住址。

燕下都西城内文化遗存甚少，只发现两处普通的建筑遗址和一些墓葬，基本上是空空荡荡。笔者推测，西城或仅在战争时驻扎军队之用，故缺少居民生活的文化遗存。

燕下都与齐临淄城一样，墓地也在城内，位于东城内西北角[1]。

燕国与北方诸族有密切的经济联系。战国时，“冠带战国七，而三国（燕、赵、秦）边于匈奴”，“燕北有东胡、山戎”。彼此之间虽然经常发生战争，但这也是调整经济关系的一种手段。在日常生活中，人民之间仍可互通有无。

1 河北省文化局文物工作队《河北易县燕下都故城勘察和试掘》，《考古学报》1965年第1期；中国历史博物馆《燕下都城址调查报告》，《考古》1962年第1期

第四章　秦汉时期的蓟城

阅读提示

笔者认为：

东汉末年至元朝建大都以前的1000余年间，蓟城因袭战国蓟城的旧址，方位未变。

秦汉时期，北京地区的其他古城现在发现有多处：房山蔡家庄古城遗址、房山长沟古城遗址、房山广阳城村古城遗址、海淀清河朱房村古城遗址、平谷汉博陆古城遗址，等。

第一节　秦汉时期蓟城的规模和布局

汉代蓟城乃因袭战国蓟城的旧址，方位未变。

西汉初年，汉高祖刘邦封诸功臣、王室贵族为诸侯王，分镇各地。汉五年（公元前202年）封亲信卢绾为燕王，治蓟城。后复行诛罚，逐步铲除异姓诸王。十一年（公元前196年）卢绾反。十二年（公元前195年）刘邦复封子刘建为燕王，是为燕灵王。吕后执政，刘建死，吕后杀其庶子，封吕通为燕王。吕后死，汉诛吕通，汉文帝元年（公元前179年）复封宗室刘泽为燕王，是为燕敬王。刘泽死，汉文帝三年（公元前177年）其子刘嘉承袭王位为燕康王。刘嘉死，汉景帝六年（公元前151年）其子刘定国承袭为燕王。汉武帝元朔元年（公元前128年），燕王定国以肆行非法，淫乱败伦，自杀，国除。燕国改为燕郡。元狩五年（公元前118年）复置燕国，六年（公元前117年）以汉武帝子刘旦为燕王。昭帝元凤元年（公元前80年），刘旦以谋反赐死，国除。燕国改为广阳郡。宣帝本始元年（公元前73年）更立广阳国，以刘旦子刘建为广阳王，其子孙绍封不绝，至王莽时始废。

《汉书·诸侯年表总叙》云："汉兴之初，海内新定，同姓寡少，惩戒亡秦孤立之败，于是剖裂疆土，立二等之爵。功臣侯者百有余邑，尊王子弟，大启九国……藩国大者跨州兼郡，连城数十，宫室百官同制京师。"燕国是西汉初年在北方的大封国，其封邑疆域广阔，除邑都蓟城（今北京）之外，还有数座城市；建于蓟城的燕王宫室，布局制度同于京师汉帝的宫室，规模十分宏大。虽然，在汉高祖之后，文、景二帝相续推行"强干弱枝"政策，削弱诸宗室藩国势力；汉武帝又行推恩之法，使诸侯王将封邑分封子弟，藩国自析，但却未见史书有削减各地诸侯王的国都规模和宫室制度的记载。据《汉书·燕剌王刘旦传》记载，汉武帝时蓟城燕王宫中有万载宫，燕王刘旦经常在这里与群臣、宾客、妃妾置酒高会。万载宫两侧有清溪潺潺流过，宫前有池沼，碧水荡漾。庭院中古木参天，绿阴匝地，景色优美。燕王宫中还有明光殿，是燕王举行各种大典和迎奉天子诏书的宫殿。明光殿因是燕王宫中的正殿，所以殿前有一道朝门称端门，犹如今日故宫太和殿前的太和门[1]。端门是对正门的称谓。燕王宫有宫城，城门上有城楼。《汉书·五行志》载："昭帝元凤元年（公元前80年），燕王都蓟大风雨，拔宫中树七围以上十六枚，坏城楼。"[2]即指此城楼而言。宫中还有水井数口，供生活起居用水。在宫的后部有永巷（即长巷），按制度是宫女居住或幽闭触犯禁律者之所，其中有厕、猪厩。

《周礼·考工记·匠人》记王城制度为"面朝后市，左祖右社"。燕国既为周初封国之一，都城内也应当有进行商品交易的"市"。战国时期，商业经济进一步发展，燕国的商业活动也很频繁。这从燕国货币"燕明刀"分布在东至日本、朝鲜，南至我国河南、山东的广泛范围内的事实，可得证明。《史记·刺客列传》载，战国末期，"荆轲嗜酒，日与狗屠及高渐离饮于燕市，酒酣以往，高渐离击筑，荆轲和而歌于市中，相乐也，已而相泣，旁若无人者。”[3]这里所谓的“燕市”虽然大约指的是燕下都（在今河北易县）的市，但也可以想见，地位在燕下都之上的燕都蓟城，其“市”应当更为繁华。西汉末年，王莽灭亡，刘秀奉更始帝之命抚定河北，北巡幽蓟，在蓟城遣部下王霸“至市中募人”[4]。这是因为“市”是城市中人群往来不息，消息传播最快的地方，故官府张贴告示或募兵也大都选择在“市”中。东汉末年，公孙瓒割据幽州，“所宠遇骄恣者，类多庸儿，若故卜数师刘纬台、贩缯李移子、贾人乐何当等三人……富皆巨亿”[5]。可见，自春秋、战国至西汉、东汉，蓟城的商市始终不衰。

古蓟城的一个显著地理标志就是蓟丘。《史记·乐毅列传》载乐毅《报燕惠王书》云：“蓟丘之植，植于汶篁。”[6]这是最早提到蓟丘的文献资料。北魏郦道元《水经·灅水注》进一步说明：“今城内西北隅有蓟丘，因丘以名邑也，犹鲁之曲阜，齐之营丘矣。”依郦道元所记，蓟丘在蓟城内西北角，而且蓟城的名字就是得自此丘。过去有学者认为今北京城区西南部的白云观西墙外的一处高丘就是蓟丘，从而推测战国时的蓟城也就在这里附近。但1974年发掘结果，发现这个土丘实际是一处古城残垣遗址。由于城基夯土下面压着两座东汉墓，显然古城年代要晚于东汉[7]。如果东汉以前的蓟城遗址确在今北京宣武门、和平门一带的话，白云观西古城址的发现说明东汉以后蓟城城址曾向西移动。其移动原因，可能与原蓟城所依附的灅水（今永定河）改道有关。据成书于东汉桓、灵之际的《水经》记载：“灅水过广阳蓟县北。”北魏时代的郦道元《水经·灅水注》云：“灅水又东北迳蓟县故城南。《魏土地记》曰：‘蓟城南七里有清泉河’，而不迳其北，盖《经》误证矣。”郦道元虽然发现《水经》关于灅水的记载与曹魏时《魏土地记》的记载不同，但是没有能做

1 《汉书》卷六十一《燕刺王刘旦传》

2 《汉书》卷二十七下之上《五行志》

3 《史记》卷八十六《刺客列传》

4 《后汉书》卷二十《王霸传》

5 《三国志》卷八《魏书·公孙瓒传》注引《汉末英雄记》

6 《史记》卷八十《乐毅传》

7 齐心主编《北京考古四十年》，北京燕山出版社1990，第118页；赵其昌《蓟城的探索》，载《北京史研究》第1辑

出正确的解释，反而认为《水经》的作者失误。实际上，两种记载的差异，正说明㶟水在东汉末至曹魏中的几十年间，发生了从蓟城北到蓟城南的大改道。近年已经发现在北京自德胜门以西进入积水潭，经什刹海、北海、中海、石碑胡同、人大会堂西南，而后穿过正阳门、鲜鱼口、芦草园、红桥，经龙潭湖西部，在贾家花园流出城外的㶟水故道[1]。这就是《水经》所说的“过广阳蓟县北”的㶟水，当时从蓟城北部自西北向东南流。曹魏时期，据《魏土地记》的记载，㶟水则已改道，自今卢沟桥以北转向东南流，经今大兴区凉水河一线向东南流注。《魏土地记》所谓的城南七里的清泉河，即今凉水河。在㶟水改道过程中，估计原蓟城的东部可能被冲毁，所以城址向西移动，西城垣移到今白云观西的古城遗址，东城垣也相应西缩。从此，蓟城由㶟水水系复迁移到今广安门外莲花池水系，一直到元代才又重新依附其东北的原属㶟水故道的高梁河水系。

白云观古城遗址在原白云观西侧京包铁路西100米左右。该处古城残垣为南北走向，北端向东转，因此这里应是古城的西北角[2]。1965年在北京西郊八宝山以西一里左右发现西晋永嘉元年（公元307年）幽州刺史王浚妻华芳墓，墓志铭文记述其方位在蓟城西20里[3]。按同墓出土的晋尺计算，每晋尺合今24.2厘米，晋20里约合今17.4里左右。从该墓向东16余里正在今宣武区会城门村以东、小马厂一带，此距白云观铁路西的土城台遗址非常接近。因此，可以判断白云观西古城遗址即西晋幽州蓟城的西北角。《晋书·王浚传》称蓟城南有清泉水。《魏土地记》也称蓟城南七里有清泉河。据此，西晋蓟城实际应该是始于曹魏时期，亦即东汉以后的蓟城新址。这座城池自东汉末年以后，一直相沿千余年之久。

郦道元《水经·㶟水注》对这座蓟城有较详细的记述，文云：“昔周武王封尧后于蓟。今城内西北隅有蓟丘，因丘以名邑也，犹鲁之曲阜，齐之营丘矣。武王封召公之故国也……城有万载宫、明光殿。东掖门下，旧慕容儁立铜马像处。昔慕容廆有骏马赭白，有奇相逸力……比鲍氏骢，命铸铜以图其像，亲为铭赞，镌颂其旁，像成而马死矣。大城东门内道左，有魏征北将军、建成乡景侯刘靖碑。晋司隶校尉王密表靖功加于民，宜在祀典，以元康四年（公元294年）九月二十日刊石建碑，扬于后叶矣。瀔水又东与洗马沟（今北京广安门外莲花河）水合。水上承蓟水，西注大湖（今北京广安门外莲花池）。湖有二源，水俱出县西北平地，导源流结西湖。湖东西二里，南北三里，盖燕之旧池也。绿水澄澹，川亭望远，亦为游瞩之胜所也。湖水东流为洗马沟，侧城南门东注，昔铫期奋戟处也。其水又东入瀔水。瀔水又东迳燕王陵南。陵有伏道，西北出蓟城中。景明中（公元500—503年），造浮图建刹穷泉，掘得此道，王府所禁，莫有寻者。通城西北大陵，而是二坟，基址磐固，犹自高壮，竟不知何王陵也。瀔水又东南，高梁之水（今积水潭、北海、龙潭湖一线）注焉。水出蓟城西北平地（今北京紫竹院公园），泉流东注，迳燕王陵北，又东迳蓟城北，又东南流。《魏土地记》曰，蓟［城］东一十里有高梁之水者也，其水又东南入瀔水。"[4]

根据郦道元以上记述，蓟城西北有一座燕王陵，城东南有两座燕王陵。关于城东南的这两座燕王陵，其他史籍中也有记载。《魏书·地形志》称这两座燕王陵是战国时期燕昭王、惠王陵[5]。《北齐书·范阳王绍义传》载：亡命突厥的北齐范阳王高绍义率军南围蓟城，"登燕昭王冢，乘高期远，部分兵众"[6]。五代时，公元913年河东节度使、晋王李存勖（后唐庄宗）攻刘守光于蓟城，"登燕丹冢以观之"[7]。以上所述燕昭王陵、燕惠王陵、燕丹冢（燕太子墓）[8]，实际上都是指的蓟城东南的两座燕王陵。金代，海陵王展筑燕京城（即蓟城）时，将这两座燕王陵括入城内。《金史·蔡珪传》载："初，两燕王墓旧在中都（即蓟城，

1 孙秀萍《北京城区全新世埋藏河湖沟坑的分布及其演变》，载《北京史苑》第2辑，北京出版社1985

2 齐心主编《北京考古四十年》，北京燕山出版社1990，第118页；赵其昌《蓟城的探索》，载《北京史研究》第1辑

3 北京市文物工作队《北京西郊西晋忘浚妻华芳墓清理简报》，《文物》1965年第12期

4《水经》卷十三《瀔水注》

5《魏书》卷一百六上《地形志上》

6《北齐书》卷十二《范阳王绍义传》

7《旧五代史》卷二十八《庄宗纪》

8《旧五代史》卷一百三十五《刘守光传》载：刘守光守幽州蓟城，后唐军"四面毕攻，庄宗登燕太子墓观之。"由此可见，由于战国时燕丹子是燕国太子，所以燕丹冢又称燕太子墓。

金代称中都）东城外，海陵广京城围，墓在东城内。前尝有盗发其墓，大定九年（1169 年）诏改葬于城外。俗传六国时燕王及太子丹之葬。”实际上，一座是西汉高祖子燕灵王刘建之墓，一座是燕康王刘嘉（刘邦族弟刘泽之子）之墓[1]。

由于自东汉末年至西晋，乃至北魏时期的300余年中，蓟城与清泉河的相对位置未变；北魏至辽末金初时期的600余年中，蓟城与其东南的燕王陵的相对位置也未变，因此可以肯定自东汉末年至元朝建大都以前的1000余年间，蓟城的城址没有迁徙，就在今北京城区西南的广安门一带。

第二节　秦汉时期北京地区的其他古城

中国封建社会城市的发展有两个飞跃性的阶段，一个是战国时期，一个是两汉时期。这种现象的出现，是由于正处于上升阶段的新兴地主阶级集团政治和经济的需要。这些新出现的封建城市，无论规模大小，都是所在区域的政治或者经济中心。

战国时期燕国城市的发展情况已如前述，这里再补充一条。公元前314年燕国发生子之之乱时，齐国（按：都山东临淄）和中山国（都中山，今河北定县）乘机伐燕，中山国相“亲率三军之众，以征不义之邦（按：指燕国）……辟启封疆，方数百里，列城数十，克敌大邦”[2]。这次战役，齐国大军一直攻陷了燕国的都城——蓟城，联军占领的是自今北京地区南至易水的“列城数十”，可见燕国境内的城市数量很多。当然，和齐国相比，燕国城市的数量还要算少的。燕昭王之世，乐毅率众国联军伐齐，陷临淄，曾攻拔70余城。

汉代，今北京地区的城市无论在规模上还是在数量上都仍在继续飞跃性的发展。举例来说，西汉初年汉高帝刘邦十二年（公元前195年）二月，命相国樊哙率军北上，平定燕王卢绾（按：都蓟城，今北京）之叛。樊哙大胜，

"破其丞相抵［于］燕南，定燕地，凡县十八、乡邑五十一"[3]。县城应是中等城市，乡邑应是村镇或小城市。此后，汉高祖又以周勃代替樊哙为将，汉军连连取胜，陷蓟城（今北京），破浑都（治今北京昌平）、上兰（在今河北怀来境内）、沮阳（治今河北怀来县大古城），总计平定上谷郡（治沮阳）12 县、右北平郡（治平刚，今内蒙古宁城西）16 县、辽西、辽东两郡 29 县，渔阳郡（治今北京怀柔区梨园庄）22 县[4]。在以上 100 余县城中，有不少是在今北京境内。

自建国以来，考古学者在北京境内，以今北京为中心发现了多处汉代古城址。其中多座城址的年代可以上溯到战国时期。

一、房山蔡家庄古城遗址

1959 年考古学者在房山蔡家庄之南发现一处古城址，位于房山西南与河北涞水县交界的拒马河支派的河旁高台地上。古城北距房山蔡家庄 0.25 公里，南距河北涞水县板城村 1.5 公里。这座古城的北城墙已经不存，但其他三面城墙在地面上还有遗迹可寻。特别难得的是东南和西南城角还保存较好，为认识古城的原貌起了很大的作用。据考察，该古城平面呈正方形，每边为 300 米，四面各开一座城门。城墙系版筑建成，夯层 13—15 厘米，层间有稻草痕迹。夯窝直径三厘米。笔者认为，与其他已经确定的汉代古城比较，这座古城具有汉代县城的规模。

考古学者还在遗址地面采集到大量夹沙灰、红陶片，以及偏刃青石镰残段，战国末期半瓦当、汉五铢钱陶范，年代大多在战国至西汉初期。当地居民在取土时还无意中发现过铁、铜箭镞和瓮棺。考古学者认为该地在西周时就已经是一个居民点，古城的年代应该是在战国末期和西汉时期[5]。

1 《金史》卷一百二十五《蔡松年传》附子珪传

2 张政烺《中山王嚳壶及鼎铭考释》，《古文字研究》第 1 辑，转引自王采枚《燕国简史》，北京：紫禁城出版社 2001，第 69 页；河北省文物管理处《河北省平山县战国时期中山国墓葬发掘简报》，《文物》1979 年第 1 期

3 《史记》卷九十五《樊哙传》

4 《史记》卷五十七《绛侯周勃世家》

5 王汉彦《周口店区蔡庄古城遗址》，《文物》1959 年第 5 期

二、房山长沟古城遗址

长沟古城遗址位于房山长沟镇东侧约 0.25 公里的一块高地上，四面墙体在地面上均有残留的遗迹，但都不够完整，惟有东南城角还保存比较完整。古城的平面呈刀把形，南宽北窄，周长约 1720 米，与蔡家庄的规模基本相当，也应当是一个县城的所在地。

古城内陶片的堆积层不厚，大致分泥制灰陶、沙质红陶两种。陶器碎片分别属于碗形豆、瓮、瓦当、钵、釜等物，其中兽形半瓦当、钵、釜的器形与燕下都发现的器物相同，同属于战国至西汉初期常见的器物。因此该城的建筑年代应该是在战国和西汉之际。

北魏郦道元《水经·圣水注》中记述："［挟河］水出良乡县西甘泉原东谷，东迳西乡县故城北，王莽之移风也，世谓之都乡城……盖世传之非也。又东迳良乡城南，又东北注圣水，世谓之挟活河。"汉良乡县城在今房山窦店镇附近，挟活河即今夹括河，其在窦店南汇入大石河即古圣水。在长沟古城址的北面有北、西、南三甘池村，应当是《水经注》所说的甘泉原，只不过它现在已不是挟活河的源头，而变成北泉水的源头。北泉水发源于北甘池村西北的泉源，东南流经长沟镇西，与南泉水河会合后，向南流为胡良河，然后东南入北拒马河。今北甘池与夹括河之间有一条西北、东南方向的牤牛河在南章村附近汇入夹括河，估计其在古代曾经部分是挟活河的河道。如果将北泉水向西与牤牛河相连，再西在南章村附近于今夹括河相连，则就恢复了《水经注》中挟活河的故道，其正流经长沟故城北，而于窦店即汉良乡县城南注入大石河即古圣水。据此，长沟古城应当是汉西乡县[1]。

三、房山广阳城村古城遗址

古城位于北广阳村外东南，至今其城墙西北角仍保存较好，地面有高四米，长 40 米的遗存；西城墙有 500 余米的地面遗存；南城墙尚可见到城基夯土层。据此可以测量出其城墙四至大约每边长500—600米，平面是南北方向略长的长方形，规模略大于蔡家庄、长沟古城。

由于受永定河常年泛滥的影响，古城内地面被淤沙遮盖，遗存较少，但也发现了具有战国时期特征的夹蚌屑红陶片和泥质灰陶片，表明该古城的年代应该在战国和西汉之际。

《水经·圣水注》记述说："圣水（今大石河、琉璃河）又东，广阳水（今小清河）注之。［广阳］水出小广阳西山，东迳广阳县故城（今北广阳村）北，又东，福禄水（今哑巴河）注焉。［福禄］水出西山，东南迳广阳县故城南，东入广阳水，乱流东南至阳乡县，右入圣水（按：即向西注入圣水）。"今北广阳村正在小清河和哑巴河之间，也就是古广阳水和福禄水之间，因此可以确定其即汉广阳县城遗址无疑。不过，今哑巴河与小清河相会以后，并不是东南至汉阳乡县（今涿州长安城）入圣水，而是向西南在涿州长安城西与琉璃河即古圣水同入北拒马河（古桃水），南流为白沟河。这主要是小清河后世受永定河的影响，下游发生了变化[2]。

四、海淀清河朱房村古城遗址

朱房村在北京海淀区清河镇西一公里的清河北岸，这里有20个世纪50年代发现的古城址。该城址至1958年共经过五次发掘，有丰富的发现。

古城的西南角保存得比较完整，城墙的西、南、东三面尚可以发现明显的地面遗存和遗迹，但北面已经无存，只有部分城基夯土层仍然依稀可见。由此测量古城的规模大致是每边长500米，与广阳城古城大致相当，比长沟古城、蔡家庄古城略大。古城也是采用版筑方法建成，夯窝直径6—7.5厘米，比蔡家庄古

1 冯秉其、唐云明《房山县古城址调查》，《文物》1959年第1期；北京市文物工作队《北京房山县考古调查简报》，《考古》1963年第3期；北京市文物研究所《北京考古四十年》，北京燕山出版社1990，第96页

2 北京市文物工作队《北京房山县考古调查简报》，《考古》1963年第3期；北京市文物研究所《北京考古四十年》，北京燕山出版社1990，第95页

城的夯窝大得多。从夯土中含有大量战国时期的夹沙和泥制灰、红陶片判断，这座古城应该始建于战国时期。但是，在古城遗址内还发现大量汉代砖瓦、遗物，因此该古城应该是建于战国时期而沿用到秦汉时期。

在土城遗址内发现一处汉代铜、铁冶铸作坊遗址，出土铜、铁炉渣和剑、戟、锄、铲、镢、镜、镂足、车轴瓦等制成品，分属农具、兵器、生活用具。还有用于生产的炼炉和钱范。东北角发现十余座汉代古瓦井，形制与前述北京城内发现的汉代瓦井一样，均用陶瓦圈叠砌而成。从地面散落的大量汉代筒瓦、板瓦、瓦当等建筑构件及地下发现的整行墙基、房基来看，当时城内居住的人口数量不少。

这座古城距离古蓟城（今北京）最近，但在郦道元的《水经注》中却不见记载，大约在北魏时已经废而不彰。同时，《汉书·地理志》中也没有在这一带设县的记载，特别是沿清河一线计有三座汉代古城址，考古学者据此认为清河朱房村古城应当是汉代用于拱卫蓟城的军事要塞[1]。

五、房山窦店（卢村）古城遗址

北京房山窦店古城遗址平面呈长方形，分内、外两城。西南邻近卢村，东北邻近六合庄，东南邻近窦店镇；西安庄位于外城内东南，板桥村位于内城东南。经过1957年、1959年、1962年、1986年数次勘查，可以确定外城东西大约长1200米，南北宽960米，东边大部分被毁，只有西、南、北三边尚有断续残存；内城位于外城西北角，是依傍在外城西城墙上建造的，其余三面城墙建筑在外城内，东西大约长400米，南北约宽300米，比外城破坏得更为严重。外城和内城是古代城市常见的郭与城的关系。外城为郭，后世又称外罗城、外城。小城称城，后世又称子城、内城。外、内城墙之间相距20米，上有路土，应当是交通的道路。

外城城墙剖面的文化堆积自下而上分为十层：第九、十层属战国时期堆积物；第七、八层属西汉时期堆积物，是文化堆积的主要形成期；第五、六层属东汉时期堆积物；第四层是北朝时期堆积物；第一至三层是近现代土层。在接近外城墙的古城遗址外有两座巨大的汉墓。外城墙经过数次补筑，所以才有这么丰富的文化堆积。部分外城墙的夯土层间有垫草痕迹，似是芦草根，既可防止夯具粘着，也可以加强夯土拉力，是战国时期比较盛行的技术。从其最底层到最上层的文化堆积性质来看，外城可以判断是战国或西汉时期所筑，沿用到北朝时期。

内城明显高于外城地表，夯土中有辽代白瓷片出现，因此其始筑年代似乎应在辽代。但是，由于在以后的勘查中，发现内城中近两米的灰土层中有大量战国至西汉、唐代的建筑构件，城墙夯土层中也没有发现所谓辽代遗物，所以也有人认为内城是北朝时期外城废弃以后所建，即始建年代是在北魏时期。也有人推测，内城或许是外城的子城，同时建于战国时期，但由于在城墙夯土中没有发现更早的遗物，而不能确定。不过，在内城的年代晚于外城建筑的这一点上，学术界的看法基本上是一致的。

窦店古城是汉至三国、两晋时期的良乡县的县治，其内城是北魏至唐代良乡县的县治。前引《水经·圣水注》记载："［挟河］水出良乡县西甘泉原东谷，东迳西乡县故城北，王莽之移风也，世谓之都乡城……盖世传之非也。又东迳良乡城南，又东北注圣水。"挟河即今夹括河，其在窦店南汇入大石河即古圣水。郦道元所叙述的良乡县位置正与今窦店相符。良乡县正位于北京与河北交通的咽喉之地，位置重要，所以城市的规模也比一般的县城要大。初步测量，古城方圆128万平方米，周长约4500米。在战国时期，它应该是燕国的一座重要城市，有文献记载其为当时的燕中都。进入秦汉以后则为良乡县治，由于是沿用战国旧城，规制则比一般县城为大，西、南、东三面城墙中部各有一座

1 苏天钧《略谈北京出土的辽代以前的文物》，《文物》1959年第9期；北京市文物研究所《北京考古四十年》，北京燕山出版社1990，第97—98页

城门；外城内东南角的西安庄西，曾发现方圆40—50米的冶铸遗址，出土铁器、铁渣、铜渣、铜钱等物[1]。

六、平谷汉博陆古城遗址

《汉书·霍光传》记载，后元二年（公元前87年）汉武帝卒，遗诏封大司马大将军霍光为博陆侯。东汉学者文颖注云："博，大。陆，平。取其嘉名，无此县也。"唐代学者颜师古注云："改亦取乡聚之名以为国号，非必县也。"[2]由此可见，"博陆"本是村镇的名称，既然不是县址，当然原本也就没有城，霍光封侯在此以后才建筑了城。《水经·鲍丘水注》记述："泃水又东，西南迳平谷县故城东，南与洳河会。［洳河］水出北山，山在厗奚县故城东南，东南流，迳博陆故城北，又屈迳其城东。"泃水即今北京平谷县境内的泃河。洳河即今错水，其东南流，经今平谷区北城子村北，又过其东。北城子村地望正与《水经注》所记相符。现已在北城子村发现古城遗址，残存的城墙仍暴露在地面，夯土层清晰可见[3]。

七、北京地区的其他古城址

汉平谷县故城则应在今平谷区以西。汉厗奚县故城，据王仲荦《北周地理志》考证，应在今北京北部的密云县古北口潮河北岸。在怀柔区境内，还有汉渔阳郡城。《水经·沽水注》记载："沽水又西南流，出山，迳渔阳县故城西，而南合七度水。"沽水即今白河，七度水即今九渡河（按：其与怀河合流又称怀九河）。郭仁先生考证，七度水注入沽水的位置约在今怀柔县城周围[4]。经过考古学者的进一步考察，确定在今怀柔县城东的梨园庄。在今顺义境内有狐奴县城和安乐县故城。《水经·沽水注》记述说："沽水西南流，迳狐奴县西，又南迳狐奴县故城西。［东汉］渔阳太守张堪于县开稻田，教民种植，百姓得以殷富。"狐奴山在顺义县城东25里[5]。汉狐奴县故城就在山下，北魏县城则在其北。《水经·湿余水注》记述说："湿余水又东南流，迳安乐县故城。”安乐县是汉代渔阳郡的属县，湿余水即今北京温榆河。今温榆河东南流，迳顺义县城西南20余里的古城村，其即汉安乐故城。今顺义县境内东部杨镇西南有安乐庄，但其在温榆河之北甚远，不是汉代的安乐县城。今北京通州古称潞县，《水经·沽水注》又记述说，沽水自今顺义县以下南流，先后与湿余水（今温榆河）、鲍丘水（今潮河）相汇，再南流，“又南迳潞县为潞河”。潞河即今潮白河的古称。潞县即今北京通州古称。《魏土地记》记载：“［潞县］城西三十里有潞河是也。”《魏土地记》一书见于《水经注》，世传有《大魏土地记》一书，均不明是曹魏时期还是北魏时期的著作。但据二书所记，从汉代至北魏时期的潞县古城应该是在今北京通州以东。今北京通州东、潮白河西有古城村；再往东，即通州与河北三河市交界、潮白河东岸三河市境内有城子村。两地相传都是潞县遗址，但以古潞县城西有潞河的记载来比照，三河市城子村似乎更为贴近。在今昌平境内有汉军都县、昌平县。《水经·湿余水注》记述说：“湿余水故渎东迳军都县故城南。”又说：“［昌平县故］城西有昌平河，又东流注湿余水。”汉军都故城遗址在今昌平县城西的旧县村，昌平县故城遗址在今址东南。1963年北京考古学者对旧县村曾经进行考古调查[6]。今北京延庆县与河北怀来县交界的官厅水库西南岸有大古城村，自20世纪50年代以来，考古学者曾先后进行多次发掘和考查，确定其古城始建于战国时期，为燕国至秦、汉时期的上谷郡沮阳县址，平面近方形，边长约400米，辽、金及其以后还一直沿用，或为州、为县、为卫[7]。

综上所述，战国至秦汉时期，蓟城（今北京）周围有许多城池，大多为县城，有些则是军事城镇。而且，即使是县城，如沮阳城也有重要的军事意义。这些城池有些其始建年代可以追溯

1 刘之光、周桓《北京市周口店区窦店土城调查》，《文物》1959年第9期；冯秉其、唐云明《房山县古城址调查》，《文物》1959年第1期；北京市文物工作队《北京房山县考古调查简报》，《考古》1963年第3期；北京市文物工作拒马河考古队《北京市窦店古城调查与试掘报告》，《考古》1992年第8期

2 《汉书》卷六十八《窦光传》

3 齐心主编《图说北京史》，北京燕山出版社1999，第87页

4 郭仁《关于渔阳城的位置及其附近河道的复原》，《考古》1963年第1期

5 康熙《顺义县志》卷二《山川》

6 北京市文物局考古队《建国以来北京市考古和文物保护工作》，《文物考古工作三十年》（1949—1979），北京：文物出版社1979，第5页

7 尤文远、孟浩《河北怀来县大古城遗址调查情况》，《文物参考资料》1954年第9期；安志敏《河北怀来大古城村古城遗址调查记》，《考古通讯》1955年第3期；张家口考古队《河北怀来官厅水库沿岸考古调查简报》，《考古》1988年第8期；李维明、郗志群、宋卫东、张秀荣《河北怀来县大古城遗址1999年调查简报》，《考古》2001年第11期

到战国时期，是自早沿袭下来的古代城邑；有些则创自汉代。这些古城址在北京有些地区分布得很密，最近的几座城址，如北京房山窦店古城、长沟古城与涿州境内的汉阳乡城（今涿州长安城）相距不过15公里左右。在汉代，这些城池对于蓟城来说有两方面的作用：一是在蓟城以北、以东的沮阳、居庸、昌平、军都、厗奚、渔阳、安乐、平谷、潞县等城池，起着拱卫蓟城使其在西汉时免遭匈奴骚扰、东汉时免遭鲜卑、乌桓（一译乌丸）的骚扰。二是在蓟城西南的良乡、西乡、阳乡等县的城池，均位于蓟城与中原其他各大城市的交通线上，保障交通，维护北京地区与位于关中长安的中央政府的联系。

第五章　北京古代交通

阅读提示

笔者认为：

当中心聚落发展成为城市的时候，交通通畅的程度是封建国家政治、军事、经济实力的具体体现之一。当年，北京地区由于城市的发展，陆路交通不断发展，而平虏渠、泉州渠、辽西新河以及贯穿南北的京杭大运河，是北京城市发展的重要水路交通线。

当中心聚落发展成为城市的时候，居住在城市中的统治者就不能不注意到其与周围地域的交通问题，这不但是由于发展经济的需要，而且也是为了有效控制自己属民的需要。当人类社会在奴隶制度、封建制度下愈来愈发展的时候，这种需要就变得更加迫切。特别是在封建社会中，封建君主随着统治区域的扩大和对外防御的需要，开凿运河、修建道路更是不遗余力。交通畅通程度是封建国家政治、军事、经济实力的具体体现之一。

第一节　陆路交通

一、秦汉至北朝时期的交通

公元前 221 年秦始皇最终灭山东诸国，建立了统一的封建政权以后，复于第二年（公元前 220 年）在全国范围内广修驰道，“东穷燕、齐，南极吴、楚”[1]。据史念海先生的研究，这些驰道是以秦都咸阳为中心形成的向外辐射的交通网。其中一条就是由咸阳东行，出函谷关（今河南灵宝县北），至三川郡（今河南洛

1《汉书》卷五十一《贾山传》

阳市)，然后东北经邺县（今河北临漳县西南)、邯郸（今河北邯郸市)，再北经恒山郡（今河北石家庄市)，复东北至广阳郡蓟城（今北京)。从广阳蓟城复东北，经无终（今天津蓟县)、令支（今河北迁安西）可达著名的碣石（今河北昌黎县境内)[1]。《史记·秦始皇本纪》记载："秦始皇三十二年（公元前215年)，始皇之碣石……刻碣石门。""秦二世皇帝元年（公元前209年)，二世（即秦始皇之子，时即位，称二世）东行郡县……到碣石，并海。"他们所经的就是这条交通路线。

从北京通往太行山以西地区的通道有"居庸关大道"[2]。如唐武宗会昌五年（公元845年）颁令毁灭佛教寺院、焚烧经籍，当时山西五台僧人大多逃亡幽州（治今北京)。幽州卢龙节度使张仲武"乃封二刀付居庸〔守官〕曰：有游僧入境则斩之"[3]。由此可见居庸关是今北京通往山西地区的重要通道。不过，除了"居庸关大道"之外，自北京及河北地区通往山西的还有两条重要通道，就是河北的"井陉"和"飞狐口"。这两个关口都是太行山脉的比较宽敞的峡谷山口。"井陉"在今河北石家庄市西北。秦国灭亡，楚汉相争，刘邦建立西汉王朝之际，汉高祖刘邦三年（公元前204年）十月，汉将韩信、张耳在平定河东（今山西地区）之后，东下井陉击赵（都今河北邯郸)，俘赵王歇[4]。由于这条大道十分重要，所以西汉在此设井陉县，今其县名仍然存在不废。"飞狐口"在今河北涞源县北。西晋末年，并州刺史刘琨在晋阳（今山西太原市南）屡为叛胡刘粲、石勒所败，建兴四年（公元316年）十二月率余部自飞狐口进入幽州，与驻在蓟城的辽西鲜卑联合[5]。另外东汉初年，卢芳盘踞高柳，与匈奴、乌桓相勾结，不断侵扰边地。建武十三年（公元37年）上谷太守王霸与将军杜茂"治飞狐道"[6]，并修亭障三百余里。可见"飞狐"早在西晋以前就是一条与井陉同样重要的大道。

十六国时期自襄国（今河北邢台市）至蓟城（今北京）的交通大道即前述"太行山东麓大道"。建兴二年（公元314年）后赵石勒都于襄国，发兵奇袭驻在蓟城的晋幽州牧王浚，其进军路线就是自襄国（今河北邢台市）出发，昼夜兼程，至柏人（今河北内丘东北），渡易水，经范阳（今河北涿州市），晨至蓟城[7]。

此外，东汉初年，汉光武帝刘秀与部下王霸等受更始使者和蓟城豪强势力之逼，自蓟城南逃，其所行路线是从蓟城至广阳城（今北京房山区广阳城村），然后西南至卢奴（今河北定县），再东南至饶县（今河北饶阳东北），再西南渡滹沱河至下曲阳（今河北晋县西北），复南至南宫（今河北南宫市西北），再东北至信都（今河北冀县），得到当地豪强的支持，终于灭邯郸王郎[8]。

这一时期自北京地区通向东北方向的路线，除古北口和山海关两线之外，还有卢龙塞一线。卢龙塞是燕山山脉的峡谷山口。东汉末年建安十二年（公元207年）曹操于平定河北之后北征辽西三郡乌丸（即乌桓）。《三国志·魏书·田畴传》记述说：西汉时北平郡治所在平冈（今内蒙古宁城市西南），道出卢龙（今河北遵化北），达于柳城（今辽宁朝阳市）。自东汉初年以来已陷坏不通几二百年。曹操的进军路线是从蓟城出发，至无终（今天津蓟县），向东北出卢龙塞（今河北遵化县至卢龙县一线），堑山堙谷五百里，经白檀（今河北滦平县北），历平冈（今内蒙古宁城市西南），东趋辽西乌丸驻地柳城（今辽宁朝阳市），在半途大败乌丸于白狼（今辽宁建昌县西北）[9]。从田畴的叙述中，我们可以知道这条大道存在的历史十分久远，很可能早于“古北口大道”。今宁城附近有黑城子遗址，在那里曾发现大量汉代封泥，该处即西汉右北平郡城址。当时右北平郡与中原内地的联系主要就是卢龙塞一线。出卢龙塞还有一条南道，也可以抵达辽西。曹魏景初二年（公元238年）司马懿受命平定辽东太守公孙渊，“遂进师，经孤竹（今河北卢龙县），越碣石（今河北昌黎县北），抵达辽河。”[10]当年曹操平三郡乌丸时，军至无终（今天

1 史念海《祖国锦秀河山的历史变迁》，《中国历史地理论丛》第1辑，西安：陕西人民出版社1981，第52页

2 居庸关又称冷陉，即蓟门关

3 《资治通鉴》卷二百四十八，唐纪六十四武宗会昌五年八月

4 《汉书》卷一上《高帝纪》

5 《晋书》卷六十二《刘琨传》

6 《后汉书》卷二十《王霸传》

7 《晋书》卷一百四《石勒载记上》

8 《水经·㶟水注》：“㶟水又东迳广阳县故城北，谢承《汉书》曰：世祖（即刘秀）与铫期出蓟至广阳，欲南行，即此城也”；《后汉书》卷十九《耿况传》；《后汉书》卷二十《王霸传》；《后汉书》卷十七《冯异传》

9 《三国志》卷一《魏书·武帝纪》

10 《晋书》卷一《武帝纪》

津蓟县)，正值天降大雨，大水漫溢，“傍海道不通”[1]，这才由田畴为向导，出卢龙塞后从北道白檀、平冈、趋柳城（今辽宁朝阳）。司马懿进军走的这条路线可能就是曹操当年的“傍海道”即南道。这条南道实际也就是后世的山海关大道。自辽西至今北京地区有三条大道。《资治通鉴·晋纪二十·穆帝永和六年》记述说：永和六年（公元350年）二月，前燕（都龙城，今辽宁朝阳市）主慕容儁乘后赵内乱之机出兵伐后赵，分兵三路，令慕容霸率兵二万自东道出徒河（今辽宁锦州市）、慕舆于自西道出蠮螉塞（今居庸关），自己率主力中军自中道出卢龙塞。《晋书·慕容儁载记》中也记述说，燕王慕容儁率三军南伐，出自卢龙，驻师于无终（今天津蓟县），复攻陷蓟城（今北京），斩后赵将军王他（一书佗）[2]。这三条大道，一条是前已述之的“居庸关大道”，这需要从东部的今辽宁朝阳北部出长城，自燕山北麓绕行到燕山西端，然后自居庸关而入。大概除了军事行动需要，很少会有人选择这条路线。另两条路线：一是出徒河（今辽宁锦州市），一是出卢龙塞，并且以卢龙一线为主。

十六国和北朝时期卢龙塞大道和居庸关大道仍然是蓟城（今北京）与太行山以西地区和辽西地区的重要交通路线。晋咸康四年（公元338年）后赵石虎帅军自邺城北击辽西令支（今河北迁安县）鲜卑段辽，所经路线就是自邺城分兵沿太行山东麓自安次（今河北廊坊市）长驱入蓟（今北京），东至徐无（今河北遵化县东），进陷令支，又追至平冈（今内蒙古宁城市西南）。石虎还攻慕容皝于棘城（今辽宁义县西）。自徐无和令支要往平冈及棘城，只有出卢龙塞一途。史书又记载，石虎为了讨伐慕容皝，在其后又“自幽州（治蓟城，今北京）东至白狼（今辽宁建昌县西北）大兴屯田”[3]。当时慕容皝已迁都龙城（今辽宁朝阳市）。自今北京至辽宁建昌，卢龙塞更是必经之路。晋隆安元年（公元397年）拓跋鲜卑北魏灭后燕慕容宝。慕容宝自都城中山（今河北定县），北逃至范阳（今河北涿州市），再东北至蓟城（今北京），又东奔至今北京平谷区东北百余里的夏谦泽，最终逃归祖居地和龙（即龙城，今辽宁朝阳市）[4]。他自今北京平谷区东出，只能是循卢龙塞一途，而不可能走古北口大道。

北魏统一北方以后，中国历史进入北朝时期。北魏前期的都城是平城（今山西大同市），自北魏孝文帝以后才迁都洛阳。北魏初期的几位皇帝经常巡幸东部地区，因此居庸关大道和卢龙塞大道往往成为必经之途。如北魏明元帝神瑞二年（公元415年）六月，自平城（今山西大同）至赤城（今河北赤城县），南至石亭遂至上谷（治居庸，今北京延庆县），复西至涿鹿（今河北涿鹿县古城村），登桥山，又至广宁（治今河北涿鹿县）登历山。这次巡游没有入居庸关。泰常七年（公元422年）九月，明元帝又至桥山（今河北涿鹿县境内），祠黄帝、唐尧庙，随后东幸幽州（治蓟城，今北京）。这次则自河北涿鹿经今河北怀来县、北京延庆县入居庸关后南抵蓟城（今北京）[5]。太安四年（公元458年）北魏文成帝自平城（今山西大同市）大致沿今京包线至广宁（今河北涿鹿县），遂东巡平州（治今河北迁安市东）至辽西黄山宫，次月继续东行登碣石山（今河北昌黎县北），改碣石山为乐游山。他自广宁至平州必须经过居庸关入幽州，然后东出卢龙塞才能到平州[6]。

二、隋唐五代时期的交通

隋朝定都长安（今陕西西安市），名大兴城。自关中地区到太行山以东的今北京及河北地区，井陉大道仍是关键的枢纽。如隋仁寿四年（公元604年）七月，皇太子杨广弑父隋文帝后篡位，即隋炀帝。杨广之弟汉王杨谅驻兵并州（治晋阳，今山西太原市南）举兵讨伐。隋炀帝于是命令亲信李子雄驰往幽州（治蓟城，今北京）夺了隋幽州总管窦抗的兵权，然后调发幽州兵马

1《三国志》卷一《魏书·武帝纪》

2《资治通鉴》卷九十八 晋纪二十 穆帝永和六年；《晋书》卷一百十《慕容儁载记》

3《晋书》卷一百九《慕容皝载记》；《晋书》卷一百六《石季龙载记上》

4《魏书》卷二《太祖纪》；《资治通鉴》卷一百九 晋纪三十一 安帝隆安元年

5《魏书》卷三《太宗纪》

6《魏书》卷五《高宗纪》

三万自井陉西讨汉王杨谅，与并州军相遇于井陉抱犊山（今河北获鹿县西），大获全胜[1]。井陉的重要性由此而知。另外，《隋书·炀帝纪上》记载：大业三年（公元607年）五月，征发河北十余郡的丁男凿太行山，达于并州（治晋阳，今山西太原市南），以通驰道。征发的是太行山以东的河北丁男，要通往的目的地是太行山以西的并州。隋炀帝驰道明显是要横穿太行山，故称“凿太行山”，其地点大约也是在井陉，和前述东汉初年王霸“治飞狐道”是一个意思，就是将原有的横穿太行山的井陉大道拓宽。不过这样一来，隋炀帝改变了秦始皇以来自西部至蓟城（今北京）的驰道，变得更为便捷。不过，沿太行山东麓的大道始终是自蓟城（今北京）通往中原各地的重要交通路线，道路宽广、便畅。隋朝末年，农民起义遍地而起，炀帝被迫逃往江都。大业十三年（公元617年）李密起义军围隋东都洛阳，隋涿郡（治蓟城，今北京）留守薛世雄奉命率蓟、幽精兵前去解围。薛世雄率军三万人行至河间（治今河北河间市）遭到窦建德起义军的偷袭，大败而归[2]。从蓟城到河间要经过涿县（今河北涿州市）、鄚县（今河北雄县南）等地，正是太行山东麓一线。隋代自蓟城（今北京）向辽西、辽东的交通路线仍然主要是卢龙塞。隋炀帝为征辽东，在蓟城修建了行宫临朔宫，又在卢龙塞南端近海的临渝关（今河北抚宁榆关）修建了临渝宫。他自蓟地东行的路线就是经无终（今天津蓟县）、卢龙（今河北卢龙县），然后东至临渝宫，出临渝关后东抵辽水，渡辽水即可达辽东城（今辽宁辽阳市）。这条交通路线实际就是山海关大道。另外，大业八年（公元612年）隋炀帝颁大赦诏书中说：凡是役丁夫匠至蓟城（今北京）服役者免二年赋税，至临渝关以西者免三年赋税，至柳城郡（今辽宁朝阳市）以西者免四年赋税，至辽西泸河镇（今辽宁锦州市）、怀远镇（今辽宁辽阳市西北）以西者免五年赋税，至通定镇（今辽宁沈阳市北）以西者免赋税七年[3]。由此可以确认当时自蓟城（今北京）向东的交通路线主要是蓟城（今北京）—临渝关—柳城—泸河、怀远镇—通定镇（今辽宁沈阳市北）。自蓟城经临渝关出至柳城（今辽宁朝阳市）只能是出卢龙塞大道。唐代卢龙塞大道仍然是被利用的主要交通路线。唐太宗贞观十九年（公元645年）东征辽东时行经路线就是自洛阳出发，至定州（今河北定县），复北至蓟城（今北京），誓师于蓟城南，东渡辽水围辽东城（今辽宁辽阳市）。其班师回京的路线是，入临渝关，至幽州蓟城，复西至并州（治晋阳，今山西太原市南），返京师长安（今陕西西安市）。在此前，贞观十八年（公元644年）十一月，命英国公李勣为辽东道行军总管，出柳城（今辽宁朝阳市）[4]。将以上记载汇总起来分析，当时太宗出发时的行军路线应该是自洛阳循太行山东麓大道至定州，然后北至蓟城（今北京）。其自今北京至辽东的路线和隋代时一样，都是东经临渝关（唐称渝关）出卢龙塞，然后至柳城，再东渡辽水至辽东城（今辽宁辽阳市）。班师的路线从辽东至蓟城的一段没有变化，只是自蓟城不再循太行山东麓大道南下走定州，而是西出居庸关或飞狐口或井径而至并州晋阳（今山西太原市南）——最大的可能是出井径，因为出居庸关过于迂曲，而出飞狐口又过于狭隘——然后自晋阳，返回长安。可见自古至今居庸关、井陉等大道和卢龙塞大道始终是今北京地区与外界联系的重要交通路线。另外，前述唐武宗会昌年间灭佛，幽州节度使张仲武命居庸关守兵斩杀山西五台山来奔的逃亡僧人一事，也可以证明这一点。

三、辽金时期的交通

辽代蓟城是辽朝的陪都，称南京；金代自海陵王以后是金朝的京师，称中都。当时北宋与辽朝经常派使者往来；辽亡以后，南宋与金朝也经常通使往来。宋朝使者奉命出使，返京师之后都要向朝廷汇报所经城镇及地方风土人情，称“行纪”。若以交往的历史来算，这样的“行纪”至少有二百篇以上，但至今保留

1 《隋书》卷七十《李子雄传》

2 《隋书》卷六十五《薛世雄传》

3 《文馆词林》卷六百六十九

4 《旧唐书》卷三《太宗纪下》

下来的只不过有区区数篇。中外历史学家早就视这些资料为研究中国历史地理的宝贵财富[1]。由于今北京在辽、金时代的特殊位置，这些资料对于研究当时今北京的交通情况尤有重要价值。以下，笔者依年代先后，简述如下。

北宋与辽朝以今拒马河为界，又称界河，所以宋使出使辽朝的行程录往往自界河边的雄州（五代时的瓦桥关，今河北雄县）开始记述。至于使者从都城东京（今河南开封市）到雄州的路线则仍是沿传统的太行山东麓大道，沿途有官方的驿站可供停宿。

宋真宗大中祥符初年（1008年）路振《乘轺录》叙述说：十二月四日过白沟河，即拒马河也。五日，自白沟河北行，至新城县（治今河北新城县东南）四十里。……六日，白新城县北行，至涿州（治今河北涿州市）六十里，十五里过横沟河，三十五里过楼桑河……七日自涿州北行，至良乡县（今北京房山区良乡镇）六十里。［其间］出涿州北门过涿河，五里过胡溧河（今胡良河），十里过劝河（今侠河），四十里过琉璃河，又云刘李河。西见太行山，隐隐然。太行山东至蓟门，北至虎口（今古北口）……八月，自良乡县北行，至幽州（今北京）六十里。［其间］十里过百和河，三十里过鹿孤河（即卢沟河，今永定河），五十里过石子河，六十里过桑根（误，当为沟）河，至幽州城南亭……是夕，宿于永和（一称永平）馆，馆在城南。

十日，自幽州（今北京）北行，至孙侯馆（今北京朝阳区孙河村）五十里。［其间］，三十里孤沟河（即今清河），三十五里过长城（即北齐长城，见顾炎武：《京东考古录》），十一日，自孙侯馆北行，至顺州（今北京顺义区），地平。二里，过温榆河。十二日，自顺州东北行，至檀州（今北京密云县）八十里。［其间］，二十五里过白絮河（即古沽水，今白河）。［自檀州］七十里，道东有寨栅门……虏（指契丹）置榷场于虎北口（今古北口）而收地征。十五日，自虎北馆东北行，至新馆（今河北滦平县西南平坊）六十里。十六日，自新馆行，至卧如馆（卧如来馆，今河北滦平县大屯东）。十七日，自卧如馆东北行，至柳河馆（今河北滦平县红旗村）六十里。［其间］，三十里过鲞河（今滦河），四十里至墨斗岭（今伊逊岭），[自此] 又[东南] 行十余里至平州路（今河北卢龙县），六十里过柳河（今伊逊河）。十八日，过柳河馆，东北行，至部落馆（今河北隆化县韩麻营，又称打造部落馆）八十里。[其间]，十里过小山（今长岭梁），六十里过契丹岭（又称度云岭，今荞麦梁）。十九日，自部落东北行，至牛山馆（今河北承德市头沟）五十里。二十日，自牛山馆东北行，至鹿儿馆（又称鹿峡馆，今河北承德市东山咀）六十里。二十一日，自鹿儿馆东北行，至铁浆馆（今河北平泉县东北）。二十二日，自铁浆馆东北行，至富谷馆（今河北平泉县平坊西北之高家沟）八十里。二十三日，自富谷馆东北行，至通天馆（又称长兴馆，今内蒙古自治区黑城）八十里。二十四日，自通天馆东北行，至契丹国中京（今内蒙古自治区宁城市西）[2]。

根据路振以上记述，我们可以知道，辽代自今北京（辽南京）到以南中原地区，仍是西南渡今永定河，经今房山区、河北涿州市，然后渡巨马河至今河北雄县，循太行山东麓大道；自今北京向东北方向，则是北出古北口，然后经今河北隆化、平泉县，再向东北进入今内蒙古自治区至宁城即辽中京。契丹主接见宋使往往在中京。至于其令宋使出古北口走山路而不是东出卢龙地区，据宋人沈括说是契丹主故意显示道路艰险，以防宋朝北伐。

大中祥符五年（1012 年）王曾《王沂公行程录》记述说：自雄州白沟驿（在今河北雄县北，巨马河南岸，为北宋官驿，过此就是辽境）渡河，四十里至新城县，古督亢亭之地。又七十里至涿州，北渡涿水、范水、刘李河，六十里至良乡县，渡卢沟河，六十里至幽州（今北京），号燕京。

1 傅秋焕《宋人使辽语录行程考》，载《辽史丛考》，北京：中华书局 1984，第 1—28 页；贾敬颜《乘轺录疏证稿》，《历史地理》第 4 辑，第 190—209 页；蓝克利《由奇及异——宋使如辽记事》，《环境变迁研究》第 5 辑

2 参考：贾敬颜《乘轺录》疏证稿，《历史地理》第 4 辑；《宋朝事实类苑》卷七十七《契丹》

出〔幽州城〕北门，过〔北齐〕古长城、延芳淀（误，此非延芳淀，延芳淀在今北京通州西南），四十里至孙侯馆，改为望京馆（今北京朝阳区望京即得名于此），稍移故处。过温榆河、大夏坡……五十里至顺州（今北京顺义区），东北过白屿河（即白河）……牛栏山，七十里至檀州（今北京密云县）。自北渐入山，五十里至金沟馆（在今密云水库库区）……自此入山……过朝鲤河，亦名七度河，九十里至古北口……本范阳（即唐、宋幽州）防扼奚、契丹之所，最为隘束。然幽州东趋营（今辽宁朝阳市）、平（今河北卢龙县），路甚平坦，自顷犯边，多由斯出。又度德胜岭（今河北滦县西南），又名思乡岭，八十里至新馆，过雕窠岭、偏枪岭，四十里至卧如来馆……过乌滦河（即滦河）东有滦州，因河为名。又过墨斗岭，亦名渡云岭，长二十里许。又过芹菜岭，七十里至柳河馆……过松亭岭……七十里至打造部落馆……东南行，五十里至牛山馆。八十里至鹿儿峡馆。过蝦蟆岭，九十里至铁浆馆。过石子岭，自此渐出山，七十里至富谷（音：裕）馆……八十里至通天馆。二十里至中京大定府（今内蒙古宁城市西）[1]。

王曾所走过的路线和路振的路线一致，所记的某某馆，均是辽朝所设的官驿。

宋神宗熙宁八年（1075年）沈括《熙宁使虏图抄》记述说：北白沟馆（即白沟驿）南距雄州三十八里。面拒马河，负北塘，广三、四里……略如三关……新城，涿之属邑，南距白沟六十里。中道有顿，皆北行，道西循废沟……涿州南距新城六十里……州北二里余，渡涿水；又二里，复渡涿水……又北数里，渡溢水（即侠河）。通三十里至中顿。过顿又三十里，至良乡，皆东行少北。良乡，幽州属邑，西南距涿州六十里。自邑（指良乡县）东北三十里至中顿，济桑干水，水广数百步，燕人谓之卢驹河（误，当为卢沟河）。绝水而东，少北三十里至幽州（今北京）。幽州西南距良乡六十里。馆曰永平。州西距山数十里。

自［幽］州东北行三十里至望京馆。望京馆西南距幽州三十里。自馆东行少北十里余，出古长城。又二十里至中顿。过顿，逾孙侯河（今孙河）。又二十里至顺州（今北京顺义区）。古长城，望之出东北山间，至顺州，乃折而南，至顺州负城西走，出望京之北，西南至广信（今河北遂城县）之北二十里。属于西山（即太行山）。顺州西距望京馆六十里少南，馆曰怀柔（今北京顺义城），城依古长城。……自州东北数里出古长城，十里济白水（今白河）。又十余里至中顿。过顿，东行三十余里至檀州（今北京密云县），皆车骑之道，平无险阻。檀州西南距顺州七十里，古密云之区，馆曰密云。……自［檀］州东北行隘中二十里余至中顿。又二十里余至金沟馆。金沟馆西南距檀州五十里。自馆少东北行……三十余里至中顿。过顿，屈折北行峡中，济栾水（今潮河），通三十余里，钩折投山隙以度，所谓古北口也。……古北馆南距金沟七十里少东。自馆北行数里，度峻山之麓……通三十五里至中顿。过顿，入大山间，委回东北，又二十里登思乡岭。逾岭而降，少东折至新馆。……新馆西南距古北七十里。自馆北行，少西北屈行，复东北二十余里至中顿。……过顿，东北十余里，乃复钩折而南，数里至卧如［来］馆。卧如［来］馆西南距新馆四十里……自［卧如来］馆西行八、九里，逾水，入山间，东北逾小岭，二十余里至中顿。过顿，济滦水（今滦河）。东出度摸斗岭（即墨斗岭），三十五里至柳河馆。柳河馆西距卧如［来］馆七十里。……乃北二十余里至中顿。过顿，逾度云岭，三十五里至打造馆。……打造馆西距柳河七十里少北。自馆西南行十里余至中顿。……过顿二十五里，南行至牛山馆。牛山馆东北距打造五十里。……自馆逾牛山之麓，西南屈折三十里至中顿。……又二十余里度松子岭……逾岭三所，至鹿峡馆。鹿峡馆东北距牛山馆六十里。自馆东南行数里，度痺岭，又四十里至

1 《契丹国志》卷二十四

中顿。过顿，又东南数里逾小山，复三十里至路口村（按：今河北平泉县西坝的岔路口，由此西南经喜峰口、遵化县可以抵达今北京），有歧路，西南出幽州。自幽州（今北京）由歧路出松亭关，走中京五百里。循路稍有聚落，乃狄人（指契丹）常由之道，今驿回屈几千里，不欲使人出夷路，以示疆域之险远。过路口村东北行，十里至铁浆馆。铁浆馆西北距鹿峡九十里。自馆东北行，二十余里逾痺岭，乃东数里至中顿。过顿，东行山间之川二十五里，折而少北，五里至富谷馆。富谷馆西南距铁浆馆六十里。自馆东北行四十里至中顿。过顿，稍东出，又三十里至长兴馆，背行山间。长兴馆西距富谷馆七十里。依北山之迤，循虎河，透迤正东至中京（今内蒙古宁城市西）。

沈括这次出使的目的地是辽上京临潢府（今内蒙古巴林左旗南），所以他自辽中京复北上，历经今内蒙古赤峰市、翁牛特旗、过西拉木伦河，西北经巴林左旗，最终东北至辽上京临潢府，并北行经辽庆州，入大兴安岭，会辽主于犊儿山（一名兔儿山）。沈括所行的路线与路振、王曾相同，但记述得更为详尽。他指出自铁浆馆西南十里的路口村西南出松亭关，马驰不三日即至幽州（今北京），实际上不必如此迂曲。他记述中所说的“中顿”并非地名，而是指中宿食顿的处所，宋使在这里稍事歇息，用餐后便继续前行，是官道驿站中的小站[1]。松亭关在今河北平泉县南，出松亭关后往西到今北京有南、北两条路。北路是自松亭关向南经宽城至今河北遵化县，然后历经今天津蓟县、北京通州区而至北京。南路是自松亭关向南经青龙至今河北卢龙县，因为辽朝在这里设平州，所以这条路线又称平州路，然后由卢龙经今河北玉田、天津蓟县、北京通州区而至北京市区。但是，无论是南路还是北路，都属于古代卢龙塞大道。从沈括的记述中可以得知，自今北京通往东北方向的交通路线，出卢龙塞比出古北口要方便得多。

北宋徽宗宣和四年（1122 年）宋、金联盟，攻灭辽朝。次年（1123 年）北宋政府以重币从金朝手中赎回燕山（治今北京）等六州。宣和七年（1125 年）许亢宗奉使出访金朝，其《乙巳奉使行程录》记述说：当年正月出发，农历八月回到宋边关。其行程在宋朝界内为一千一百五十里，历二十二驿站，在此不加赘述。由于北宋过去与辽朝以白沟为界，所以记述行程始于雄县白沟，过白沟后北上至涿州，再东北至良乡，过良乡三十里渡卢沟河，水极湍激，当地人每待水浅时置小桥以渡，岁以为常。近年宋都水监在两岸造浮桥，建龙祠宫。渡河东行至燕山府（即辽南京，宋改燕山府，今北京），这是出发以来的第四程。

第五程自燕山府东至潞县（今北京通州区），第六程东至三河县，第七程至蓟州（今天津蓟县），第八程至玉田县，第九程为韩城镇（今河北丰南县西北），第十程至虏界清州（辽石城县，今河北开平），第十一程至滦州（今河北滦县），第十二程为望都县（今河北滦县东北），第十三程至营州，又云行人馆（今河北昌黎县），第十四程至润州（治今河北秦皇岛市西北），离州东行六十里至榆关（即渝关）……幽州之地沃野千里，北限大山，重峦复障，中有五关：居庸可以行大车，通转馕；松亭、金坡、古北口只通人马，不可行车。外有十八小路兔径鸟道，只能通人，不可行马……出榆关以东……第十六程至习州，东门外十数步即古长城（今河北秦皇岛市东田家庄附近）……第二十程至锦州（今辽宁锦州市）……第二十二程至显州（治今辽宁北镇西），出榆关以东行，南濒海而北限大山，尽皆粗恶不毛……第二十四程至梁鱼务，有河名曰辽河。许亢宗一行渡辽河以后东北行，经过今辽宁铁岭、吉林、四平、长春之后到达辽黄龙府（金改济州、隆州，今吉林农安），复东北渡混同江（今松花江）而于第三十九程之后才抵达金主驻帐之处[2]。

许亢宗这一次自今河北雄县至今北京仍是遵循过去的路线，没有变化。但是他自今北京（即北宋燕山府）北去辽东时却不

1 参考：贾敬颜“熙宁使契丹图抄疏证稿”，《文史》第22辑，北京：中华书局1984年；《永乐大典》卷一千八百七十七，引录自《西溪集》

2 《三朝北盟会编》卷二十 许亢宗《乙巳奉使行程录》

是东北出古北口，而是改由平川，自今北京东经今通州区，再经今河北三河、天津蓟县、河北开平、滦县、昌黎、秦皇岛市而东出榆关，然后再经辽宁锦州、北镇而渡辽河。也就是说，他走的是出古卢龙塞的南路傍海道，亦即利用的是山海关大道。另外，他对于今北京地区北部山区的五关的分析尤为精详，指出居庸关大道最为宽阔，可通车马。

就在许亢宗出使金国的当年（1125 年）十二月，金人背盟，分两路大军大举攻宋，东路陷燕山府（今北京），西路围太原府（今山西太原市），继而又攻东京（今河南开封市）。宋朝徽、钦二帝相继被金人所俘。宋朝政府只好南迁，先至南京，后至杭州，改称临安，史称南宋。宋孝宗隆兴二年（1164 年）南宋与金朝议和成功。宋孝宗乾道六年诗人范成大作为南宋使者出使金朝。当时金朝已自东北地区迁都到今北京近 20 年，称金中都。

范成大乾道六年（1170 年）出使金朝，其《揽辔录》记述说：乾道六年（1170 年）闰五月戊子受命出使金朝，六月甲子出国门，八月戊午渡淮河。当时南宋与金朝以淮河为界，渡淮河后就进入金朝境内。甲子至南京（今河南商丘市南），……丙寅过雍丘县（今河南杞县），二十里过空桑，过陈留县（今河南陈留县）……丁卯过原北宋东京开封东御园，抵达开封，金人改称南京。过开封十里即汤阴县（今河南汤阴县）。癸卯，过黄河，过相州（今河南安阳市）……过漳河……至邯郸（今河北邯郸市）……甲子，过河六十里至柏乡县（今河北柏乡县）……乙酉，过良乡县，……丙戌止于燕山城外燕宾馆（今北京）[1]。

范成大的行程录记述路程比较简单，但由于他是诗人，沿途写有诗篇记事，兹录其诗题及自注以做补充。《范石湖集》记述：《渡淮》，注：八月十一日渡盱眙，过泗州，顺风如飞。《汴河》，注：汴自泗州以北皆涸，草木生之。土人云，本朝恢复驾回，此河须复开。《虞姬墓》，注：在虹县下马铺北三十七里。《宿州》，注：五更出城，鬼火满野。《雷万春墓》，注：在南京城（今河南商丘市南）南，环以小墙。《双庙》，注：在南京北门外，张巡、许远庙也。《睢水》，注：睢口石门已隤，河亦塞，即项羽大败汉兵处。《伊尹墓》，注：在空桑北一里。《留侯庙》，注：在陈留县中。《宜春苑》，注：在旧宋门外，俗名东御园。《京城》。《护龙河》，注：在新宋门外，中有纲船数十艘。《福胜阁》，注：曹太皇所建，奇崛冠京城（指开封城）中。《相国寺》，注：寺中杂货，皆胡俗所需而已。《州桥》，注：旧御路也。……《渐水》，注：河身日徙而南，过封丘至胙城界中，已有渐水，去汴京（今河南开封）大约五十里耳。《李固渡》。《天成桥》，注：碑石蔡京书，在浚州冈上驿中东庑下。《旧滑州》，注：在浚州侧积水中，为河所沦久矣。大伾即黎阳山。《扁鹊墓》，注：在汤阴伏道路旁。《 里城》，注：在 河上，四垣俨然。《相州》。《秦楼》，注：在相州寺中，上有贵人，幕而观使客。《讲武城》，注：在漳河上，曹操所筑。《赵故城》，注：在邯郸县南，延袤数十里。《邯郸道》。《丛台》，注：在邯郸北门外。《临镇》，注：去州三十里。《邢台驿》，注：信德府驿也，去太行最近。《柳公亭》，注：在邢州（治今河北邢台市）城北小园中。《内丘梨园》。《大宁河》，注：在内丘县北，河之东皆梨枣园。《柏乡》，注：乃古柏仁，俗传为柏人。《唐山》，注：即尧山。《光武庙》，注：在柏乡北。《赵州石桥》。《柏林院》，注：在城中。《栾城》，注：县极草草，伴使怒顿餐不精，欲榜县令，跪告移时方免。《呼沱河》，注：在真定南五里。《真定舞》。《东坡祠堂》，注：在中山府学。《望都》。《安肃军》，注：旧梁门三城，今惟一城（今河北徐水县，北宋旧驻安肃军）有人烟，溏泺皆涸矣。《出塞路》，注：安肃（即今河北徐水县）北门外大道，容数车方轨（范氏所谓出塞是指北宋时的出塞使辽）。《白沟》，注：在安肃北十五里，阔才丈余，古亦名拒马河，本朝与辽人分界处。《太

1 《说郛三种》第6册，上海古籍出版社1988，第3006页

行》，注：渡［白沟］河即与太行俱北，至燕犹未断，大抵东至蓟门，北至塞北，西接奚界地。《固城》，注：自白沟十五里至固城镇（今河北固城县），旧辽界也。《范阳驿》，注：涿州（今河北涿州市）驿墙外有尼寺。《定兴》，注：旧黄村，虏新建为县，井邑未成。《清远店》，注：定兴县中客邸。《琉璃河》，注：又名刘李河，在涿州北三十里。《灰洞》，注：在涿州燕南之间。《良乡》，燕山属邑。《卢沟》，注：去燕山（今北京）三十五里。《燕宾馆》，注：燕山城（今北京）外馆也。《橙纲》，注：燕城外遇数车载新橙，云修贡，种之汴京（今河南开封市）撷芳园也[1]。

综合范成大的行程录与沿途所赋诗题及注，可以了解以下两个问题。一是当时自杭州至淮河的运河尚通行无阻，所以范成大自盱眙渡淮过泗州时说几日来的行程可谓“乘风如飞”。但是自泗州北上至开封却需步行，因为汴水枯竭，运道不通。他自泗州西北行，过今安徽泗县（即宋虹县）、宿州市，渡睢水，复西北至今河南开封。二是前引宋使的行程录都是始于雄州白沟驿，至于此前自开封至雄州这一段路程因是在本朝境内，所以都略而不记。范成大却详细记述了自开封沿太行山东麓大道的行程。他记述说：

自开封北行，从李固渡口过黄河，继续北行过今河南滑县、浚县、汤阴、安阳市（宋代相州治所）、今河北邯郸、邢台、内丘、柏乡、赵县（有赵州桥）、栾城、正定，渡呼沱河，复北上过望都、徐水，过白沟河，复北上过定兴、涿州，过琉璃河，（这时已进入北京房山区境内），东北至良乡县，再东渡卢沟河（今永定河），东至今北京，当时称金中都，金世宗在位。

宋孝宗淳熙三年（1176年）十一月周辉随宋使张子政出使金朝，以四年（1177年）正月七日陛辞出国门，初九日离行在，二十一日到淮阴，二十六日燕馆习仪，二十八日北行。二十九日至盱眙，渡淮，午至泗州，遂入金境。二月一日晨出发，六十里至临淮县，有徐城。是日行，循汴河，河水极浅……承平漕江淮米六百万石自扬子达京师（指开封）不过四十日，五十年后乃成污渠，可寓一笑。二日至虹县，晚宿灵璧县，汴河自此断流。五日至永城县（今河南永城县），六日至谷熟县（今河南商丘县谷熟集），十八里至南京（今河南商丘市南）。七日至宁陵县（今河南宁陵县东南）。八日至雍丘县（今河南杞县）。二十里过空桑，伊尹所生之地。又六十里至陈留县。九日至东京（今河南开封市），今（指金朝）改曰南京。十三日至黄河，浮航以渡，自南抵北，用船八十五只，各阔一丈六十尺，其布置相去又各丈余，上实笄子木，复覆以草，曳车牵马而过，如履平地。十八里至逮津，即袁绍渡处。十四日至汤阴县。十五日至相州（今河南安阳市）。十六日至邯郸。赵王丛台在县之北。十七日至邢州（今河北邢台市）。十八日至内丘县。十九日至柏乡县。二十日至真定府（今河北正定县），未至城先过呼沱河，河流不甚阔，闻其当春涨时殊湍急也。二十三日至新乐县（今河北新乐县东北）。四十五里至中山府，尧始封于此。二十四日至安肃军（今河北徐水县），过白沟河。二十五日至涿州（今河北涿州市）。二十六日至良乡县（今北京房山区良乡镇）。二十七日过卢沟河即卢龙也。燕人呼水为龙，呼黑为卢，亦谓黑水河，色黑而浊，其急如箭。至燕山府（今北京）外燕宾馆。……四月九日入辞……十六日至家，是行往返凡九十六日[2]。

周煇所记的行程与范成大记述的相同，但某些地方更为详细，如记过黄河时用船只搭建浮桥，又如记当时卢沟河（今永定河）已是色黑而浊，流速湍急等等。另外，周煇所著《清波杂志》对此行又有补充。其“朔北气候”条记述说：绝江渡淮，过河越白沟，风声气俗顿异，寒暄亦不齐。煇淳熙丙申（即三年）从使节出疆，回辕当三月中、下旬，一路红尘涨天，热不可耐，若江南五、六月气候。往还经过北宋旧都汴京（今河南开封市）宗庙宫皇皆为金人所有，“不悟朝阳殿，遂作单于宫”。其

1《范石湖集》卷十二

2《说郛三种》第5册，上海古籍出版社1988，第587页

“虏程迂回”条中他追述说：北宋仁宗至和三年（误，当为二年，1055年）刘敞出使辽朝时，对辽朝檀州守将李翰说：听说有直路，自松亭关往辽中京才十余程，自柳河才二百余里，为何今回程选择山路迂曲，自过长兴（即中京大宁府，今内蒙古宁城市西）却西北行，六程到柳河（今河北滦平县东北）方稍南行？李翰笑答说：确实如公所说，行程迂曲，只是当初踏勘修建馆舍已定，只好沿这样迂曲的路线行走了。以后范子奇出使辽朝时，也曾责问辽朝伴使，抵达云中（今山西大同，辽西京）有直道，旬日可至，为何专选迂路以示辽土广远？伴使无言以对。周煇又自述出疆，过白沟，日行六七十里若行百余里，穷日力方到[1]。因此研究北京古代交通，对材料应有所分析。因为以宋使所记述的行程来说，即使在当时也未必是最合理的交通路线。

总结以上各节所述，我们可以得出以下大致的认识：古代北京与东北部地区的联系，主要是东北出古北口、东出卢龙塞和东南出渝关（又书榆关）三条交通路线。其中以出渝关的山海关大道最为方便，可通车马，傍山临海。其次则是出卢龙塞至松亭关即东经天津蓟县、河北遵化、宽城，北至平泉县的所谓卢龙塞北路，或者是东经天津蓟县、河北玉田至卢龙县，然后北至松亭关的所谓卢龙塞南路（即宋使所谓平州路）。如果不是为了直接到达内蒙古东部地区，古北口一线则不可取。

古代北京与太行山以西的古代河东地区的联系则西北有居庸关大道，西南有飞狐口和井陉可通。根据宋使的记载可知，居庸关大道最为宽阔，可通车马，其他山口只能通人骑。也正因为如此，隋炀帝曾凿太行，以拓宽井陉的交通道路。不过，以上路线中仍以居庸关最为重要。隋代，大业三年（公元607年）东突厥首领启民可汗率部民自其驻帐之地刘除杂草开道数千里东达蓟城（今北京），以供隋炀帝北巡，其中必经过居庸关。所以说，居庸关也是北京通往西北草原地区的重要交通路线。金朝末年蒙古成吉思汗数次发兵攻打金中都（今北京），都是先克居庸关，然后南下北京平原。金将胡沙虎也是建议死守居庸关，或移守南口（今北京昌平区南口镇，古称下口，又书夏口）。更早的北魏末年六镇起义浪潮中，杜洛周起义军也是自塞北向东南攻破居庸关，进据蓟城（今北京）。

太行山东麓大道自秦汉以来就是北京与中原内地联系的重要交通线。自北京南经房山、涿州、邯郸、邢台、安阳可直至开封。自开封可以西至洛阳、西安等古代所谓关东、关中之地。郭沫若先生在考证北京八宝山出土的东汉书佐秦君神道石阙上的铭记时，曾指出当时自洛阳沿此官驿道抵达今北京只需十天的时间[2]。

五代时期，天下纷争，南北大运河只有部分通航。就当时的北京地区来说，有一条向西南的陆路交通路线颇为引人注意。后梁贞明三年（公元917年）契丹贵族建立的辽朝在阿保机率领下围困幽州城近200日，“为地道，昼夜四面俱进，城中穴地燃膏以邀之”，战况空前惨烈。当时坚守幽州城的是河东（今山西）李存勖的部下周德威。李存勖派李嗣源等三将军率步骑七万人会师于易州（今河北易县）后，自易州北循燕山而行，从大房岭（在今北京房山区内）沿涧道而东，暗趋幽州。河东军在将出谷口时，于距幽州蓟城（今北京）60里外才与辽兵遭遇，大获全胜，解幽州之围[3]。今河北易县北经涞水县至今北京房山区西部山区现在有多条山间公路，在古代应该都是山间小道，可以通行。大防岭即今北京房山区西部的大房山脉，是太行山的一条支脉，著名的山峰有大安山，古代有时也称大防岭。笔者认为，当时李嗣源的援军前进路线，应该是自河北易县经涞水县循山间小陉北入今北京房山区西部山区后，翻越大房山即下至今门头沟区清水涧河谷，沿谷底涧水岸边东行，至涧水与今水定河交汇处，援军又继续顺永定河岸在谷底东行，所出的谷口应当就是今北京门头沟区三家店。从三家店是可以渡过今永定河（当时称桑干

1《清波杂志》

2 郭沫若《“乌还哺母”石刻的补充考释》，《考古》1965年第4期

3《资治通鉴》卷二百七十 后梁纪五 均王贞明三年

河）的，此后200余年宋辽之役（1122年）时童贯所率宋军就是从门头沟三家店过的今永定河。

第二节　水路交通

隋唐时期今北京地区的陆路交通没有什么改变，最重要的变化在于水路，即前已叙述过的隋代开凿并被唐朝继承下来的南北大运河。南起余杭（今浙江杭州市），北至涿郡蓟城（今北京）的南北大运河，是隋文帝、炀帝两代在不同时期，出于不同的目的，分段开凿的。最终在隋炀帝大业六年（公元610年）完成了各段的连接贯通，成为南北通途。最初，隋文帝开皇四年（公元584年）为了京师漕运便利，命令太子左庶子宇文恺开渠，自大兴城（即长安，今陕西西安市）东至潼关入黄河，名广通渠，从此关中地区漕运畅通。开皇七年（公元587年）隋文帝为了统一中国，平灭江南陈朝，又沿春秋时邗沟旧渎开凿山阳渎，南起江都（今江苏扬州市），北至山阳（今江苏淮安市），从而沟通江、淮两大水系，次年（公元588年）发兵灭陈。开皇九年（公元589年）正月陈朝亡，南北统一。隋炀帝大业元年（公元605年）开凿通济渠，自东都洛阳西苑引谷、洛水达于黄河，再自板渚引黄河水南通淮河，从而南至山阳，沟通洛水、黄河、汴水、淮河。从此，自大兴城可东至洛阳，再南至山阳、江都。大业四年（公元608年）隋炀帝为发动辽东之役，收复辽东失地，又开凿北方永济渠，利用沁水入白沟、清河和曹操开凿的平虏渠，北至涿郡蓟城（今北京）。大业六年（公元610年）隋炀帝又在长江以南自京口（今江苏镇江市）引江水南入钱塘江，抵达余杭（今浙江杭州市）。至此，沟通海河、黄河、淮河、长江、钱塘江五大水系的南北大运河全线贯通，它以洛阳为中心，北至蓟城（今北京），西至大兴城（今陕西西安市），南至余杭（今浙江杭州市）。

其中与今北京关系最为密切的永济渠需要稍加详述。《隋书·炀帝纪上》

记载："大业四年正月，诏发河北诸郡男女百余万开永济渠，引沁水南达于河，北通涿郡（治蓟城，今北京）。"负责这项工程的是殿内丞阎毗。《隋书·阎毗传》记载："将兴辽东之役，自洛口开渠，达于涿郡，以通漕运。毗督其役。明年（公元609年），兼领右翊卫长史，营建临朔宫（在今北京附近）。"[1]洛口是黄河南岸的洛水入黄河之处，在今黄河南岸的河南巩县东北，在洛阳以东100公里左右。沁水是黄河北岸的河流，经今河南沁阳县东南流，在今河南武陟县南入黄河，其入黄河口在洛口以东40公里左右。上引的两条记载一说永济渠的南端是"引沁水南达于河"，一说是"自洛口开渠"，究竟应该以哪里为永济渠的南端呢？有些学者引用严耕望先生的考证认为"'引沁水南达于河'指的是永济渠的上游河段（按：即永济渠的南端），即将源于山西境内的、于武陟（今河南武陟县）南汇入黄河的沁水下游加以疏浚，在沁水东岸开一渠口，引沁水东流，使之注入清水。由于这段河道漕运利用价值不高，所以当时人们常把卫州汲县（即今河南汲县）一带作为永济渠的南端起点。早在开皇三年（公元583年）就设置于卫州的黎阳仓，也因位居永济渠之首，而成为隋唐时期南北漕运线的起点"。或说："在沁水左岸开一渠口，引沁水东流，使之注入清水。至于阎毗负责的工程，大概是疏浚由洛至沁、清二水汇合处的河道。由于沁水多沙易淤、清水流量有限，永济渠上游的利用价值不高，所以隋唐时期人们常将永济渠的起点置于卫州汲县一带。建立在卫州的黎阳仓也因位居永济渠之首，而成为南北漕运的起点兼物资集散地之一。"[2]他们有关引沁水济白沟、清河的观点是正确的，而且这也正是历史地理学界一般公认的看法。但是，他们关于永济渠的南端起点是卫州汲县一带的观点，笔者认为是不正确的，其之所以

1 《隋书》卷三《炀帝纪上》；卷六十八《阎毗传》

2 李月红《北宋时期河北地区的御河》，《中国历史地理论丛》2000年第4期；郑平《隋唐时期河北永济渠运输的兴衰》，《河北学刊》1988年第6期

不正确，是因为他们不重视《隋书·阎毗传》“自洛口开渠”的记载和忽视了洛口仓的存在。《隋书·食货志》载：“炀帝即位……新置兴洛及迴洛仓”。“大业十二年（公元616年），帝幸江都。是时李密据洛口仓。”洛口仓就是兴洛仓。《隋书·李密传》称：大业十三年（公元617年春）李密自罗口（即洛口）袭兴洛仓，破之。由此可以证明兴洛、洛口仓本是一仓。《元和郡县志·河南道一》“巩县”条下记注说：隋大业十三年（公元617年）李密自颍州率军10万余袭破洛口仓，因据巩县，筑城包南北山，周回30余里。又史载，隋炀帝于巩县东南原筑洛口仓城，周回20余里，穿凿3000窖，每窖可存粮8000石[1]。其后被李密所占，筑洛口城周回40里，与洛口仓城相应。唐开元时，复置洛口仓于其地。由此可见洛口仓的重要，因此永济渠的南端起点不应该是汲县，也不是引沁水的水口，而应该是更向西延伸40公里的黄河南岸的洛口。据此笔者认为，永济渠应是自河南巩县的洛口入黄河东北行40公里，抵达黄河北岸的沁水河口，复自沁水口上溯沁水，复东入阎毗在沁水东北岸开凿的渠口（按：这是永济渠的重要工程之一），沿运河直至汲县东入白沟、清河（今卫河）。如前所述，早在建安九年（公元204年）曹操曾在枋头遏淇水入白沟，建安十八年（公元213年）又凿渠引漳水入白沟。所以隋代自白沟、清河即可利用曹操时代的成果向北入呼沱河，再北经曹操时代的平虏渠北入潞河（今潮白河）。在隋代，今永定河尚称清泉水，从蓟城南侧沿今北京大兴县凉水河、凤河一线向东南散漫枝分，注入潞河。阎毗在清泉水下游凿渠，使枝分的漫水汇成一渠（这是永济渠的又一重要工程），集中注入潞河。因此，这时自潞河即可折向西北入清泉水（今永定河）直抵永济渠的北端终点——涿郡蓟城（今北京）。这条大运河贯通以后在隋唐时期发挥重要了作用。运河开凿成功当年，隋炀帝就从江都（今江苏扬州市）乘龙舟入通济渠，又转入永济渠，北至涿郡，全程历时两个月。唐代武则天万岁通天元年（公元696年）陈子昂随建安王武攸宜东讨反叛契丹，上书言军国机要事时说道：请令今年江淮漕运船只数千艘将本年租米自洛阳直接转运到幽州蓟城（今北京），一次可输军粮百余万斛，可解决军食之需[2]，可见其运输量之大。另外，唐玄宗天宝十三载（公元754年）范阳节度使安禄山与丞相李林甫有隙，担心野心被揭穿，其自长安回范阳（治蓟城，今北京）时，疾驱出潼关，至淇门（在河南汲县东北五十里有淇门镇），自永济渠顺流而下，所至郡县，船夫持牵板绳立于岸上以待，至则牵之，日行三四百里[3]，可见行驶之迅速。

唐代今北京地区的另一条水路交通线也值得重视，这就是曹操过去开凿的辽西新河。这是东汉末年曹操消灭辽西三郡乌丸时为运送粮草而开凿的。古人开凿运河都是利用现有的天然河道，顺其走势，两河之间开凿部分渠道加以连通，从而形成可以浮航的运河。曹操开凿的这条运河也是如此。《三国志·魏书·武帝纪》记述说：建安十一年（公元206年）曹操将发兵攻灭辽西三郡乌丸，“凿渠，自呼沱入泒水，名平虏渠；又从沟河口入潞河，名泉州渠，以通海”。呼沱就是现在的滹沱河。泒水根据黄盛璋先生考证，其上游就是现在的沙河，当时下游和潞河（今潮白河）相通。《太平寰宇记》称“平虏渠在［乾符］县南二百步，魏建安中于此凿平虏渠……又筑城在渠之右。”因此平虏渠应是在乾符县东北的乾符村向北开凿，引滹沱水北入泒水，从而和潞河相通。泉州治所在今天津武清县西南，其辖区大致即今武清县，泉州渠因在其境内而得名。泉州渠北接沟河口，南接潞河，从而与平虏渠相通。《水经·鲍丘水注》记述说：鲍丘水又东合泉州渠［北］口，故渎上承滹沱水于泉州县，故以泉州为名。北迳泉州县东，又北迳雍奴县东，西去雍奴故城百二十里，自滹沱北入。其下历水泽百八十里，入鲍丘水，谓之泉州口。黄盛璋、姚汉源先生考证，雍奴故城即今河北宝坻县东南十里的秦

1 《元和郡县图志》卷五《河南道一·巩县》；《资治通鉴》卷一百八十 隋纪四 炀帝大业二年十月

2 《陈伯玉文集》卷八《上军国机要事》

3 《安禄山事迹》卷中

城，而泉州渠则在其东120里处经过，其北口当在今沟河和州河（即蓟运河）之间[1]。但是即使这样，离运输的目的地辽西地区还有很远距离。所以曹操又自此向东，傍海岸一线开凿了一条运河，称“新河”。郦道元《水经·濡水注》记述说：濡水（今滦河）东南流，迳乐安亭（今河北乐亭县）南，东与新河故渎合。北魏时新河已经不通，所以称其为新河故渎。他追述说：“新河故渎自雍奴县承鲍丘水，东出谓之盐关口，魏太祖（曹操）征蹋顿，与沟河俱导也，世谓之新河。陈寿《魏志》云，以通海也。新河又东北绝庚水（今州河、蓟运河），又东北出，迳右北平，绝沟渠之水，又东北迳昌城县（今河北唐山市西）故城北，王莽之淑武也。新河又东分为二水，枝渎东南入海。新河自枝渠东出，合封大水（今陡河），谓之交流口……新河又东出海阳县（今河北滦县西南），与缓虚水（今沙河）会……新河又东与素河（今溯河）会，谓之白水口……新河又东至九涡口，枝分南注海。新河又东迳海阳县故城南……新河又东与清水会……新河东绝清水，又东，木究水出焉……新河又东，左迤为北阳孤淀……新河又东会于濡水（今滦河）。”综上所述，辽西新河就是一条于州河西接泉州渠，然后向东穿过今陡河、沙河、溯河，东于河北乐亭县附近入滦河的东西方向运河。从滦河向北可至卢龙塞，向南则可出海。在此之前，建安九年（公元204年）曹操为攻邺城曾“遏淇水入白沟，以通粮道”。白沟河是清河的下游河道，入白沟即入清河。曹操的军需用船从白沟再向西入洹水就可以抵达进攻的目的地邺城（今河北临漳县境内）附近。待到平灭袁氏集团势力以后，建安十八年（公元213年）九月曹操又“凿渠引漳水入白沟以通（黄）河”[2]。《水经·漳水注》记述说：魏太祖（曹操）凿渠引漳水，东入清、洹，以通河漕，名曰利漕渠。因此在平虏、泉州两渠和辽西新河开凿成功以后，当时船只可以从黄河北岸分别顺清、漳两河入滹沱河，再北入平虏、泉州二渠，再东循新河抵达今滦河。这里离辽西的西界已经不远了。所以自三国时期，从蓟城（今北京）循水路也可以东至今河北北部，南至河南地区。据《三国志·魏书·董昭传》，平虏、泉州两渠的开凿是董昭建言的，该书称："袁尚依乌丸蹋顿，太祖（曹操）将征之。患军粮难致，凿平虏、泉州二渠入海通运，昭所建也。"[2] 不过这段记述有一点容易误解。这就是两渠由于分别与潞水（今潮白河）相通，所以自然通海。但是曹操利用两渠运送军粮都是自泉州渠向东入新河，直至今滦河，是傍海而行，并非海运。至于辽西新河的开凿和建言者则史无记载。

唐朝初年唐太宗准备征辽东时，感到困难的是"幽州（治今北京）以北，潦水二千余里，无州县，军行资粮无所取给"，需要开辟交通线以保证大军的后勤供给。大夫韦挺因为其父在隋代时曾担任营州（治今辽宁朝阳市）总管，有经略高丽的遗文保存下来可以参考，于是向朝廷上奏。唐太宗便委任韦挺为馈运使，以民部侍郎崔仁师为副使，负责将河北粮粟运往辽西。韦挺到达幽州蓟城（今北京）一面令司马王安德往前方去巡渠通塞，一面就地购木造船，载米循桑干河（今永定河）东至卢思台（今河北卢台），行八百里远，遇到王安德回报自卢思台再向前去的漕渠已经淤塞。这是贞观十八年（公元 644 年）冬初的事情。韦挺无奈，只好将军粮卸于卢思台侧，准备第二年春暖后再转运。消息报到朝廷，唐太宗因韦挺耽误了他准备于贞观十九年（公元 645 年）征辽的大计，于是大怒，将韦挺免官，令将作少监李道裕代替[3]。这段史事说明，曹操所开的辽西新河在隋代炀帝征辽时尚可通航，但经隋末唐初的几十年动乱，失于疏浚，至唐太宗贞观年间已经又淤塞不通。淤塞的地点是在今河北宁河县卢台，正在古庚水（今蓟运河）下游入海口不远。后来唐太宗派李道裕是否疏凿了新河，史无明载。但是李道裕的职务是将作少监，开凿运河等事正是他份内的工作，而唐太宗又确实在贞观十九年（公元 645 年）发动征辽之役，可以推测李道裕代替了韦

1 黄盛璋《曹操主持开凿的运河及其贡献》，《历史研究》1982 年第 6 期；姚汉源《唐代幽州至营州的漕运——黄、海、滦水系之沟通》，中国水利水电科学研究院《科学研究论文集》第 12 集，北京：水力电力出版社 1982，第 184 页

2《三国志》卷一《魏书·武帝纪》

3《旧唐书》卷七十七《韦挺传》

挺的馈运使职务后对新河的卢思台以东河道又加以了疏浚，至于是否抵达了濡水口（今滦河）则无以知晓。唐中宗神龙年间（公元705—707年）姜师度任河北道监察兼支度营田使，史称他“约魏武旧渠，傍海穿漕，号为平虏渠，以避海艰，粮运者至今利焉”[1]。《新唐书·地理志》记述说：“蓟州渔阳郡（治今天津蓟县）有平虏渠，傍海穿漕”，“神龙中沧州刺史姜师度开”。既然该书说姜师度所开河是在今天津蓟县界内，则只能是泉州渠和新河。姚汉源先生认为：姜师度所开的不只是曹操新河，还应包括古泉州渠和古平虏渠的北段，沟通海河至滦河间的行运[2]，这样才能避开自海河口到滦河间沿渤海湾的海运。这时的新河应该是重新疏通了。

唐玄宗开元、天宝之世，自江南到幽州的海运十分昌盛。南方的粳米、帛练及百货等物自长江口装海船，经山东半岛沿海而至今天津附近。1957年在天津东郊军粮城乡刘台村西发现唐代古棺墓，有丰富随葬物。1993年在刘台村西南一公里处又发现一座唐代前期古城。这些都充分证明这里在唐代是幽州（治蓟城，今北京）的重要海口，也就是所谓“三会海口”[3]。唐玄宗之世，幽州驻军的军饷除河运外，还依靠海运。杜甫《后出塞》诗云：“渔阳豪侠地（泛指今北京及东部地区），击鼓吹笙竽。云帆转辽海（即今渤海湾），粳米来东吴（泛指江南），越罗与楚练，照耀舆台躯。”《昔游》诗又云：“幽燕夙用武，供给亦劳矣。吴门持粟帛，泛海凌蓬莱。”这些诗句都反映了当时自江南海运粮粟丝帛经山东半岛沿海转运到今北京地区的情景。

另一条水路交通线则是后唐赵德钧开凿的幽州东南河。《旧五代史·赵德钧传》载：“发河北数镇丁夫开王马口至淤口以通水运，凡二百里。”同书《唐明宗纪》也称：“长兴三年（公元932年）六月壬子朔，幽州（治蓟城，今北京）赵德钧奏：新开东南河，自王马口至游（误，当为淤）口，长一百六十五里，阔六十五步，深一丈二尺，以通漕运，舟胜千石，画图以献。”淤口即淤口关，今河北霸县信安镇[4]，傍拒马河。王马口即今河北廊坊市（旧安次县）西的今“王玛”村，傍今永定河。当时由于河流改道，永济渠北至今天津地区后难以北行，所以赵德钧在蓟城（今北京）东南方向开东南河，使漕船沿永济渠至今天津独流镇后可以向西溯巨马河至信安（即古淤口），再沿所开凿的东南河北至王玛村（即古王马口）西入永定河（即古桑干河、漯水），直至蓟城（今北京）南。过去学术界认为今永定河的主河道是在辽代由原北京凉水河、凤河一线南徙到现在的河道（即桑干河南派）。从赵德钧开东南河的举动来看，应该在五代时就已经南徙，否则它开凿的“东南河”无法在王马口与桑干河相接。为了维护这条水道的畅通，赵德钧又在蓟城（今北京）以东重新恢复、设置了三河县和潞县，筑城布兵守卫，以防契丹骑南侵，阻断漕运。另外，他还在良乡盐沟（今哑叭河）重置良乡县，也设兵防守，以保护传统的蓟城与中原其他各地的太行山东麓的交通线，防止契丹骑兵抄掠陆运的粮队。“东南河”及其上下河道和太行山东麓的陆路大道成为赵德钧取得蓟城以南后唐各州县物资补给的重要交通线。至于前述东部今门头沟区的清水涧及永定河涧道，虽然在交通上不是十分便利，但也有着重要的军事意义。

由此可见，除了陆路交通外，曹操所开凿的平虏渠、泉州渠、辽西新河及其后隋炀帝最终完成的南北大运河，是比陆路交通更为重要的水路交通线，它们为北京城市的发展起到了无可替代的重要作用。

1 《旧唐书》卷一百八十五下《姜师度传》

2 姚汉源：《唐代幽州至营州的漕运》，中国水利水电科学研究院《科学研究论文集》第12集，北京：水利电力出版社1982

3 天津市文化局考古发掘队《天津军粮城海口汉唐遗迹调查》，《考古》1993年第2期

4 《宋朝事实》卷二十《经略幽燕》条，李攸按：晁以道《高山集》云：三关谓淤口关、瓦桥关（今河北雄县）、益津关（今河北霸州市）

第六章　北京与北方民族的关系

阅读提示

笔者认为：

北京文化实际上是各地或者各民族文化的综合体。历史上，北京的发展，和山戎、戎狄、匈奴、乌桓、鲜卑、突厥、奚、靺鞨、契丹、女真族有关，而蒙古族和满族，更成为北京发展的重要组成。由此，北京的民风习俗和社会风情，与江南有很多的不同。

第一节　山戎、戎狄和北京

早在商代，我国西北地区就存在着与中原农耕文化不同的游牧民族，分别称狄、称戎；同时也用来泛称中原华夏民族以外的北方民族。其生活的区域，西自汧陇、环中国而北，东及太行、常山间[1]。

戎人是先秦时期生活在西北地区的北方民族，又称西戎。春秋时期允氏之戎、姜氏之戎、犬戎部落最为强盛，在汉民族史籍中又在不同时期称之为玁狁、荤鬻、羌、畎夷。西周末年幽王之世，犬戎与申侯联合，杀幽王于骊山之下，平王继位，在秦襄公的护卫下东迁到洛邑（今洛阳），史称东周。秦襄公也因护卫周室有功，被封为诸侯。戎人的势力更加强大，向东深入到陕西、山西等地。后来在秦、晋两国的联合攻击下，戎人部落四散，分别向东、西、南迁移。一时在河南、陕西、湖北、河北各地都出现了戎人部落。就河北地区而言，燕（都蓟城，今北

1 王国维《观堂集林》卷十三《鬼方昆夷玁狁考》

京)、赵(都邯郸)北部有代戎,燕国东北有山戎。

戎人部落在入居中原各地以后,经过春秋时期的融合,成为中华民族的一部分。

狄人同戎人一样,最早也是生活在西北的陕西、甘肃、宁夏地区,部落众多,商及西周称鬼方。春秋时期的赤狄、白狄、长狄都是狄人中势力最强的部落。

春秋时期,赤狄东出陕西、山西之北的内蒙古地区,复向南侵入晋国境内,盘踞于山西与河北交界的太行山山区,东灭邢国(都今河北邢台)、卫(都今河南淇县),西攻东周(都洛阳)、晋(都绛,今山西翼城县),成为东周各国的严重威胁。晋文公之世,晋国强盛,成为与南方楚国比肩的霸主。在晋国的打击下,赤狄东渡黄河,进入河南、山东,攻扰宋、卫、齐、鲁,中原大扰。以后,赤狄内部发生分裂,同时又不断遭到晋国的攻击,势力大衰。

与赤狄同时的白狄部落,起初也活动在陕西、山西之间,春秋时向东进入晋国,复进一步深入到位于太行山东侧的鲁国西部地区,众建群国。其中,建于河北石家庄以东的肥、鼓、鲜虞三国在历史上最为著名。肥、鼓踞于今河北石家庄以东的藁城、晋州市一带,是鲜虞的属国。鲜虞都城在今河北平山县。

需要指出的是,戎人与狄人东迁并深入到中原各国境内是几乎同时发生的,所以古籍中又经常将“戎狄”并称。就北京地区而言,春秋早期屡有山戎相逼的记载,例如《史记·齐太公世家》记载,齐厘公二十五年(公元前706年)“北戎伐齐”[1]。关于这件事,《左传》桓公六年(公元前706年)记载:“北戎伐齐,齐使乞师于郑。郑大子忽帅师救齐。六月,大败戎师,获其二帅大良、少良(按:戎人首领职名),甲首三百,以献于齐。”[2]这次战争规模浩大,前已言之,北戎部落在河北地区是居于燕、赵之北,他们南下到山东东部的齐国作战,是属于长途奔袭。《史记·匈奴传》记述说:西周末年,周幽王被犬戎、申侯所杀，平王东迁以后六十五年即齐厘公二十五年（公元前706年）“山戎越燕而伐齐，齐厘公与战于齐郊”[3]。齐国的都城在今山东临淄，戎人自燕山地区出动大兵，越过燕国，长驱千余里，直逼齐国都城之下，可见其军事力量的强盛。齐国虽然是在其后27年的桓公之世才得以在诸国中称霸，但厘公之世也是北方大国，却在戎人的攻击下几乎灭国，幸亏得到郑国的大力相救，才转危为安。无怪乎齐厘公感激得要将女儿嫁给郑太子忽为妻，后被郑国以“郑小齐大”，地位不相称而婉言拒绝。至于在这次战争中山戎大军所经过的燕国，除了据城自守之外，境内大片郊野只好任其劫掠、践踏。山戎在这次战败之后并没有败落，其退缩到燕山地区仍不断侵扰燕国。齐桓公是厘公之子、襄公之弟，其即位七年在诸侯中称霸，时在燕庄公十二年（公元前679年）。《史记·燕召公世家》记载：燕庄公二十七年（公元前664年）“山戎来伐我，齐桓公救燕，遂北伐山戎而还。”[4]预谋这件事的还有鲁国，《左传》庄公三十年（前664年）记载：“冬，遇于鲁济，谋山戎也，以其病燕故也。”[5]看来，这场战争的实质是中原农耕民族与北方游牧民族的对抗。齐桓公为了在北方诸侯国中树立起霸主的地位，同时也是为了维护华夏民族对北方的统治，所以出动大兵救燕，并且追击山戎，向东到达辽西地区。《史记·齐太公世家》记载：桓公二十三年（公元前663年）“山戎伐燕，燕告急于齐。齐桓公救燕，遂伐山戎，至于孤竹（今河北卢龙）”。齐桓公在此后对会盟的诸侯夸耀自己的功绩时说：“北伐山戎、离枝、孤竹。”[6]离枝就是令支，在今河北迁安。齐桓公的这次军事行动彻底击溃了河北山戎部落的势力，并且成功地宣示了齐国的霸主地位。战役之后，齐国声威大振，北方诸国都奉齐国为宗主，以求得保护。

1 《史记》卷三十二《齐太公世家》

2 《左传》桓公六年六月

3 《史记》卷一百十《匈奴传》

4 《史记》卷三十四《燕召公世家》

5 《左传》庄公三十年

6 《史记》卷三十二《齐太公世家》

北京西北山区的延庆地区自1965—1987年的22年间陆续发现10座山戎墓葬，并征集到不少具有战国时期北方游牧民族特点的直刃匕首式青铜短剑、环首铜刀等物，特别是1975年在延庆县西南的西拨子村的古代窖藏中一次就发现53件铜器，表明这里古代曾经存在着丰富的北方民族文化[1]。1985年北京考古学者对延庆县军都山南麓的古城村葫芦沟进行大规模的发掘，共计发现了150余座山戎墓葬，出土了具有北方游牧民族特点的青铜器和陶器、骨器、石器等文物3000余件。1987年又在龙庆峡东山坡的西梁垙坡顶发现古墓47座，其中具有明显北方民族特点的有18座，出土了各种青铜短剑等兵器和工具、马具。从1986年至1989年，又在延庆县城西北的玉皇庙发现大量北方民族墓地，其规模和墓葬的规格都比葫芦沟遗址要大得多，发掘墓葬280余座，出土金、铜、石、骨器和麻、毛织品计6000余件。特别是二号和18号两座大墓，出土成组的青铜鼎、簋、盘、罍、杯、匜等器物，还有罕见的金饰品、包金饰品，以及成组的青铜短剑、镞、戈等兵器。这些墓葬中墓主的葬式一律是仰身直肢，这与商周时期的墓葬相同，但墓主尸身方位却一律是东、西向，且头东足西，这却与华夏民族的南、北方位不同，显示出明显的民族风俗差异，这大约与北方游牧民族如契丹、女真的崇尚东方，以东为尚的礼俗有关。另外，直刃匕首式青铜短剑、环首铜刀也是北方游牧民族的特有器物，在内蒙古及河北张家口、怀来、延庆等地均有发现。这些墓葬的年代大约在春秋早、中期至战国时期不等，北京考古学者认为应当属于山戎文化[2]，但也有学者认为，山戎在春秋中期已经被齐国驱至辽西以东，延庆北方民族墓葬应属狄人文化。

在出土的文物中，金饰品引人注目。上世纪80年代，在北京东北方向的河北兴隆县西沟庄曾发现战国时期的金矿遗址。此地在战国时应属燕国境内。山戎拥有大量金饰品，说明其也具有较高的黄金开采和冶炼技术[3]。

春秋晚期，狄人所建的肥、鼓、鲜虞等国在今河北地区的存在和活动对邢、卫等小国造成威胁，而燕国势力薄弱，对白狄建立的这些政权又无可奈何。位于太行山以西的晋国出于自身安全的考虑，数次出兵攻击三国。《左传》记载，鲁昭公十二年（公元前530年）八月，晋国荀吴假称与齐国会师为名，借道鲜虞、鼓国，八月灭肥（按：都今河北藁城县西南），俘肥国国君而还。十三年（公元前529年）晋军全数出动伐鲜虞，鲜虞自恃力强，不以为意，既不警边，也不修备。“晋荀吴自著雍以上军侵鲜虞，及中人（今河北唐县西北13里），驱冲竞，大获而归。”十五年（公元前527年）秋，晋国再次出兵伐鲜虞，“晋荀吴帅师伐鲜虞……围鼓（都今河北晋州市，白狄之别种）三月……克鼓而返，不戮一人”，灭鼓国，俘鼓国君而归。定公三年（公元前507年）秋九月，晋军再次进攻鲜虞，晋将观虎恃勇独进被鲜虞俘获，大败于平中（按：在中人附近）。五年（公元前505年）冬，晋国再次举兵，晋国士鞅为将，攻鲜虞，报观虎被俘之耻。这些战争分别发生在晋昭公、顷公、定公之世，当时晋国内部已经发生变化，韩、魏、赵、范、中行、智氏“六卿强，公室卑”；待到顷公之世，晋君王室的势力进一步受到削弱，“六卿皆大”[4]，最终在公元前403年发生了韩、魏、赵三卿分别为侯的局面。所以，鲜虞最初对晋国并不放在眼里。晋国和鲜虞之间的这些战争都发生在距燕国疆界南部不远，但燕国正值共公、平公之世，国势积弱，不但不为周围的戎、狄之国畏惧，而且也不被中原华夏诸侯各国重视。早在公元前546年的南北诸侯霸主晋、楚召开“弭兵大会”时，与会的有鲁、齐、陈、卫、邾、滕、蔡、曹、许、宋等诸侯国。燕国虽然也属华夏之邦，却不在应邀与会之列。

春秋时期，中原齐、晋等国与戎狄的关系也不尽是对抗，其中也有联合。晋悼公五年（公元前572年），位于今天津蓟县的无终国君（按：属戎人之种）派人进贡于晋，请求从属于晋。

1 北京市文物管理处《北京市延庆县西拨子村窖藏铜器》，《考古》1979年第3期

2 北京市文物研究所山戎文化考古队《北京延庆军都山东周山戎部落墓地发掘纪略》，《文物》1989年第8期；北京市文物研究所《北京考古四十年》，北京燕山出版社1990，第68—86页

3 王峰《河北兴隆县发现战国金矿遗址》，《考古》1995年第7期

4 《史记》卷三十九《晋世家》

起初，晋悼公认为戎、狄之国不懂礼教，无亲无义，不可信任，“不如伐之”。国卿魏绛指出：晋国如与戎、狄和好可得三利，其中之一就是“戎、狄事晋，四邻莫不震动”，便可以挟戎、狄势力以震慑中原诸国。晋悼公欣然采纳了魏绛的建议，派他东至辽西抚慰戎、狄诸国，果然华夏诸国为了避免被戎、狄骚扰，都与晋国交好[1]。齐国也是如此，《庚壶》记载，齐庄公二年（公元前552年）齐国派将军庚帅大兵伐燕，燕地的戎、狄之王竟然配合齐军和燕军作战[2]，说明齐国也是和戎、狄有过友好关系。就燕国而言，其与周边的戎、狄之国也同样不尽是对抗关系。例如，春秋时期肥国被晋国灭亡之后，肥君的后裔就被燕国接纳。《汉书·地理志下》辽西郡肥如县条下，汉代应劭注云：“肥子（按：晋灭肥，俘肥子绵皋而归，此肥子当是肥国君的世子）奔燕，燕封于此也。”[3]今人杨伯竣先生认为，今河北卢龙县西北有肥如城，山东有肥城县，都是肥国遗民四散之地[4]。但就燕国境内的肥如城来说，则可以肯定是燕国君容留肥国遗民之地。春秋时期晋、齐两国争霸。燕国依附齐国以求保护，所以当肥国被晋国攻灭后，燕国会容留肥国的遗民。

不过，总的看来，燕国在春秋早期处于山戎的频频侵扰之下，几乎灭国，后奉齐国为霸主，才在齐国的保护下暂得喘息。春秋中期，燕国又在狄人的盛大攻势下陷于狄人建立的代、鲜虞、肥、鼓、无终等国的包围之下，仅能自存，而且几乎被中原华夏诸侯国视为与戎、狄相同。肥、鼓被晋所灭之后，春秋末年，鲜虞在晋国的一再进攻之下势力削弱，后改国号“中山”。战国初年，中山国作为千乘之国与燕、赵、韩、魏、齐等国同称王。齐国自认为是万乘之国，羞与中山同伍，欲联合赵、魏伐中山，被赵、魏所拒。魏文侯十七年（公元前430年）以乐羊为将，借道赵国，伐灭中山[5]。魏文侯卒后，子武侯即位，中山复国，又接连遭到赵国的打击。赵敬侯十年（公元前377年）“与中山战于房子（今河北房子县）”，十一年韩、魏、赵（公元前376年）灭晋，分割其地之后，赵国又发兵“伐中山，战于中人（今河北唐县西北13里）”。至赵武灵王二十年（公元前306年）伐中山，西至林胡；二十一年

(公元前305年) 再攻中山，逼使中山献四城请和；二十三年(公元前303年) 再伐中山；二十六年 (公元前300年) 复伐中山，占地北接燕国南境，西至云中 (今山西大同)，中山国君臣逃亡到齐国。赵武灵王传位于儿子何为惠文王。赵惠文王三年(公元前296年) 灭中山，并迁其王于肤施 (今陕西延安)，毁其都城灵寿 (今河北平山县)[6]。至此，河北、山东的燕、韩、魏、赵、齐等国之间才没有戎、狄之国存在。20世纪70年代，天津武清县出土东汉鲜于璜墓志，称自己的家族是出于"殷箕子之苗裔"[7]，笔者以为其实就是战国时中山国鲜虞国贵族的后裔。也就是说，鲜虞部落的狄人在国灭以后融入了中原民族，有些仍生活在今河北一带。

河北省考古学者在河北石家庄平山县三汲镇东发现战国时期中山国的国都灵寿古城，周围发现墓葬30座，出土春秋战国时期文物1.9万余件。其中的M1号大墓是中山国最为兴盛时期的中山王譽的大墓，其在位年代应在战国时期的燕王哙之世及其以前。当时中山国作为千乘之国，与北方大国齐国联合，成为燕国的严重威胁，曾打败赵军于长子 (今山西长子县)，复击败燕军于中人 (今河北唐县西北13里)。在M1号大墓中发现的刻有长铭的铁足铜鼎、圆壶、方壶是关于中山国历史的宝贵文物，记载着在燕国发生子之之乱时，中山国派国相率军帮助齐国攻陷燕都蓟城的史实。中山国王的葬制与华夏诸国的基本一样，器物虽然有本民族的特点，但大致和其他地区相同，反映了民族文化的融合[8]。

第二节　匈奴和北京

匈奴是中国北方古老的游牧民族，其名称见于汉民族史籍记

1 《战国策》卷三十三《中山》

2 张政烺《庚壶释文》，载《出土文献研究》，北京：文物出版社1985 转引自韩嘉谷《试说狄人侵燕和燕文公迁易》，《首都博物馆丛刊》第17辑

3 《汉书》卷二十八下《地理志下》

4 杨伯竣《春秋左传注》，北京：中华书局1981年

5 《史记》卷四十四《魏世家》；《战国策》卷十八《赵策一》

6 《战国策》卷十二《齐策五》；《史记》卷四十三《赵世家》

7 天津市文物管理处《武清东汉鲜虞璜墓》，《考古学报》1982年第3期

8 河北省文物管理处《河北省平山县战国时期中山国墓葬发掘简报》，《文物》1979年第1期

载。关于匈奴民族的起源，《史记·匈奴传》说是：其为夏后氏之苗裔，始祖叫淳维，即商周时期的山戎、玁狁、荤鬻，或认为即尧时的荤鬻，周时的玁狁，战国末期的胡，自秦代时始称匈奴[1]。王国维认为，山戎、狄、玁狁、荤鬻、胡、匈奴都是北方一种游牧民族在中国不同历史时期的不同称呼，本质上并没有区别；而且在这些称呼中有些是其民族部落的本名，有些则是中原民族为了表示轻视而强加的丑称，例如戎、狄就都是当时人强加的丑称，“彼之自称决非如此”。这些北方民族长期生活在边地，当其强大起来以后，就恢复了民族的本名，如匈奴、胡等名称[2]。由此看来，匈奴族应该是商周时期戎、狄的后裔。

秦汉时期中原政权与匈奴之间的民族斗争非常激烈。匈奴诸部动辄侵边，杀伤边民数千人，秦汉政府也动辄出动数十万大军出塞攻击匈奴，死伤以千、万计。秦始皇三十二年（公元前215年）令蒙恬率30万大军北击匈奴头曼单于，控制了河套地区，大批移民，设立44县；又连接原秦、赵、燕的北长城，筑起西起临洮（今甘肃岷县），东至辽东的万里长城，派重兵屯守。军事行动持续了十余年[3]。秦朝灭亡以后，中原大乱，匈奴趁机复起。头曼单于之子冒顿杀其父，自称首领。这时匈奴族已经从氏族社会进入阶级社会，势力最强。从西汉高祖刘邦初年，西汉与匈奴之间的战争不断。汉高祖七年（公元前200年），刘邦在帅汉军北伐的时候，在平城（今山西大同）被匈奴围困七日，险些被俘[4]。此后西汉通过与匈奴和亲的政策，才换得断断续续的平静。匈奴在北边的骚扰，极大的影响了秦汉帝国的社会经济发展，战争和戍边成为百姓沉重的负担。

汉武帝之世，自元朔二年（公元前127年）至元狩四年（公元前119年）发动三次大规模的战争，令霍去病、卫青率汉军北击匈奴，大获全胜，解决了北边的威胁[5]。从汉武帝以后，匈奴势力不断走向衰弱。乌桓、西域大宛等民族分别在东部和西部掀起反抗，断其东、西两臂；本土又遇罕见的大雪灾，牲畜、百姓冻死几近3/10；再加之统治集团内部发生分裂，互相混战，终于不能自存。汉宣帝甘露三年（公元前51年）南匈奴首领呼韩邪单于内附汉朝，北匈奴郅支单于西迁至伊犁河流域后被汉军破灭。西汉与匈奴的友好关系此后维持60余年，直至西汉灭亡。

西汉末年，王莽摄政，对匈奴采取民族压迫的政策，激起匈奴的反抗。史称："北边自宣帝以来，数世不见烟火之警，人民炽盛，牛马遍野"，及王莽对匈奴民族采取敌视政策后，战火连年，士民罢敝，"数年之间，北边虚空，野有暴骨"[6]东汉初年，中央政权尚不稳定，面对匈奴的崛起只好采取退让的办法。但是，由于匈奴本土连年大旱，人畜"死耗大半"，加之匈奴统治集团又再次发生分裂，分为南、北两部。汉光武帝刘秀建武二十四年（公元48年）原呼韩邪单于之孙、南匈奴首领日逐王比率八部匈奴部落至五原塞附汉，仍称呼韩邪之号，入居东汉塞内北地、朔方、五原、云中、定襄、雁门、代郡等地（今陕西北部及内蒙古包头、呼和浩特一带）[7]。北匈奴慑于东汉的威力，也与东汉保持往来，但是在原来役属它的丁零、鲜卑、西域各族的反抗斗争下，势力逐渐衰弱。在汉军自东汉和帝永元元年（公元89年）至三年（公元91年）连续三年的进攻下，北匈奴先西迁伊犁河上游地区，后复西至康居（今中亚塔什干、阿拉木图地区）[8]。匈奴政权建立了300年的时间，最终瓦解。不过，迁入塞内的匈奴民族直到西晋末年还见于史书记载。揭开中国历史上五胡十六国一幕并建立前汉政权的刘渊就是迁入塞内的匈奴贵族。

北京地区处于北边，正与匈奴相接，也是民族矛盾和冲突的主要地区之一。秦汉在北京西北设上谷郡，东北设渔阳郡、右北平郡，主要就是防御匈奴和役属于匈奴的乌桓、鲜卑的侵扰。

据史书记载：早在战国中、后期，包括匈奴在内的胡人就对燕国北方边境造成威胁。燕国筑长城，自造阳（按：大约今河北

1 《史记》卷一百十《匈奴传》

2 王国维《观堂集林》卷十三《鬼方昆夷玁狁考》

3 《史记》卷六《秦始皇本纪》；卷八十八《蒙恬传》

4 《汉书》卷一下《高帝本纪下》

5 《汉书》卷六《武帝本纪六》

6 《汉书》卷九十四下《匈奴传下》

7 《后汉书》卷八十九《南匈奴列传》

8 《后汉书》卷四十五《袁安传》；《魏书》卷一百二《西域传·康国》

张家口以北）东至襄平（今辽宁辽阳），“置上谷、渔阳、右北平、辽西、辽东以拒胡”。秦朝时期虽然对匈奴的战争主要是在河套地区，但东北边的燕、赵之地也并不平静。

西汉初年，汉高祖刘邦封亲信卢绾为燕王，驻蓟城，守北边。卢绾与匈奴相勾结，后阴谋暴露，逃入匈奴，在匈奴的支持下经常率部下数千人马侵扰今河北张家口及怀来一带[1]。东汉初年渔阳太守彭宠恃功自傲，悍然驱除幽州牧朱浮，占领了除北京昌平、延庆、房山以外的大部分地区，也遣使者贿赂匈奴首领，赠送美女、缯綵，邀结和亲。匈奴单于遂派骑兵七八千人支援彭宠叛军。由此，彭宠叛军与匈奴共连兵，以抵抗东汉政府军的讨伐[2]。

两汉之际，仅史书记载的匈奴大规模骚扰北京及周边上谷、渔阳地区的事件有13次之多，其中西汉时有八次，东汉时有五次。而在西汉的八次匈奴大规模军事骚扰中，仅汉武帝之世就有五次之多，这也无怪乎汉武帝要把平息匈奴之乱当做治理国家的第一要务。匈奴入侵北京周边地区的途径主要是上谷郡和渔阳郡。两汉时期的上谷和渔阳的郡治分别在今河北怀来大古城（官厅水库东南岸）和今北京怀柔区梨园庄（密云水库北岸）。两郡的总辖区大致是：北至河北康保、沽源、丰宁县北；南至河北涿鹿南、北京昌平、河北宝坻、天津武清；东至河北围场、承德西；西至河北张家口、蔚县。今北京的昌平、密云、怀柔、平谷、顺义、通州、延庆都有部分或全境在其辖区内。因此这些地区在两汉匈奴势力嚣张之时，经常受到匈奴骑兵的骚扰。匈奴当时尚处于奴隶制社会阶段，其入境骚扰的目的主要是抢掠粮食、财物，并劫掠汉地居民充作奴隶。由此造成该地区人口空虚、经济萧条。

今北京城及其近郊虽然没有遭到匈奴直接侵扰的记载，但匈奴在入边抢掠的军事行动中，也曾逼近北京。例如，西汉武帝元光六年（公元前129年）春季匈奴从西北路张家口、沽源一线入上谷，杀略吏民，被汉朝数路大军击退。秋季匈奴复改变路线，从东部围场、承德一线入渔阳，大肆抢掠。汉武帝派韩安国为材官将军，率汉军屯守渔阳。次年（公元前128年）匈奴再次从辽西即今辽宁朝阳市一线入边，杀辽西郡太守，经右北平（治今内蒙古宁城西）复西入渔阳境内，被韩安国率汉军击退。但是韩安国在胜利之后失于大意，轻信俘虏的供言，以为匈奴已经远去，将大批军士都遣去从事农业劳动。匈奴趁其不备，一月之后再次突然袭击渔阳，击溃渔阳太守率领的1000余人地方军。这时韩安国手下只有不到千人兵马，仓促迎战，也被匈奴大军击杀略尽，只好和剩余的几百人退入军寨固守。幸亏燕军（按：即驻守今北京的汉地方军。西汉时，北京地区初称燕国，后改广阳郡、广阳国）闻信来援，才解韩安国之围[3]。匈奴大肆劫掠数千人口、牲畜，从容出塞。由此看来，韩安国被围之地应当在北京东北部不远，大约即今顺义一带。韩安国因兵败遭到汉武帝的怒斥，命其驻守到和匈奴更为接近的右北平即今内蒙古赤峰、宁城、河北凌源、平泉、承德、青龙一带。数月后，韩安国郁闷而死，汉武帝派著名将军李广为右北平太守，匈奴不敢入犯。

东汉初年，匈奴势力对今北京地区的威胁更大。汉光武帝刘秀建武二年（公元26年）渔阳太守彭宠之乱时，援助叛军的匈奴骑兵曾深入到昌平一带。建武九年（公元33年）汉大司马吴汉等率汉军在燕北一带寻找匈奴主力作战，却一无所获。匈奴势力反而更加盛大，抄略益暴。汉光武帝派朱祐、侯进、王常三将军分驻常山（治今河北元氏县西北）、涿郡（治今河北涿州）、渔阳（治今北京怀柔梨园庄），也就是太行山东麓和燕山南麓一线。由此看来，东汉初年对匈奴的防御主要是北京的西部、西北部和北部。同时又命王霸为上谷太守，主要任务就是打击匈奴。汉制，地方州牧、郡守不得随意出越辖区，特别是不得率军队出界，以防地方官员作乱。这个制度在中国封建社会中一直延续了几千年。但是汉光武帝为了消灭匈奴的威胁，特别授予王霸“捕

1 《史记》卷一百十《匈奴传》

2 《后汉书》卷十二《彭宠传》

3 《汉书》卷五十二《韩安国传》；卷九十四上《匈奴传上》

击胡虏，无拘郡界”的权力。建武十三年（公元37年）王霸又奉命与杜茂在蔚州飞狐县（今河北涞水县）修治飞狐道，加强河北东部和山西的军事联系，同时“堆石布土，筑起亭障，自代郡（治今山西阳高）至平城（今山西大同）三百余里”，以阻拦匈奴骑兵的进袭。王霸任上谷太守长达20年，与匈奴及其役属的乌桓作战大小达数十百次，追击匈奴曾经远至千余里外的平城（今山西大同）。古代，汉民族与北边游牧民族的战争，其主要原因：一是为了本民族的生存和发展，二是民族歧视和压迫。王霸久居边地，对民族事务非常熟悉。他清楚地看到了这一点，在作战之余，屡次上书，建议与匈奴和亲，友好相处，才是解决北边安全的根本办法[1]。王霸离任当在建武三十年（公元54年）以后。史书说，在王霸的努力下，匈奴不再犯塞，北边无事。其实，前已言之，早在东汉建武二十四年（公元48年）匈奴分裂为南、北两部，势力削弱，南匈奴与东汉和好，北匈奴也不敢对抗，因此才有了边境平静的局面。在建武十五年（公元39年）为避匈奴而迁入居庸关内的雁门、代郡、上谷三郡百姓也在建武二十六年（公元50年）全部回到原籍，边郡尽复。也就是说，在王霸离任以前，已经基本解除了匈奴对北边的威胁。这其中虽然有王霸的功劳，但主要原因是北部边外匈奴内部的局势发生了变化。

从史书记载来看，两汉时期匈奴对汉政权的边地骚扰和劫掠人口、财物活动，西汉时在北京东、西部的渔阳、上谷变幻不定，以致于西汉边军忙于东奔西突，在汉武帝以前始终处于被动状态；东汉时，匈奴搔扰活动主要是在北京东北部的上谷地区，因此这里也就是东汉军队的主要防御方向。汉民族与匈奴族之间的战争主要是为了生存和发展的斗争，经过秦汉近300年的时间，最终以民族融合的形式解决了。在这期间，汉民族从匈奴族学习到优秀的驯养牲畜的技术，匈奴族也从汉民族学习到汉文化和冶铸、农业生产等技术。1973年在内蒙古杭锦旗桃红巴拉发现七座匈奴墓，均为长方竖形土坑葬，仰面直肢，头向北，年代在战国时期。出土的文物有直刃青铜短剑、刀、鹤嘴镐、锥、斧、镞等兵器和工具，各种装饰品及马具。陶器有罐、碗两种，为夹沙褐陶。各墓中均有数量不等的牛、马、羊的头、蹄为殉葬品，最多的有49具。此外，在内蒙古乌拉特中后联合旗呼鲁斯太、和林格尔、土默特旗、宁夏固原县也先后发现过类似的墓葬。这些墓葬既具有北方游牧民族的显著特点，又显示出中原汉民族文化的某些特点。例如，桃红巴拉出土的器物中，青铜短剑、动物形饰牌就具有鲜明的匈奴文化色彩；同时出土的青铜刀、斧、镞却与中原同类型的文化遗物相似，说明了汉民族与匈奴民族的密切关系。这种情况在其他匈奴墓葬的出土物中也有反映。有些匈奴墓葬中还出土了带汉字的遗物和我国南方才有的竹器、漆器和丝织品[2]。

第三节　乌桓、鲜卑和北京

乌桓（又称乌丸）和鲜卑，都是生活在我国东北部的东胡部落。东胡是一个非常古老的民族，其在史书记载中与山戎同时，也就是春秋战国时期。《史记·匈奴传》中说：春秋战国时期，“晋北有林胡、楼烦之戎；燕北有东胡、山戎。”[3]东胡与山戎等族是并列的北方民族。近来有学者根据考古发现认为山戎是发源于河北丰宁潮河上源的民族，并根据其服饰上有接近圆形的火球和太阳的图案，认为其俗是太阳崇拜。这也和已发现的山戎墓中的尸骨都是头朝东的现象相契合。东胡的祖居地在我国东北地区，肃慎、鲜卑、乌桓、貊、濊、夫余、高句丽、靺鞨、柔然等都是其的分支或在不同历史时期的名称。其中乌桓和鲜卑是在东汉末年至南北朝时期与北京地区关系最为密切的两大北方民族。

乌桓　东胡民族是渔猎民族，秦汉之际，东胡被匈奴冒顿所破，其中一部聚于乌桓山即今内蒙古西拉木伦河以北的阿鲁科尔

1 《汉书》卷二十《王霸传》

2 中国社会科学院考古研究所《新中国的考古发现和研究》，北京：文物出版社1984，第482页；内蒙古大学蒙古史研究室等《中国古代北方各族简史》，呼和浩特：内蒙古人民出版社1979，第25—27页

3 《史记》卷一百十《匈奴传》

沁旗附近，因此得乌桓的称号。西汉初年，驻守在北京地区的异姓王、燕王卢绾因为害怕被汉高帝刘邦铲除，勾结匈奴谋反，失败后逃入匈奴，匈奴曾封其为东胡卢王，就是让他代替匈奴统领东胡乌桓部落。汉武帝之世，通过三次远征，打败匈奴。乌桓也从此摆脱了匈奴的统治，转依西汉政权。西汉将乌桓各部分置于北方沿边的“上谷、渔阳、右北平、辽西、辽东五郡塞外，为汉侦察匈奴动静”。西汉后期昭帝之世，乌桓部落经过近40年的休养生息，势力强盛，元凤三年（公元前78年）叛汉。结果处于匈奴和西汉军的双重打击，损伤惨重，汉宣帝之世才再次依附西汉。西汉末年，王莽篡政，自立为帝以后，对匈奴、乌桓一律采取民族压迫政策，强迫征调乌桓攻打匈奴，并将乌桓家属押为人质。乌桓兵因为不服水土，病亡惨重，纷纷要求返回辽西故乡，不但遭到拒绝，而且家属也遭到惨杀，于是乌桓再次反叛，转倚匈奴与王莽政权为敌，往来劫掠，北边动乱。这种情况一直持续到东汉初年[1]。如前引《王霸传》就说，建武九年（公元33年）王霸为上谷太守时曾率汉军在北京周围地区与匈奴、乌桓大小数十百战；以及，骠骑大将军杜茂率汉军镇守北边，“凡与匈奴、乌桓大小数十百战，终不能克”[2]，就反映了这种情况。

建武二十四年（公元48年）南匈奴附汉，北匈奴远遁以后，乌桓摆脱了匈奴的奴役，势力获得发展。东汉政府也对乌桓采取以财物结好的怀柔政策，于是乌桓附汉。东汉政府将乌桓诸部迁入缘边十郡内居住，为东汉守边。塞外的鲜卑族乘机占据塞外乌桓之地，并吞并了没有入塞的乌桓部落。但是，由于东汉政府仍对乌桓族采取民族歧视政策，经常役使乌桓充军作战，因此也不断导致乌桓的反抗和叛乱。

东汉末年灵帝之世，乌桓分为四部：上谷难楼部，辽西丘力居部，辽东苏仆延部，右北平乌延部，总计1.6万余落，20万口以上。其中以辽西丘力居部势力最强[3]。及东汉内乱蜂起，以袁绍兄弟为首的各地军阀发生混战，也都各引乌桓充做主力。东汉献帝之世，丘力居死，其侄塌顿掌控辽西乌桓，并被其他上谷、辽东诸部奉为单于，称辽西三郡乌桓。当袁氏集团被曹操击败之后，逃入乌桓的袁氏残部及乌桓掠虏的幽燕之地的百姓前后有20余万。献帝建安十二年（公元207年）曹操发兵攻伐辽西三郡乌桓，杀塌顿，彻底平灭其部，“胡汉降者二十万口”[4]。曹操将乌桓降众及北京地区的乌桓军队全部收入曹军，征战中原，成为精锐的骑兵部队。自此，乌桓或融入中原汉族中，或融入塞外鲜卑族中。

北京北部山区及河北东北、西北地区是与乌桓族最为接近的地区，也是汉族和乌桓族互相接触最为频繁的地区。当乌桓族与中原政权友好相处时，北京及河北北部地区的百姓可以和乌桓族进行频繁的经济贸易往来，互通有无，有利于双方的经济利益。例如，东汉最后一任幽州牧刘虞，在政局动乱之际，“开上谷胡市之利，通渔阳盐铁之饶”[5]，通过与乌桓族的友好贸易来解决北京地区的财政困难。刘虞为了保持与乌桓族的友好关系，还经常穿着乌桓族的服装——毡裘。

东汉末年，河北及北京地区有多达20余万户人口进入辽西三郡乌桓之地，对于当地社会经济的发展肯定有很大好处。在群雄割据的时代，中郎将公孙瓒在乌桓的支持下割据幽州，他的军队中有不少乌桓骑兵。当河北地区在袁氏集团控制之下时，乌桓族与袁氏集团在幽州的地方政权有良好的关系，所以建安十年（公元205年）当袁氏集团在中原地区败于曹操以后，袁绍子、幽州刺史袁熙和兄弟袁尚等一同东投乌桓首领塌顿，并在其帮助下一再进兵幽州，企图东山再起。曹操不得不率军东渡潞河（今潮白河），救援受困的犷平（今北京密云水库东北），驱赶乌桓出塞。这也是曹操于次年（公元206年）决心直捣乌桓统治中心柳城（今辽宁朝阳）的重要原因。

建安十二年（公元207年），曹操破灭辽西乌桓并将其部全

1《后汉书》卷九十《乌桓传》

2《资治通鉴》卷四十三 汉纪三十五 光武帝建武十二年

3《后汉书》卷九十《乌桓传》

4《三国志》卷一《魏书·武帝纪》

5《后汉书》卷七十三《刘虞传》

部并入自己的骑兵之后，北京东北的河北北部地区也仍还有乌桓余部存在。自汉至魏晋之世，各代王朝在幽州都设有护乌桓校尉和护鲜卑校尉，镇抚乌桓、鲜卑。魏晋之世，乌桓势力虽微，但护乌桓校尉一职仍然保存，除乌桓之外主要是针对鲜卑。如曹魏初年，渔阳人田豫受命为护乌桓校尉，牵招、解俊为护鲜卑校尉[1]。此职相当于郡太守，有时是幽州刺史兼任，如曹魏时的幽州刺史王雄、杜恕都兼任过护乌桓校尉。西晋时期的幽州刺史卫瓘及都督幽州诸军事的最高军事长官张华、唐彬也都兼任过护乌桓校尉[2]，尽管其主要任务是镇抚鲜卑。西晋末年，宁朔将军、都督幽州诸军事王浚拥兵专断幽州时，幽州刺史和演曾指示也驻于蓟城内（今北京）的乌桓单于审登率部下谋杀王浚。此外，王浚部下还有乌桓首领审广、郝袭、渐裳、靳市等人，在王浚破灭后被石勒南迁到襄国（今河北邢台）[3]。这是继东汉末建安十二年（公元207年）之后幽州乌桓第二次大规模向中原地区迁徙。可见，当时北京城市内外也还有乌桓族军队参与地方的政治军事活动。迁入中原地区的乌桓族后来都逐渐融入汉族。始终居住在塞外的乌桓族，经过三国时期的战乱之后，西晋初年时已经大多融入鲜卑[4]。直到十六国时期，鲜卑强大，乌桓彻底被鲜卑融合，才退出历史舞台。

鲜卑　鲜卑也是东胡部落的一部分，当东胡被匈奴所破的时候，鲜卑东迁到位于今吉林哲盟科右中旗的鲜卑山附近，所以就以“鲜卑”为族号。西汉中期，匈奴衰落以后，乌桓附汉，入塞保边。鲜卑族随后从严寒之地西迁到乌桓原居住地的西拉木伦河流域，与汉朝边塞相接，开始了两族的密切往来。

最初，鲜卑受匈奴的役使，随匈奴攻略汉地，后来随着匈奴的破败，鲜卑摆脱匈奴的控制，转倚西汉政权。东汉初年直到章帝之世的近40年之间，鲜卑一直与东汉政权保持着友好的关系。但是此后，随着鲜卑族的势力强大，社会阶级分化加剧，其掠夺性强烈，开始对东汉和乌桓的侵扰和掠夺。自东汉和帝永元九年（公元97年）开始，鲜卑对右北平、渔阳、上谷、雁门、云中（今山西大同一带）等地不断发动进攻，造成北部边地的巨大社会动荡。不过，鲜卑族与东汉农耕地区之间又有着互为补充的经济关系，鲜卑族需要中原地区的铁器、丝帛，东汉中原地区需要鲜卑族居住的草原地区驯育的良种马匹。所以在东汉安帝之世（公元107—113年）鲜卑复与东汉和好。东汉在宁城（今河北宣化附近）开设胡市，进行交易。然而，当胡市交易不能满足鲜卑的经济要求时，就不免还要发生掠夺性的战争。

东汉桓、灵之世（公元156—184年）鲜卑族的著名首领檀石槐统一鲜卑宇文、慕容、拓跋等诸大部落，建立了空前强大的鲜卑王国，其地东达辽东（今辽宁辽阳），西至西域敦煌（今甘肃敦煌），北至丁零所居的北海（今贝加尔湖）以南，南至东汉北部边地，"尽据匈奴故地，东西万二千余里，南北七千余里"。檀石槐拒绝东汉的招抚，将其部自东而西分为三部：从右北平以东（今河北丰润以东）至辽东（今辽宁辽阳）等20余邑鲜卑为东部鲜卑；从右北平西至上谷（今河北怀来地区）十余邑鲜卑为中部鲜卑；从上谷西至敦煌20余邑鲜卑为西部鲜卑。三部鲜卑各立首领一人，皆听檀石槐统领。鲜卑骑兵灵活机动，朝发而夕至，兵利马疾，东汉王朝内有农民起义忧患，无暇顾及北边的防卫，更无力主动出击，处于被动的局面。不过，受社会发展阶段的限制，檀石槐并没有能建立起坚固的鲜卑政权。东汉灵帝光和中（约公元184年）檀石槐死，鲜卑各部复陷于分裂，各部首领世相传袭，不相统属[5]。

三国和魏晋之世，边外的鲜卑各自为主，其中以檀石槐之孙步度根部和在山西边外的轲比能部势力最强。步度根部最初依附曹魏政权，入并州（治今山西太原）塞内帮助保塞。魏明帝太和五年（公元231年），曾在六年之前遭到曹军沉重打击的鲜卑

1 《三国志》卷二十六《魏书·田豫传》

2 《晋书》卷三十六《卫瓘传》、《张华传》；卷四十二《唐彬传》

3 《晋书》卷三十九《王沈传》附王浚传；《晋书》卷一百四《石勒载记上》

4 《魏书》卷一《序纪》中记载：北魏拓拔氏鲜卑的始祖力微病笃之时，其亲信乌桓王库贤受西晋幽州刺史卫瓘收买，造谣惑众，使其部族离散

5 《后汉书》卷九十《鲜卑传》

轲比能部率部族及从属的北部丁零首领儿禅到幽州（治今北京）贡献名马，表示与魏友好，不再为敌，实际则图谋与步度根联兵叛魏。青龙元年（公元233年），步度根在轲比能的诱使下叛魏，与接应的轲比能部一同闯出塞外，两部联兵，不时寇边，重新点燃了边塞烽火。同年，在魏军的一再打击下，两部鲜卑向北逃入环境恶劣的漠北，步度根部下首领戴胡阿狼泥归降，塞外主要是轲比能部鲜卑为寇。

轲比能本不是鲜卑贵姓，在东汉末年动乱之际，他以出众的才智受到部人的拥护，推为首领。他接受汉族文化，让逃入鲜卑地区的汉人为他制造兵器，并仿照汉朝制度建立起军事制度，势力大盛。东汉末年，他在自幼生长在鲜卑中的护乌桓校尉阎柔的接纳下，向曹操上贡献，跟从曹军西征关中，后又与代郡乌桓联兵反叛。曹魏建国之后，北部鲜卑成为大患。魏文帝曹丕采取军事打击和招抚的手段进行治理。轲比能也先后遣返被掠到鲜卑地的汉人1000余家返回代郡、上谷，用牛马与魏互市，一次的交易量就达到七万余头。由此轲比能成为塞外势力最强的鲜卑部落，一度拥有骑兵号称十万，可与檀石槐时期相比。轲比能除与东部鲜卑素利、西部鲜卑蒲头、泄归泥等争斗之外，还不时与魏军互相攻击。曹魏护乌桓校尉田豫在大破其部的战争中，曾在还师的路上被轲比能率军三万围困在马城（今河北怀安西北）七日，后在深受鲜卑尊信的上谷太守阎志（阎柔之弟）的劝喻之下才得解围。由此可见轲比能部的强大，对曹魏边地威胁之重。青龙元年（公元233年）轲比能诱使步度根叛乱后，幽州刺史王雄设谋刺杀了轲比能，改立其弟为鲜卑首领，轲比能部落在曹魏的掌控下和其他诸部的挤压下，势力渐衰[1]。

居住在辽西（今河北北部地区）的鲜卑素立、弥加等部，其人口多于轲比能部，自东汉末年就在阎柔的招抚下与曹操通好，贡献名马，通市贸易。魏文帝曹丕即位初年，在曹魏护鲜卑校尉牵招的招抚下鲜卑、乌桓都居住在幽州渔阳、右北平塞外，为曹魏保塞，同时进行友好边市贸易[2]。拓跋鲜卑首领力微还把儿子送到洛阳学习。曹魏时期，驻于北京地区的先后几任护乌桓校尉、护鲜卑校尉阎柔、田豫、牵招，以及幽州刺史崔林、王雄等人对镇抚鲜卑，维持边地的社会稳定，都做出了很大贡献。

西晋初年，在儒将卫瓘、名士张华、名将唐彬分别担任幽州刺史、监幽州诸军事、护乌桓校尉期间，也采取招抚的方法稳定北边的安定，同时加强了与鲜卑族及北方各族的关系，“东夷马韩、新弥诸国依山带海，去［幽］州四千余里，历世未附者二十余国，并遣使朝献，于是远夷宾服，四境无虞，频岁丰稔，士马强盛”[3]。“边境获安，无犬吠之警，自汉魏征镇莫之比焉”[4]。

史书记载，北京西北石景山地区古代曾有一个自永定河引水的水利工程，其拦河大坝和引水渠分别叫做戾陵遏和车厢渠。这是曹魏镇北将军刘靖于嘉平二年（公元250年）指挥部下修建的。西晋元康五年（公元295年）该工程被洪水冲毁，刘靖之子、宁朔将军刘弘正担任北京地区最高军事长官、持节监幽州诸军事并护乌桓校尉。他继承父志，动用四万余工，修复并加固了戾陵大坝，参加施工的不但有驻军，还有杂居在北京地区的少数民族，“诸部王侯不招而自至，襁负而事者盖数千人”[5]。这里所谓的诸部王侯，主要就是指入居北京地区的乌桓、鲜卑部落。

西晋末年，先是朝廷政乱，后是八王之乱和五胡十六国之乱。晋安北将军王浚利用辽西段氏鲜卑为外援，割据幽州，对幽州人民进行残暴统治。史称：“于时朝廷昏乱，盗贼蜂起，［王］浚为自安计，结好夷狄”，将女儿分别嫁给辽西鲜卑首领段务目尘（一译务勿尘）和苏恕延[6]。同时，在王浚的军队中也还有不少乌桓骑兵，惠帝永兴元年（公元304年）王浚举兵攻成都王司马颖于邺城（今河北临漳县境内）时就是派遣的乌桓骑兵[7]。其后，王浚杀幽州刺史和演，自为刺史，也是利用的乌桓军队。

辽西段氏鲜卑的始祖段日陆眷出身低微，最初是渔阳乌桓首

1 《三国志》卷三十《魏书·乌桓鲜卑东夷传》

2 《三国志》卷二十六《魏书·田豫传》、《魏书·牵招传》

3 《晋书》卷三十六《张华传》

4 《晋书》卷四十二《唐彬传》

5 《三国志》卷十五《魏书·刘靖传》；《晋书》卷六十六《刘宏传》；《水经》卷十四《鲍丘水注》引《刘靖碑》

6 《晋书》卷三十九《王沈传》附王浚传

7 《晋书》卷四《惠帝纪》

领的家奴，后得主人信任才在饥年率众到辽西立足，渐至强盛。死后，其侄段务目尘立为首领“踞辽西之地而事于晋”，从而被王浚所用，驱之加入中原地区军阀混战。段务目尘死，其子段就六眷继立为首领。其弟段匹磾在晋愍帝建兴二年（公元314年），王浚被羯族首领石勒所灭后，入据幽州，并被晋朝拜为幽州刺史。此后，幽州（今北京）在段氏鲜卑的统治下达十余年[1]

可见，西晋至十六国时期，最早是乌桓入居北京地区，辽西鲜卑在北京东北的今河北北部地区依附边塞。十六国时期，乌桓进一步南迁到河北中部地区，辽西鲜卑则自辽西入据今北京地区。

十六国时期（公元317—420年），北京地区先后被段氏鲜卑、羯族石赵、辽东慕容氏鲜卑的前燕、后燕，以及氐族的苻秦占据。其中，慕容俊建立的前燕还在蓟城建都达八年之久。

南北朝时期（公元420—589年），北京地区被拓跋氏鲜卑建立的北魏政权控制。北魏末年（公元534年）分裂为东、西魏，继之被宇文氏鲜卑和先祖为高句丽族的高欢篡政，分别建立北周（西魏）、北齐（东魏）。北京地区在北齐统治之下。直至北周武帝建德六年（公元577年）周武帝灭北齐，随后北周国戚杨坚篡夺帝位，于开皇元年（公元581年）建立隋朝，才结束了200余年的长期分裂局面。

十六国和南北朝时期，北京地区长期处于各民族杂居的融合局面。北魏末年在六镇起义和河北大起义中，起义首领杜洛周、韩楼先后拥兵数万占据蓟城（今北京），抵抗北魏大军的镇压。杜洛周、韩楼都是鲜卑族，其部下也以鲜卑人为主。其在北京地区的活动应该有一定的社会基础，也就是说，当时在北京地区生活着不少鲜卑族居民。

第四节　突厥和北京

突厥是北朝末年兴起于北方草原的民族，与铁勒同族。铁勒是泛指北方属于突厥语系的民族，历史上的丁零、敕勒（又称高车）等都属于铁勒。突厥与铁勒同族，语言风俗相类，均奉狼为图腾，史称其为匈奴之苗裔。

北朝末期的北周、北齐之世，已有关于突厥族的详细记载，《周书》《北齐书》《北史》均列有突厥传，记其史事。突厥最初计有十部，其中以阿史那氏最为显赫。西魏文帝大统十一年（公元545年）阿史那部的首领阿史那土门遣使与西魏通好，十二年（公元546年）破败铁勒，十七年（公元551年）娶西魏长乐公主为妻，次年（公元552年）发兵破灭草原上最为强盛的柔然族。柔然首领阿那瓌自杀。阿史那土门部成为草原上最为强盛的部落，随自号伊利可汗。这是突厥建国之始。伊利可汗死，其弟燕都俟斤立，号木杆可汗。木杆可汗时期是突厥最为强盛的时期，其地东至辽海，西至里海，北至贝加尔湖，南至漠北。北齐、北周争相遣使贡献，结好突厥。木杆可汗死，其弟立为他钵可汗。这时突厥与中原政权的关系最为密切。北周与之和亲，"岁给缯絮锦彩十万段……在京师者……衣锦食肉，常以千数"。北齐也不敢怠慢，"亦倾府藏以给之"。他钵可汗傲慢地说："但使我在南两个儿孝顺，何忧无物耶？"[2]由此可见，当时突厥乘北周、北齐对立，从中取利，建立的不是平等的关系。实际上，突厥只是出于本民族的利益，翻覆于两国之间。其对北周、北齐都不时侵扰边地，进行掠夺。例如，北齐武成帝河清三年（公元564年）九月和闰九月，突厥竟连续入寇幽州，"入长城，掳掠而还"[3]。北齐派名将斛律羡任都督幽、平等六州诸军事、幽州刺史，也就是北齐在北方的最高军事、行政长官。斛律羡出身敕勒族显贵家庭，是北齐名将斛律金之子，极富军事天才。就在他到任的这一年，木杆可汗率突厥大兵来犯，见斛律羡军容威整，心

1 《晋书》卷六十三《段匹磾传》；《北史》卷九十八《徒何段就六眷传》

2 《北史》卷九十九《突厥传》

3 《北齐书》卷七《武成帝纪》

起畏惧，于是转而求和贸易，不战而退。次年（公元565年），木杆可汗正式遣使与北齐通好，“自是朝贡岁时不绝”。斛律羡又建长城，“自库堆戍东至于海”，计二百余里[1]。在北京地区的一段是自通州往西北，经顺义前、后苇沟，到昌平南口接关沟、居庸关。其遗迹直到唐代和明代还有记载。北周武帝建德六年（公元577年）北周灭北齐，北齐范阳王高绍义率余众奔入突厥。突厥他钵可汗立高绍义为齐帝，支持他继续与北周为敌，从而为突厥入犯塞内寻找借口；并在北齐灭亡的次年（公元578年）就率突厥大军大掠幽州，杀北周驻守在幽州的柱国将军刘雄[2]。在突厥的支持下，高绍义也统北齐残部进围幽州蓟城（今北京），打算借北周幽州总管宇文神举南平范阳（今河北涿州）卢昌期叛乱之机，乘虚袭取蓟城。他站在蓟城外的燕王冢上，列天子旗帜，部分兵众。幸亏宇文神举快速平灭了范阳之乱，急速回师。高绍义的计谋才没有得逞[3]。

隋文帝开皇元年（公元581年）他钵可汗死。土门（伊利可汗）之孙摄图在突厥贵族纷争中取胜，被立为沙钵略可汗。他分立木杆可汗之子为阿波可汗、他钵可汗之子为第二可汗、从弟玷厥为达头可汗、其弟处罗侯统帅东部各族为突利可汗。这就是以沙钵略可汗为首的突厥五可汗。隋初，突厥与隋朝对立，继他钵可汗之后继续不断攻略隋朝北边，“燕蓟多被其患”。

隋文帝前后任命上柱国将军阴寿、李崇为幽州总管镇守幽州，仍不时遭到突厥的袭击。阴寿只是消灭了盘踞在营州（今辽宁朝阳一带）的与突厥勾结的北周营州刺史高保宁。李崇则在开皇三年（公元583年）的一次军事行动中被突厥杀死在沙城（今河北沙城）[4]。文帝随后又遣周摇为幽州总管。突厥族处于奴隶社会阶段，内部矛盾重重，兄弟之间互相攻杀，内乱迭起。特别是，当时蒙古草原地区遇到严重自然灾害，连年灾荒，突厥族缺少基本食物，只好“粉骨为粮”。同时，还发生了大瘟疫，牲畜人口大量死亡，力量受到严重削弱。开皇三年（公元583年）以沙钵略可汗和阿波可汗的仇杀为导火线，突厥分裂为以沙钵略可汗为首的东突厥和以达头可汗为首的西突厥两部。开皇五年（公元585年）东突厥不敌西突厥诸部，南至今呼和浩特草原的白道川一带，成为隋朝的藩属。开皇七年（公元587年）沙钵略死，处罗侯继为可汗，称叶护可汗，以已子染干为突利可汗。一年之后，叶护战死，沙钵略子继为都蓝可汗。突利可汗不敌都蓝，开皇十九年（公元599年）归降于隋。为了免于遭到都蓝可汗部的袭击，隋将其部南迁到黄河以南的今陕西靖边县和内蒙古准噶尔旗一带的夏、胜二州之间，并赐号为启民可汗。启民可汗在位的十年间，突厥和中原内地的关系一直友好。在隋朝的支持下，都蓝部、达头部分裂，其众及藩属于他们的铁勒、奚等各族都归于启民可汗之下，东突厥于是强盛。隋炀帝大业三年（公元607年）炀帝自榆林北出塞，抵启民可汗牙帐，又东南至涿郡时，启民可汗率其部民沿途为之锄草铺路。其自驻帐之地到蓟城的道路就是我们常说的居庸关大道，这是中原地区与蒙古草原的重要交通要道。大业七年（公元611年）西突厥处罗可汗朝见炀帝于蓟城临朔宫（大约在今北京城南），赐号曷婆罗可汗，隋其征辽东。此后，一直到隋朝灭亡，他都一直在炀帝左右。

东突厥启民可汗于大业五年（公元609年）死，其子继立为始毕可汗。始毕可汗在位时，东突厥已经拥有塞外东起辽东，西至今新疆东北部的广阔草原，史称“东自契丹、室韦，西尽吐谷浑、高昌各国，皆臣属焉，控弦百余万”[5]。对于奴隶制下的游牧民族突厥政权来说，除了放牧之外，掠夺也是其赖以生存和积累财富的重要手段。“对于野蛮的征服者民族说来……战争本身还是一种经常的交往形式；在传统的、对该民族来说唯一可能的原始生产方式下，人口的增长需要有越来越多的生产资料，因而这种形式也就被愈来愈广泛地利用着。”[6]始毕可汗统管突厥时正是

1《北齐书》卷十七《斛律金传》附子羡传

2《周书》卷二十九《刘雄传》

3《北齐书》卷十二《范阳王绍义传》

4《隋书》卷三十九《阴寿传》；《资治通鉴》卷一百七十五陈纪九长城公至德元年（公元756年）六月

5《旧唐书》卷一百九十四上《突厥传上》

6 马克思、恩格斯《德意志意识形态》，《马克思、恩格斯全集》第3卷，北京：人民出版社1960，第26页

隋末唐初。隋末炀帝连年发动征辽之役，天下动摇，民疲国弊。东突厥得不到如同过去的经济支持，再加之军事强盛，已非昔日仰仗隋朝保护可比，于是转为连兵入侵。大业九年（公元 613 年）突厥频为边患，缘边诸郡多苦之。炀帝命东北道大使薛世雄统帅燕、涿等十二郡的军队寻塞而还[1]，以为如此就可以使始毕可汗再次臣服。大业十一年（公元 615 年）炀帝在辽东兵败之后，又想耀武北边，借以找回一些威严，结果被始毕可汗围困在雁门达一个月之久。这时炀帝才认识到东突厥已不再是启民可汗那个时代的民族了。

隋末，农民大起义爆发，贵族军阀也乘机攫取政权。当时各路起义军和军阀割据武装如窦建德、刘武周、梁师都、高开道等都向突厥称臣，以便得到突厥武装的支持。唐高祖李渊起兵太原的时候，也派属下刘文静向突厥称臣，以便在和各路武装争夺天下时引突厥为援[2]。始毕可汗时代的突厥再次像北朝末年的他钵可汗时代一样，成为参与中原政治斗争的一个重要权衡力量。

唐朝建立以后，高祖武德二年（公元 619 年）始毕可汗死，其弟立为处罗可汗，次年死，复立处罗之弟为颉利可汗。颉利可汗以始毕可汗之子为突利可汗，辖突厥东部，牙帐在幽州之北[3]。唐高祖武德之世，突厥在河北割据武装高开道、刘黑闼的勾结下经常犯塞，而在这些割据势力平定之后，突厥仍不断骚扰幽州等地。武德八年（公元 625 年），颉利可汗再次率突厥骑兵十万余众，犯山西北部的朔、并二州，边锋抵幽州。唐幽州右领军将军王君廓破突厥于幽州，斩获 2000 余人[4]。最为严重的是，突厥甚至已经参与到李唐王朝的皇室斗争中了。因此，唐太宗即位以后，经过一系列的精心准备，在贞观三年（公元 629 年）派李靖为首的六位行军总管，分道出塞，次年（公元 630 年）大败东突厥。俘颉利可汗以下十万余众。唐朝将突厥降众安置在自幽州西至灵州（今北京西至宁夏灵武）的沿长城下之地，分置顺、佑、化、长四州；又分颉利可汗原有的漠南之地为六州，分置定襄、云中都督府以统之，并均以突厥首领任都督和刺史。突利可汗此前因被颉利可汗可汗猜疑而投奔唐朝，这时也将其部众安置在顺、佑等地，封突利可汗为北平郡王、都督，仍统东部地区。

但是，唐政府不断征发突厥为兵，遭到突厥民众的反对。唐高宗永淳二年（公元 683 年）突厥反，阿使那骨咄禄自立为可汗，史称后突厥。自高宗至玄宗之世的 60 余年中，后突厥相继有默啜可汗、毗伽可汗，不断统兵犯唐昌平（今北京昌平）、蓟州（今天津蓟县）、檀州（今北京密云）、妫州（今北京延庆、河北怀来一带）等地。默啜可汗之世，后突厥势力最强，役有契丹、奚等族，号称“其地万余里，控弦 40 万，自颉利以后最为强盛”。武则天圣历元年（公元 698 年）默啜可汗率突厥骑兵十余万自河北易县五回道深入到河北中部的定州（今河北定县）、赵州（今河北赵县），烧杀劫掠，不可胜记；并将九万余河北人民劫掠到突厥地为奴隶。至唐玄宗开元四年（公元 716 年），默啜可汗死，突厥内乱不断，互相残杀，势力大衰。契丹、奚等族也乘机摆脱突厥的奴役，转依唐朝。天宝四年（公元 745 年）回纥怀仁可汗击灭后突厥，并尽有其众[5]。

突厥族在北部草原地区自伊利可汗阿使那土门击败草原上最强大的铁勒、柔然，建立突厥政权，到后突厥的灭亡，驰骋草原近 100 年，草原上的所有民族一度均役属其下。北朝末年的木杆可汗、他钵可汗，隋末唐初的始毕可汗、颉利可汗，唐中期的后突厥默啜可汗时期都是突厥势力最为强盛的年代。突厥族很早就掌握了冶铁技术，曾是柔然的“锻奴”。其建国以后，经济、文化发展很快，是古代北方民族中唯一有自己文字的民族。但是突厥一直处于奴隶制社会阶段，种族压迫非常残酷，劫掠性非常强烈，所以经常遭到被压迫民族如契丹、奚、同罗、回纥等族的反抗；其对中原农耕地区的抢掠也经常遭到中原政权的军事打击。不过，当中原地区处于政治分裂的时候，它又会重新得到恢复和

1 《隋书》卷六十九《薛世雄传》

2 《旧唐书》卷六十七《李靖传》；《通典》卷一百九十七《突厥上》

3 《旧唐书》卷一百九十四上《突厥传上》

4 《资治通鉴》卷一百九十一 唐纪七 高祖武德八年

5 《旧唐书》卷一百九十四上《突厥传上》；卷三十九《地理志二》“顺州”

发展。上述各突厥可汗强盛的时代也都正是中原地区处于衰落或分裂的历史时期。至于突厥和中原地区友好相处的时期，分别是隋文帝、炀帝的启民可汗时代和唐太宗突利可汗、李思摩时代和高宗永淳二年（公元683年）以前的单于都护府、瀚海都护府年代，总计前后达60年。可见，民族之间的友好是历史的大趋势。

北京地区在隋唐时代处于与突厥接触的前沿，两族交恶时期常遭到突厥骑兵的蹂躏和劫掠，数以万计的包括北京地区民众在内的河北百姓被突厥掠为奴隶。与此同时，这里也成为隋唐政府与突厥进行军事斗争的重要基地，幽州军成为中原政权打击突厥的重要力量。当两族友好相处时，幽州则成为两族交通、贸易的重要枢纽。启民可汗为炀帝清扫、开辟的道路，其实也就是两族日常往来的通道。据《旧唐书·地理志二》记载，至唐玄宗天宝之世，迁入幽州的契丹、奚、突厥、同罗、靺鞨等族的人口已达1.2万余户[1]。《新唐书·地理志七下》记述："唐代突厥之别部及奚、契丹、靺鞨、降胡、高丽隶河北者，为府十四、州四十六。"在幽州境内的计有十九州一府[2]，其中：

突厥州二：

顺州，突厥州，唐太宗贞观四年（公元630年）平定东突厥后设置。贞观六年（公元632年）侨治于营州（治今辽宁朝阳）南之五柳戍。唐玄宗天宝元年（公元742年）改为顺义郡，肃宗乾元元年（公元758年）恢复旧称，领宾义县，寄治于幽州城内。

瑞州，突厥州，贞观十年（公元636年）为处置突厥乌突汗达干部落而安置于营州。武则天万岁通天二年（公元679年）故地陷于契丹，南迁于今河南地区，中宗神龙初北还，侨治于良乡广阳城（今北京房山区良乡镇广阳城村），领来远县，隶属于幽州都督。

降胡州一：

凛州，降胡州，玄宗天宝初年置于范阳县（今河北涿州）界内，以安置降胡[3]。

这里的“降胡”是泛指招抚的各北方民族。

当时身兼范阳、平卢、河东三镇节度使的安禄山，史称“营州杂种胡”，其母即是突厥人，并自幼生长在突厥中[4]。唐朔方节度副使阿布思出自铁勒九姓，其部众多是同罗族人，陈寅恪先生认为其是回纥族首领[5]。天宝十一年（公元752年），阿布思惧安禄山加害，叛逃漠北，后遭回纥打击，余众溃散，大多被安禄山招抚。自此以后，安禄山“精兵无敌于天下”。天宝十四年（公元755年）安禄山在范阳（今北京）发动大规模叛乱时，同罗骑兵与契丹、室韦是叛军主力。这时的幽州城中，基本是以汉民族为主的各民族杂居的局面，而且西域胡人不在少数，其身份大多是军人或军人家属。唐肃宗上元二年（公元761年）安、史集团发生内讧时，蓟城内被汉族将军高鞠仁控制，令城中杀胡者皆有重赏，于是“羯、胡俱殪……高鼻类胡者而滥死者众”，其他大多越城而逃[6]。可见城中居住的北方少数民族人数之多。唐代幽州蓟城的居民住宅共计26坊，其中有罽宾坊、肃慎坊，根据坊名可以判断这些居民区是北方民族，甚至是中亚地区的民族在城内的聚居之地。罽宾是当时中亚地区的古国名，地在今阿富汗境内的喀布尔附近。肃慎是我国东北地区的古国，唐代的靺鞨即其后裔，肃慎坊应当是迁入城内的靺鞨族人的居住区。不过，当时城内的中亚、西亚地区人口中也还有不少是商贾，时称“商胡”。史书记载，安禄山为范阳（治今北京）等三镇节度使时，为邀玄宗的恩宠，每年都派大批商胡到各地搜购奇珍异宝贡献朝廷。每当商胡买到珍宝归来，安禄山都要“烧香列珍宝”“陈牲牢”，庆贺一番。

隋唐之际，突厥的势力东起辽东、西至西域，所以北京地区的文化也受到西域文化的影响。例如，筚篥是西域龟兹国的乐

1 《旧唐书》卷三十九《地理志二》“燕州”

2 《新唐书》卷四十三下《地理志七下》称：唐武则天万岁通天元年（公元696年）契丹首领李万忠反于营州，当时营州境内的羁縻州均南迁至河北、河南、山东。事变平定之后，中宗神龙中（公元705—707年）复北迁，玄宗天宝初年统计，其寄治于幽州境内计有十九州一府。

3 《新唐书》卷四十三下《地理志七下》

4 《安禄山事迹》卷上

5 陈寅恪《读书札记一集》，北京：三联书店2001，第618页

6 《资治通鉴》卷二百二十二 唐纪三十八 肃宗上元二年（公元761年）注引《蓟门纪乱》

器，“卷芦为头，截竹为管”，有九孔；东部地区少数民族又改为以桃木制作。唐代宗大历中，“幽州王麻奴解吹筚篥，河北推为第一手”[1]。可见，突厥等民族的文化在河北地区流行之广。

另外，原属铁勒族系的回纥（又称回鹘），在玄宗天宝之世助唐攻灭后突厥之后，尽占其地，东至辽东，西至金山（今阿尔泰山），南控大漠。特别是在“安史之乱”中，回纥在助唐平定叛乱的过程壮大了自己的力量，唐朝只有借助和亲加以羁縻。唐文宗开成四年（公元839年）回纥内讧迭起，种族离散，分为乌介、温没斯、那颉啜可汗三部。其中，那颉啜部居幽州雄武军（驻今天津蓟县北）西北界，离今北京最近。由于这三部回纥处于今山西、北京地区的北边，所以唐朝以驻今山西的河东节度使刘沔和驻今北京的幽州节度使张仲武分别为南面、东面招控回鹘使以为抵御之策。唐武宗会昌二年（公元842年）张仲武派其弟率军30万攻灭那颉啜部斩获九万余人，牛马骆驼无数。三年（公元843年），唐河东节度使刘沔又攻灭乌介部。其残部东依室韦。室韦族是东胡的一部分，又称失韦，北魏时期始见史书记载，其与契丹同族，在南称契丹，在北称室韦。在唐军的强势攻击下，会昌二年（公元842年）冬至三年（公元843年）春，回纥各部贵族相继率众归唐，计三万余人。唐宣宗大中元年（公元847年），乌介残部到幽州归降于唐。归降于唐的回纥，唐朝将其分置于北方各道安置外，也有很多就留在了幽州（今北京）。如降唐的乌介残部留在幽州的有10万余人，但由于张仲武没有妥善安置，“留者漂流饿冻……所存者只三千以下”[2]。迁入中原的回纥在后世逐渐融入汉民族，其仍留在塞外的回纥则融入契丹。

第五节　奚、靺鞨、契丹和北京

一、奚族

奚族，本名库莫奚，东胡的一支[3]。当东胡被匈奴所破时，其大概先后役属于匈奴、鲜卑，所以《魏书》又称其为“东部宇文之别种也”[4]。在中国古代，南北朝及其以前称库莫奚，隋朝称奚。

十六国时代，奚族被鲜卑慕容氏所破，避于今内蒙古赤峰以北的松漠之间。北魏初年又遭到拓跋氏鲜卑的攻击，败于弱落水（又称饶乐水、潢水，即今西拉木伦河），牲畜人口被掠10余万。不过，在北魏政权稳定以后，自北魏文成帝以后对东部民族采取招抚政策，奚族也和东部其他民族一样与北魏进行贸易。自文成帝兴安二年（公元452年）到北魏末年的孝武帝太昌元年（公元532年），奚族向北魏朝廷朝贡名马文皮计有27个年份。有时甚至一年之中朝贡数次，如孝文帝太和元年（公元477年）“二月癸未，库莫奚遣使朝献；三月，库莫奚遣使朝献；十月，库莫奚遣使朝献；丙子，库莫奚遣使朝献”[5]。当然，这可能是奚族互不统属的不同部落分别的行动，但由此也可见奚族与北魏之间的密切关系。北魏强大，奚族的朝贡并不是单方面的进贡，北魏的回赐也是十分丰厚的，因此实际上是贸易的另一种方式。奚族借边地贸易使经济得到发展，其居住区也进一步南移到北魏营州（治和龙，今辽宁朝阳）、安州（治今河北隆化）北界，与北魏居民杂居。太和四年（公元480年），奚族曾一度进入塞内；二十二年（公元498年）复寇安州，均被北魏以武力驱赶出塞。

北朝末年到隋唐之世，突厥强大，奚族役属于突厥。当突厥款附之后，奚族也随之遣使称臣。在东夷各族中，奚族比高丽、契丹弱小，但其与中原地区在地理位置上更为接近，关系也随着中原政权势力的强弱而或通或绝。隋炀帝大业年间，奚族每年都遣使朝贡。

隋末唐初，中原纷争，盘踞今河北怀来地区的高开道除勾结突厥外，复于唐初武德六年（公元623年）勾结奚族骑兵寇幽州（治今北京），被唐幽州长史王詵率军击退[6]。唐太宗李世民贞观

1 《太平御览》卷五百八十四《乐部二十二·筚篥》引《乐府杂录》

2 《新唐书》卷二百一十七上《回鹘传上》；《旧唐书》卷一百九十五《回纥传》

3 《隋书》卷八十四《北狄·奚传》

4 《魏书》卷一百《库莫奚传》

5 《魏书》卷七《高祖纪》

6 《资治通鉴》卷一百九十 唐纪六 高祖武德六年（公元623年）

三年（公元629年）国势已定，奚族人始来内附。贞观十八年（公元644年）唐太宗准备发动辽东之役时，令营州都督张俭发幽、营二府兵并奚、契丹东进，以探高丽兵力虚实[1]。贞观二十二年（648年）奚族、契丹内附，唐朝于奚族之地置饶乐都督府，以其首领可度者为都督，赐姓李；在契丹之地置松漠都督府，以契丹首领窟哥为松漠都督，也赐姓李。两都督府又号称两蕃。唐幽州都督或刺史及后来的节度使一般都兼任押两蕃的官衔。

唐代，一方面是由于唐朝政府对于藩属各族役使无度，频繁征发为兵，使民无宁日；另一方面是由于社会经济发展落后，处于奴隶制度下的奚、契丹、突厥等族不习农耕，主要以游牧和渔猎为生，生活资料难以满足。同时，唐朝镇边将领经常恃势无端欺凌塞外民族，甚至制造事端加以杀戮。因此，奚族和契丹与唐朝的关系并不稳定，经常是根据突厥与唐朝的关系的变化而变化。例如，武则天之世后突厥默啜可汗势力最强，不断对唐朝北边发动骚扰。奚、契丹也跟随突厥反叛。万岁通天元年（公元696年）营州契丹李尽忠叛乱，奚族也叛，尽附后突厥默啜可汗。唐朝派大军前往平定，屡屡损兵折将，阵亡将士达十万以上。直至次年（公元697年）六月，在唐朝20万大军的攻击下，契丹惨败，奚族也乘机倒戈相击。契丹余众均投奔后突厥。但是在此之后，唐与奚族的关系并没有恢复正常，唐睿宗景云元年（710年）十二月“奚、霫犯塞，掠渔阳、雍奴，出卢龙塞而去”[2]。延和元年（公元712年）唐以孙佺代替镇守幽州20年的薛讷为幽州大都督。孙佺刚愎自负，悍然出动两万余大军进攻奚、契丹，结果兵败身死。当年八月唐玄宗即位，奚与契丹仍经常连兵侵扰幽州等地，十一月又连兵犯渔阳，大掠而归[3]。开元三年（公元715年），因后突厥日衰，且奚、契丹也不堪突厥的种族压迫，先后降唐。开元四年（公元716年）突厥默啜可汗死，其部内乱。唐朝复设饶乐、松漠都督府，安置奚、契丹。奚族首领李大酺为饶乐都督府都督。开元八年（公元720年）李大酺从唐军平契丹可突干之叛时死，其弟鲁苏代立。开元十八年（公元730年）契丹可突干降后复叛，胁奚族之众投突厥。鲁苏不能制止，单身自渝关（今河北抚宁榆关）入塞。幽州长史赵含章出动驻在今河北怀来的唐清夷军讨叛奚，斩两万余人，自此奚族始逐渐归降[4]。开元二十年（公元732年）唐军大破契丹可突干，附于可突干的奚族首领李诗锁高（琐高，官职名）率奚众五千余户归唐。唐朝将其安置在今北京良乡广阳城[5]。

玄宗天宝之世，安禄山为节度使时，经常为了虚报战功，轻启边衅，屠杀大量奚、契丹百姓，并将俘虏的奚、契丹送到长安献俘。当他在天宝十四年（公元755年）发动叛乱时，又尽驱契丹、奚族骑兵为其前驱。

在安史之乱以后藩镇割据的年代里，历任割据军阀对奚族都是采取残酷镇压的手段。因此，奚族与唐朝的关系也是长期处于不稳定的状态，叛服不常。例如唐宣宗大中元年（公元847年）幽州北部诸山奚人俱叛，幽州卢龙节度使张仲武残酷镇压，烧其帐篷20余万，杀其大小首领300人，掠牛羊七万头。

唐末和五代之际，契丹强盛，为政酷苛，奚族不堪忍受其无度役使。奚族一部的首领去诸引部落内附，徙于妫州北山（今北京延庆、河北怀来一带）[6]。从此奚族分为东、西两部。

唐代，幽州境内的羁縻州县中有奚州三：

鲜州，奚州，唐高祖武德五年（公元622年）置，隶于营州都督。武则天万岁通天元年（公元696年）契丹叛乱时，营州失陷，内迁至山东青州，中宗神龙初北还，迁至于幽州潞县之古潞城（今北京通州区古城村），领宾从县。

崇州，奚州，武德五年（公元622年）与鲜州同时置，置于营州废阳师镇，后经南迁北徙，与鲜州同侨治于潞县古潞城。

归义州，奚州，唐高宗总章中（公元668—670年）以征辽所俘新罗户置，领一归义县，设于幽州良乡县广阳城（今北京房

1 《资治通鉴》卷一百九十七 唐纪十三 太宗贞观十八年（公元644年）

2 《资治通鉴》卷二百一十 唐纪二十六 睿宗景云元年（710年）

3 《资治通鉴》卷二百一十六 唐纪二十六 玄宗先天元年（公元712年）

4 《资治通鉴》卷二百一十二 唐纪二十八 玄宗开元八年（公元720年）；《旧唐书》卷一百九十九下《北狄·奚传》。

5 《资治通鉴》卷二百一十三唐纪二十九 玄宗开元二十年（公元732年）

6 《新唐书》卷二百一十九《北狄·奚传》

山区良乡镇广阳村)。唐玄宗开元二十年(公元732年)以宗室、信安王李祎为行军副大总管,出动大军东击奚、契丹,奚族别部首领李诗锁高(按:琐高,官职名)降附。唐朝以李诗所部置于良乡县广阳城,复设归义州[1]。

奚族在五代以后则不再见于史书记载,其迁入塞内的部落已经融入汉族,留在东北塞外的部落则成为契丹民族的一部分。

二、靺鞨

靺鞨,古称肃慎,东汉、魏晋之世称挹娄,北朝时称勿吉,隋、唐时称靺鞨。其地东至于海,西接突厥,南界高丽,北临室韦(按:亦契丹之属)。隋代,靺鞨部落分散,其中以粟末、黑水、白山、号室等七部势力最强。粟末靺鞨在南,常与高丽征战。隋炀帝大业初年(公元605年),粟末靺鞨首领突地稽(一译度地稽)败于高丽,率数千家内附,授辽西太守,居于营州境内。隋炀帝征辽东,度地稽率部随军作战,每有斩获[2]。隋末动乱,突地稽附幽州总管罗艺入唐。唐高祖武德四年(公元621年)以突地稽为燕州总管,仍居营州之地。同年,河北刘黑闼起义爆发,突地稽率部众助唐镇压起义,事平后徙居于昌平城(在今北京军都关南)。高开道引突厥扰边,突地稽率军阻击,大获全胜。唐太宗贞观年间突地稽死,其子李谨行在高宗麟德之世为营州都督,“部落家僮数千人,以财力雄边,为夷人所惮”,累有战功,永淳元年(公元682年)死,此后粟末靺鞨与唐朝之间一直通使朝贡不断[3]。唐高宗总章元年(公元668年)唐军攻破高丽,以其地立安东都护府。原来附高丽的白山、号室等部靺鞨或被迁入塞内,或部落散亡,被融入东北其他民族,以致无闻。唐玄宗开元十年(公元722年)黑水靺鞨附唐,唐在其地设黑水都督府,以其首领为都督,隶于幽州都督。

靺鞨族历史上最为显赫的时期是唐玄宗先天二年(公元713年)靺鞨首领大祚荣建立的渤海国时期。大祚荣本是附高丽的一支靺鞨部落的首领。高丽破败以后,他率部众入唐,徙居营州。武则天万岁通天元年(公元696年)

契丹李尽忠反叛，大祚荣部返回故土。唐军平定营州之乱后，派军追讨大祚荣反被其败。当时，后突厥势力正盛，唐朝政府不得分兵，大祚荣乘此间隙居故土东牟山一带（今吉林敦化东北）立足，并于圣历元年（公元698年）建立了政权，其地南与新罗相接，西接越憙靺鞨，东北至黑水靺鞨。唐玄宗先天二年（公元713年）唐朝政府正式册封其为渤海郡王。渤海国传世15王，历时229年，并于唐天宝末年迁都于上京龙泉府（今黑龙江宁安西南）。其势力最强时，东至日本海，北与室韦为界，西与契丹相接，西南与唐朝隔辽水为界，包括今东北大部、朝鲜半岛北部和俄罗斯沿日本海沿岸地区。渤海国人的大部分是靺鞨族并以粟末部为主，也有少量高丽遗民。黑水靺鞨则附于渤海国。唐亡以后，耶律亿天显元年（公元926年）契丹灭渤海。契丹对渤海贵族采取怀柔政策，吸收他们进入契丹政权[4]。辽代，辽东渤海人因不堪忍受辽政权的压迫，还举行过起义。

唐代，幽州境内的羁縻州中计有靺鞨州四：

慎州，靺鞨州，唐高祖武德初以粟末靺鞨乌素固部落置，武则天万岁通天二年（公元697年）南迁至山东，唐中宗神龙初北还幽州，侨治于良乡县故都乡城（今北京房山区长沟村），隶幽州都督，领逢龙县。

夷宾州，靺鞨州，唐高宗乾封中（公元666—668年）以靺鞨愁思岭部落置，在营州境内。武则天万岁通天二年（公元697年）南迁于徐州，唐中宗神龙初北还，侨治于良乡县古广阳城（今北京房山区良乡镇广阳村），隶幽州都督，领来苏县。

黎州，靺鞨州，武则天载初二年（公元690年）分慎州而置，安置归附的靺鞨部落，万岁通天元年（公元696年）南迁于宋州，唐中宗神龙初年北还，侨治于良乡县故都乡城，隶幽州都

1《新唐书》卷四十三下《地理志七下》

2《隋书》卷八十一《东夷·靺鞨传》

3《旧唐书》卷一百九十九下《北狄·靺鞨》；《资治通鉴》卷一百八十九 唐纪五 高祖武德四年（公元621年）；卷一百九十 唐纪六 高祖武德六年（公元623年）

4《旧唐书》卷一百九十九下《北狄·靺鞨》

督，领新黎县。

燕州，隋辽西郡，寄治于营州。唐高祖武德元年（公元618年）改为燕州总管府，四年（公元621年）以粟末靺鞨首领突地稽为总管，同年助唐平定河北刘黑闼起义，后徙其部落于幽州昌平城。六年（公元623年），唐将燕州自营州南迁，寄治于幽州城（今北京）内。唐玄宗开元二十五年（公元737年）复移治于幽州城北的桃谷山，领辽西县[1]。

三、契丹

契丹，其先祖也是东胡的一部分，与奚族是同类异种，也就是说存在着一定的血缘关系。契丹的生活习俗与靺鞨相近。

早在十六国时期，契丹就从鲜卑族中分离出来，自号契丹。其子孙繁衍，发展为八个部落，即所谓契丹八部。北朝时期，契丹与奚族同为东北地区与北魏联系最为密切的民族。自北魏太武帝太延三年（公元437年）至北魏末年孝武帝永熙三年（公元534年）的近100年间，契丹遣使朝贡计有25个年份，与奚族遣使的次数大致相当。而且，也是在孝文帝太和元年（公元477年）遣使四次之多，且与奚族遣使时间相同。这说明，契丹与奚族的关系是十分密切的。隋代，契丹各部已有一定的联合。唐初，已经形成部落联盟，以大贺氏为首。契丹生活的地域在和龙（今辽宁朝阳）以北的鲜卑故地，东与高丽为邻，西接奚族，南至营州与中原政权接触。北魏孝文帝之世，受高丽和柔然的威胁，一度南迁至白狼水（今大凌河）东，以谋求北魏的保护。当时，契丹与北魏经常在朝阳与密云（今内蒙古宁城）之间进行边市贸易[2]。

唐初，契丹经常与奚族连兵侵扰幽州北边，在受到唐军的打击以后，于唐太宗贞观年间款附，二十二年（公元648年）设松漠都督府，以契丹首领窟哥为都督。

唐代，契丹与唐政府之间的关系有过三次大的反复。一是武则天万岁通天元年（公元696年）契丹首领、松漠都督府都督李尽忠不堪唐营州都督赵文翙的欺凌，发动叛乱。奚族首领、饶乐都督府都督李大酺也不堪忍受唐朝边将的欺凌，与李尽忠同反。叛军势力炽盛，一度进攻到檀州（治今北京密云）；在受到唐军的打击之后，虽然退到今河北卢龙以北，但复使用诱敌之计，伏击唐朝大军于卢龙之西的山谷中，死者填山谷，无一生还。契丹、奚叛军势力复炽，竟然深入到河北中部的冀、瀛二州（今河北河间、冀县一带）。次年（公元697年），唐军17万又在卢龙东的山谷中伏，死伤惨重。唐建安王、清边道行军大总管武攸宜屯军渔阳（今天津蓟县）竟一筹莫展。唐朝又派武懿宗为神兵道行军大总管、娄师德为清边道副大总管、沙吒忠为前军总管，出动20万大军与契丹叛军相峙于幽州。六月，突厥乘契丹全力与唐军对抗之机，偷袭契丹大本营契丹新城（在今辽宁朝阳西北400里），大肆劫掠，俘其老幼以归。契丹闻讯大惊，军心溃散。奚族这时也倒戈相击。契丹叛军彻底瓦解，首领孙万荣率数千骑东逃，半路被唐行军总管张九节截击，只身逃到潞水（今潮白河）东，被杀于林下[3]。至此，这场营州契丹之乱，历时一年才告平定。动乱之中，契丹、汉族百姓被劫掠杀害者数以万计。第二次是唐玄宗开元六年（公元718年）契丹贵族可突干之乱。这场动乱最初是起于契丹内部争权斗争。松漠都督李失活死，其从父弟李娑固继为都督，与属下可突干互不相容，终起内讧。唐营州都督许钦澹支持李娑固，率军和奚众征讨，大败，被迫撤入渝关（今河北抚宁榆关）。可突干依仗突厥的支持，在开元八年（公元720年）至二十二年（公元734年）之间，叛服无常。开元二十一年（公元733年）可突干勾结突厥与唐、奚族联军战于渝关都山之下（今河北宽城满族自治县都山），竟杀唐军6000余人[4]。唐以张守珪为幽州节度使，开元二十二年（公元734年），利用契丹内讧的

1《新唐书》卷四十三下《地理志七下》

2《魏书》卷一百《契丹传》

3《资治通鉴》卷二百五 唐纪二十一 则天后万岁通天元年（公元696年）

4《资治通鉴》卷二百一十三 唐纪二十九 玄宗开元二十一年（公元733年）；《新唐书》卷二百一十九《北狄·契丹传》

机会使契丹衙官李过折杀可突干及其亲党数十人[1]。可突干之乱历时16年才告平定。第三次是唐玄宗天宝三年（公元744年）范阳、平卢节度使安禄山为了向朝廷邀功固宠，无端大肆攻打奚、契丹，杀掠无数，于是契丹和奚族部落不得不奋起反抗。天宝十一年（公元752年）安禄山发动幽州、平卢、河东三镇唐军六万（一说十余万），并以奚族骑兵2000为前导，东攻契丹，大战于潢水（今西拉木伦河）之南，结果被契丹大败，只有20余人生还[2]。直至天宝十四年（公元755年）安禄山发动内乱以前，幽州与契丹、奚族之间始终攻战不已。

安史之乱以后，中国形成各地军阀割据的局面，史称藩镇割据。当时割据幽州的军阀迫于内地军阀征战的混乱局面，也大多擅地自守，以少生边事为计。奚族、契丹也很少犯边。包括奚族、契丹在内的东北各族，每年选派酋长朝觐长安，其随从数百人皆留驻幽州城内[3]。这在当时也是边贸的一种方式。

不过，彼此之间的冲突也是经常的。唐德宗之世，刘济为幽州、卢龙节度使，"贞元初（公元785年）乌桓（即奚族，史称其为乌桓之后）诱北方之戎……［刘济］先计后战，陈兵于郊……于是诸戎皆为［刘济］所用。""明年（公元786年），鲜卑（即契丹，史称其为鲜卑之后）墨乙之犯古渔阳（今北京怀柔），其后啜利寇右北平（今河北遵化一带）。"刘济出动大军，分道并出，"捕斩首虏以万级，获骆驼马牛羊以万数。"[4]

唐代，幽州境内的羁縻州县有契丹州九：

玄州，契丹州，隋文帝开皇年间置，以安置契丹李去闾部落。唐太宗贞观二十年（公元646年）以回纥主曲据部落复置，侨治于范阳县（今河北涿州）鲁泊村，领静蕃县。

威州，契丹州，唐高祖武德二年（公元619年）以契丹内稽部落安置。唐太宗贞观元年（公元627年）改为威州，隶幽州大都督。武则天万岁通天中（公元696—697年）南迁至良乡石窟堡（今北京房山区佛子庄），领威化县。

昌州，契丹州，唐太宗贞观二年（公元628年）以松漠契丹部落置，初侨治于营州之静蕃戍，隶营州都督。武则天万岁通天二年（公元697年）南迁于青州。唐中宗神龙初北还，隶于幽州，侨治于安次县（今河北廊坊）古常道城。

师州，契丹州，唐太宗贞观三年（公元629年）以契丹、室韦安置，隶于营州都督。武则天万岁通天元年（公元696年）南迁于青州。唐中宗神龙初北还，侨治于良乡县之故东闾城。领阳师县，隶于幽州都督。

带州，契丹州，唐太宗贞观十九年（公元645年）以契丹乙失革部落安置于营州境内，隶营州都督。武则天万岁通天元年（公元696年）南迁于青州。唐中宗神龙初北还，侨治于昌平县之清水店，隶幽州都督，领孤竹县。

归顺州，契丹州，唐太宗贞观二十二年（公元648年）以契丹析纥便部落置，称弹可汗州。唐玄宗开元四年（公元716年）改称归顺州，天宝元年（公元742年）改称归化郡。安史之乱以后，唐肃宗乾元元年（公元758年）复称归顺州，领怀柔县（今北京顺义区）。

沃州，契丹州，武则天载初元年（公元689年）以松漠契丹部落置，隶营州都督。万岁通天元年（公元696年）南迁至幽州，侨治于蓟县东南回城（今北京大兴回城村），隶幽州都督，领滨海县。

信州。契丹州，武则天万岁通天元年（公元696年）以契丹乙失活部落置，二年（公元697年）南迁于青州。唐中宗神龙初北还，侨治于范阳县（今河北涿州），隶幽州都督，领黄龙县。

青山州，契丹州，唐睿宗景云元年（公元710年）从侨置的

1《旧唐书》卷一百三《张守珪传》

2《旧唐书》卷二百上《安禄山传》

3《新唐书》卷二百一十九《北狄·契丹传》

4 权德舆《故幽州卢龙军节度副大使知节度事、押奚契丹两蕃、经略卢龙军等使刘公墓志铭并序》，《全唐文》卷五百五

玄州中分置，侨治于范阳县（今河北涿州）水门村，隶幽州都督，领青山县[1]。

唐末五代之际，契丹强盛。契丹八部的领导权早在唐玄宗开元十八年（公元730年）就由大贺氏转被遥辇氏夺取。耶律氏属遥辇部落联盟中的迭剌一族。由于迭剌部落在遥辇联盟中势力最强，所以掌控迭剌部军事领导权的夷离堇实际上就居于契丹诸部的最高军事首领的地位。唐昭宗天复元年（公元901年）耶律亿（字阿保机）为迭剌部夷离堇，统兵攻破室韦、于厥、奚等族，壮大了迭剌部的经济、军事实力。次年（公元902年）又发兵40万进攻今山西北部的河东代北之地，掠汉族人口九万余人、牛马羊无数。这时耶律亿已经成为契丹的最高军事首领，称于越，总掌军国事。唐哀宗天佑三年（公元907年）耶律亿取代遥辇氏成为契丹各部的首领，尊号天皇帝。遥辇氏居契丹首领位计传九世，又称遥辇九帐。至此，耶律亿命以皇族耶律氏为第十帐。当时居于幽州的军阀刘仁恭、刘守光父子及割据河东的李克用军事集团都争相与契丹示好，进献合欢瓜[2]。

耶律亿在数年之间不断征服包括奚族在内的东北境内各族，势力逐渐统一，又不断向幽州用兵，劫掠人口、财富。五代后梁贞明二年（公元916年）耶律亿即皇帝位，建国契丹（后于1066年改称辽），年号神册。这就是后世的辽太祖。当年十一月，契丹攻占后唐“蔚（治今河北蔚县）、新（治今河北涿鹿）、武（治今河北宣化）、妫（治今河北怀来）、儒（治今北京延庆）五州，斩首万四千七百余级。自代北至河曲踰阴山，尽有其地”。三年（公元918年）建都于西楼，后改上京（即上京临潢府，今内蒙古昭乌达盟巴林右旗波罗城）。后唐庄宗李存勗建国（公元923年）前后，契丹与后唐争夺幽州的战况十分激烈。幽州城（今北京）“城门之外，烽尘交警，一日数战”[3]。后唐明宗天成元年（公元926年）七月，耶律亿死，其子耶律德光即位，这就是辽太宗。后唐末帝清泰三年（公元936年），太原节度使石敬瑭反。为了夺取帝位，他不惜卖身投靠契丹，以割让呼沱河、拒马河以北的幽、云（今河北北部和山西北部）等十六州为条件，争取到契丹的军事支持，破晋阳，建立后晋政权。幽州节度使赵德钧也怀有称帝野心，遣使契丹，求立为帝，被辽太宗拒绝，父子被俘。

辽太宗会同元年（公元938年）契丹以幽州为南京（今北京），又称燕京；并以皇都为上京，以原南京为东京（今辽宁辽阳）。辽圣宗、兴宗统和、重熙之世，又建中京（今内蒙古宁城附近）、西京（今山西大同）。最终形成五京之制。

从辽太宗天显十一年（公元936年）契丹据有幽州以后直至辽天祚帝保大五年（1125年）被女真族建立的金国所灭，契丹统治包括今北京地区在内的北中国近200年之久。

契丹族在中国历史上是一个重要的民族，其活动在历史舞台上几近两个世纪之久。辽朝灭亡之后，在此之前由耶律大石建立于今新疆西部和中亚地区的西辽国仍然存在了将近一个世纪，直至1219年才被蒙古成吉思汗消灭。西辽在中西文化交流方面起着重要作用，至今在俄语中的中国一词仍发音契丹。

由于辽朝对汉族居住的地区和东北契丹等族居住的地区采取南、北分治政策，所以当时在北京地区并没有大规模的契丹移民，城市内和四郊主要还是汉族居民。当北宋使者出使辽朝来到幽州城时，常会遇到汉族百姓私下向其诉说在异族压迫下生活之苦。宋真宗大中祥符初年（1008年）路振出使辽朝，至辽南京（今北京），其《乘轺录》说：“虏（按：宋使指契丹）政苛刻，幽蓟苦之，围桑税亩，数倍于中国（按：宋使指北宋）……征敛调发，急于剽掠。”又说：幽州城内“凡二十六坊，坊有门楼，大署其额……并唐时旧坊名也……俗皆汉服，中有胡服者，盖杂契丹、渤海妇女耳”。渤海族就是隋唐时的靺鞨。城中的军事力量是汉军八营，“皆黥面给粮，如汉制”；以及渤海兵数千

1《新唐书》卷四十三下《地理志七下》

2《辽史》卷一《太祖纪上》

3《旧五代史》卷五十二《唐书·李存贤传》

人[1]。南宋叶隆礼《契丹国志》中说：辽南京（今北京）“在石晋割弃以前，其中蕃汉杂斗，胜负不相当”。由此可见，辽代的北京地区，居民的风俗习惯和过去并没有太大的变化，仍以汉族为主。但是民族的交流和融合也是显而易见的。宋使在契丹族的祖居地上京临潢府见到，“绫锦诸工作，宦者、翰林、伎术、教坊、角觝、秀才、僧尼、道士等皆中国人（按：指汉族人），而并、汾、幽、蓟之人尤多”[2]。而在契丹建国及其以后发展的过程中，汉族士人韩延徽、康墨记、卢文进和韩知古祖孙三代、刘六符等人都起了重要作用。早在辽太祖神册、天显之际，契丹族就发明了契丹大字和小字，都是采用汉字行书、隶书的偏旁拼合而成。契丹是继突厥之后又一个发明了本民族文字的北方民族，其对以后党项族和女真族创造西夏、女真文字具有重要影响。幽州及河北、山西被掠入契丹地区的百姓，在契丹社会政治、经济、文化的发展，以及从奴隶制向封建社会制度的进程中占有重要地位。辽建造中京大定府（今内蒙古宁城附近），就是从幽、蓟征发的民夫，并完全按照上京城制度设计、建造的。

契丹族的宗教本是拜日原始宗教，以东为尚，进入中原地区以后，很快接受了佛教。史书记载，契丹贵族佞佛尤甚。早在隋唐时幽州地区的佛教就很发展，刻经、建庙之盛在北方各城市中首屈一指。唐太宗贞观年间在蓟城西南隅建造的大悯忠寺是北方地区著名的庙宇。辽代，辽秦越大长公主舍城内棠阴坊宅第建大昊天寺，占地数百亩，成为幽州城内与悯忠寺齐名的著名北方佛教寺院。所以，当时人称幽州城内外“僧居佛宇冠于北方”[3]，并非夸张。

第六节　女真族和北京

女真族的祖先是黑水靺鞨。契丹灭渤海国以后，黑水靺鞨隶于辽，并从此以女真名称见于史籍。辽代，女真分南、北两部。生活在东北地区南部，接近辽政权疆界的女真称熟女真；生活在东北地区北部的长白山以北、松花江和黑龙江流域的女真称生女真。熟女真附辽，生女真不附于辽。辽前期，生女真的社会经济开始有了迅猛的发展，掌握了农业和金属冶炼技术。辽兴宗之世（1031—1064 年），生女真完颜部首领乌古乃廼（按：即金景祖）统一生女真各部，形成以完颜部为中心的生女真部落联盟。辽政权不得不封其为“生女真部族节度使”，以为羁縻之策。辽祚帝天庆三年（1113 年），乌古廼之孙完颜阿骨打继为生女真首领，次年（1114 年）就发动了对辽的战争，军事力量发展到一万余人。天庆五年（1115 年）正月，阿骨打称帝，这就是金太祖。阿骨打建国号“金”，建元“收国”，都于会宁府（今黑龙江阿城县南）[4]。二月，金太祖大败辽朝征讨之军。九月，攻占辽朝北边的重要城市黄龙府（今吉林农安县），辽廷震动。辽天祚帝率十余万兵力，号称 70 万，亲自征金，结果再次大败，丧失了全部契丹军主力。自此，辽朝在东北地区的统治陷于土崩瓦解，各地守将非死即降。金太祖顺利地攻占了辽上京、中京、西京。北宋和金朝订立海上之盟，南北夹击辽南京（今北京）。金太祖天辅六年（1122 年）十二月，金兵攻陷辽南京。天祚帝出逃，以辽统军都监高六、知枢密院左企弓为首的留守辽朝官僚降。次年（1123 年）金太祖死，其弟完颜晟即位，建元天会，这就是金太宗。天会三年（1125 年）二月，金俘辽天祚帝；十月，金太宗违背海上之盟，发兵再次攻取北宋燕山府（按：即辽南京，1123 年北宋从金太祖手中赎回，建燕山府）[5]，为女真势力的南下打开了道路。天会五年（1127 年）金破北宋都城开封，俘宋徽、钦二帝北还，宋室南迁，北宋亡。

女真贵族建立的金朝政权，自金太祖收国元年（1115 年）

1 贾敬颜《<乘轺录>疏证稿》，《历史地理》第 4 辑；《宋朝事实类苑》卷七十七
2 胡峤：《陷北记》，《契丹国志》卷二十五
3 许亢宗《宣和乙巳奉使行程录》
4《金史》卷二《太祖纪》
5《金史》卷三《太宗纪》

至金哀宗天兴三年（1234年）被蒙古窝阔台汗所灭，共存在了120年。

金太宗天会三年（1125年）金朝发兵占领今北京地区，这是金朝女真进入中原之始。从此以后，金朝与南宋政权对峙，直到金和南宋先后被后兴起的蒙古所灭，金朝在中国北部地区的统治持续了110余年。如此说来，女真政权在中原地区存在的时间还短于契丹贵族建立的辽朝。不过，在金朝存在的历史时期，中国地理政治的格局却发生了具有历史意义的变化。金海陵王完颜亮一党杀金熙宗，篡夺帝位。为镇压宗室贵族的反抗，他大杀宗室诸王，其中包括太宗子孙70余人、宗干子孙30余人、诸宗室50余人。虽然如此，他在上京仍不能高枕无忧，时时要提防宗室贵族发动宫廷政变；加之，金上京会宁府（今黑龙江阿城）偏在一隅"供馈困于转输，使命苦于驿顿"[1]，于是不顾女真旧贵族按答海（宗雄次子）等人反对，决意迁都燕京。天德三年（1151年）下令迁都燕京（按：即辽南京、宋燕山府，今北京），并在大规模扩建旧城以后，于贞元元年（1153年）三月正式迁都燕京，改燕京为中都，并立汴京开封为南京，原中京（今内蒙古宁城附近）为北京。金朝以中都城（今北京）为首都，直至金宣宗贞佑二年（1214年）在蒙古大军的数番围攻之下才南迁南京汴京（今河南开封）。今北京地区作为北中国的政治中心达70年之久，并在此后被蒙古的元朝、汉族的明朝、满族的清朝所继承达近700年，从而改变了中国封建社会的地理政治格局。中国封建社会的都城从关东、关中西迁到河南开封以后，终于北迁到今北京地区，并稳定下来，直至清宣统三年（1911年）中国封建社会灭亡。

金中都的地位远非辽南京可比。辽南京之于辽朝，只不过是五京之一，且辽帝以四时捺钵的方式统治全土，政治中心本无定处。而金中都"有宫阙井邑之繁丽，仓府武库之充实，百官家属皆处其内，非同昔日之陪京也"[2]。早在金熙宗之世，金朝就将大批女真军人迁入包括今北京地区在内的河北、山东地区。海陵王建都中都（今北京）以后，更将大批女真宗室贵族和帝陵迁到今北京地区，又派人将旧都上京城（今黑龙江阿城）内的宫殿、宗庙、王府等建筑全部平毁，从而更加强了中都的首都地位。

中都城地处今华北平原北端，踞此可分控南北，对于统治黄河以北大部分地区的金朝来说，具有重要意义。正隆六年（1161年），金东京留守、曹国公完颜雍乘海陵王南伐南宋之机，据东京（今辽宁辽阳）称帝，改元大定，是为金世宗。当时，其属下对于首先占领上京（今黑龙江阿城），还是首先占领中都（今北京），曾有歧议。李石奏曰："正隆（海陵王）远在江淮，寇盗蜂起，万姓引领东向，宜因此时直赴中都，据腹心以号令天下，万世之业也。"[3]张玄素亦力主其议。金世宗遂纳李石、张玄素之义，"十一月辛巳，以如中都期日诏群臣"[4]，天下风从，海陵王陷入进退失据的困境。同月乙未，金浙西兵马都统制完颜元宜弑海陵王于帐中。十二月，金世宗至中都（今北京），牢牢控制了金朝政权。

由此可见，在12世纪中期，北京城已经显示出其在全国军事、政治地理上的优势。

第七节　蒙古族和北京

关于蒙古族的族源，国内外其说不一，大致可归纳为以下七种观点：

一、蒙古族出于东胡说

这种观点认为，蒙古族的祖先是东胡鲜卑人，鲜卑族的核心拓跋鲜卑应是蒙古族的直接祖先。

二、蒙古族出于突厥说

这种观点认为，蒙古族的祖先本是突厥忙豁仑部，译音为蒙

1《建炎以来系年要录》卷一百六十二
2《金史》卷九十六《梁襄传》
3《金史》卷八十六《李石传》
4《金史》卷六《世宗纪上》

兀儿，即为蒙古。

三、蒙古族出于鞑靼说

这种观点主要是根据《明史·鞑靼传》的说法。

四、蒙古族出于匈奴说

这种观点主要是根据宋人彭大雅《黑鞑事略》中记载：“黑鞑之国号大蒙古”一说而来。另外，成吉思汗自称“我单于国”，也是指匈奴而言。

五、蒙古族出于吐蕃说

这种观点主要是根据《蒙古源流》的记载。

六、蒙汉同源说

这种观点主要是根据蒙古是匈奴之苗裔，而匈奴出于夏后氏，故认为蒙汉同源。

七、蒙古族出于东胡、突厥、吐蕃混合说

这种观点认为，唐朝以前本没有蒙古族，唐朝以后塞外各族往来、通婚才形成蒙古族。

后三种观点影响不大，主要是前四种观点为国内外学者所重视。近年来，经过反复的比较研究和综合研究，国内外学术界比较倾向于东胡说[1]。

蒙古族是生活在草原上的游牧民族。在成吉思汗统一蒙古各部之前，草原上各部落林立，互相攻掠，势力单薄的部落往往成为掠夺、屠杀的对象。成吉思汗名铁木真，出生于蒙古乞颜部的贵族家庭，他成为部落酋长之后，发挥出众的军事才能，率领部属击败了东自兴安岭，西至阿尔泰山，北至贝加尔湖，南至阴山北麓的草原上其他民族和部落，最终于金章宗泰和六年

（1206 年）统一了蒙古各部，“大会诸王群臣，建九游白旗，即皇帝位于斡难河之源（今蒙古乌兰巴托东北）。诸王群臣共上尊号曰成吉思皇帝”[2]。这是蒙古建国之始。

蒙古建国前后，势力积极向西、向东扩张。自建国前一年的 1205 年至成吉思汗二十一年（1227 年）蒙古前后五次对宁夏地区党项族建立的西夏国进攻，并最终在 1227 年灭西夏。蒙古族最初深受金朝女真贵族的压迫，成吉思汗的祖辈如曾祖合不勒罕曾遭金兵追剿、族曾祖俺巴孩罕和伯祖斡勤巴儿合黑、宗亲咸补海罕被金朝杀害，其本人在年轻时也曾被金人掠为奴婢。所以在蒙古建国之始，成吉思汗就在考虑伐金复仇，只是由于时机不成熟而暂时没有进行。当蒙古在建国以后的一系列战争中军事力量不断壮大以后，成吉思汗六年（金卫绍王大安三年，1211 年）蒙古大军第一次进攻金朝，破居庸关，直抵金中都城（今北京）下，久攻不克，随劫掠而去。次年（1212 年）蒙古再次大兵临境，仍不克而还。成吉思汗九年（金宣宗贞佑二年，1214 年）复亲率大军至中都城北郊，久攻不下，就分兵抄掠中都以南的山东各郡县。由于天气暑热，蒙古士兵中发生疾疫，成吉思汗最后接受了金朝的议和条件，退兵。金宣宗乘机带领宗室贵族南迁至南京开封，蒙古复围中都，并于次年（1215 年）攻下了中都城（今北京）。

成吉思汗于即位二十二年（1227 年）死，蒙古宗室贵族内部发生了激烈的权力争夺。先是成吉思汗幼子拖雷监国，次年（1229 年）成吉思汗第三子窝阔台汗以成吉思汗遗诏即大汗位，这就是元太宗。他于三年以后毒死拖雷。十三年（1241 年）窝阔台汗死，皇后乃马真称制。五年（1246 年），蒙古贵族立窝阔台汗之子贵由为大汗，这就是元定宗。三年（1248 年），贵由汗

1 汤晓芳《蒙古族源研究的回顾及其新进展》，载《北方民族史论丛》，银川：宁夏人民出版社 1991

2《元史》卷一《太祖本纪》

死。皇后海迷失称制。三年（1251年）蒙古贵族立拖雷长子蒙哥为大汗，这就是元宪宗。自此，蒙古帝位复归于拖雷一系。蒙哥汗命其弟忽必烈总掌富庶的漠南之地，又迁徙窝阔台汗子孙及诸王于边地，将海迷失皇后赐死，从而巩固了汗位。九年（1259年）蒙哥汗死于征伐南宋的军中，忽必烈击溃其弟阿里不哥一党蒙古旧贵族，终于取得了胜利。在蒙哥汗死后的第二年（1260年）即汗位于开平（今内蒙古正蓝旗境内），建元中统，这就是历史上著名的元世祖。

元世祖雄才大略，在蒙哥汗时期就有治国平天下的大志，广招藩府旧臣和天下贤士，问以经国安民之道，重用汉族谋士刘秉忠、郝经等人。蒙哥汗六年（1256年）他采纳刘秉忠的建议，在桓州东、滦水北建开平城（今内蒙古正蓝旗境内），作为根据地，在其后与阿里不哥争夺帝位的战争中起了重要作用。在他即帝位以后，考虑到燕京（今北京）地处草原游牧区与中原农耕区之间，“南控江淮，北连朔漠”“东控辽碣，西连三晋”的军事政治地理地位。他采纳了心腹霸突鲁和谋士郝经的建议[1]，中统四年（1263年）改开平为上都，次年（1264年）从修复旧金中都城东北的金太宁宫（按：在今北京北海一带）开始，揭开了建设新都城的浩大工程序幕。整体工程是从至元四年（1267年）正月成立提点宫城所开始的，至元二十年（1283年）十一月大都宫殿、宫城、皇城及外城城郭全部建成，历时17年。至元二十二年（1285年）“诏旧城（按：指旧中都城）居民之迁京城者，以资高及居职者为先，仍定制以地八亩为一份，其或地过八亩及力不能作室者，皆不得冒据，听民作室”[2]。大都城正式投入使用。

在修建大都城的过程中，至元八年（1271年）蒙古改国号为元；次年（1272年）将正在建设中的新都城原名中都改为大都。至元十六年（1279年）元朝发兵灭宋，完成了统一南北的大业。从唐朝灭亡（公元907年），经历了五代十国、辽宋、金宋西夏等370余年的分裂、动乱，至此（1279年）才重新归于一统，大都城成为全国的统一政治中心。

在我们回顾这段历史的时候，清楚地看到：自秦朝以后，经汉唐1100余年以来，中国历代封建政权都在努力解决北方民族的问题。历史上，封建统治者对边疆少数民族大多采取歧视的态度，称北狄、南蛮、东夷、西戎。在这四个方向的少数民族中，除南部少数民族是农耕民族以外，其余三个方向的民族都是游牧或渔猎民族。他们的生活方式是骑猎，作战方式是骑兵长途奔袭，在冷兵器的战争年代，机动性和杀伤力显然远远在步兵之上。这就是为什么即使是强大的秦朝和汉唐大一统的时代，戍边的军队也是长期疲于奔命，甚至焦头烂额的原因。另外，这些北方民族的社会经济在汉唐时期仍大多处于奴隶社会甚至更为原始的阶段，因此掠夺性特强。匈奴、突厥、回纥等族的奴隶主为了满足贪欲，更是热衷于不断发动掠夺性的战争。这些局面造成了在封建社会前期即自秦至唐代的1000多年期间，中原政权与北边民族的矛盾成为影响中国封建社会政治的一个重要因素，北京城也由于它所处的特殊地理位置而成为这个重要矛盾的焦点之一。

当蒙古消灭了西夏和金朝之后，他在北方可供选择的建都之地有西夏都城银川、金朝西京大同和中都城（今北京）。银川以其塞外江南的优越环境，作为统治西夏区域政权的中心尚可，但若是作为全国的政治统治中心则显然是太过于偏远。大同确实是一个重要的军事要塞，汉、北魏时期叫平城，匈奴、突厥、蒙古都曾不断攻扰这个地方。北魏时期也还曾以之作为都城达数十年之久。但是，从北魏孝文帝在太和十七年（公元493年）迁都洛阳一举来看，固然是与北方柔然、高车的威胁有关，但这并不是主要原因，因为后来柔然曾一再请和于魏，都被北魏拒绝，可见在双方力量的对比中北魏显然占有优势。北魏孝文帝将都城从大

1《元史》卷一百十九《木华黎传》附霸突鲁传；《郝文忠公集》卷三十二《便宜新政》

2《元史》卷十三《世祖纪十三》

同迁到洛阳的原因，更主要是一方面为了便于对南朝的萧齐、萧梁政权用兵，统一南北；另一方面，为了进一步吸收汉族先进文化，这从迁都时孝文帝为了减少鲜卑贵族的阻扰，不得不以伐齐为名；迁都后又禁止在朝廷中说鲜卑语；以及皇太子拓跋恂为代表的鲜卑旧贵族不乐南迁，图谋北返等一系列事件中都可以清楚看出。从元朝以前历史发展的轨迹中可以看出，当蒙古占领了北方以后，对于蒙古贵族政权来说，为了进一步南下灭宋，统一全国，只有建都燕京（今北京）才是唯一正确的选择。

一个地区的地理形势，到底是优势还是劣势，这应该是针对不同的对象而言。在作战中，对甲方有利的地势，对乙方来说大概就是劣势。北京在中国封建社会后期之所以具有那么重要的政治地理优势，这和中国封建社会后期北方民族势力崛起，在大部分历史时期中取代汉族建立的中原政权统治全国的局面，有不可分割的关系。

但是，马背上的民族征服中原并不是依靠政治、经济、文化上的优势，而只是单单依靠其强悍的军事力量和机动的战争技能，同时也是由于中原封建社会已经发展到瓜熟蒂落的腐朽阶段，政治分裂，军事懦弱，经济腐败成为封建地主阶级的特征，不足以抵抗任何外来军事进攻。在这样的背景下，社会发展落后但拥有强悍的军事力量的民族能够所向无敌，称雄于一时。但是，如前所述，北魏、金、元帝国建立以后，鲜卑、女真、蒙古社会和贵族却摆脱不了历史改变的命运，以统治阶层对财富的不断追求为动力，在不自觉的过程中完成了由奴隶社会向封建社会的过渡；坐待天下供纳赋税代替了鞍马之劳的掠夺，高大宽敞的宫室和舒适的享受代替了风餐露宿的征战生活，奴隶主终于还是转变成了曾经被他们战胜过的封建君主。

尽管在历史上，女真、满族中都有统治者意识到这个问题，如金世宗虽然汉化的十分透彻，但他还是力图教育子弟保留女真传统。大定十三年（1173 年）他对宰臣说：自海陵王迁都以来，女真人渐忘旧风。宗室子弟自幼惟习汉人风俗，连东宫皇太子也不知女真纯实之风，甚至不通晓女真文字，恐怕不是国家长久之计。为此，大定二十四年（1184 年）他不顾 62 岁高龄率诸王宗室子弟不远千里从中都（今北京）返回天寒地冻的祖居之地上京会宁府（今黑龙江阿城），再次体验女真生活和文化，居住达一年之久，用心可谓良苦[1]。后金（后改国号为清）皇太极是一个英明的军事家，他对明朝作战采取“伐树削枝”的战略，先占领关外诸地，然后不断率大军入关攻陷州县，疯狂抢掠财物、人口。明毅宗崇祯十五年至十六年（1642—1643 年）皇太极率领后金军一度南进到淮河北岸。但是即使这样，皇太极也不肯将后金势力发展到关内，夺取明朝政权，只是一意要求明朝政府明确承认后金在关外建立的政权，保持明朝与后金关内、关外分据的局面。其原因在他给明辽东督军袁崇焕的信中说得很明白：“昔日辽金无不居其国，入处汉地，易世之后，皆成汉俗”[2]。也就是说，他对中原地区的高度文明怀有一种畏惧心理，担心进入中原地区以后，被汉族同化，使自己的民族最终归于消失。就是在崇祯十七年（1644 年）多尔衮统帅清兵已经占领北京以后，多尔衮的同母兄弟阿济格还建议应乘此时兵威，大肆屠戮，“留诸王以镇燕都（今北京），而大兵则或还守沈阳，或退守山海［关］，可无后患”[3]。两人并因此发生争执，埋伏下了日后的嫌隙。由此可见，像皇太极那样的心理，在满洲贵族中是多么根深蒂固。

然而，尽管这样，中原文化和文明对北方民族的吸引力仍是不可抗拒的。例如，金世宗在从上京返回中都的途中得到了留守中都的皇太子的死讯，他在派左宣徽使唐括鼎先回中都办理丧仪时，还是命“皇太子妃及诸皇孙执丧，并用汉仪”。这是因为，在世宗的内心还是认为只有所谓“汉仪”才能真正显示出皇家的威严。而在 400 多年之后，尽管阿济格等人反对，多尔衮还是

1《金史》卷七《世宗纪中》；卷八《世宗纪下》

2《清太宗实录》卷三天聪元年四月丁酉

3《朝鲜李朝实录·仁祖大王实录七》二十二年八月戊寅，转引自吴晗《朝鲜李朝实录中的中国史料》

说服了其他诸王，建都北京，成就了满洲皇室贵族200余年的帝业。

由此可见，北京在封建社会后期得以成为中国的首都，得以成为全中国的政治中心，这主要得益于唐宋以后北方民族的崛起。换句话来说，北京之所以被选择为都城，其中北方民族如契丹、女真、蒙古、满族做出了巨大的贡献。当然，这种转变是一个很长的历史过程。契丹、女真贵族建立的辽朝和金朝是这一过程的开始，蒙古贵族建立的元朝最终完成了这一转变过程。自元大都开始，今北京在封建社会后期一直是全中国的政治中心和文化中心。

同时，我们要注意到这样一个事实，即北京成为全中国的都城的过程也就是民族大融合的过程。在这个过程中，有的民族完全融入了汉民族如契丹，有的部分融入了汉民族如女真，有的如蒙古族虽然在元末农民起义中被推翻后退回北方草原而仍得以保存，但在明朝汉族封建政权及满洲贵族建立的清朝存在期间，无论战、和，蒙古族实际都已经成为中华民族不可分割的一部分。

明朝虽然是汉族地主阶级建立的政权，建国之初曾建都南京，但明成祖朱棣永乐十四年（1416年）就又重新从南京迁都北京。实际上，明成祖从即位之初就开始筹划迁都北京的事情，先是永乐元年（1403年）改北平为北京，立为陪都，后于永乐四年（1406年）开始筹集木材，营造北京宫殿，又开凿山东运河，最终于十四年（1416年）实现了迁都的心愿。这其中虽然有他杀侄篡位有悖伦常的心理隐密，但防御退回草原的蒙古贵族卷土重来，确实也是他必须放在首位考虑的政治问题。尤其，明成祖朱棣在称帝以前被封为燕王，长期驻守北京地区（时称北平），数十年来与蒙古各部征战，并且率军深入大漠，对北方边地的形势十分明了。从明朝的历史来看，在明神宗万历四十六年（1618年）以前，明朝在北方的主要威胁确实是蒙古瓦剌、俺答等部，明英宗正统十四年（1449年）土木堡之变，英宗被俘，瓦剌骑兵直逼北京城下；以及明世宗嘉靖二十九年（1550年）庚戌之变，蒙古俺答骑兵自怀柔、密云至通州，围北京，肆掠而去，等等，都证明定都北京对于稳定明政权的重要性。对于我们来说，历史是已经过去的无可改变的事实。在这里只有客观事实，没有假设。但是，我们也可以既往的历史为根据设想一下，如果明朝以南京为都的话，恐怕免不了会重蹈两宋的覆辙。当然，明成祖定都北京时是不会预料到万历以后东北建州女真的崛起，更不会预料到明朝江山会被满洲贵族建立的清朝所替代。但是，如果说明朝定都北京最初是受蒙古势力牵制的话，那么天启、崇祯之世明朝政权在东北女真（满族）势力的逼压下，为了保住社稷江山就更不能从北京后退一步。因此说，明朝北京都城地位的确立，实际也还是由中原政权与北方民族关系的状况来决定的。

第八节　满族和北京

满族的祖先本是生活在东北长白山以东地区的古老民族，即先秦时的肃慎，汉以后的挹娄、勿吉、靺鞨、女真。明朝在东北地区采取唐代羁縻州县的办法，广设羁縻卫所，女真分为建州女真、海西女真、东海女真三部分。其中建州女真生活的地区在今吉林省南部图门江至鸭绿江下游一带，最南是今吉林通化、集安等地，与明辽东都司相接。海西女真在紧邻建州女真东北的松花江与黑龙江之间地区。东海女真生活地区最北，在今图门江以北至乌苏里江一带。明成祖永乐九年（1411 年）在特林（今俄罗斯境内，黑龙江下游东岸）设奴儿干都司以统包括女真在内的东北各族。出身海西女真的明朝宦官亦失哈在永乐、宣德之世曾多次奉命到奴儿干进行安抚，并带去了官军、工匠和大量丝织品、粮食、器物。明朝政府还在开原、抚顺开设马市与女真人进行边市贸易；鼓励归附的女真各卫首领派人到北京贡纳土产，明政府回赐的礼物明显多于进贡的土产，这就是所谓的“厚往薄来”，因此深受女真各部的欢迎。明朝也借此收到羁縻东北地区的效果。

东北女真等族由于长期受其他各族的种族压迫，同时地理生活环境恶劣，所以社会发展较慢。但是，明代，他们在和明朝政府的长期经济往来过程中，经济、社会开始获得长足的发展。位于南边地理位置，与明朝接触比较密切的建州、海西女真首先从氏族社会进步到奴隶社会，军事氏族贵族占有奴隶和大量财富成为部族首领。明世宗嘉靖年间，女真各部中已经出现诸部首领争雄的现象。

明神宗万历十一年（1583 年）生活在今辽宁省东南与朝鲜交界的鸭绿江边的女真建州左卫首领努尔哈赤拥父、祖遗留下来的 13 副甲胄，举兵攻打同属建州卫的苏克苏部的尼堪外兰，为父祖复仇，并以此为契机统一了建州三卫的女真各部。明朝则以授努尔哈赤为建州卫都督佥事、建州卫左都督等职羁縻而已。此后，努尔哈赤经过 20 余年的征战，对海西、东海女真取得了巨大的胜利，建立了自己的统治。万历四十四年（1616 年）努儿哈赤在赫图阿拉城（今辽宁新宾县西南）建立金国，史称后金，建元天命。后金政权建立以后，努儿哈赤随即对明朝发动进攻。明万历四十六年（后金天命三年，1618 年）二月，努儿哈赤聚众誓师，以“七大恨”告天，控诉明朝杀其父、祖，援助海西女真叶赫部与之对抗，以及驱逐边地女真农人，等等，随即出兵征明。当年，自四月至七月，后金军前后三次出兵，攻占了抚顺、抚安五堡、清河堡（今辽宁本溪清河城）等军事要塞，平毁其城，抢掠大批粮食。明朝守将王命印、张承胤、邹储贤、张旆、李永芳等人或死或降。前所未有的失败使得明朝政府大为震动，暴露了貌似强大的明帝国的腐朽、衰落。万历四十七年（1619 年）正月，明朝命兵部左侍郎兼右佥都御史、辽东经略杨镐率四方援辽之师八万余人征辽，企图一举将努儿哈赤彻底消灭，平定辽东。杨镐令明军分四路出击，号称 47 万，计划围攻后金都城赫图阿拉。努儿哈赤先于萨尔浒击败明总兵官杜松率领的西路军，复回头击溃明总兵官马林率领的北路军。杨镐急命东、南两路退兵以免全军覆没。但只有南路得以全身而退；东路刘綎军由于过于深入，被努儿哈赤围歼。后金在四日之内歼灭了明军大部分征讨之师，取得了空前的胜利。如果说，万历四十六年（1618 年）后金的胜利使得明朝失去了辽东屏障的话，那么次年萨而浒之役后金的胜利则消灭了明朝的主要军事力量，是后金与明朝辽东军事形势的转折点。从此以后，后金一直采取进攻的态势，明朝则只有招架之功，毫无还手之力了。

明熹宗天启六年（1626 年）努儿哈赤由于宁远（今辽宁兴城）作战失利后郁闷而死，其第八子皇太极即位，改元天聪。皇太极也是一位杰出的军事家。明天启七年（1627 年）后金发兵征服朝鲜，以绝后顾之忧。同年，回师后又出兵征明宁远，被著名民族英雄袁崇焕率明军击退。

明毅宗崇祯二年（1629 年）十月，皇太极亲率 10 万大军，以蒙古军为向导，绕过宁远和山海关，借道蒙古，以蓟镇以北的长城大安口（今河北遵化马兰峪东北）、龙井关（今河北迁西三屯营之北）为突破口，分兵突破长城以后，十一月初一日会师于遵化，十五日抵达北京通州，二十日皇太极移师北京德胜门外。这是明朝政权自建立以来，继明英宗正统十四年（1449 年）土木堡之变和明世宗嘉靖二十九年（1550 年）庚戌之变中蒙古瓦剌、俺答部兵临北京城下后，又一次蒙受城下之辱。这一年是农历己巳年，所以史称己巳之变。明北京守军是所谓京军三大营，和明朝其他腐朽机构一样，三大营兵士平时多是富家子弟顶充以冒领粮饷，一旦有事则雇穷人顶替，这样的军队当然无法和精锐的后金军对阵，只好紧闭城门固守。当时真正能够作战的是满桂自大同驰援的大同军和辽东督师袁崇焕率领的辽师。满桂在德胜门外作战时受伤，真正率军与后金军对阵的只有袁崇焕的辽师。皇太极此次进攻北京的目的并不是要取明朝天下以代之，而是为了掠夺财物，更重要的是以武力胁迫明朝承认后金在关外的地位，并每年向后金贡纳后币以换取和平。但是由于袁崇焕辽师的英勇作战，后金军久围北京却无法达到目的。皇太极于是施用反间计，使被俘的太监误信袁崇焕与后金之间有密谋，然后放松看守故意使太监逃回北京城内上报崇祯皇帝。崇祯皇帝于是将袁崇焕下狱，并在事后处死。皇太极带领后金军鏖战两个月之久，虽然多有斩获，但劳军袭远、孤军深入，缺乏后援，不宜久留。十二月二十六日，皇太极决定回师，带领军队东渡潮白河，自今河北迁西县东北的冷口关出长城，回到沈阳。崇祯七年（1634 年）五月皇太极再次对明朝发动进攻，闰八月结束战事，作战三个多月，抢掠不少人口、金银、缎布、牲畜。明崇祯九年（1636 年）皇太极即帝位，改国号为清，改元崇德。同年五月，清军再次征明，九月初一回师，作战三个月，纵横京畿，攻克昌平、定兴、东安、顺义、文安等 12 城，兵锋最南达到安州（今河北保定东）。总计 56 战，都取得胜利；从北京近郊和周边州县俘获人畜 17 万有余，强驱到辽东为奴。明崇祯十一年（1638 年）九月，清军在亲王多尔衮和岳託率领下从密云入长城，兵分两路，蹂躏京郊州县，复绕过北京城，自良乡、涿州分兵八道三路，东至大运河，西至太行山，南侵北直隶各州县，攻陷 48 城；再转战山西，东入山东，于次年（1639 年）攻陷济南，俘虏了明朝分封在这里的德王朱由枢。三月，清军自今河北迁安青山关出塞。这次清军作战历时逾五个月，总计攻陷城池 61 座，俘获人口 46.1 万余人，黄金 4000 余两，白银 97.7 余两。但是，清军所到之处任意杀戮掠夺也激起了各地百姓的激烈反抗。岳讬在入侵过程中死于军中。

自崇祯二年（1629 年）至十一年（1638 年），清军三次入塞，虽然也取得了胜利，但山海关却始终是一道不可逾越的障碍。因此，从十三年（1640 年）起，清朝加强了对山海关外宁远、锦州的进攻。十四年（1641 年）明蓟辽总督洪承畴与前来会师的大同、宣府、密云及山海关内外共八镇总兵、十三万人马集于宁远，七月出师，打算一举削弱清军的有生力量，以解宁远、锦州之困。皇太极闻讯，召集各路兵马连夜奔袭，将洪承畴及明军主力包围于松山（今辽宁锦州南）。十五年（1642年）二月，由于外无援军，内有叛将，松山陷落。洪承畴被俘，后降，成为清朝征服中原的得力干将。驻守锦州的祖大寿见松山失陷，援军无望，也于三月降清。松锦之役以后，明朝完全失去了山海关以外的屏障，只有山海关和宁远两地可守。这时清与明朝议和再次失败，十一月皇太极为了对明朝施加压力，同时也是扩大松锦之役的战果，命阿巴泰、图尔格分兵破长城关口入塞，很快挥师南下，河北、山东全部陷于战火之中，几无完地。清军南下，纵横南北，如入无人之境，抵达海州（今江苏海州），然后北还，十六年（1643 年）三月出塞。清军作战历时五个月，总计攻克三府 18 州 67 县 94 城，杀明鲁王、乐陵、阳信、东原、安丘、滋阳诸郡王及宗室属官数千人，俘获人口 36.9 万余人、牲畜 32.1 万余头，抢掠黄金 1.2 万余两、白银 220.5 万余两、珍珠 4400 余、绸缎 5.2 万余匹。史书记载，清军北还时，一路自山东至河北，运载财物的驮马绵亘 30 余里，十天才过完卢沟桥，另一路自天津至涿鹿，运载财物的驮马竟长达 300 里。这种情况充分说明明军已经完全失去了应战能力，否则清军决不敢以如此臃肿的队形在敌境内行军。

清朝通过松锦之役已经清除了明朝的关外防线，崇祯十五年至十六年（1642—1643 年）入塞作战，深入到淮河北岸，已经了解明朝虚弱、遍地灾荒，不堪一击的局面。对于皇太极来说，胜利是指日可待的事情。然而，明崇祯十六年（清崇德八年，1643 年）八月，皇太极却突然去世。清朝皇室在经过一番权力斗争之后才重新部署对明朝的战争。

皇太极在位的时代是以女真贵族为主体的后金政权发展的重要阶段。以具有血缘关系的建州女真和海西女真为主体，包括今鄂温克、达斡尔族、赫哲族、鄂伦春族、和部分蒙古族及汉族等外族成员在内的满族（称满洲）是在皇太极统治时期最终形成的。后金天聪九年（明崇祯八年，1635年）皇太极谕令："自今以后，一切人等只称我国满洲原名，不得仍前妄称。"[1]。废除了过去"诸申"的称呼。尽管在天聪三年（明崇祯二年，1629年）皇太极在率大军围攻北京时曾在战事僵持之际抽暇前往房山祭扫金陵，而在两年之后他给明锦州守将祖大寿的信中竟否认自己和宋代金朝女真的血缘关系，说后金并非金之子孙[2]。天聪十年（明崇祯九年，1636年）后金改国号为清。如果说，皇太极将国号改为清，以及否认明代女真与宋代女真的渊源关系是为了减少汉族的反感，笼络汉族封建地主的感情；那么，他宣布族称是满洲，否认诸申（按：即女真的音转）的称呼，就是为了建立和巩固以建州、海西女真为主体的东北多民族的共同体。从此后清朝200余年的历史过程来看，皇太极的这两个目的都达到了。

清崇德八年（崇祯十六年，1643年）皇太极死，第九子福临即位，即清世祖顺治皇帝。

明朝早自明熹宗天启七年（1627年）以后北方农民就掀起起义高潮，经过十余年的奋斗，崇祯十七年（清顺治元年，1644年）正月陕西李自成农民军在西安建立大顺政权，并于同年三月攻陷北京，明崇祯皇帝自杀，明亡。

清摄政王多尔衮是满洲贵族中眼光比较远大的一人。李自成大顺军三月十九日进京，他在沈阳很快就得到消息，立即征调境内兵马，四月初九日从沈阳出发西征，二十二日接受驻守在山海关的原明宁远总兵官吴三桂的请求，率清军抵山海关下，随即助吴三桂击败正在强攻山海关的大顺军。多尔衮又马不停蹄，率领清军和降服的吴三桂军尾随败退的大顺军于五月初二日追击到北京。这时李自成大顺军已经离开北京，向西南退入山西。

多尔衮这次带兵作战的目的十分明确，就是确立清朝政权在全中国的统治。他力排部分贵族的反对，将顺治皇帝接到北京，宣布定都北京；在以北京为中心的直隶地区实行野蛮的圈地，建立旗地、旗庄；以血腥的手段推行剃发易服，使所有的汉人都顺从满族的风俗习惯。在这所有剧烈的社会震荡中，北京地区社会都首当其冲。清政府还在北京实行兵民分城而居的政策，令包括汉族士人官僚在内的汉族居民住在北京外城，只有八旗官兵才能居住在内城，以防止汉族人民的反抗。

清朝政权的统治一直到清圣祖康熙皇帝于康熙二十年（1681年）平定以吴三桂为首的三藩之乱，二十二年（1683 年）平定台湾，最终统一中国，才告真正巩固。在清朝政权存在的 200 余年中，满族的生活习俗对北京居民有重要的影响。今天我们所说的北京人的风俗习惯，其中有不少是满族的生活习惯，被本地居民接受以后，也就于不知不觉中成为一种区域性的社会习惯。在饮食方面，如萨其马等糕点、渍酸菜等蔬菜的贮存食用方法；在文化方面，如踩高跷、大秧歌、剪纸，以及东北大鼓和京韵大鼓等曲艺形式和民间八角鼓等乐器，等等，都或与满族文化有某种渊源或本身就是满族文化的一部分而被社会广泛接受下来。至于满族接受汉民族的影响，那更是普遍而深刻。首先是文化方面的影响，满族的绘画等艺术在入关以后深受汉族绘画技法的影响。满族的皇室贵族中出现了不少丹青高手，并且对古代书画的鉴定和欣赏有很深的造诣。汉族的曲艺形式对满族也有很深的影响，清高宗乾隆之世居住在北京内城的包括满族在内的八旗人等经常到外城即今北京宣武、崇文和前门外听戏、娱乐，乾隆皇帝对此三令五申加以禁止，但仍然阻挡不了满、汉民族之间的交流和影响。总而言之，清代北京确实是满、汉民族融合的大熔炉，以至于形成了北京地区特有的具有满、汉民族风格的京味社会习俗和

1《清太宗实录》卷二十五 天聪九年（1635 年）

2《满洲老档秘录》下编“太宗攻锦州致书祖大寿”

文化。

北京文化实际也是各地或者各民族文化的综合体。关于这一点，明孝宗弘治元年（1488年）由于海难漂流到中国的朝鲜官员崔溥说到：北京自“后魏以来，习成胡俗。厥后，辽为南京，金为中都，元为大都。夷狄之君相继建都，其民风土俗皆袭胡风。今大明一洗旧染之污，使左衽之区为衣冠之俗。朝廷文物之盛有可观焉，然其闾阎之间，尚道［教］、佛［教］，不尚儒；业商贾，不业农；衣袖短窄，男女同制；饮食腥秽，尊卑同器，余风未殄，其可恨者”[1]。后魏（即北魏）是中国历史上公元5世纪初拓跋鲜卑在北方建立的政权，所以崔氏说自北魏以后今北京地区长期受北方民族政权统治，民风也深受影响。崔溥是一位很有学养的朝鲜官员，熟悉中国历史，尊儒尚农。他从中国汉民族的儒文化观点出发，在以上议论中不无偏颇谬误之处，但他从浙江上岸，从大运河过杭州、镇江、扬州等地到达北京，经过大江南北，所以他有条件将北京的社会风情和江南做出客观的比较，感觉到的南北异俗及北京地区民风中有北方民族文化孑遗的印象也是有根据的。

1 崔溥《漂海录》，弘治元年（1555年）四月二十三日。

第七章　北京地区的社会经济

阅读提示

笔者认为：

北京古代农业经历了战国、两汉、明代、清代的四个飞跃。手工业也是随着城市的发展而进步，到了清代，北京手工业中与市民生活关系最为密切的是棉纺织业、采煤业、制药业和粮食加工。古代北京商业，有其发展的自然条件，繁盛的人口和大量的驻军以及巨大的消费是其商业发展的动力。

第一节　北京古代农业

一、原始农业的产生

如前所述，中国考古资料证明，早在距今8000年以前的新石器时代古人类已经能够磨制各种石器工具，并且在新石器时代的早期或中期早段已经产生了原始农业和畜牧业。在太行山东麓的今河北磁山和河南裴李岗已经发现比较发达的原始农业。因此，中国的新石器时代应该包括摩尔根所谓的蒙昧时代晚期和野蛮时代的早、中期阶段。

晚于仰韶文化而属于新石器时代晚期的河南龙山文化存在的时间大约在距今4500—4000年左右。龙山文化时期，人类社会已经进入父系氏族社会阶段，其中、后期已经开始出现氏族公社的瓦解和阶级分化现象。

北京新石器时代早期遗址

东胡林遗址

东胡林遗址在门头沟区东胡林村西侧清水河畔第二级原生黄

土台地上，高出河床25米以上，地理位置具有新石器时代遗址的典型特征[1]。自1966—2005年考古学者对该遗址进行四次发掘，先后在该处发现三座新石器早期墓葬，年代为距今一万年左右。还出土了大量反映当时文化的石器、陶器、骨器、兽骨、人骨、螺壳等极具价值的遗物及烧火遗址、灰坑和房址。

在前后四次发掘出土的石器中，除了狩猎用的石片、石核、石叶及打制的砾石块外，还有原始农业时期常见的石磨盘、磨棒和小型磨制石斧和石容器，均有使用痕迹。出土的陶器为夹砂粗陶，质地疏松，火候不均，制作技术原始，具有早期陶器的显著特征。

转年遗址

怀柔区转年遗址也是北京地区一处重要的新石器早期遗址。转年遗址位于怀柔区宝山寺乡转年村西的白河第二级阶地上，其第四层堆积为新石器时代文化堆积，年代为距今一万年左右，与东胡林遗址大致相当[2]。考古学者在这里发现的新石器时代早期文化遗物多达1.8万余件。尤为重要的是，在磨制石器中发现石斧、石磨盘和磨棒，这是推测当时大概已存在原始农业的重要证据。虽然转年遗址因未发现居住的房址而被认为是一处石器制造场所，但根据当时原始农业发展水平，古人类应该已采取定居的生活方式，原始氏族聚落的存在也是可能的。新石器中期的陕西姜寨遗址，其制陶窑址位于居住区以外，因此笔者认为在转年遗址的附近也有可能发现这些石器制造场的主人的居住房址。

北京新石器中期遗址

北京地区新石器中期遗址有平谷县上宅，北埝头，密云县燕落寨，密云县林场、雪山一期、马坊，房山区镇江营等七处。其中，上宅、北埝头遗址的年代可确定为新石器中期早段。

上宅遗址

位于北京平谷县韩庄乡上宅村西北台地上，南临泃河，高出河床10—13米。该遗址新石器时代的文化堆积可分八层三期，最早的文化层的年代为距

7000余年左右。这处遗址出土的石制生产工具达2000余件，种类有石斧、凿、锛、盘状磨石、磨盘、磨棒、铲、锄形器、砧石、石球、柳叶形石刀等，还有渔猎专用的石镞、陶球、弹丸、陶网坠。陶器种类有罐、钵、碗、杯、勺等。该遗址是一条深达四米的大灰沟，应是古人类制造陶、石器的窖址和场所。考古学者根据现场情况判断，大灰沟的南面似为"上宅人"的居住中心。

根据对上宅遗址各文化层孢粉、木炭测定的结果，在距今6500年左右的文化层（第五层上部）发现了禾本科作物花粉和炭化或枯朽的种子，说明至晚到这个时期，该地区肯定已经存在原始农业[3]。

学术界一般认为"陶器的产生是和农业经济的发展联系在一起的，一般是先有了农业，然后才出现陶器"[4]。摩尔根也把掌握制陶术作为人类原始社会由蒙昧时代进入野蛮时代的标志。上宅一期（第八层）堆积中虽然没有发现石器，但出土少量陶器残片。第六层开始出现精细的泥质红陶。第二期晚段：第五层除出土夹砂祸陶的罐、钵、碗等物外，还有泥质红陶的钵、碗、杯、勺等物，纹饰也比较丰富。第三期（第三层）出土的陶器以质量较高的细泥红陶为主，并有仰韶文化后岗类型和北方红山文化中常见的"红顶碗"。

关于新石器时代的家畜，从上宅遗址出土的陶羊头、石羊头饰件来看，当时羊与古人类的生活有密切的关系。陶蚕的出现，可以肯定当时古人类已知桑蚕，并有原始的纺织业。陶猪的造形，两耳较小且后背，拱咀较长，两侧有獠牙，显示出野猪的特征。这种现象说明猪类或者当时尚是狩猪对象或者刚刚畜养，尚未完全驯化。值得注意的是，这些陶塑，石制的动物饰件与禾木

1 周国兴等《北京东胡林村的新石器时代墓葬》,《考古》1972年第6期。东胡林考古队《北京新石器早期考古的重要突破》,《中国文物报》2003年11月7日；《记2005年中国重大考古新发现》,《光明日报》2006年1月27日

2 郁金城等《北京转年新石器时代早期遗址的发现》,《北京文博》1998年第3期

3 北京市文物研究所等《北京平谷上宅新石器时代遗址发掘简报》,《文物》1989年第8期

4《中国陶瓷史》，北京：文物出版社1987，第2页

科植物花粉、枯朽的作物种子共同存在于上宅遗址的第五文化层中，这似乎暗示着原始农业与原始家畜之间的某种联系。

北埝头遗址

位于北京平谷区大兴庄乡北埝头村西，东距上宅遗址约30公里[1]。该遗址发现在错河南岸黄土台地上，高出河床约七米。错河古称洳水。北埝头遗址与上宅遗址同处于洵河水系。考古学者在北埝头遗址发现了十座新石器时代的房基，从而初步向人们展示了北京地区新石器时代古人类的原始聚落面貌。

北埝头遗址出土陶器93件，分别为罐、钵、盘、碗、杯、环、陶饼、陶磨盘等；出土石器约73件，大型石器有盘状磨石、斧、铲、磨盘和用来渔猎的石饼、石坠等，细石器有狩猎用的石镞、石核及柳叶形石刀、尖状器、刮削器等，制法分打制、琢制、磨制三种，仍残留着新石器早期的某些特征。

北京门头沟东胡林遗址、密云县转年遗址和平谷县上宅、北埝头遗址的发现，证明了距今一万至8000年之间新石器时代，北京地区的古人类已经采取定居的生活方式，并且已经出现原始农业的萌芽；至迟在距今6000余年以前，北京地区已经存在比较成熟的原始农业。正是在原始农业经济的基础上，出现了众多的原始聚落。“东胡林人”“转年人”“上宅人”“北埝头人”选择靠近河流川溪的阶地上，以母系原始氏族公社的组织形式聚族而居，进行原始农业生产活动，并以采集、渔猎作为必要的经济补充。他们除了掌握制造陶器、骨器、石器的生产技术之外，还掌握了原始农业的生产技术。他们逐渐从深山、丘陵及山前地区的穴居生活方式中脱离出来，沿着河流分散到土壤肥沃、便于耕作的山前平原和平陆地区靠近河流的二级阶地。就北京地区而言，根据转年、上宅、北埝头遗址的发现，在距今一万年至7000年的新石器早、中期，北京地区已经出现古人类的原始农业应该是肯定无疑的。

迄今为止，北京地区发现的新石器中期文化遗址还有位于潮、白两河交汇处不远的密云县燕落寨遗址和位于北拒马河西岸的房山区镇江营遗址，以及昌平县城西四公里处，位于古河道西缓坡上的雪山一期文化遗存。燕落寨遗址出土石器有石斧、磨棒、杵等，分琢制、磨制两种；出土陶器有钵、碗、罐、壶、盆、红顶碗、杯等物，均为手制，其年代与上宅第三期（距今6000年左右）相当[2]。镇江营遗址为一灰坑[3]，出土若干陶器，如釜、鼎、盆、红顶碗、支座、钵等物，还有用燧石打制的两件石片。昌平县雪山遗址的文化堆积十分丰富，可分为战国、西周、夏家店下层和新石器时代四个不同时期的文化层。其中，新石器时代的文化堆积又可分为一、二两期，一期遗存属于新石器中期较晚阶段的文化堆积，其年代与上宅第三期及燕落寨遗址的年代相近，即距今6000年左右[4]。在该文化层出土的陶器有罐、钵、壶、盆、豆、碗、纺轮等物，制法为泥条盘筑或捏制；石器有石斧、凿、刀、磨棒、杯、玛瑙镞等物，制法以打、磨为主。出土的生活用具和生产工具表明，当时的古人类的经济生活以耕作、狩猎为主，同时编织业和纺织业也比较发展，在出土的某些陶罐的底部可以看到明显的编织席纹痕。雪山一期文化遗存共包括99处灰坑，在其中一处发现建房时的草绊泥墙面，说明这里曾是“雪山人”的居住址。并经历了夏家店下层文化及西周、战国时期而不衰。北京地区与燕落寨、镇江营、雪山一期文化遗存年代相当的新石器时代遗址，还有昌平区林场、马坊两处[5]。

北京新石器晚期遗址

雪山二期遗址

北京地区发现的新石器时代晚期遗址以昌平县雪山二期文化遗存最为丰富[6]。雪山二期文化遗存包括三座房址、一条灰沟。该处出土的陶器以褐陶为主，但也出现黑陶、红陶、灰陶，种类有罐、鬲、盆、碗、豆、鼎、杯、环等物，制作方法以较为先进

1 北京市文物研究所等《北京平谷北埝头新石器时代遗址调查与发掘》，《文物》1989年第8期

2 北京市文物研究所《北京考古四十年》，北京燕山出版社1990，第8页

3 北京市文物研究所《北京市拒马河流域考古调查》，《考古》1990年第3期

4 北京市文物研究所《北京考古四十年》，北京燕山出版社1990，第21页

5 北京市文物研究所《北京考古三十年》，北京：文物出版社1979年，第2页

6 北京市文物研究所《北京考古四十年》，北京燕山出版社1990，第24页。

的轮制为主；石器有石斧、凿、锛、刀、环、镞、刮削器、石核等物，大型石器以磨制为主。雪山二期文化遗存的文化特征明显受河南龙山文化影响，与河南安阳、后岗二期（龙山文化）年代接近，大约距今4000年左右。雪山二期文化遗存显示出原始农业生活的进一步发展。

雪山二期文化的居址属于半地穴式房址，房基呈椭圆形，门开在东南方向，可以充分地采光。这些房址与其他地区发现的新石器时代居址一样，都带有斜坡门道。该房址内地面遗有红烧土圈，这是原来烧灶所在处，古人类在此取暖和烹饪食物。

其他晚期遗址和遗物

昌平区曹碾、燕丹、平谷县刘家河三处新石器时代遗址的年代与雪山二期文化的年代大致相同[1]，此外，密云县城东北坑子地村头高出河南30米左右的小山梁上，在一块巨石下发现四件石斧，其中三件长约33厘米，磨制精细；一件长约10厘米，较为粗糙[2]。从加工方法来看，笔者认为这些石斧应属新石器晚期遗物。海淀区清河镇曾出土二件磨光石斧[3]，据判断也是新石器晚期遗物。房山区丁家洼村商周遗址处曾采集到一件磨光石斧，形制与雪山二期相同[4]。据此，昌平县曹碾、燕丹、平谷县刘家河，密云县坑子地，海淀区清河镇，房山区丁家洼等六处也应属新石器时代晚期文化遗址。

北京城郊各地多年来还零散发现新石器时代石器，如海淀区中关村、西山和朝阳区立水桥出土柳叶形石刀、石片等细石器，怀柔县大榛峪村北砖窑出土石磨盘和磨棒，密云县南石城、怀柔县宝山寺、喇叭沟门和怀柔水库发现石铲、石锄、石镰，平谷县前吉山、顺义县大北坞、海淀区白家疃、怀柔县北干沟、密云县董各庄、龟脖子、山安口等地均出土过磨光石斧和石凿，海淀区田村、门头沟区松树峪、顺义县魏家店、怀柔县汤河口、密云县老爷庙等地也都发现过磨制石器和细石器[5]。

北京新石器时代人们的生活方式

北京地区西傍太行山脉的西山山脉，北依燕山山脉，地貌分山地、兵陵、台地、平原四种类型。平原地带主要处于大清河、永定河、潮白河、北运河、蓟运河五大水系的洪冲积扇上。前已言之，北京地区发现的新石器时代文化遗址同北方其他地区的新石器时代文化遗址一样，都具有河旁山麓缓坡或河旁台地的地理特点。并且，根据年代的先后不同，还具有自山区向山前地带及平陆发展的趋势，在如密云县转年，门头沟区东胡林，平谷区上宅、北埝头，河北三河市孟各庄，刘白塔，昌平区雪山，房山区镇江营，密云县燕落寨等适合繁衍生息的山间河谷台地和平原地区形成现代北京村落或城市的萌芽——氏族或部族的原始聚落。

新石器时代早期，磨制石器比过去砸制石器更为锐利，石器的种类更加繁多，标志着劳动工具的更加专业化。生产经验的不断积累和丰富，生产力水平的不断提高，使得原来不断沿河流迁徙、渔猎的古人类可能采取相对稳定的生活方式，在河谷台地定居下来，形成一个个史前氏族聚落。在定居生活的初期，原始农业的萌芽得以产生和发展，这对于巩固原始人类定居生活方式有着决定性的意义。正是在这种情况下，由采集而转为务农的妇女由于在农业生产中的重要作用，在氏族社会中的地位更加崇高。人类社会由此进入母系社会的昌盛阶段，原始农业产生并发展起来。

二、奴隶制社会时期的农业

今北京地区晚于新石器时代的夏家店下层文化大约相当于中原地区的夏商奴隶制社会时期。北京昌平雪山三期文化就是夏家店下层文化。与之同类型的还有昌平下苑、丰台榆树庄、房山琉璃河、密云燕落寨、平谷刘家河等处遗址[6]。根据这些遗址中发现的大量房址、石制农具和陶制的用来加工农作物的甑、甗等炊

1 《文物考古工作三十年》，北京：文物出版社 1979，第 2 页

2 尤文远《河北密云县坑子地发现新石器时代遗址》，《文物参考资料》1954 年第 2 期

3 《首都举行“北京出土文物展鉴”》，《文物参考资料》1954 年第 5 期。

4 北京市文物工作队《北京房山县考古调查简报》，《考古》1963 年第 3 期

5 北京市文物研究所《北京考古四十年》，北京燕山出版社 1990，第 26 页

6 琉璃河考古队《北京琉璃河夏家店下层文化墓葬》，《考古》1976 年第 11 期

器，可以推断当时北京地区的人类已经采取定居的农业生活方式。西周初期，今北京是周武王重臣召公奭封国——燕国属地，农业是主要的生产部门。存世的铜器铭文也记载着，召公虽然留在宗周辅佐成王（按：武王之子），派长子来到燕国就封，但他也曾亲自来到这里参加农业开发活动[1]。1962 年在西周燕国都城的今北京房山琉璃河地区曾发现西周时代的陶甗及石刀、石镰等农具。石刀是以砂岩磨制，石镰是以青石磨制，与河北、河南、陕西等地发现的出土物相同[2]，说明当时今北京地区农业的发展水平和中原地区基本一样。

商周时期虽然青铜器已经十分发达，但也仅仅用来制作礼器和兵器。由于农业工具是奴隶使用的劳动工具，所以还是利用蚌壳和石料制作。就北京地区而言，20 世纪 50 年代前后，先后在昌平区宝山（今十三陵水库库区内）出土石斧，其东约半里的龙母庄出土石斧、双孔石斧、石铲，房山蔡庄出土石镰残段，年代都不超过西周[3]

三、封建社会时期的农业

封建社会时期北京地区农业的发展过程经历了战国时期、两汉时期、明代、清代，这样四个飞跃阶段。

封建社会的春秋战国时期北京地区所属的燕国本是积弱小国，春秋时期险些灭于山戎，幸赖齐桓公发兵相助才得以存身，因此一度是处于今山东东部的齐国的附属。一直到战国后期燕昭王即位（公元前 311 年），在燕国旧贵族于前几年的“子之之乱”中遭到毁灭性打击的基础上，推行改革，广招天下贤人谋士，励精图治，关心百姓的休养生息，劝督农耕，发展生产，经过 28 年的努力，终于达到了“燕国殷富，士卒乐轶轻战”[4]，国富民强的目标。燕国成为战国时期中原七个强大的国家之一。

我国开始使用铁器的年代，根据现有的考古发现，可以判断是在春秋末年和战国初年之际。战国时期的燕国，农民已经广泛使用先进的铁制农具，如在北京顺义蓝家营就曾发现战国时期的铁镰和铁斧等物[5]。铁农具的使用大大地提高了生产力水平，农作物的产量也得到了很大提高，《战国策·燕策》说燕国贮存的粮食可以满足全国十年的需求。位于河北兴隆县的战国时期燕国大规模官府铁冶铸遗址最能反映出当时铁工具的生产规模，以及农业工具的多样性。这里出土了大量用来翻铸铁制农具的铁范，种类有锄、镰、鑁、斧等。在比兴隆较晚的河北易县燕下都城中的冶铸遗址中也出土了各种铁制农具，而且同种农具也有不同的形制，显示出在生产过程中生产工具的不断进化。例如，有肩锄，便于加力；铁铧犁一面起脊，便于翻土；五齿锄则显示出由板锄向五齿耙的进化，等等[6]。

北京地区在战国时期与北方其他地区一样，是以粟类作物为主的农业地区。《周礼·职方氏》记载："幽州（以北京为中心的河北北部地区）……谷宜三种。"汉代学者郑玄解释说，所谓三种，就是黍、稷、稻。唐代学者贾公彦进一步解释说，幽州与冀州（以河北冀县为中心的河北南部地区）地域相接，但冀州只宜种黍、稷，幽州却可以种植水稻。这说明自古以来，京、津地区的古燕国地区的自然地理环境比保定以南的古赵国地区更为优越。至晚在东汉初年，今北京顺义地区已有大面积种植水稻明确记载[7]。不过，北京地区的自然地理环境毕竟不能和湖泽遍布的江南相比，所以直到近代以来，北京地区的农作物也还是以旱地作物为主，粟、黍即谷和高粱仍是主要的农作物品种。另外，自东汉至唐代，小麦在北京及北方地区也得到广泛种植。中国的小麦是由野生麦驯化而来。东汉时，北京地区的百姓用"麦穗两歧"来形容庄稼长势茂盛；唐代，北京及关中地区均有盛产小麦的"麦庄"，可见小麦已经成为中国北方地区有代表性的旱地作物。北京地区的农业在东汉时期有很大的发展，北京地区出土的古代墓葬随葬物中，自东汉以后出现大量陶制粮仓，反映当时农

1 陈梦家《西周铜器断代》,《考古学报》1955年（十册）

2 北京文物工作队《北京房山县考古调查简报》,《考古》1963年第3期

3 苏天钧《十年来北京市所发现的重要古代墓葬和遗址》,《考古》1959年第3期；王汉彦《周口店蔡庄古城遗址》,《文物》1959年第5期

4 《史记》卷三十四《燕召公世家》

5 北京市社会科学研究所《北京历史纪年》，北京出版社1984，第11页

6 郑绍宗《热河兴隆发现的战国生产工具铸范》,《考古通讯》1956年第1期；中国历史博物馆考古组《燕下都城址调查报告》,《考古》1962年第1期；河北省文化局文物工作队《燕下都第22号遗址发掘报告》,《考古》1965年第11期

7 《后汉书》卷三十一《张堪传》

业生产水平较前代有很大提高。

除了粮食作物之外，北京地区果品如枣、栗也很著名，普遍被当作粮食的代用品。战国时，游走诸国的谋士苏秦说：燕国“民虽不由田作，枣栗之实足食于民矣”。司马迁《史记·货殖列传》中也颇有夸张地说：燕地居民若拥有1000株栗树，其财富就相当于千户侯了。唐代，北京地区的枣、栗仍非常有名。《唐六典》中记载，幽州每年向皇室上贡的土产中就有栗。到了契丹贵族建立的辽朝，在今北京地方专门设有“南京（今北京）栗园司”为皇家掌管栗园。

魏晋北朝时期，今北京地区的农业不见长足的进步。但在水利事业上却很有成绩。曹魏齐王芳嘉平二年（公元250年）征北将军刘靖在北京西部石景山的㶟水（今永定河）上筑坝截水，在东北岸开引水口，凿渠引水东流，经今北洼路小河，进入今西郊紫竹院公园的湖泊，然后循古高梁河的今长河东入积水潭，复东南经后海、什刹海、北海一线东南流，自蓟城东侧南去，复在今大兴境内重新汇入㶟水。由于这项工程，今永定河自石景山以下分为南北两道，流经蓟城南北，扩大了灌溉面积。史称“灌田岁二千顷”。由于刘靖所筑拦河坝正位于西汉武帝之子、燕王刘旦的陵前，刘旦是在武帝死后谋反被赐死的，谥号为“戾”，所以该陵叫戾陵，这项水利工程也就由此叫戾陵堰，引水渠叫车箱渠。魏元帝景元三年（公元262年）又派朝官樊晨再次改造这条河道，在今德胜门附近分引高梁水东去，循今坝河一线抵潞县（今北京通州），使高梁河的流程长达400里，灌溉面积达到“万有余顷”，是刘靖时期的五倍。戾陵堰是一道滚水坝，当河水暴涨时就会越过坝顶下泄，当水量正常时就会从引水口分水东去，灌溉蓟城南北的农田，起到兴利除害的作用。西晋元康五年（公元295年）戾陵堰被山洪冲毁，刘靖之子、晋宁朔将军刘宏正在幽州，他继承父志，派将士2000人很快就修复了戾陵堰和车箱渠，使之重新发挥作用[1]。

戾陵堰、车箱渠这项水利工程在北京农业史上占据重要地位，在以后的漫长历史中虽然几经破坏，但在北魏正光年间（公元 520—525 年）幽州刺史裴延儁和北齐河清三年（公元 564 年）幽州刺史斛律羡都曾先后修复了这项造福于北京地区农民的水利工程[2]。也就是说，戾陵堰、车箱渠自曹魏嘉平二年（公元 250 年）到北齐河清三年（公元 564 年）断续存在了 310 多年。自北齐以后，这项著名的水利工程才不再见于历史文献的记载。但因永定河是距北京最近的一条大河，所以晚至清代也还有人进行引永定河水灌田的努力。

唐代，北京地区的农业也有较大的发展。虽然北京地区出土的唐代农具不多，但从北京地区发现的辽金时期铁制农具来看，其形制已经和近代的几乎没有多大区别。由于唐代北京地区仍然是北方防御突厥、契丹等族的重要军事重镇，所以军屯是本地区农业生产的重要特征。据《唐六典》记载：唐玄宗开元之世，幽州（治今北京）有 55 屯，清夷军（驻河北怀来、北京延庆一带）有 15 屯[3]，其占田比例都高于民田。一般来说，当地驻军越多，军屯的比例就越高。唐代虽然没有恢复戾陵堰的记载，但唐高宗时检校幽州都督裴行方也曾“引卢沟水（今永定河）广开稻田数千顷”[4]。

唐代，今北京地区的农作物品种除了传统的粟、稷之外，还有大麦、燕麦、胡麻、豌豆，等等。

辽金时期，北京地区的农业和唐代相比并没有太大的进步。辽代前期，为了对宋防御的需要，一度禁止在北京地区种水田，一直到辽道宗咸雍四年（1068 年）才下令：除了行军的道路两侧之外，“余皆得种稻”[5]。当时北京（辽代叫南京）地区若发生大饥荒，辽朝政府主要靠从今辽宁地区或居庸关以西的河北怀来、涿鹿或山西地区输送粮食解困。

1 《水经》卷十三《漯水注》引“刘靖碑”

2 《魏书》卷六十九《裴延儁传》；《北齐书》卷十七《斛律金传》附子羡传

3 《唐六典》（陈仲林点校本）卷七《尚书工部·屯田郎中》

4 《册府元龟》卷六百七十八《牧守部·兴利》

5 《辽史》卷二十二《道宗纪》

金朝推行的屯田军制，将中原地区百姓的田地强行分配给女真猛安、谋克户[1]，对于包括北京地区在内的河北农业经济是巨大的摧残。与清初的八旗圈地不同，金朝这种掠夺土地的行为一直到金朝后期的章宗之世也没有停止，因此其破坏性也是长期的。

北京地区出土的辽金时期铁农具，相先对来说是历代中较多的，种类有铁犁铧、耪、镰刀、铡刀、锄等，大多是沿袭唐代农具的形制。铁犁铧的结构比汉代有很大进步，不再仅仅是一个单面起脊的犁头，还有犁镜，为耕地时拨土工具。镰刀也由过去的平刃进化为弯刃，而且弧度较大。铁锄的锄板也变成半圆形。甚至有一件铁犁铧是活刃，磨损后可以取下来更换，这是比较少见的发明[2]。北京地区发现的东汉至北齐时期的锸（按：即后世的锹）尚是铁口木锸[3]，但在辽金时期已经看不到了。农具的改进标志着生产力水平的巨大提高，这也可以解释为什么辽金时期包括北京地区在内的河北地区的农业经济关系遭到了巨大破坏，但农业生产却仍可以维持一定的水平。这主要是自唐代以来中国铁农具有了突飞猛进的发展。

元朝是蒙古贵族建立的政权。蒙古族以游牧为生，在蒙古占领中原初期并没有打算改变自己的生活方式和社会制度，仍把大量农田废为牧场，造成农业的严重倒退。至元世祖忽必烈之世，积极推进改革，实行封建的统治政策。但是，为了适应在北京地区（元代叫大都）驻扎的大批蒙古骑兵的需要，仍然要有很多牧场。总而言之，与其他朝代相比，元代北京地区的耕地面积大量缩小，四郊草场遍野。另外，元朝统治者还在北京及周边地区设置了大量屯田万户府，遍布于今北京昌平、通州、延庆、密云，以及廊坊、武清、香河、霸州、雄县、宣化、怀来、保定、河间等地[4]。至于直接担负保护皇宫任务的宿卫军（元代叫却薛），更是在北京近郊拥有牧马草场和屯田土地。

元代，北京地区官、私人口食用的粮食主要靠从江南通过运河漕运及海运的漕粮供应。其中，海运的漕粮占总数的将近2/3—3/4。所以，当元末农民起义军断绝海运时，元朝政权在北京地区的统治也就走到了尽头，不得不退回蒙古草原。

明朝是汉族地主阶级建立的政权，为了抵御蒙古贵族南下，明成祖将都城从南京迁到北京。作为帝都，其粮食供应虽然也必须依靠江南漕运，但北京地区本身也要具有一定的经济基础。为此，明成祖在迁都前后，曾数次从山西、山东、江南向北京地区移民。明政府对北京地区的农民也采取比较宽松的税赋政策，规定农民在规定数额以外开垦的土地永远不需缴纳赋税，即所谓“额外开垦，永不起课”[5]，推动农民的生产积极性。所以，自明朝建国以来直至宣宗宣德之世（1368—1435 年），北京地区农业恢复发展很快。但是自英宗正统年间以后，首先对额外开垦的土地也追缴赋税，农民负担加重。特别是明宪宗成化（1465 年）以后，以皇帝为首的地主统治阶层疯狂地掠夺土地，广设庄田。皇室直接占据的皇庄及太监、贵戚、官僚的庄田遍布北京郊区和京畿州县。这种情况到明武宗正德年间（1506—1521 年）达到登峰造极的地步，农民大量破产[6]。明世宗嘉靖皇帝即位（1522 年）以后，虽然大力扭转这种局面，但庄田作为明朝京畿农业的毒瘤始终没有根绝。嘉靖年间尚书林俊上疏中指出：近年以来，权倖亲昵之臣利用奸狡匪徒，肆意掠夺京畿百姓田地，以致公私庄田跨州连郡，百姓民田日见朘削，“权势横行，何可控诉”![7]特别严重的是，地方官府明明知道农民的土地已被占夺，却仍然按原额强征赋税，农民或铤而走险或弃家流亡。明神宗万历四十六年（1618 年）以后为了对付东北建州女真努尔哈赤部的崛起，加征辽饷；毅宗崇祯十年（1637 年）以后为了镇压各地农民起义，又相继加征剿饷、练饷，即所谓“三饷加派”，农民负担空前沉重，不仅被夺去土地的农民无法承担，就是一般中小地主也缴纳不起，以有田为累。京畿农村几近十室九空，农村经济濒于

1 按：金朝的军事组织，以 300 户为一谋克，10 谋克为为一猛安。

2 北京市文物工作队《北京出土的辽金时代的铁器》，《考古》1963 年第 3 期

3 张先得《北京西郊出土古代铁口木锸》，《文物》1983 年第 7 期

4 《元史》卷一百《兵志三》

5 徐光启《农政全书》卷三《农本·国朝重农考》

6 《明经世文编》卷二百二 夏言：《勘报皇庄疏》

7 《明经世文编》卷八十八 林俊：《传奉敕谕查勘畿内田地疏》

破产。

不过，尽管土地高度集中，明代京畿土地的开发还是超过了元代。明太祖朱元璋洪武二年（1375年）刚刚占领北京地区时，所建的北平府范围包括后来顺天府在内的京畿八府，也就是北直隶的辖区，全境只有在编农田780余顷，这是元朝蒙古统治者长期坚持发展牧马草场经济政策的恶果。但到洪武八年（1375年）北平府的官私田地就发展到2.9万余顷，其中民田占90%以上。洪武末年，北平府官私农田已有24.7万余顷[1]，是元末的317倍，是洪武八年的近十倍。这和当时规定的洪武十三年（1380年）以前开垦的农田可以免缴租三年和后来“额外开垦，永不起课”政策的良性刺激有很大关系。到了明朝末年，仅仅顺天府一地就有农田8.1万余顷，少时有6.8万余顷，最多时达到9.9万余顷[2]，这是前代所不能比拟的。而且这个数字一直保持到清朝260余年统治始终，并没有多少变化[3]。

如果说，明代皇家、贵戚、太监庄田是明代北京农业中的一大特征，那么清代八旗贵族、官兵占据的旗地就是清代北京农业中的一大特征。清代八旗的旗地虽然不仅限于北京及其周边地区，但以北京顺天府的比例最高，有些州县如三河、宁河、良乡全部土地都被全被圈占为旗地。其他如大兴、宛平、固安、永清、香河、通州、武清、宝坻、昌平、密云、怀柔、蓟州、平谷等州县的旗地也占全部农田的90%以上，甚至达99%。就顺天府24州县总体而言，境内旗地占农田总数的82.2%，在直隶各府中是最高的[4]。

清朝迁都北京以后，为了安置八旗贵族、官兵，强占京畿官私土地无偿分配给八旗各部，其野蛮行径与12世纪初金朝女真统治者在包括北京（时称中都）在内的黄、淮以北地区推行的猛安谋克户授田制相似，对北京及河北地区的农业经济是巨大的摧残。清朝的圈地自清世祖顺治元年（1644年）至清圣祖康熙八年（1669年）才最终结束，前后持续了45年，但实际上以顺治二年（1645年）和四年（1647年）最甚。例如，北京大兴县在这两年圈占的土地就占全部圈充地的92%以上[5]。

清朝圈占土地虽然有拨补的规定，但拨补的土地都在外县甚至外省而且土地贫瘠。宛平县地主王朝臣位于近郊的土地被圈占后，在天津城东20里的潟河淀拨补500顷洼薄之地，一遇雨水就发生积涝，收获无望[6]。通州、宝坻等州县被圈占土地的农民王之臣等人获得的拨补土地更远在山东济南商河县荒地，经过他们的辛勤开垦，到顺治十二年（1661年）时已“立庄十有余处，集户千有余家，垦地百有余顷”，却被当地土豪勾结官府全部霸占[7]。

在圈占土地过程中，一部分京畿自耕农和地主为了维持生计和免遭离乡背井之苦，就将土地投献旗人奴主门下，成为带地投充户。当时汉大臣孙嘉淦在奏议中就说：“查民人投充旗下，原非得已，或地已圈，无处栖身，乃投充以种地；或地尚未圈，恐被霸占，因投充以保家。”[8]这确实是说出了投充的本质。带地投充户有的可以作庄头，一般无地投充户则只是壮丁。无论带地还是无地，投充户的身份都是旗人奴主的家奴。虽然在实际生活中较少发生，但在法律上投充户因是奴隶身份，所以顺治五年（1648年）覆议可以任旗人奴主买卖[9]。不过，关于投充户的问题也比较复杂。在圈地过程中，有些身为投充户的旗人家奴也依仗主子权势任意掠夺其他人的土地，甚至欺压官府，肆意非法，造成社会的更大混乱和京畿人民的更大痛苦。

旗地制度代表着落后的生产关系，是满洲入关前后社会经济中奴隶制残余的表现。如前所述，清朝旗地制度和金朝推行的猛克谋克户授田制在若干基本点上有着惊人的相似之处，其根本原因就在于满族和女真虽然相隔500余年，但他们当时都具有相同的经济基础。由于他们在进入中原之际尚未能完全摆脱奴隶制生产关系残余的束缚，企图将封建农业经济用暴力手段装入他们习

1 《顺天府志》（永乐大典本）卷八《田土》

2 万历《明会典》卷十七《户部四·田土》

3 光绪《顺天府志》“食货志三·田赋上”记载：清末光绪年间，顺天府征粮地6.6万余顷，若加上八项旗租地1.44万余顷和内务府稻田108顷及皇庄、王公庄田，其总数量大约也就在八万至九万顷之间，与明顺天府农田数量大致相近。

4 光绪《畿辅通志》卷九十四《经政略·田赋》

5 《八旗通志初集》卷十九《土田志二》

6 顺治六年《巴哈纳题宛平拨补土地水灾情形本》，《清代档案史料丛编》（四）

7 顺治十八年五月《王之臣奏通州等县被圈地迁鲁垦荒复被夺占事本》，《清代档案史料丛编》（四）

8 《孙文定公奏疏》卷六

9 《八旗通志初集》卷十七《旗分志十七》

惯的落后的生产关系模式中，因此造成社会的大震荡，社会生产力的大破坏。但是，历史发展的轨道自有其客观的规律，“定居下来的征服者所采纳的社会制度形式，应当适应于它们面临的生产力发展水平……这也就说明了民族大迁徙后的时期中到处都可以看到的一件事实，即奴隶成了主人，征服者很快就学会了被征服民族的语言，接受了他们的教育和风俗”[1]。清朝自康熙以后随着社会经济的恢复和发展，落后的旗地庄田制度终于陷于瓦解，封建租佃制最终在京畿农业经济中占据了统治地位。清朝政权面对旗地买卖的事实不得不作出让步，先是允许在本旗内买卖，后又进一步允许跨旗买卖，至咸丰朝时“除王公庄田外，旗地尚未典卖与民者盖亦鲜矣”，于是正式允许自咸丰三年（1853年）起普通百姓和旗人之间可以买卖旗地，史称“旗民交产”[2]。

北京地区水稻种植历史虽早，但受自然和社会条件的制约，发展得很缓慢。由于北京地区缺少充足的水源，元代时只有蒙古高官、勋戚等权势户才能仗势霸占西山湖泉，种植水稻。有时为了争水，他们甚至无视官府禁令，破坏通惠河的上游引水渠道，私自决堤引水。明代，由于以皇室贵族为代表的贵族、官僚、太监等特权阶层疯狂霸占京畿土地，恐怕一兴水利将会损坏他们的利益，所以虽然在万历、天启之世有徐贞明、左光斗、董应举等人在京畿地区举行水利营田，并在北京西郊、京北密云、京东平谷和蓟州、三河、遵化、丰润、玉田等地开垦稻田3.9万余亩，还从南方招募农民到北京今昆明湖一带教民种稻，但最终还是在朝廷权势的反对下流于失败。明代北京地区的水稻只是作为地方特产零零星星地存在于房山大石窝、顺义潮白河边，以及近郊紫竹院、海淀、昆明湖（明代叫西湖）等水泉富足之地。另外，北京德胜门外和右安门外都拥有古高梁河和凉水河的水源，所以也都有水田数百亩，成为旅居北京的江南人士游览思乡之地[3]。清康熙、乾隆之世，鉴于水稻高产，都曾提倡过水稻，也都从江南招募农民到北京居住，以便推广水稻种植。特别是康熙皇帝，还亲自在西苑（今中南海）丰泽园开辟稻田，选育出早熟、米色微红、粒长气香的优良品种，名之为“御稻米”，在北京玉泉山试种。雍正皇帝之世，任用怡贤亲王允祥开辟京畿水利，设京东、京西、京南、京北四局，专门营建北京及周边地区的水利，计在平谷开水田9.6余顷、宛平开水田46顷、房山开水田23顷有余。到清代末期光绪之世，北京境内水稻种植比较突出的有房山、顺义、怀柔、昌平、平谷等县接近水泉的地亩[4]。不过，明清北京地区种植水稻的努力均是以人而兴、以人而废，当主持其事的人去职或死去以后，这些努力也就又逐渐趋于废弛。

明清两代，中国农业史上最值得大书特书的就是玉米和甘薯的传入。这两种农作物原产美洲大陆，明代传入中国，清代时得到广泛推广，并成为平民的主食。玉米最初是进贡皇宫之物，所以叫御麦、御米，后来俗化为玉米。玉米在生长过程中植株像高粱，高粱古称蜀黍，所以又将玉米叫做玉蜀黍。明人徐光启《农政全书》中说："玉米或称玉麦，或称玉蜀黍，盖亦从他方得种。其曰米、麦、蜀秫，皆借名之矣。"可见，明代已有玉米的名称。清代，玉米作为一种耐旱、抗涝的作物品种在北京地区已经广泛种植，只不过清初在地方志书中大多还是和蜀黍即高粱记为同一品种，可见清人对玉米的认识落后于徐光启，但在清末光绪时的北京地区的地方志中已经明确记为玉蜀黍、玉米，并说有黄、白两色。今北京地区仍然存在这些玉米品种。另外，甘薯作为一种度荒作物引进北京，也是明清之际一件大事。甘薯在北京又称白薯，其传入中国大陆是在明万历二十年（1593年）由海商陈振龙自文莱引进。万历三十八年（1610年）徐光启自家乡上海引进北京，但尚没有解决薯种过冬问题。其于万历四十四年（1616年）的家信中写道："番薯种只是难传，可闷。"[5]不过，他在《农政全书》中认为：北京地区有冬季窖藏菜果和暖棚植花的技术，"其收藏薯种，当更易于江南耳"[6]。清代，清世宗雍正

1 马克思、恩格斯《德意志意识形态》，《马克思、恩格斯全集》第3卷，北京：人民出版社1960，第83页

2 光绪《畿辅通志》卷九十五《经政略·旗租》

3《天府广记》卷三十六《水利》；《明史》卷二百二十三《徐贞明传》、卷二百四十二《董应举传》、卷二百四十四《左光斗传》；《帝京景物略》卷七；《燕都游览志》，引自《日下旧闻考》卷五十四

4 光绪《顺天府志》卷四十八《河渠志十三·水利》

5《徐文定公家书墨迹》第十二通

6《农政全书》卷二十七："树艺·蓏部·甘薯"

年间曾在北京圆明园试种甘薯，但未见推广。清高宗乾隆十四年（1749 年）方观承由浙江巡抚升迁直隶总督时终于把甘薯种植技术带到了河北地区，且大力推广，获得成功。《畿辅见闻录》载：“［方观承］购种，雇觅宁、台能种者二十人来直，将番薯分配津属各县，生活者甚众。”甘薯耐旱且易于在沙地生长，当时北京大兴、房山、良乡等多沙壤州县都有种植。乾隆《宁河县志》载：“薯有红、白二种……良乡、涿州俱有，宜广种植。”光绪《通州志》也记载：“乾隆二十三年（1758 年）官饬民种，今每年长发利民。”值得一提的是，明代把甘薯首先引进中国的海商陈振龙的六世孙陈士元曾应清政府之召，于乾隆二十二年（1757 年）派儿子陈云、陈树兄弟在京师齐化门（今朝阳门）外教授当地农民种植甘薯，成绩显著，使得方观承次年发布种植甘薯的政令有了根据，功不可没[1]。

第二节　北京古代手工业

一、石器时期的手工业

手工业是人类原始社会发展到一定阶段后从农业中分离出来的生产部门，如果把游牧业和农业的分离视为人类社会的第一次大分工的话，那么手工业从农业中分离出来就是人类社会的第二次大分工。而且伴随着这次分工出现的是城市和农村的分离和对立。如前所述，考古学发现已经证明中国原始城市是出现于新石器时代后期，龙山文化时期原始城市已经比较常见。因此，探讨手工业的发展应该从原始农业产生后的新石器时代开始。

实际上，随着生产的发展，早在原始氏族初期阶段就出现了根据年龄和性别形成的自然分工。后来，随着社会经济的发展，生产技术愈来愈专门化，手工业从原来农人的副业变成了一种专门的技术，从而产生了专门从事石器、铜器、铁器、陶器等生产、生活用具制造的人群，也就是最初的手工业者。

北京地区的考古发现证明，在旧石器时代古人类已经可以用砍砸的方法制造简陋的石制工具；在距今一万年的新石器早期已经可以精心加工出磨制石斧、石磨棒、石磨盘和石容器，以及陶器。尽管陶器的制造方法是最原始的捏制，材料也没有经过精选，掺杂着大量杂质，但这标志着人类文明的巨大进步。这时的生活、生产用具生产还不是专业的手工业，只是从事狩猎和原始农业的男人和妇女的副业。但是，当随着社会经济的发展，农业愈来愈成为社会的重要生产部门，占据了人们的几乎所有劳动时间；当生产、生活用具需要的数量愈来愈多，需要有一定的社会成员专门从事这种劳动时；特别是当这些生产、生活用具的品种愈来愈繁多、愈来愈精巧，需要掌握的技术愈来愈复杂，以致于成为一种需要经过长期学习才能掌握的专门技术时，人类社会第二次大分工就出现了，手工业从农业中分离出来成为单独的生产部门。这个过程是和城市的出现同时进行的，据马克思与恩格斯的理论，“是随着野蛮向文明的过渡，部落制度向国家的过渡，地方局限性向民族的过渡而开始的”[2]。如前所述，在相当于中原仰韶文化时期的城头山古城遗址中，出土釜、盘、等各种红褐陶器，年代在距今 5700 年左右；在第六层发现高领罐、鼎、釜、簋等泥质黑陶器，年代距今 5300 年左右。在龙山文化时期的王城岗古城遗址中，出土石镰、蚌镰、石镞、骨镞等农业和狩猎工具。在平粮台古城遗址中，发现三座陶窑和一处冶铜遗址，说明当时城中已存在手工业。在河南二里头夏文化古城遗址中，不但发现宫殿，而且在宫殿基础周围还发现相当数量的房基、窖穴、灰坑、窑址及铸铜陶范、石料、骨料等，说明“二里头遗址已具有古代时期都邑的规模，而不是一般的自然村落”。中国龙山文化是原始氏族社会末期的文化，社会开始分化，阶级开始出现，正相当于马克思和恩格斯所说的野蛮社会向文明社会过渡的阶段。

中国考古学发现表明，最初的手工业主要是制造各种磨制石

1 《金薯传习录》卷上

2 马克思、恩格斯《德意志意识形态》，《马克思、恩格斯全集》第 3 卷，人民出版社 1960，第 56—57 页

器、陶器及骨器、铜器。进行劳动的工匠已经具备了精良的生产技术和专门的生产工具，有可以烧制大量陶器的陶窑和冶铸铜器的冶炼遗址。北京地区发现的新石器早、中期遗址如转年、东胡林遗址、上宅遗址、北埝头遗址、雪山遗址中都出土了大量磨制石器、陶器和骨器并发现了多处窑址，也可以充分说明这一点。

二、奴隶制社会时期的手工业

夏商周时期的手工业中，最突出的成就就是青铜器的制造。传世的和近年陆续出土的商周青铜器，无论是造型巨大的重器还是成组的礼器，其制工之精巧、造型之复杂精美，无不令人惊叹。北京房山琉璃河西周燕国古城遗址及附近黄土坡墓葬遗址中曾出土了大量商末周初的手工业制品。其中，陶器有鬲、簋、罐、鼎、豆、壶、尊、罍、杯等，原始青瓷器有豆、罐，青铜器和铅器有鼎、簋、鬲、甗、爵、觯、尊、卣、盉、盘、壶、剑、戟、戈、矛、镞、铜盾饰件、刀、锛、凿、各种车马具、铜兽面饰、铜铃等，玉器有璧、璜、玦、戈、圭、斧、珮、琮、圭等，石器除了传统的生产工具以外还有勺、鸟、串珠、管珠等装饰品，玛瑙器则有玛瑙杯、珠、水晶珠、紫晶珠等，骨蚌器有骨镞、镳、象牙梳等，以及贝壳、蛤蜊壳等装饰品[1]。总而言之，奴隶社会时期北京地区的手工业产品主要就是青铜器、石器、陶器三大部类，其他还有骨器、蚌器、玉器等生产、生活用具及装饰品。在手工业技术上，青铜的冶炼和青铜器的制造是人类文明的一大进步，表明金属器开始进入到人类社会生活中来。这势必将极大地提高人类社会生产力水平，成为推动人类社会进步的巨大力量。

三、封建社会时期的手工业

北京地区封建社会时期的手工业可分为春秋战国时期、汉唐时期、辽金时期、元代、明代、清代六个阶段分述。

（一）春秋战国时期北京手工业

春秋战国时期北京地区手工业中最显著的成就是铁冶铸业的发明和发展。根据目前的考古发现，可以肯定中国古代铁器的发明和使用不会晚于战国时期。战国时期，北京所在的燕国的铁冶铸业也同样发展。如前所述，位于河北易县的燕下都遗址中，围绕着宫殿区，自西北至东南的弧线上基本是手工业作坊区。在宫殿区西北的虚粮塚以东发现两处（21、23 号）铸铁作坊遗址，在宫殿区西南的高陌村西北发现一处（5 号）铸铁作坊遗址。以上三处铸铁作坊遗址中，以虚粮塚附近的 23 号遗址面积最大，约 17 万平方米，堆积层厚两米，说明这是一处规模很大、使用时间很久的手工业作坊。在 23 号遗址东南还发现一处（13 号）专门铸箭镞和箭铤的兵器作坊。在武阳台西北 750 米处发现一处（18 号）专门铸箭铤的兵器作坊。在高陌村西北还发现一处（4 号）铸钱作坊，面积约 8000 平方米。在郎井村东南发现一处（11 号）制陶作坊。这些手工业作坊围绕宫殿区而设，应是属于王室控制下的官手工业作坊性质。特别是位于河北兴隆的官冶铁遗址，其规模之大，世所罕见。冶炼技术也已经采用先进的“块炼法”，翻铸产品的的范具不但已由只能一次性使用的陶范改进成可反复使用的铁范，而且还创造出可一次翻铸出数件铁器的连体范[2]。铁器的发明和广泛使用，是人类社会发展史上的一次巨大飞跃。由于铁器价格低廉，所以用铁制农具代替石制、蚌制农具成为可能，从而极大的推进了农业的发展，促进了社会的进步。另外，在完全依靠冷兵器作战的古代，铁器的出现无疑也极大地提高了封建国家军队的战斗能力。由此可以明白，燕国由一个积弱小国，在战国燕昭王之世迅速上升为战国七雄之一，其实并不是一件偶然的事情。在这个历史现象的后面，有其经济和社

1 北京市文物研究所《琉璃河西周燕国墓地》（1973—1977），北京：文物出版社 1995 年

2 郑绍宗《热河兴隆发现的战国生产工具铸范》，《考古通讯》1956 年第 1 期

会基础的强大支撑作用。

（二）汉唐时期北京手工业

汉唐时期北京地区手工业最主要的成就除冶铸业之外，还表现在石工、制盐、粮食加工、丝织、工艺制造、建筑等方面。

汉代，北京地区包括石材开采、加工在内的石手工业比较发展。1965 年在北京西郊八宝山地区发现东汉幽州书佐秦君神道石阙，规模宏大，刻工精美。郭沫若先生认为其柱形、文饰、文字、雕刻都具有很高的艺术性，不可忽视。在石阙上有“鲁工石巨宜造”题名，郭老认为其艺术造诣不啻于是公元 1—2 世纪之交的名雕刻家，在中国美术史上应占有重要地位[1]。这里所谓“鲁工”是指籍贯为鲁国（治今山东曲阜）的石工匠。1959 年在河北定县北庄发现的汉中山简王刘焉石椁砖室墓中出土的 4000 余块石块中有刻铭或墨书的计 174 条，其中与北京八宝山发现的秦君神道石阙题名相似的有“望都石鲁工柏仲作”“北平鲁石工宣子作”“望都石文阳（按：文阳即汶阳，属鲁国）章和作”。题记中的望都、北平，在汉代都属于中山国。望都石、北平石应该是指这些工匠是属于望都或北平官作坊的工匠。题记的内容一般是所属官作坊名、籍贯、姓名三项，也有的只题其中的两项。从这些题记中可以看出，所谓鲁工就是鲁石工或鲁国石工的略称。汉中山国的都邑在卢奴即今河北定县，与时称蓟城的今北京紧邻，因此在北京地区出现鲁国籍贯的石工并不为怪。在今八宝山革命公墓中曾出土多块辽代墓志，称其地为“房仙乡鲁郭里”或“房仙乡鲁郭里之西原”[2]。在今八宝山革命公墓东有鲁谷地名，原是村庄，现已高楼林立。将辽墓志铭题记的“鲁郭里”与汉神道石阙题记中的“鲁工”二字对照，可知鲁谷当是鲁郭的谐音，今鲁谷即辽鲁郭里，在汉代应当是籍贯为鲁国即今山东西南地区的石工匠劳作、聚息之地，以后演变为村落。鲁国接近太行山东麓，石作业也有发展的环境。况且，自古齐鲁所在的今山东地区是中国北方文化发展之区，石工匠的技术水平也较高。山东石工匠与北京本地的石工共同推动了北京石作手工业的发展，制造出许多华美的石刻作品。隋唐和辽金时期，北京地区是北方的著名佛教中心，寺庙林立，施钱刻经一度成为社会居民的重要精神寄托，由此也进一步推动了石刻业的发展。北京房山云居寺中就收藏着隋唐至明清时期的数万块石经板，是我国文化的宝贵财富。

制盐是北京地区古老的手工业，早在战国时期就很发达，盐成为古燕国与枣、栗齐名的土产之一。汉代，随着北京地区人口的增加、生产水平的提高及贸易的发展，制盐成为重要的手工业生产部门。《史记·货殖列传》中说："夫燕亦勃、碣之间一都会……有鱼盐枣栗之饶。"这里说的燕既然是一个都会，当然是指的古燕都蓟城及其周边地区。汉人桓宽在《盐铁论》中也说："燕之涿（今河北涿州）、蓟（今北京）……富冠海内，为天下名都。"汉代所谓的燕、蓟之地的产盐区在今天津、黄骅地区。汉代属于以蓟城（今北京）为治所的幽州地区。北魏郦道元《水经·淇水注》中记述："高成县东北百里，北尽漂榆，东临大海，民咸煮海水，藉盐为业。"北魏高成县在今河北盐山县附近，其东北百余里正是黄骅地区。《赵记》记载说，十六国后赵之际这里的漂榆邑南有角飞城，后赵主石勒曾命部下王述在该城煮盐。可见，幽州地区的制盐业自汉代到十六国时期也一直兴盛。实际上，一直到数千年后的今天，该地也仍是重要的产盐区之一。

粮食加工业是随农业产生而出现的手工业部门。在新石器时代，古人类用类似今天擀面杖的石磨棒和磨盘加工粟谷，当然效率很低，但当时的产量也不高，所以这种加工方式沿用了很久。但是在奴隶乃至封建社会时期，随着农作物产量的大幅度提高，粮食加工方式和工具也有了改进。首先是杵的出现。杵的加工方法是把带壳的粮食放在地坑或石制、木制的容器中（按：即

1 郭沫若《"乌还哺母"石刻的补充考释》，《考古》1965年第4期

2 陈述《全辽文》卷八《韩资道墓志铭》；黄秀纯等《北京西郊辽壁画墓发掘》，《北京文物与考古》（一）

臼），然后用木棒或石棒（按：即杵）反复捣去皮壳。据《周易·系辞下》记述说：神农氏死后，黄帝发明了杵，“断木为杵，掘地为臼”。汉代著作《说文解字》和汉代以前的著作《世本》（按：《世本》著述年代不详，但《汉书·艺文志》已有著录，可见其肯定在西汉以前就已存在，估计是战国时期史官的著述）都记述说黄帝的臣子雍父发明的杵臼，也就是后世说的舂。因此，学术界一般推测杵作为粮食加工工具大约最初出现在原始社会末期。1960年在北京房山区丁家洼村东南发现商周陶窑六处并出土石杵等物，1962年又在房山区琉璃河刘李店商代遗址中发现石杵一件[1]，基本上可以说明其在奴隶社会时期已经是普遍的粮食加工工具。随着农作物产量的提高，粮食加工工具也有了进一步的改进，从使用臂力的杵发展到使用使用腿力的碓，加工能力大大提高。石碓是利用杠杆原理，将一长棍架在木架上，一端绑碓头（按：相当于杵），人在另一端不断蹬踏，碓头反复起落，捣舂石臼中的带壳粮食。碓发明的确切时间尚不清楚，但在汉代文献、史籍中已见记载。就北京地区考古实践来看，随葬冥器中见到陶碓是始于东汉墓中。1959—1960年在北京怀柔城北东汉墓中出土一件双人踏碓俑，在平谷西柏店、唐庄子东汉墓中出土陶磨和陶碓，1977年在顺义临河村东汉墓中出土绿釉陶磨和双人绿釉踏碓俑[2]。双人同踏的石碓当然比单人踏碓的加工能力要高，这是加工工具的又一进步。不过，更引人注目的是磨的出现。《世本》中记述说，石磨是春秋时著名工匠鲁班创造。考古学家在陕西、河北等地都曾发现战国时期的石磨。石磨在西汉时还较为原始，石磨上扇的磨齿为窝状。这样虽然可以增加摩擦力，将粮食碾碎，但加工后的成品不好收集。东汉时上扇磨盘的磨齿已经进步为放射线形，碾碎的粮食可以自然从中间位置向四周外围缝隙流动。北京地区从东汉墓中发现随葬的陶磨，说明本地区粮食加工业的生产水平也不低于河北、陕西等当时的重要粮食产区。据创自隋代的北京房山云居寺石经题记记载，唐代幽州城内的手工业中有磨行。笔者认为，无论这个磨行是制造石磨的石工手工业，还是加工粮食的磨房，总之都反映了当时粮食加工手工业的存在及其与当地社会经济生活的密切关系。加工粮食的行业在清代北京叫做碓房，一方面仍然加工粮食，同时也经营粮食贸易。

与使用人力的石碓同时存在的，还有使用水流作为动力的水碓。水碓大约最初是发明于水资源比较充分的南方地区，以后才向北方推广。北京地区具体从什么时候才有的水碓，目前很难说清。但从《辽史》《元史》的记载中可知，北京最早有水碓的记载是辽代。辽圣宗统和十三年（公元995年）因辽南京（今北京）太学生人数增多，于是赏水碓一区，使之经营获利，以维持太学的开销[3]。辽朝是契丹贵族建立的政权，契丹军事上是以骑兵为主力，对于妨碍骑兵机动性的水渠、河道十分反感，曾一度禁止当地种植水稻。因此不会主动推广水碓。有学者认为水碓始于东晋时期，至于其在北京地区的使用，笔者认为大约不会晚于唐代。辽代北京地区的水碓应该是自唐代沿袭下来的。

北京地区的丝织手工业在战国时期就很发达，当时的丝织业是和桑蚕业紧密联系在一起的。两汉时期北京地区的丝织业仍很发展。在北京丰台大葆台发现的汉燕王（广阳王）墓中，曾出土了很多精美的丝织品，有绢类、刺绣、漆纱、组带等。绢类的纺织技术很有水平，每平方厘米的密度为88×58根到185×75根不等，平薄如纸，极为细密。刺绣也是采用分针设色的技术，可以鉴别出花纹是分六个颜色。漆纱是在纱的外面涂抹一层极薄的漆膜，用来专门制造古人头上戴的冠，其制造技术自唐代以后就已失传。组带是用来系冠的带子[4]。不过，北京地区汉代丝织技术虽高，比起南方长江流域来，还是略差。笔者在湖北江陵博物馆曾看到战国时期的丝织品，其密度只能在显微镜下才能分出经纬，当时是如何才达到了那样的技术水平，真是不可思议。十六

1 北京文物工作队《北京房山县考古调查简报》，《考古》1963年第3期；北京市文物局考古队《建国以来北京市考古和文物保护工作》，载《文物考古工作三十年》

2 北京文物工作队《北京怀柔城北东周两汉墓葬》，《考古》1962年第5期；北京文物工作队《北京顺义临河村东汉墓发掘简报》，《考古》1977年第6期；北京文物工作队《北京平谷县西柏店和唐庄子汉墓发掘简报》，《考古》，1962年第5期

3《辽史》卷十三《圣宗纪四》

4《北京大葆台汉墓》，北京：文物出版社1989，第56—58页

国、南北朝时期，中国大陆的气候一度转为寒冷，北方的丝织业也受到影响。北京在当时被视为适宜种麻的地区。在唐代北方气候转为温湿，北京地区的丝织业重新获得发展，据《唐六典》记载，唐玄宗开元之世，北京地区每年向唐朝皇室进贡绫；百姓向政府缴纳的赋调是绢和麻布。按唐朝政府的规定，充作赋调的绢、麻布按精粗程度分等级，绢分八等，布分九等。幽州（今北京）绢是第五等，属中等水平[1]。在唐代传奇中有记载唐开元年间张说镇守幽州的故事，说："张说之领幽州也，每岁入关，辄长辕挽辐车，辇河间、蓟州庸调缯布……入关门，输于王府。"[2]这虽然是民间传说，但也有历史事实的影子。与张说生于同时代的张鷟：《细物宜贮官库》疏中也说道："蒲陕之布却入渔阳（按：泛指今北京及以东地区），幽、易（按：泛指今北京及以南的河北诸州县）之缣反归关陇。同北辕之适越，类东走之望秦……细绢称以纳库，粗布贮以充军，非宜运者苦劳，亦兵家贯怨，宜从削黜。"[3]缣就是绫、绢等丝织品，粗布就是用麻纤维织的麻布。张鷟上疏的意思是说，唐政府将幽州等河北之地的丝织品都强征到都城供皇室和百官享用，却把粗劣的麻布运到幽州充作驻守北边的士兵军服，这不但使当地百姓苦不堪言，而且也使担负军事重任的边军怨声载道。直到金代，中都城（今北京）女真贵族家中也还豢养工匠纺织丝织品，这也应该是沿袭唐代以来的传统。

西汉时期，北京地区曾是被封为燕王、广阳王的宗室贵族的都邑。东汉至唐代，北京地区也是各朝军事名将或重臣的驻守之地。身份显赫的宗室贵族和高官在生活享受上有着无厌的追求，这就给工艺品提供了市场，工艺品制造业得以发展。

其实，对美的追求是人类的本性，在新石器时代的墓葬中经常可以发现随葬的骨镯、贝壳穿成的项链等装饰物，那还是人类经济、文化都还处于十分低级阶段时候的事情。不过，在人类社会文明阶段，对艺术品的追求也如同对财富的追求一样，往往成为社会中富有者的权利。在北京地区发掘的汉墓中可以发现，一般平民墓中的随葬品很少，品质也很低劣；但大的砖室墓中，随葬品却十分丰富，数量和品质都很惊人，其中往往有十分珍贵的艺术品。例如，在北京丰台区大葆台发现的规模壮观的汉代燕王墓中，就出土了很多铜器和玉器。铜器中有两件是漆器的饰纽，一为盘卧的猛虎，作侧首屈肢状，十分生动；另一件为偏平鸟形和雀形，或雀冠卷翘，或鸟尾卷翘。以这样精致的铜艺术品作饰纽的漆器，推测应当也是十分精美的艺术品，可惜没有保存下来。出土的77件玉器为佩、璧、环、璜、玉匣残片及各种饰物，质料以白玉居多，也有墨玉。玉器的加工大致有锯截、琢磨、穿孔、雕刻几道工序，关键的琢磨技术已经掌握的十分熟练。玉器的文饰大致分镂空、半浮雕、阴刻、彩绘等手法；饰文图案也比较复杂多变，有龙凤纹、双象纹、螭虎纹、鱼纹、回纹、云纹等，其中不乏上乘之作。例如，有一件古人随身携带的圆形白玉佩，上部雕为缨花，下部是一透雕盘曲螭虎，虎形和周边的弦纹都是采用凹进的阴线条刻出，且均为两面对刻，加工技术高超，艺术形象生动简朴，线条圆润简洁。还有一件墨玉的透雕人像，上下各有两个小孔，估计也是一件配件。玉件扁平长方形，上端圆角，造型为镂空线刻舞俑人像，长裙甩袖，作婀娜舞姿状，形象生动，是汉代玉器中不可多得的精品。两件玉璧，一为墨玉制作，璧面谷穗纹；一为白玉制作，璧面动物花纹，厚度为0.1—0.3厘米，制作水平极高。这些手工艺品反映出汉代极高的审美观和熟练的加工技术[4]。

西晋时期北京地区的工艺品制造业仍很发展。1965年7月，北京市文物工作队在八宝山西半里许发掘出土的西晋永嘉元年（公元307年）幽州刺史王浚妻华芳墓中有铜钱200余枚，大部分是东汉五铢钱，还有剪轮五铢钱和少量的綖环线，都为当时流通的货币。其葬具为漆棺，随葬物中尚有漆盘。漆为我国原有，

1 《唐六典》卷三《尚书户部》；卷二十《太府寺》

2 《太平广记》卷四百八十五《东城老父传》

3 《全唐文》卷一百七十二，张鹭《细物宜贮官库》

4 《北京大葆台汉墓》，北京：文物出版社1989，第68—70页

产自南方，但漆器的加工技术很早就被北京地区的工匠掌握。随葬物还有铜弩机、铜熏炉、银铃等物，幽州产铜、银，这些工艺品很可能也是本地的工匠制造[1]。如果说，汉代的工艺品以玉器的加工技术和艺术价值最高，那么晋代的工艺品中金、银器已经占据了重要地位。黄金和白银是贵金属，本来就是贵族、官僚喜好之物。重要的是其延展性强，比坚硬质脆的玉料更便于加工成各种精美的工艺品。其实，早在商周时期黄金就已经成为制造工艺品的原料，北京平谷刘家河发现的相当于商周时期的夏家店上层文化的墓葬中就曾出土过金臂钏。不过，除了商周时期以青铜制造祭器、礼器之外，金、银工艺品的制造还是兴盛于汉以后的时代。

建筑业早在人类脱离了穴居生活方式以后就存在了，只不过其作为单独的手工业部门还应是封建社会时期的事情。北京地区在广安门外和虎坊桥韩家潭都曾出土过战国时期燕国宫殿的构件如半瓦当、板瓦等物，形制与河北易县燕下都出土的同类器相同[2]。这说明在战国时期北京地区的工匠已经熟练掌握了包括烧造建筑材料、设计图形、实际施工等工序在内的全部建筑大型宫殿的技术。西汉时期，今北京蓟城，是燕王（广阳王）的都邑，据《汉书·燕刺王刘旦传》记载，蓟城内有燕王宫，宫有门楼、宫墙，内有万载宫、正殿明光殿、花园、参天树木和池沼流泉[3]。汉以后，北京成为历朝历代幽州牧、刺史治所即衙署所在地，城内也仍还有宏大的建筑，其中包括壮丽的楼阁、多重的高屋。在动乱的时代，这些高大的建筑群稍加整修就是割据政权的宫城，可见这些建筑平时的规模不小。隋炀帝大业年间更在北京附近修建了行宫——临朔宫，作为炀帝发动征辽之役的行宫，据说其中可容十万人，不啻是一座小城。

（三）辽金时期北京手工业

辽金时期北京地区手工业比较突出的是冶铸业、陶瓷业、酿酒业、制盐业和丝织业。

北京地区在辽称南京，在金称中都，人口辐辏，出土的墓葬也多。北京地区辽金时代墓葬的随葬物中铁器很多，这和前代以陶器为主的情况有很大不同。如前所说，辽金时期北京地区铁冶铸业的生产水平和技术是因为有唐代的基础。北京城内外如先农坛、天坛、清河镇、西郊百万庄、北郊东小营等地的辽金墓葬中都出土了很多铁器。特别突出的是，北京地区金代平民墓葬中，差不多每墓中都有四件铁铧头随葬，显示出当时铁农具的普遍。1958 年在北京顺义、通州、怀柔等地的辽金遗址和墓葬中发现大批铁农具，1961 年在房山焦庄村发现的一处辽金时期的窖藏中出土铁农具 64 件。总而言之，北京地区出土的辽金时代铁器，其数量之多，品种之繁，质量之高都是前代所不能比拟的。值得注意的是，这些铁器都是民间手工业作坊的产品，并不是如汉代那样主要由官手工作坊生产，这是一个很大的变化，说明铁冶铸技术已经普遍被民间工匠掌握，并且其生产不再由官府垄断，可以相对自由生产，这为铁冶铸业的发展提供了前提条件。元代的铁器，在北京地区也有发现，但明显减少。这是因为元朝蒙古贵族害怕汉族百姓造反，严禁民间存有多余铁器，连菜刀都要没收，所以严重妨碍了铁手工业的发展。前述，北京房山出土的金代铁器窖藏，笔者认为很可能是金末元初的北京（时称大都）农民为了保存自己的生产工具而采取的一种措施。此外，在北京门头沟、延庆也发现辽金时期铁器和金代冶铁作坊[4]。

中国古代陶瓷业发达之地是在唐和北宋、南宋时期的今河北临城（邢窑）、河北曲阳（定窑）、河北磁县（磁州窑），以及宋代以汝、官、哥、钧、定为代表的几大名窑的产品。北京在两宋时期属于辽金，本不是瓷器著名产地。但是由于辽金时期南北政权之间的的通使、通商往来，宋代的不少名瓷器流入了北京地区，因此北京地区也利用本身的条件烧造瓷器。

1 北京市文物工作队《北京西郊西晋王浚妻华芳墓清理简报》，载《文物》1965 年第 12 期

2 赵正之等《北京广安门外发现战国和战国以前的遗迹》，《文物》1957 年第 7 期；北京市文物管理处《北京又发现燕饕餮纹半瓦当》，《考古》1980 年第 2 期

3 《汉书》卷六十三《燕剌王刘旦传》

4 北京市文物工作队《北京出土的辽金时代铁器》，《考古》1963 年第 3 期；北京文物研究所编《北京文物考古四十年》，北京燕山出版社 1990，第 157 页

北京地区发现的古窑址都始于辽代，如门头沟区军庄镇永定河西岸的龙泉务窑址、房山区河北乡磁家务窑址、密云县小水峪窑址、平谷区刘家河寅洞村窑址。这些窑址的年代最早是辽金，有些沿用到元，甚至明初。这些窑址都位于傍水和便于采土的地方，生产的瓷器主要是仿造当时北方有广泛影响的定窑、邢窑出产的白釉瓷器。其中龙泉务遗址有多处窑址，生产的白瓷器不但品种、数量多，而且质量最好，胎质细腻，釉面色白而润，瓷化程度高，尤其是其中还有需要高技术水平才能够制造出来的呈半透明状态的薄胎瓷器，是当时瓷器中的珍品。过去，在北京地区辽墓中曾经出土过这类瓷器，由于那时还不了解龙泉务辽代瓷窑的情况，往往误将其作为定窑瓷器。由此也可见龙泉务瓷窑产品质量之高。

辽金在北京定都，其宫殿、佛寺少不了琉璃饰物，如兽吻、脊兽、琉璃瓦等建筑构件，所以这些瓷窑也往往还生产琉璃器[1]。

我国古代的酒原来都是用粟或糯米发酵的方法制造，虽然味美，但比较浑浊，酒精含量低。过去，一般都认为采用蒸馏方法制造的白酒是自元代开始的。但是，近年来在河北北部地区发现了金代的蒸馏器具，可以证明从金代时我国就已经掌握了酒的蒸馏制法。金代，盐、铁、酒、醋都属官卖，不许私人生产和出售。为此，金朝政府在金中都（今北京）专门设有中都麴使司，“掌监知人户酿造麴蘖，办课以佐国用”[2]。政府指定产销酒的手工业者叫做酒户，酒户酿酒发卖必须向政府缴纳酒税。由于酿酒出售利大，中都金室贵族往往违法私自酿酒发卖，以致官酒滞销。金世宗之世，在私酒的排挤下，中都酒户由于销售困难，无法按时缴纳酒税，为了避免官府课罚，纷纷逃亡。地方官不敢干涉贵族的违法牟利行为，又不能不按定额完成酒税的征收，于是转嫁危机，将全部酒税强行摊派给剩下的酒户。例如，金世宗大定九年（1169年）中都大兴的县官由于广阳镇务（今北京大兴境内）的酒户逃亡过多，酒税亏损数额过巨，恐怕因此获罪，就将官酿的酒强摊派给管辖下的居民，令其依数缴税，这不啻是一种掠夺。金朝政府在屡禁私酒无效而酒税又急剧减少的情况下，为了保证国家财政收入，大定二十七年(1187年)遂决定放弃国家垄断，听任民间酿酒，改收麴课，并将此办法由中都推广到金朝境内各地。金代，中都一地的酒税每年达36万余贯到40万余贯，超出了中都商税收入。可见，酒酿造手工业是金中都的重要手工业部门之一。金朝禁止皇室贵族酿酒发卖，认为有失皇家的体面，但对官僚却不禁止。金章宗之世的权臣胥持国就私自经营酿酒，卖给中都城内的著名酒家平乐楼。位于参知政事高官的马琪竟然私自贩卖官作坊生产的酒，为自己牟利，史称其“性吝好利”，被章宗斥为好利之徒[3]。

盐自秦汉以来直至现代，始终是官卖的产品。金代，中都地区的盐产地在今河北宝坻，当时其管辖地包括今河北宁河、芦台和天津塘沽等沿海地区。金世宗大定之世，刘晞颜《新建宝坻县记略》记述说：宝坻地区历来产盐，五代时赵德钧镇守幽州地区时在这里开盐场，置榷盐院。辽置建新仓镇，入金，历200余年，每岁利源不绝，以补国用。金海陵王在北京建都以来，改榷盐院为盐使司，以加重事权。金世宗大定十一年（1171年）于冬至郊天之后来到宝坻，令将新仓镇改为县。次年（1172年），有司割香河县东部1.5万户与原新仓镇人户合立一县。金世宗以该地产盐，乃国之宝，于是取如坻如京之意，命名宝坻。金朝政府在宝坻设盐使司掌管征收盐税事务。盐的获利比酒还要丰厚，当时一斤宝坻盐的生产成本只有10文，但官价却是30—40文。《金史·食货志》称：“榷货之目有十……而盐为称首。”[4]金章宗之世，参知政事贾铉说，“国家经费惟赖盐棵”，可见制盐业在金朝政治、经济生活中的重要地位。

北京地区的丝织业自唐代以后一直保持比较先进的水平。《契丹国志》引宋使许亢宗《乙巳奉使行程录》的记载说，北京

1 北京市文物工作队《北京出土的辽金时代铁器》，《考古》1963年第3期；北京文物研究所编《北京文物考古四十年》，北京燕山出版社1990，第154—156页

2 《金史》卷五十七《百官志三》

3 《金史》卷一百二十九《胥持国传》；卷九十五《马琪传》

4 《金史》卷四十七《食货志二》；卷五十七《百官志三》；刘晞颜《新建宝坻县记略》，引自：《日下旧闻考》卷一百十三《京畿》

地区在当时是“锦绣组绮，精绝天下”，可见加工技术之高。金代，女真贵族也在家中豢养丝织工匠，并令其将纺织出来的产品送到市场上去出售[1]。

（四）元代北京手工业

元代，今北京称大都，手工业更加发展，尤其是元帝国和西亚及欧洲地区广泛联系，与境外贸易空前繁荣，更加促进了北京地区（时称大都）手工业的发展。大都城内为贵族服务的各种金银珠宝加工业非常兴隆，而且加工的手工艺品经常融入外来文化，具有独特的艺术特色。来自全国各地及世界其他地区的能工巧匠在这里各展才华，创造出前所未有的艺术珍品。例如，今陈列在北海团城的元代渎山大玉海，当时是摆设在元宫苑万岁山（今北海公园琼岛）山顶上广寒殿中，由一大整块黑玉雕造而成的大酒瓮，其质黑白相间，随玉石纹理刻为鱼兽出没于波涛之状，可贮酒30余石，无论是从材质上还是加工技术上都是世所罕见的珍贵艺术品。关于这件珍品，元英宗至治二年（1322年）来到中国的意大利传教士鄂多立克曾有更详细的介绍，他把万岁山称做绿岛，说山顶的广寒殿是世界上最美的宫殿，在该宫殿的中央有一大瓮，两步多高，纯用一种叫做密尔答哈的宝石制成，听说其价值超过四座大城。瓮的四周悉绕以金，每角一龙，作凶猛搏击状。此瓮上有下垂的以大珠缀成的网缍。元大都宫殿中还陈列着金制的孔雀，其翼很薄，中有机关，众人拍掌时，孔雀就会应声振翅而舞[2]。用玉石雕刻成如此巨大精美的大酒瓮，这是在以前任何一个朝代都没有见到过的；设置活动机关的金孔雀也是前代没有见过的工艺品，这些工艺品的出现应该说都是中外文化交流的结果。

如果说到元代工艺品的制造，恐怕以上介绍只不过是九牛之一毛。因为元帝国疆域广阔，而且随着与世界各国的贸易往来，西亚、中亚、南亚等地区的手工业者也纷纷进入大都地区，带来了新的手工业加工技术，产品之精绝超过了以往任何时期。不过，在元代，却有一种与北京地区人民生活息息相关的手工业有了重大发展，这就是煤炭的采掘和使用。关于煤炭，早在纪元前的西汉时期就有记载。宋代，人们就已经认识了石油的某些特性。山西地区的煤炭首先被发现，但限于运输的困难，始终没有能开采和利用。元代，北京地区的居民在生活上虽然仍然主要依靠柴草，当时大都九门，每城门外都有专门卖柴草的市场。但是，在考古勘察中也发现一些居住遗址中有烧煤的煤炉，形制和现代北京家庭烧煤球的炉子没有多大区别，可见当时北京地区居民已经使用煤炭。元世祖至元年间生活在大都（今北京）的意大利商人马可波罗曾记述说：中国北方有一种黑石，采自山中，燃烧与木柴无异，且比木柴要好。北京西山今门头沟地区的煤窑虽然是在明代才大规模开采的，但根据以上考古发现可以确定北京地区使用煤炭是始于元代[3]。元末时人熊自得《析津志》中明确说道：元大都（今北京）城内有专门经纪煤炭的商人，“每年至九月间买牛装车，往西山窑头载取煤炭，往来于此……冬月，则冰坚水涸，车牛直抵窑前；及春则冰解，浑河（今永定河）水泛则难行矣。往年官设抽税，日发煤数百，往来如织”。同时他又说：北山（大约指今昌平、延庆一带）虽然也产煤，但质量没有门头沟煤好，城市居民大多不愿使用，所以价格低廉。还说：二三月以后，由于今永定河水涨，且山路难行，所以煤的产量很少，商人改以牛车载草出售。也就是说，元代今北京城市居民只有在部分月份可以烧煤，其他月份还要以柴草作为燃料[4]。

元大都考古中，经常可以在规模比较大的居住遗址中发现各种瓷器如景德镇的影青瓷、青白花瓷器，浙江龙泉县为中心的龙泉窑青瓷器，霍州窑的白瓷器和产于今河南地区的钧窑青瓷器，产于河北的白底黑花的磁窑瓷器数量最多。不过，应该看到，这些瓷器都是产于北京以外的各个地区。根据北京地区考古发现判断，元代北京地区的瓷手工业并不发展，发现的几处古瓷窑遗址中，只有房山区河北乡磁家务窑址和密云县小水峪附近的一处窑

1 《金史》卷一百二十八《刘焕传》

2 《辍耕录》卷一《万岁山》；《鄂多立克东游录》（何高济译），北京：中华书局 1981

3 元大都考古队《元大都的勘查和发掘》，《考古》1972 年第 1 期；《马可波罗行记》（冯承钧译），石家庄：河北人民出版社 1999，第 381 页

4 《析津志辑佚》“风俗”

址可以判断一直延续到元代，生产的瓷器以碗、罐、坛、缸等家用粗陶器为主，釉色单一[1]。在中国瓷器发展史上，元代由于北方大部分时间处于政治混乱之中，所以自南宋以来就显露头角的南方景德镇、龙泉等窑系的瓷生产业很快发展起来。尤其南宋为了防止金、银外流，下令只许以丝织品和瓷器和海外进行交易，进一步刺激了瓷器的生产。这些南方窑系生产的青花瓷器，不但在国内受到欢迎，而且也深受中亚、西亚等地区各民族的欢迎，所以自宋到元，长盛不衰。特别是元代海外贸易空前繁荣，除丝织品外，青花瓷器是出口商品的大宗，今伊朗、土耳其等国仍存有大量元代青花瓷器，均是稀见珍品[2]。

如前所述，辽金时期北京地区的瓷窑也生产琉璃饰物，如兽吻、脊兽、琉璃瓦等建筑构件。这种情况直到元代也是如此。元初建筑大都城，为了避免长途运输造成琉璃瓦等物的损坏，采取就近烧造的办法。《琉璃厂小志》中张涵锐所述：根据出土的墓志可以证明今北京南城宣武区琉璃厂在唐辽时期叫做海王邨，琉璃厂的名字大约始于明初。但是从公元13世纪元世祖忽必烈在建筑大都城（今北京）时就开始在这里烧造琉璃瓦器。当时元朝政府设窑四座，这里就是其中之一，还设分厂于门头沟三家店，三家店北的永定河西岸就是辽金以来烧造瓷器和琉璃器的龙泉务，这里有丰富的适合烧造瓷器和琉璃器的细瓷土和原料。元朝政府派工人从三家店和西山其他地方采挖细土原料，通过水路运到海王村琉璃厂，烧造建造宫殿所需的兽吻、垂脊、琉璃砖瓦、门花、滴水、压带条、平口条等各种构件。烧造琉璃瓦的原料是西山开采的一种白色软石，碾成细粉，合水成浆，反复糅合，然后制成器形烧造而成。1953年曾在琉璃厂地下发掘出元代磨制石浆的大石磨数盘和部分烧造好的琉璃砖瓦。从元大都宫殿气势之宏丽，所需琉璃砖瓦数量之浩大，可以想象得出元朝初年今北京琉璃制造业的庞大规模。

元代北京地区的丝织业也有很大发展，这主要是和当时赋税政策有关。元朝政府对汉族民户征收的赋税有“科差”一项，内容有丝有银，数量按户等高低有所不同。不过，在征收的丝和银中，丝料占主要部分。据《元史·食货志一》记载：元世祖忽必烈中统四年（1263 年）征丝 71.2 万余斤，钞 5.6 万余锭。至元二年（1265 年）征丝 98.6 万余斤，钞 5.6 万余锭，布 8.5 万余匹。至元三年（1266 年）征丝 105.3 万余斤，钞 5.9 万余锭。至元四年（1267 年）征丝 109.6 万余斤，钞 7.8 万余锭[3]。这些丝料每年限定在七月以前缴纳完毕，然后运到大都（今北京）加工成丝线和丝织品，为此元朝政府专门征用大批匠户，世代相袭，在官作坊中劳作。《马可波罗行记》中记述说：元大都“百物输入之众，有如川流之不息。仅丝一项，每日入城者计有千车。用此丝制作不少金锦绸绢，及其他数种物品”。冯承钧注云：每车所载不过 500 公斤，则每日入城之丝平均有 50 万公斤，每年共有 18 万吨。在这里应当稍加说明，马可波罗的记述只是凭个人的感觉而不是官府的确切统计，译者冯承钧也仅是根据常识推断，实际上丝料体轻，即使压紧也很难达到一车 500 公斤。不过，当时每天都有大量丝料进城肯定是事实，而且这些丝料中除了每年七月征收的科差以外，大多数是商人运到这里进行贸易的商品。因此，在当时的城市中除了加工丝的官作坊外，还有大量的私人作坊也在经营丝织手工业，所以当地的丝织品的数量和价钱比棉、麻还要多和便宜[4]。

（五）明代北京手工业

明朝是中国手工业发展比较突出的时期，这主要和明初海外贸易发展有关。明成祖永乐年间郑和奉命率领庞大的船队数次出使西洋，行踪到达今南亚、西亚、东非各国，带去了大量的丝织品和瓷器，深受当地欢迎，也更加刺激了了明朝工业的发展。另外，明代中国封建社会商业经济比以前任何时期都更为繁荣，国

1 北京文物研究所编《北京文物考古四十年》，北京燕山出版社 1990，第 180 页

2 冯先铭《元代青花瓷器》、《龙泉窑与龙泉窑系》，载《名家谈鉴定》，北京：紫禁城出版社 1995

3 《元史》卷九十三《食货志一》

4 《马可波罗行记》（冯承钧译），石家庄：河北人民出版社 1999，第 359 页

内贸易市场扩张，对手工业产品的需求也大为增加，这是明代手工业发展的另一大动力。明代北京、南京都设有内外织染局，内织染局产品供应皇室，外织染局产品供应百官之用。但是就织染业的整体发展水平来说，当然还是南方丝织染业占绝对优势。当时皇家除北京内织染局产品外，还不时派人到江南采买绸缎。明朝出口到海外的丝织品也主要是江南的产品。

明代北京手工业中，发展比较重要和突出的是冶铸、采煤和工艺品制造业。

如前所述，中国金属冶铸业发展得很早，在距今3000多年以前的商代已经掌握了熟练的青铜冶铸技术，至迟在战国时期已经熟练掌握了生铁的冶铸技术，并且把这些技术应用到礼器、祭器、兵器、生产工具的制造方面，极大地促进了中国社会政治、经济的发展。数千年来，冶铸业的发展不但显示在生产数量的增加上，而且也反映在生产技术更加成熟和复杂。首先是铸造的器物更加复杂、体积更加庞大，这当然就增加了铸造的难度。北京通州现存一座元代铸造的铁狮，高约1.4米，蹲于一台上，首左侧视，足踏一小狮，呈嬉戏状，造型生动，铸造精良，无论是艺术上还是铸造技术上都是少有的精品。明代，北京铁冶铸业更加发展。现存于北京大钟寺（原觉生寺）的明成祖永乐年间铸造的大钟，举世闻名，高6.75米外径3.3米，重46.5吨，号称钟王。这口大钟不但以体积空前巨大闻名，而且还有很高的艺术价值，钟体内外遍铸着佛教经典如华严经的经文，字体俊秀、清晰，总计22万余字，前所未见[1]。

明代北京居民已经主要以烧煤为主，产煤的地区主要是在今北京门头沟山区如斋堂等地。当时的煤窑都是由民间开办，雇佣民工用手工方法采煤，然后用善走山路的小驴驮到大道上去，换用骆驼运到北京城内，这种开采和运输方法一直延续到民国时期。如果说元代今北京地区居民生活上还是以烧柴为主，明代北京居民生活上已经是以烧煤为主。例如，明神宗万历年间，北京各种商铺共有132行，万历十年（1582年）奉旨将其中本小利微的32行豁免税银，这其中就包括烧煤行。当然，所谓烧煤行并不是指西山煤窑的窑主，而是指在北京城内专门靠加工煤炭的手艺人，也就是直到20世纪50年代在北京街头还经常可见的“摇煤球的”工人。明代，其与豆腐行、柴草行、土工行（即泥瓦匠）同等。当时使用的燃料是分社会等级的，宫内和官衙门用木炭。明万历年间宛平县知县沈榜《宛署杂记》中记宛平县分担的政府经费：“礼部，铸王府并诸司印信，每次用木炭二百五十斤。”至于宫禁、中央各部衙门、祭祀，等等，也都是用木炭[2]。由于煤炭贵于柴草，所以贫民百姓还是多用柴草做燃料，故而当时北京城内也还有柴草行。但是由于煤的火力旺盛，便于举炊和取暖，所以虽然多烟，还是被广大中层市民所欢迎并成为生活中不可缺少的东西。明代，北京地区的产煤区主要是房山马鞍山和周口店，以及门头沟斋堂等地。昌平山区虽然也出产煤，但因接近皇家陵寝今十三陵，明朝政府恐怕在这里采煤会破坏所谓“龙脉”，所以严行禁止。明北京西山煤窑分皇家的官窑和民间的民窑，官窑由太监管理，征收税金，民窑循例免税。明神宗万历二十七年（1599年）明确规定：“皇庄地土、果树、煤窑俱归上林苑监管征收。”[3]万历三十一年（1603年）皇室派往马鞍山官煤窑的采煤太监王朝私自仗势将征税的范围扩大到西山门头沟一带的所有民窑，并带京营官兵镇压窑户的反抗，激起民变，朝廷一时为之哗然，纷纷弹劾，万历皇帝被迫撤回王朝，换派太监陈永寿，并命仍按原来上林监苑事例只征官窑税款。但是陈永寿却不改恶习，仍变相强迫民窑纳税，被朝中大臣称作是“以暴易暴”，换汤不换药。万历三十三年（1605年）万历皇帝再次强调对民窑停免矿调税[4]，可见太监的非法行径在皇室的默许下始终没有得到有效的制止。实际上，明万历时期，北京地区的煤窑中属于皇家的

1 齐心主编《图说北京史》，北京燕山出版社1999年

2 《宛署杂记》卷十三《铺行》；卷十五《经费下》。

3 《明神宗实录》卷三百八十 万历三十年（1602年）正月丙寅。参见赵其昌《明实录北京史料》（四）。

4 《明神宗实录》卷四百一十六 万历三十三年（1605年）十二月丁未。参见赵其昌《明实录北京史料》（四）。

官窑只有一二处，其余数十处都是民窑[1]。明末，煤炭更成为北京居民日常生活中须臾不可缺少的生活资料。举例来说，明末崇祯二年（后金皇太极天聪三年，公元1629年）的己巳之役，皇太极亲自率大军破长城关隘，直抵北京城下，其出发前副将、汉人高鸿中献策中就指出，如果明朝政府不答应后金的条件，“只可东断通州粮，西断山中煤，京城（缺十一字）无食，内变者有之……相机巧取”[2]。可见，煤炭对于北京市民来说已经是和粮食同等重要的物质生活资料。

景泰蓝是明代北京盛行的一种新工艺品，如果仅根据其名称来推测，似乎其出现在明代宗景泰年间，其实不然。据文物鉴定专家朱季黄（家溍）先生考证认为，景泰蓝工艺品原产于波斯（今伊朗、阿富汗），在元朝征服中亚的战争中传入中国。元朝蒙古贵族在征服战争中虽然经常滥杀无辜，但是却规定不杀工匠，而是将其掠回国内役使。其在征服金、西夏、南宋时就是如此，在对中亚地区进行的战争中也是如此。因此当时在大都的官府匠户中除了汉人之外，也还有不少中亚、南亚的工匠，乃至今天我们看到的元代工艺品和建筑，经常可以感觉到某些异国情调。景泰蓝的正确名称应是“铜掐丝珐琅器”，以铜为胎，填以釉料，嵌以金丝或镀金铜丝，烧制而成。它比瓷器色彩更加多样、斑斓。在元代，这种工艺品最初被冠以“大食”。大食一名最初见于隋唐。据记载大食国本在波斯之西，即今阿拉伯地区，后征服波斯，因此中国即以大食称之。元人吴渊颖的诗集中有《大食瓶》诗一首，其所描述的器物完全与景泰蓝相同，说明景泰蓝最初是从今中亚地区传入的。明初人曹明仲《格古要论》中说到，以铜做身，用药烧成五色花者与佛郎（即珐琅）嵌者相似的景泰蓝器有香炉、花瓶、盒儿等物，因是外来之物，所以又称为“鬼国窑”。还说，这类东西当时的地位比瓷器低得多，不被士大夫重视，只是在妇女的闺房中使用。又说，当时在北京的云南人多用其作酒盏。这大概有点因云南偏僻，鄙视云南人趣味低俗的意思。然而，到了明中期，景泰蓝因为制造技术更加高超，器形多样，大多仿古青铜器，色彩也更加鲜艳多变，受到国内外的广泛欢迎，所以很快兴盛起来。当然，这也和明中期以后社会的艺术趣味更加市民化了有关。明清时期的宫廷手工作坊中都有专门生产景泰蓝的。北京城内也有许多生产景泰蓝的民间作坊，出现了许多生产景泰蓝的工匠高手[3]。

雕漆是漆工艺品中的一个品种，分别以金、银、铜、锡做胎，外面涂以一层层调好色的漆，待其达到一定的厚度，用刻刀在上面雕刻出花纹。漆的质量、调色技术及漆层薄厚，图案设计的巧拙，刻工技艺的精粗，都关系到一件雕漆工艺品的价值。据文献记载，唐代已有雕漆制品，宋代这种工艺品的制作已经达到很高的水平，朱漆厚至数十层，刀法之工，镂刻之巧，俨如图画，夺目可观，到明代时已是传世甚少，十分罕见了。元代时由于海外贸易的刺激，雕漆手工业更加发展，明代雕漆手工业就是在元代的基础上发展起来的。明代，工匠实行轮班制度，全国的工匠轮流被征调到北京为皇室服役，又称军匠，明代北京的官府手工业也由此达到高度发达的水平。同时，数以万计工匠的生活消费也成为明政府的沉重负担。

明代北京手工艺品中，以漆器制造最为著名，超过了前代的水平，这和北京的官僚以南方籍贯人士居多有关，雕漆工艺在北京得到发展的机会。明代，雕漆工艺分浙江嘉兴和云南大理两个系统。明前期永乐、宣德时期为皇室制造用具的营缮所副使张德刚、包亮就是浙江一系的代表人物，所以当时北京内府制造的雕漆工艺品以浙江细腻风格见长。至于云南大理地区的雕漆工匠，据明人沈德符《万历野获编》记述，其在元代就已经被征召到大都（今北京）皇宫内为皇家生产雕漆工艺品，“滇工布满内府”，其后渐消失。明代在北京御用监供用库服役的人中，有不少是当时云南工匠的后裔，但技艺已经不传。明世宗嘉靖皇帝时

1 《明神宗实录》卷三百八十一　万历三十年二月癸巳。参见赵其昌《明实录北京史料》(四)

2 《明清史料》丙编

3 朱家溍《铜掐丝珐琅和铜胎画珐琅》，载《名家谈鉴定》，北京：紫禁城出版社 1995。

又命令云南地方政府选派雕漆工匠到北京应役，所以明代北京雕漆工艺品自嘉靖时代以后风格一变，主要是浙江产品在雕刻上注重磨工，不露刀痕；云南产品则露锋棱，雕刻处并不加以细磨[1]。

另外，明代的花梨紫檀家具无论从材料的选用上还是造型上都有极大的发展，超越了前代。王世襄先生将明代家具的特点归纳为：简练、厚拙、圆浑、秾华、文绮、妍秀、劲挺、柔婉、空灵、玲珑、典雅、清新。这些珍贵的工艺品的原料和造价昂贵，大多是专门供皇室贵族享用的，后世流散到了民间。清代家具的风格大多沿袭明式，虽多有不足，不过其中也不乏精品[2]。

（六）清代北京手工业

清代北京地区手工业在康熙、乾隆盛世达到鼎盛时期，最为突出的是宫廷手工艺品制造业在规模上和技术上都达到空前未有的水平。以琉璃和玻璃为材料制造的料器、以新疆和田玉为原料并由宫廷雕刻高手雕刻的各种大大小小的玉器、丝织品的刺绣业、珐琅彩瓷业、康熙至乾隆时期养心殿造办处生产的漆器，都是举世珍品[3]。而且，其中如料器、玉器、景泰蓝和珐琅器的制造在民间也很盛行。

清代北京官府手工业，隶属工部的首先有负责京内各衙门土木杂作的营缮司、负责制造火药武器等各局的虞衡司、负责刻字印刷画匠渡船桥夫等各项的都水司、负责管理以上各工部作坊和手工工场守卫职责的库丁的屯田司等衙门的工役和厂局。此外，工部还有主要为皇家服务的制造库经营的作坊和手工工场，分银作、镀作、皮作、锈作、甲作等五作。工部之外，就是隶属内务府的专门为宫廷服务的各内监局。内务府属下的作坊、工场除织染局由内务府大臣直接管理外，其他各作坊则分由内务府造办处和广储司六库两个系统管理[4]。

工部各司的手工业作坊中，虞衡司下有火药局、安民厂、濯灵厂、盔甲厂、硝黄库专门制造和贮存火药及其原料，还有制造生、熟铁炮及铜炮的炮局、军需库等；都水司下有刻石、作画、染纸、裁缝等各工匠。制造库经营的银作有大器匠、钑花匠、攒焊匠、镀金匠、打铜匠、打金匠、铜锁匠等11种工匠，“鞢（按：音“jia”）作”是生产马的鞍辔及饰物的作坊，有剔凿匠、鞢钑匠、钻银匠等七种工匠，皮作也和马具有关，有缝皮匠、熟皮匠、砍鞍匠、油漆匠等十二种工匠，锈作有锈匠、裁缝匠、毛袄匠、画匠等四种工匠，甲作是生产盔甲的作坊，有盔匠、甲叶匠、腰刀匠等七种工匠。此外，还有帘子、门神二库，负责宫内门神、门对联、雨搭等工役，各库下面都有所需的各种工匠数十种，由太监执掌其事。乾隆年间，门神库太监曾因挂错了对联而受到了处罚[1]。

清世祖顺治初年设内务府造办处，因处址就在皇帝居住的养心殿，所以又叫做养心殿造办处。起初并没有固定房屋，只是每制造一件器物时临时召集有关工匠在养心殿四围的空房中工作，制造完毕后就将工匠分别遣散，民匠归家，官匠按本身属籍仍归工部或内务府。皇帝则于闲暇时或去巡视指导。康熙三十年(1691年）由于工匠达数百人之多，不仅房屋不够使用，而且也日益噪杂，因此除将造办处裱书画和制弓箭两类匠人仍留原处外，其余全部移到东面的武英殿北冰窖后身，及至雍正元年(1723年）乃将残留在养心殿的弓箭、裱书画、珐琅等各匠也全部迁出，从此养心殿内再没有工匠。清内务府造办处在乾隆二十三年（1758年）以前最为兴盛，数量达42作，分工由镀金、珐琅、象牙、制砚、炮枪到木作、漆作、刻字、皮作不等，终乾隆之世缩减为15作。至清末光绪朝，最终为14作。造办处工匠分南、北两匠，共有61种工匠，故俗称“造办处六十一行”。内务府广储司六库下辖银作、熟皮作、铜作、染作、衣作、锈作等行。无论是造办处还是广储司，每当工匠不够使用时，都可以从工部作坊调用或临时雇佣民间工匠[6]。

1 朱家溍《元明雕漆概说》，载《名家谈鉴定》，北京：紫禁城出版社1995；《万历野获编》卷二十六《云南雕漆》

2 王世襄《明式家具的‘品’》，载《名家谈鉴定》，北京：紫禁城出版社1995

3 齐心主编《图说北京史》，北京燕山出版社 1999；朱家溍《清代造办处漆器制作考》，载《名家谈鉴定》，北京：紫禁城出版社 1995

4《清史稿》卷一百十四《职官志一·工部》；卷一百十八《职官志五·内务府》

5《光绪大清会典》卷六十一；《嘉庆大清会典事例》卷七百二十一

6 崇璋：《逊清御用工厂之造办处》，载《中华周报》第2卷第18期；崇璋：《造办处之作房及匠役》，载《中华周报》第2卷第19期不过，我们也注意到工部作坊也有和内务府作坊重复的部门，例如工部虞衡司炮局生产铜、铁大炮，内务府造办处也有炮枪作生产鸟枪（当时就是作战的火器）、大炮。那么两者的关系又是怎么协调的呢？《光绪大清会典》中的规定解释了这个问题："工部虞衡清吏司……掌制器用，凡军装军火皆核焉……在京者，旗营之近京者，则给以部制……非部制者，请旨造而给之。"其下注云："各处炮位年久请换，由部奏请饬令造办处铸造给用，或用库储内酌量拨给，随炮什物，仍由部制办给发。"至于各处换下来的旧炮，则交造办处，可修者修之，不可修者则交铸炉处销毁，熔化的铜铁材料留下备用。军营需用的大炮，造好后由工部会同造办处委派的官员一同带领炮手演放合格后，才能送往军营[1]。由此可见，工部炮局只负责供给在京的和八旗之近京的军队的军器，至于各地驻军需要的大炮等重武器则由工部向皇帝请旨批准后，才由朝廷转饬令内务府造办处铸造，但除炮身之外的如炮车的车轮等器件还需工部造办，即所谓"部制"。可见两者是有明确分工的。

为了满足皇室的需要，清代北京也设有织染局又称内织染局，此外在江宁（今南京）、苏州、杭州各有织造处，这是沿用明代的格局。北京的内织染局起初属工部管辖，康熙三年（1664 年）改由内务府大臣管理。局址起初在北京地安门内嵩祝寺后，乾隆十九年（1754 年）移到万寿山。清后期，由于江宁、苏州、杭州三织造处已经承担起全部皇室及官用的丝织品，所以于道光二十三年（1843 年）将北京织染局取消，只保留江南的三织造处，负责织造皇帝御用、皇室专用（如祭祀、诰敕）、官用（如官服等）的各种丝织品[2]。

清代北京官府手工业的特点是除了供给皇室、在京官府所需之外，还掌控着关乎京畿和全国经济如铸钱（户部宝泉局，工部宝源局）和军事如铸炮的有关事项，显示出比过去更为严格的高度封建中央集权。另外，清代专为皇室服务内务府造办处的工匠比明代内府各监局征调的工匠要少，如明嘉靖四年（1525 年）明织染局有军匠 2164 名，内官监新、旧工匠 9356 名，总共 1.1 万名有奇。其他监局食粮人役难以数计[3]。然而，清代内务府北京织染局在康熙之世最多时也只有工匠825名，雍正十二年（1734年）只有331名，复裁去141名，只剩190名[4]。但是，清代官府手工业的制造工艺水平却大大提高，而且增加了如玻璃等新的作坊。当然，清代除北京织染局之外还有江宁（今南京）、苏州、杭州三织造局承担着内府所需的大部分丝织品，但明代时以上三地也同样设有官织局，征用大批工匠。因此，总的来说，清代北京官府手工业比明代精简而有效率得多。

不过，清代北京手工业中与一般市民生活关系最为密切的，还要数棉纺织业、采煤业、制药业和粮食加工业。

中国的棉花是元代从域外传进来的，从南方推广到北方。北京地区虽然目前尚没有见到元代种棉的确切记载，但元末《析津志》中记载当时北京地区有一种纺织工具叫作“纺纱碾”，样式和后世的棉纺车一样，很可能是当时纺棉纱的工具。当然，这也可能是纺蚕丝的工具。不过，从《永乐大典》中辑录的明《顺天府志》中已经明确记载，当时北京大兴、宛平、怀柔、良乡等县都种植棉花[5]。《永乐大典》编自永乐元年至六年（1403—1408年），取材上自先秦，下至明初。关于北京地区的材料大多取自《洪武图经志书》，其记载的内容距元末不远，因此仅据此也可以肯定元代，至少在元末，北京地区已经种植棉花。不过，棉花是新的事物，当时在定名上或仍书写“绵”，与丝绵混用一字，也有的借用自唐以来已有的木棉的名称，写做“棉”，以便和丝绵区别。后来，人们因棉花是草生，所以就约定俗成，一律写作“棉”。明代北京居民对棉花已经十分熟悉，把加工棉花叫做弹棉花[6]，其称呼及加工方式和现在街头上见到的手艺人一样。不过，北京地区种的棉花直到明万历时期还十分稀少，《宛署杂记》记载万历时北京宛平县每年上纳的赋额中有棉花、芝麻两

1 《光绪大清会典》卷五十九《工部》

2 《光绪大清会典事例》卷一千一百七十二《内务府·官制》；卷一千一百九十五《内务府·园囿》

3 《明世宗实录》卷五十三　嘉靖四年（1525年）七月庚辰

4 《光绪大清会典事例》卷一千一百九十五《内务府·园囿》

5 缪荃孙辑《顺天府志》（永乐大典本），北京大学出版社 1983

6 《双槐岁钞》卷十《刘棉花》

项，但因产量有限，除了完成皇宫内监摊派给宛平县的数额之外，所剩无几，根本不够缴纳国家赋税，所以只好将这两项按市价折受白银，然后到市场上买棉花、芝麻缴纳。当时北京市场上卖的都是南方生产的棉布。明朝皇室每年也都是通过漕船运江南的“松江细布”供朝廷使用。清代北京地区的棉花种植和产量都有所提高，但也只是相对于明代而言，棉布、丝绸等纺织品仍主要依靠南方生产，运到北京贩卖。不过，北京及周边河北各县也有一些简陋的织机在生产粗白布。鸦片战争以后，北京新式工业有所发展，但直到清光绪三十三（1907年）北京也仅能生产粗布，甚至不如羊绒纺织的规模。除了少量的个体生产之外，只是光绪二十八年（1902年）成立并由商部管理的北京工艺官局设羊绒毯科生产羊绒地毯和毛巾，织工科有30余名工人制作各种纺织品。光绪二十六年（1900年）以后成立的北京工艺商局虽然也设立了织布科，但不过五六年的时间就停办了[1]。民国初年，北京的纺织业曾一度有所发展，到民国八年（1919年）已经设立了以德善、首善为首的12余家织布厂，分布在崇文门外、交道口、花市、大蒋家胡同、兴隆街等地，主要是在内、外城的东半部。这些工厂的规模一般都很小，使用的机器也是中国自制的铁轮织布机，工人也仅在百人左右。当时北京市场上比较常见的是河北高阳县出产的家织机布，每年产量达100余丈，十分畅销，可与外国进口的洋布相匹敌。另外，北京三里河有一家工厂，生产出“电光提花布”这种新产品，艳丽不逊于丝织品，新奇花样有百余种，也是十分畅销，受到较富裕消费者的欢迎。在东安市场内有京师织袜厂，随织随卖，规模就更小。值得称道的是位于宣武区烂漫胡同的开源呢绒厂，厂主受过西方工业教育，使用国产羊毛、驼绒制造色调高雅的服装衣料、围巾、床毯，价格比外国货便宜1/3[2]。

清代北京的采煤业比明代有长足的发展，不但规模较大。而且窑坑数量也有很大增加。据《光绪顺天府志》记载，清代北京产煤区仍只是宛平、房山两县，光绪年间宛平有煤窑99座，房山16座。每座煤窑每年交纳税银60

两，由两县征收解交户部入库[3]。明清宛平县历来包括今北京西山门头沟区和今怀来县东部，例如书中列举的宛平县煤窑清水涧、西桃园、门头沟村、西王平、琉璃渠等窑就都在今门头沟境内，官厅、石门等窑就都在今怀来县东部境内。由于门头沟南部山区和房山北部的大安山相接，地下煤脉相连，所以房山也有煤窑，如磁家务、周口店、南窖、水英等窑就都在大安山的东南及马鞍山西部之间。

邓拓先生在20世纪50年代曾在门头沟地区收集到清中期乾隆朝以前的民办煤窑契约137张，其中属于清初顺治年间的有18家，康熙年间的有51家，雍正年间又增加七家，乾隆年间除原有的民窑之外又增加20家。当时开办一座煤窑的启动资金需白银1000两左右，可见当时有大量民间资金进入了煤矿开采业。清代煤窑主开窑主要是采取分股合夥的集资形式，并在契约中严格规定权利和义务。由于开矿的利润丰厚，所以也有旗人军官、官僚、贵族强行占股，侵占煤窑的利润。门头沟区大峪村有索家坟，就是清康熙皇帝的皇后赫舍里氏父母噶布拉夫妇的坟地。噶布拉的祖父是清初辅政大臣索尼的孙子，大峪村原是索尼的家坟所在地，故俗称索家坟。在邓拓先生搜集到的契约中就有清康熙二十九年（1690年）索府占30股的开煤窑的契约。另外，还有所谓"太太府"占股、"户部王老爷"占股、"王府"占股、"镶蓝旗贝子王府"占股的契约。这些旗人官僚、贵族并不真正出资，但却要按股分红利，并且所占股份还是在所有股东中最多的，这其实就是一种掠夺。但是也存在问题的另一方面，就是受到掠夺的矿主们为了以后借助背后旗人贵族的势力谋求好处，也往往默认这种欺凌行为[4]。

制药业是指中医药，这并非是北京特有，但在中国封建社会

1 （日）服部宇之吉《清末北京志资料》，（张宗平等译）北京燕山出版社1994

2 林传甲《大中华京师地理志》民国八年（1919年）出版

3 《光绪顺天府志》卷五十七《经政志四·矿厂》。

4 邓拓《从万历到乾隆——关于中国资本主义萌芽时期的一个论证》，《历史研究》1956年第1期

后期由于北京是天下京师，人口辐辏，制药业自然也就比一般地方要发达。另外，由于金元以来历代封建统治者都要征召天下良医在这里设立为皇室服务的太医院，医术的发展也会带动制药业的发展。金元时期北京（金称中都、元称大都）设有惠民药局，不但为皇室服务，在大疫之年也向城市平民施放药材，所需中药的数量自然不少。明清时期北京设有太医院，职能依然。当然，太医院主要是为皇室贵族服务的，其向社会施药只是奉皇帝旨意而行，而其目的也是出于宣扬皇帝的仁政。例如明神宗万历十五年（1587 年）北京城内暴发大规模瘟疫时，太医院奉旨开办五城药局，自五月十五日（6 月 20 日）开始救治病人，一直到五月三十日（7 月 5 日）结束，计医治病人 11 万余口，散发药物 1.4 万余斤[1]。清末同治元年（1862 年）六月初北京暴发大规模瘟疫，七月庚寅。同治皇帝对内阁大臣说："京城内外时疫传染，贫民不能自备药剂，情形殊堪悯恻，除御药房药丸照旧支领外，著由广储司发给实银二千五百两，分交五城支领，选择良方，修和药剂，于五城内外坊地面，分段设局施放，广为救治……各该城御史仍不时前往认真稽查，不准假手胥吏，偷减药料，以致有名无实。"[2]这些都是清代北京制药业发展的前提条件。清代，北京的药行包括药铺、客商、牙行，药铺是贩卖制熟的药材和按传统处方或自家密传的药方制成的膏散药丸，客商是来自外地贩卖生药材的商人，牙行是介绍客商和药铺贸易的经纪人。河北祁州即今河北安国是著名的北方药材集散地，每年 4 月、11 月开市，包括北京药商在内的各地药材商都聚集在这里交易。

北京的制药业一般存在于中等以上的药铺中，采取前店后厂的方式经营。经营药铺的以北京人居多，明代和清初都是各自经营，只是每逢节日在京城南药皇庙祭祀，以求保佑。清中期嘉庆十五年（1810 年）已经规定凡新开药铺者必须按资本每白银 100 两捐纳一两，供药行同业公用。看来，这时的药行虽然还没有自己的会馆，但已有了行会的组织。清嘉庆二十二年（1817 年）北京的药业同行，包括药铺、客商、牙行在内，在崇文门外兴隆街买地盖建了药行会馆，正式用书面的形式制定了行规。行规主要是规定了各个入会的行业成员必须按时交纳一定的费用，以维持会馆举办祭祀等各种活动的能力。从行规的内容来看，主要是发挥团结同行业成员的作用。行规中规定北京东城、东南城、西城、西南城各铺每月共交香资钱 1.6 万至 5000 余文不等，同仁堂单独每月交 7000 文。可见，在嘉庆年间，同仁堂药铺就已经是京城内中药业的首富了[3]。

如前所述，北京属于农耕地区，生产以农业为主，居民的生活资料也以农作物为主。因此，很早就存在粮食加工业。元明清时期北京朝廷贵族、文武百官所需的粮食全靠南方水运来的粮食，也就是漕粮。这些粮食全是以带壳的原粮的形式运抵京城，分配到百官手里，所以粮食加工业就是不可缺少的行业。辽代有官办的水碓，不但供皇室使用而且经营以营利。元代，蒙古权势户也公然不顾京师漕运的需要，私自决开引水渠经营水碾作坊，加工粮食，谋取利润。明代，皇宫太监仗势将原粮摊派给北京城内各私人磨坊加工，却不给一文加工费用，以致民间怨声载道。明宣宗宣德年间，下令在京城东南今广渠门一带利用通惠河上源之水设立官水磨两处，专门加工皇宫用粮，不许太监骚扰民间。但是，宣德九年（1434 年）北京大水，通惠河决堤，北京城东南两水磨及通惠河诸闸皆为河水所坏[4]。

清代，北京城内的粮食加工业随着人口的增长比明代更有发展。清代北京城内的粮食加工作坊分碓坊和碾坊，名称虽有区别，内容其实一致，都是不但经营原粮加工而且还贩卖粮食。这和清代北京其他行业所谓前店后厂的形式是一样的。清乾隆二年（1737 年）北京内、外城有碓房不下千余所。十六年（1751 年）副都统朱伦瀚在奏议中说，北京每年八旗官兵所领俸甲米 200 余

1 《明神宗实录》卷一百八十五七　万历十五年（1587 年）六月戊寅

2 《清穆宗实录》卷三十三　同治元年（1862 年）七月庚寅

3 李华《明清以来北京工商会馆碑刻选编》，北京：文物出版社 1980；（日）加藤繁《中国经济史考证》第三卷，北京：商务印书馆 1973；仁井田升《北京工商ギルド资料集》（二），东京大学东洋文化研究所 1976

4 《明宣宗实录》卷一百十一　宣德九年（1434 年）六月丙辰

石，其中有3/10到5/10在民间流通[1]。至于商人与漕丁的粮食交易量则更大，嘉庆六年（1801年）经清政府暗察，发现京城粮商囤积粮食最多的竟有数百石到数千石之多[2]。这些合法和非法在北京粮食市场上流通的粮食就是清代北京粮食加工业存在和发展的基础。

1911年辛亥革命以后，清朝灭亡，清朝漕运和八旗俸甲米不复存在，北京的粮食加工业在外省机器加工的廉价洋米、洋面大量涌入的局面下难以维持，迅速趋于衰落。通过清代北京粮食加工业兴衰的历史过程，我们可以清楚地看到北京历史上的粮食加工业和漕运有着密切的关系，可以说是随着漕运、漕粮而兴，复随着漕运、漕粮的消失而亡。

第三节　北京封建社会时期的商业

商业是在私人占有制前提下，由于产品过剩和交换发展而出现的。在奴隶社会中，商业活动主要是奴隶主之间关于奢侈品和奴隶的买卖。封建社会中，手工业生产更加专门化，成为一门专业技术，人们为了取得必要的生产工具和生活资料，交换成为必不可少的社会经济活动，因而促进了贸易的飞速发展。手工业工人最终从农民中分离出来。交换和社会分工的发展直接促进了商业的发展。战国时期，中国封建城市大量兴起和商业中心城市的大量出现，并不是一件偶然的现象。

北京地区古代商业的发展，在春秋战国时期主要得益于两方面的原因：一是自身发展的需要，二是它所处的地理位置。因为北京城（古称蓟城）在春秋战国时期先后是蓟国和燕国的都城，城市的消费和交换的水平必然要高于周边地区，这是促进其商业发展的第一个原因。另外，北京地处内蒙古草原、东北平原和内地华北平原的枢纽，是以上三地人员往来和物品交换的必经之地，处在这样地理位置上的城市，商业的发展是一种自然的趋势。也就是说，古代的北京既有商业发展的社会需求，也有发展的自然条件。在两汉至隋唐的封建社会中期，北京商业发展的动力主要是得益于封建国家东北地区军事、政治重镇的城市地位。东北锁钥的地位使得这里不得不长期保持繁盛的人口和大量的驻军，其巨大的消费能力同样是促使北京商业发展的动力。至于金元明清时期，北京城市商业的发展，其原因就是不言而喻的了。

一、战国时期北京商业

战国时期，蓟城城内有专门供商人贸易的场所——市。市场上不但有贸易的铺位，而且有供人们饮酒娱乐和餐饮的服务业。《史记·刺客列传》中说的荆轲每日与高渐离饮酒高歌于燕市，不但反映燕下都（在今河北易县）的情况，而且也代表了包括蓟城在内的燕国境内各大城市中市场的普遍情景。燕国的金属货币——明刀币和圜钱流通范围十分广泛，至今在河北、山东即战国时的赵、齐之地，以及河北北部、辽宁地区，甚至朝鲜北部境内，都曾发现战国时期的燕国货币，可见当时以蓟城为中心的燕国商业贸易的发展。1957 年在北京东部朝阳门外呼家楼曾出土战国窖藏货币 3876 件，货币的铸造地分布在今河北、河南、山西的赵、魏、韩三国境内[3]，战国时期燕国的商业贸易已经基本覆盖了华北地区。

商业发展，特别是利润丰厚的远途商业贸易发展的前提条件，就是交通的自由和便利，诸侯割据的局面毕竟不利于商业的发展。所以无论是就全国的情况，还是就北京的情况而言，商业在封建社会前期的飞跃发展，都是出现在中央集权政权建立以后的秦汉时期。秦始皇统一中国以后，以首都咸阳为中心，向四方呈辐射状开辟了密致的驰道网，“东穷燕、齐，南极吴、楚”[4]，遍及自今山东、河北到湖北、浙江等东南地区。这虽然是为了巩

1 《北京市志稿·民政志》卷三《赈济二·清》

2 《清仁宗实录》卷九十一 嘉庆六年(1801 年）十一月壬寅

3 北京市文物工作队《北京朝阳门外出土的战国货币》，《考古》1962 年第 5 期

4 《汉书》五十一《贾山传》

固大一统的政权，但无疑也便利了商品的流通。当时，自今北京南下沿太行山东麓涿州、邯郸、临漳，然后西至洛阳、咸阳的大道就是北京与关东、关中联系的主要路线。公元前215年，秦始皇就是沿着这条路线北至蓟城（今北京），然后东至碣石（今河北昌黎境内）[1]。汉朝人称北京即古蓟城是“富冠海内，天下名都”，又称其是北方的著名都市，“南通齐、赵，东北边胡”[2]。今山东东部的齐地自战国以来就是北方著名的商业繁盛之地。北京与齐、赵地区的商品交流对北京地区的商业来说无疑是起着巨大的推动作用。不过也应看到，北京与东北边外地区渔猎民族的贸易还是处于低水平的土产贸易为主。

战国时期北京的贸易市场，按照已经发掘的其他地区的战国时期城市布局来说，应该是在城内。但是北京呼家楼在已知的战国时期蓟城以东数里，这里发现大量战国货币窖藏说明当时应是巨商居住的地方，按照古代的惯例也应该离市场不远。因此，笔者推测，战国时期，蓟城除城内有市场之外，在城外不远的地方也还有市场。这种现象或者反映了蓟城商业交易的规模很大，因此受城内有限空间的压迫，就在城外不远处另开辟一处新市场；或者是城内的市场和城外的市场各有分工，城内是蓟城与农耕地区如齐、赵及燕境内其他城市商人贸易之地，城外的市场是燕国商人与东北边外各民族的交易之地。因为自西周至春秋战国以来，中原地区原诸侯国华夷之分的观念非常严重，所以后一种可能性较大。至于出土货币的铸造地，并不能否定市场的性质，因为燕国商人与韩、魏、赵商人交易获得的货币同样也可以在和边外民族的交易中使用。

二、汉唐时期北京商业

两汉时期，蓟城的商业市场是在城市中心人流往来的繁华之地。西汉末年，王莽篡位被推翻以后，刘秀（即后来的东汉光武皇帝）奉更始帝之命抚定河北，北巡幽蓟，在蓟城遣部下王霸“至市中募人”[3]。自秦汉以来，城市中的市场不但是从事贸易的重要场所，同时也是政府发布告示和对犯人行刑的场所。这是因为“市”是城市中人群聚集的地方，消息传播最快，所以官府张贴告示、募兵和对犯人行刑也大都选择在“市”中。前者是利用市场作为传播工具，后者是为了最大限度的起到对犯罪行为的震慑作用。为了达到这个目的，甚至规定杀死的犯人还要在市上暴尸三天，才许家属收葬。东汉末年，公孙瓒割据幽州，“所宠遇骄恣者，类多庸儿，若故卜数师刘纬台、贩缯李移子、贾人乐何当等三人……富皆巨亿”[4]。除了刘纬台是算命的术士，李移子和乐何当都是贩卖丝织品和从事其他商业贸易的巨商。可见，自春秋战国至两汉，蓟城的商业始终不衰。

西晋时期，北京地区的商业还比较发展。如前所述，在北京八宝山发掘的西晋末年幽州刺史华芳墓中曾出土许多精美的工艺品，或是商人贩运而来，或是当地制造。中国古代早、中期的商业和手工业是密不可分的孪生兄弟。因为当时的国内市场并不发达，商业和手工业的活动大都局限在本地或周边区域内，因此如果没有本地商业贸易的大量需求，手工业就不可能生存。同样，如果本地手工业是否发展也会影响到商业贸易的荣衰。西晋时期，贵族、官僚奢侈成风，即使国势日衰也没影响到他们对奢侈品的追求和生活上的享乐，因此手工业中的手工艺品制造即使在蓟城（今北京）这样当时偏远的地方，也仍保持在较高的水平上。这种情况当然首先缘于当地贵族、官僚的消费需求。

唐代，北京成为大唐王朝北方的军事重镇，驻扎着大量军队和各种衙门。军官、武将和贵族、官僚的消费是非常可观的；同时，唐代北京地区人口也达到历史上较高的水平，居民消费也比前代有很大提高。这些因素都促进了唐代北京地区商业的发展。

1 史念海：《祖国锦绣河山的变迁》，《中国历史地理论丛》第1辑

2 桓宽：《盐铁论》；《史记》卷一百二十九《货殖列传》

3 《后汉书》卷二十《王霸传》

4 《三国志》卷八《魏书·公孙瓒传》注引《汉末英雄记》

仅记载下来的资料就证明城内有米行、白米行、大米行、粳米行、屠行、肉行、油行、五熟行、果子行、椒笋行、炭行、生铁行、磨行、染行、布行、绢行、大绢行、小绢行、新绢行、小彩行、丝棉行、丝帛行、幞头行、杂行、杂货行、新货行等等。米行、肉行经销的商品是居民在日常生活中经常消费的食品，销售额大，利润丰厚，所以两行的经济力量强于其他行业，对市场有较大影响力[1]。在市场上经销的不仅仅是北京本地的产品，通过隋朝开凿的南起余杭（今杭州），北至涿郡（今北京）的南北大运河，将富庶的南方的各种商货源源不断地运输到北京市场上，由此市场上才有了这么多的铺行和多种多样的商品。来到这里经销商品的不但有南方商人，而且还有从海、陆两途来到中国的中亚、西亚商人。外国商人先汇集到运河边上，然后沿运河北上。唐玄宗之世，驻守幽州蓟城（今北京）的节度使安禄山的周围就经常聚集着很多“胡商”（按：当时对外域商人的称呼），他们给安禄山带来了大量奇珍异宝，供其享用或上纳朝廷邀宠[2]。除了运河之外，当时南货北上还通过海道运输，这在前引杜甫《后出塞》诗中已经介绍过了（见“水路交通”一节），兹不赘述。

唐幽州城（今北京）内的上述20余行的商业活动，都集中在“市”中进行。“市”位于城北，是北方著名的市场，史书上又称幽州市、三市、互市。《辽史·食货志》载：“太宗得燕，置南京（公元938年），城北有市，百物山偫，命有司治其征。”当时辽国占领幽州不久，所谓城北的“市”其实也就是唐代时的幽州市。

三、辽金时期北京商业

辽代今北京称南京，城市基本是沿用的唐代幽州城，市场仍在城市北部，大致今西便门、象来街、宣武门西一带。虽然《契丹国志》和辽亡以后宋使许亢宗的行程录中说辽南京城（今北京）内“陆海百货聚于其中”“锦绣组绮精绝天下，膏腴蔬蓏果实稻梁之类靡不毕出，而桑柘麻麦羊豕雉兔不问可知”[3]，但实际商业贸易水平已经远远低于唐代时的水平。北宋真宗大中祥符初年（1008 年）路振《乘轺录》中记述说，辽南京城内“列肆者百室”，如果以前述唐幽州城内曾有的26 种行业来说，此时平均每种行业还不到四家商铺。三四家同行业的店铺，其实也称不上是“行”。辽代北京地区商业之所以衰落到这种程度，原因有三：一是当时的政治局面是辽和北宋政权南北分据，大运河失去了联系南北交通和商业贸易的作用，以致北京市场失去了大量的商品货源，造成市场萎缩。二是由于契丹是渔猎民族，相对于境内其他地方，今北京是商业比较发达的地区。辽朝契丹贵族为了满足对财富的追求，便采取涸泽而渔的苛刻政策，设衙门征收重税。《辽史·百官志四·序》云：“西京（今山西大同）多边防官，南京（今北京）、中京（今内蒙古宁城西）多财赋官。”是这一政策的真实写照。在辽南京专掌征榷之事的有燕京管内商税都点检、燕京管内都商税判官等职官[4]，专掌财政的有南京三司使。辽太宗之世，幽州安次（今河北廊坊）人韩延徽曾任南京三司使。三是官吏贪污搜刮，积重难返，加重了对商业的摧残。辽道宗之世，马人望任南京三司度支判官，治理有方，公私兼裕。辽天祚帝之世，崇信奸臣，群下离心，朝政腐财，积弊益重，辽朝的税官又大多从中贪污，“时钱粟出纳之弊，惟燕（今北京）为甚”。马人望复出为南京三司使，“以缣帛为通历，凡库物出入，皆使别籍，名曰‘临库’。奸人黠吏莫得轩轾”[5]。从史家对马人望管理南京（今北京）府库的颂扬中，我们也可以领会得到所谓“出纳之弊，惟燕为甚”确非虚言。

金朝，海陵王于天德二年（1151 年）迁都燕京（今北京），贞元元年（1153 年）改燕京为中都。大量女真贵族和官兵进入北京。海陵王将京城中空地分给大小朝廷官员和护驾的官兵，让

1 吴梦麟《房山石经述略》，载《世界宗教研究》1981 年第2 期

2 《安禄山事迹》卷上。

3 《三朝北盟会编》卷二十引许亢宗《宣和乙巳奉使行程录》

4 陈述《全辽文》卷五《王说墓志铭》；卷八《张绩墓志铭》

5 《辽史》卷一百五《马人望传》

他们经商赢利，缴纳商税，按经营规模的大小“各征钱有差”[1]。金朝政府的这种别出心裁的措施，在当时是为了解决迁都之际一时的财政紧张，但由此也可见迁都之前城市的商业贸易已经具有广泛、坚实的基础。否则，金朝政府绝不会如此有把握以经商作为解决随朝官僚和护驾官兵俸禄薪饷的措施，并征其商税以增加国家财政。

金代，北京城（时称中都）作为北中国的中心城市成为四方人士和商货的汇集地，市场繁荣的程度不减于唐代的“幽州市”。另一个特点，就是此前北京城内的市场贸易，交易额最大的是为达官显贵享受的奇珍异宝，而金代市场上数量庞大的城市居民的日常生活用品占主要地位。还有一个特点，就是官方参与市场贸易活动的机构比历代都多，这和两宋以来中国封建社会中商业经济的普遍繁荣有密不可分的关系。例如，城内的中都买物司专门负责购买各衙门日用的物品，中都市买司专门负责购买皇宫中需要的日常生活用品。中都都商税物司是征收税款和稽查不法商人偷漏商税的机构。中都都曲使司是管理中都酒户酿造和贩卖酒的机构。金朝政府还直接出面经营商业活动，中都流泉务就是官办的质当铺[2]。金代，北京地区的官方财政收入中，盐税第一，酒税第二，商税第三，这也反映出当时北京地区除盐、酒以外的各种商货交易的繁荣景象。值得注意的是，在金章宗泰和之世开凿成功自通州到中都城（今北京）的漕运闸河以后，北京东部的通州就成为巨大的粮食转运枢纽。官方和粮商的粮食都要经过这里才能分水、陆两途抵达城里。由此，通州很快就形成为中都城的粮食集散市场，四方的粮商都纷纷经运河或陆路将粮食运到通州交易[3]。通州的粮食市场存在了700年左右，一直到清末改用铁路将南粮从天津直接运到北京，通州上下的运河失去了运粮的价值，通州的粮食市场才由此逐渐衰落下去。

四、元代北京商业

元代，北京（时称大都）是元朝大帝国的首都，商业之繁荣颇有汉唐长安城的气势。元朝疆域广阔，东至于海，西踰昆仑，南极交广。在泉州、杭州、上海等七处设市舶司，专门执掌海外贸易。

大都城（今北京）是元世祖忽必烈在旧金中都城（今北京城西南）东北、以故金太宁宫（今北海公园一带）为中心建筑的新城市，将其作为元帝国的首都。当大都的皇城已经完工时，大都城内就已经出现了贸易市场。当大都城的外城郭全部完工时，元朝政府就下令将旧城中的商铺和征收税务的机构迁入新城。为此，元朝政府还特别鼓励凡迁入新城的商家都减征 1/40 的商税[4]。起初，旧城内的商市要比新城内的市场旺盛，特别是酒家、饭铺等服务业。不过，当大都城内的官署纷纷设立完毕，官僚们也都在新城内建筑了豪宅，居民愈来愈多，成熟的社会消费群体已经形成的时候，新建和迁入的商铺就迅速增加起来，并超过旧城，在大都城内适当的地点形成巨大的新市场。《马可波罗行记》中记述说：元大都城内人户繁多，但附郭的城厢中居住的人口比城里还多，有进贡或贩货的外国人，还有各地往来的大量商人。每日百货输入之多，犹如河流川流不息，“外国巨价异物及百物之输入此城者，世界诸城无能与比”[5]。

元代，北京（时称大都）的市场有如下特点：

（一）受河、海抵京商货自通州入城路线的影响，分别在城内、外形成了两个中心市场

当时从海途运到北京的商货从天津登陆，自北运河抵通州；河运的商货循漕运河道也是北抵通州。这些商货或是从通惠河水路到运河的北端码头——积水潭，从而在积水潭附近形成钟楼城内中心市场；或是从陆路自通州至齐化门（今朝阳门），从而在距齐化门外不远的地方形成东岳庙城外中心市场。元人熊梦祥《析津志》记载：位于皇城以北的钟楼和齐政楼（钟楼以南）是

1 《金史》卷四十九《食货志四》

2 《金史》卷五十六《百官志二》；卷五十七《百官志三》

3 《金史》卷五十《食货志五》

4 《元史》卷十二《世祖纪九》

5 《马可波罗行纪》（冯承钧译），石家庄：河北人民出版社 1999 年

最繁华的市场，多歌台酒楼和各种店铺，“本朝富庶殷实莫胜于此”。又说：齐化门外的东岳庙，“盖江南直沽海道，来自通州者，多于城外居止，趋之者如归。又漕运岁储，多所交易，居民殷实”。

（二）市场地点分散化

金代，北京城内的市场就已经不再受坊市格局的限制，凡城内的空地都可以开设店铺，并且在城门外的关厢地区也形成了交易市场。元代这种局面进一步发展，无论城内、城外，除了以上两个中心市场之外，在人群聚集、便于交易之地都有大大小小的市场。例如，在城内顺承门（今宣武门，元代在今西单路口南侧）附近有羊角市，是仅次于钟楼市的市场[1]。此外，城内草塔儿、喜云楼下、检校司前、中书省前、翰林院东、枢密院前、大悲阁巷内、修文坊前等地也都有各种市场。城外市场也不少，在文明门（今崇文门，元代在今东单路口南侧）、和义门（今西直门）、丽正门（今前门，元代在今天安门前、长安街南侧）、安贞门（今安定门，元代在今北土城一线）等城门外都有交易市场。这些市场都是交易双方按照交易活动的需要，在长期的交易活动中自然形成的。

（三）专业市场的出现

如前所述，在唐代的幽州（今北京）市场上就已有铁行、肉行等称呼，说明当时各种商业、手工业行业已经形成了一定的规模。但是，当时各行业尽管可能在市场上各自占一块地方，却仍然是在同一个市场上经营。元代则不同，无论城内、城外，各处市场都是专业化的，并有专门的名称，如柴草市、穷汉市、米市、面市、羊市、猪市、骡马市、鹅鸭市、文籍市、纸劄市、鱼市、煤市，等等[2]。今宣武区和崇文区至今仍遗留下来的以市为名的地名如骡马市大街、珠市（猪市）口、蒜市口、磁器口（瓷器），大多是元代就形成的市场。市场的专业化反映出元代北京商业贸易又发展到一个更高级的阶段。

元代，市场也同样作为行刑之地。今宣武门外菜市口在元代叫柴市，民族英雄文天祥在元初就义于此。这处刑场一直沿用到明清。清末戊戌变法失败以后，谭嗣同等爱国志士也是就义于此。

五、明代北京商业

明代的北京，自永乐十九年（1421 年）正式从南京迁都到这里以后，商业经济很快发展起来。同时，明朝政府为了增加财政收入，有意采取各种措施，如从江淮地区迁徙大量巨商豪富到北京经商、实行优惠的税收政策和官府盖建官店、塌房（即货栈、商铺）租给商人使用，等等。有关文献记载，明成祖永乐初年，北京皇城四门之外和钟鼓楼等处各盖铺房、店房，召民居住，召商居货，通称之为“廊房”。当然，租住廊房是要向官府交纳租钱的，用来经商或存放商货还要交纳税钱。每处廊房都选经济力量强的一家充廊头，替官府分担收缴房租税钱的责任[3]。今前门外大街西侧有一系列东西方向的胡同，称廊坊头条、二条等，就是其部分遗址。《宛署杂记》记载，明神宗万历年间，宛平县有廊房 801.5 间，其中用于经商的店房是 16.5 间，均在今西四一带。店房的房租比召民居住的上等房的房租还贵[4]。

明代，由于通惠河的西端已经不能进船，只能停留在今东便门外的大通桥，所以城内市场的布局也相应地发生变化：内城市场中心形成于大明门外棋盘街（今前门稍北），“天下士民工贾各以牒至，云集于斯，肩摩毂击，竟日喧嚣”[5]。城隍庙市（今西城城方街）、灯市（在东华门外）也是城内著名的商业市场，但城隍庙市每月只开市三天，灯市每年只开市三天，所以虽然到开市时百货荟萃，但大多属北京人游玩的地方，货物也以书籍字画古董为主。外城的市场中心则由于接近大通桥码头的缘故，形成于前门外东、西两侧，并以东侧为主。店铺比邻，街头建筑也以

1 《老乞大谚解》(日本京都帝国大学奎章阁丛书第八种）是元代朝鲜人学习汉语的课本，内容是往来朝鲜王城与元大都之间的商人生活用语，其中有一段对话是说几个朝鲜商人和路遇的东北汉族商人一起到了北京后，住在“顺承门官店”，然后“到城里”客店去寻找相识的朝鲜商人李舍，店家说：“恰才出去了，往羊市角头去了。他说便来，你且出去等一会再来。”前去的朝鲜商人说：“既他羊市角头，去时又不远，我则这里等。”不一会儿，李舍回来了。从这段对话来看，羊市角头应在顺承门内不远。

2 见《析津志辑佚》，北京古籍出版社 1983

3 《人海记》“北京廊房”。

4 《宛署杂记》卷七《廊头》

5 《长安客话》卷一《皇都杂记·棋盘街》

铺面房为主[1]。明万历年间，北京大兴、宛平两县每年所收商税，大兴县5600余两，宛平县2600余两。“两县征收行银，大兴多于宛平过半”；分摊的顺天府公费，也是大兴县出6/10，宛平县出4/10。理由就在于自前门大街以东属大兴县辖境，“铺行颇多”，以西属宛平县辖境，“铺行颇少”。由此也可以知道，北京前门外商业市场的繁荣和街东盛于街西的局面，都是自明代就形成了[2]。明世宗嘉靖年间计划在内城墙外再围筑一道外城墙，其之所以从南边首先动工，固然是由于帝都的天坛和先农坛位于城南，但北京城主要商业区也在城南，这也在考虑之内。此外，北京羊市、牛市、猪市、果木市、煤市也都各有一定的市场，大多是自元代沿袭下来的。

在长期的商业活动中，北京的一些店铺以自己独特的产品形成了品牌，如双塔寺（今电报大楼西）赵家薏苡酒、勾栏胡同何开门家布、大栅栏宋家鞋、帝王庙街（今白塔寺东）刀家丸药等等[3]，都是闻名京城内外的名牌产品。

在嘉靖年间重新疏通了通惠河以后，通州粮食市场更加繁荣。除了由于通仓管理上的弊病形成的非法交易之外，各地粮商运到北京的粮食也大多在通州交易。

明代，北京九门皆有税课，而一统于崇文门税课司，起初收钱、钞，自明宪宗成化年间改为收银，到明熹宗天启五年（1625年）已多达8.89万余两，明毅宗崇祯年间更增加到九万余两[4]。但是正如明朝皇室不满足于赋税供纳，还要亲自出面占有土地建立皇庄一样，也不满足于九门商税的征收，还要派内府太监设立皇店，如万历中在北京城内戎政府街（今东四南大街）设立的宝和、和远、顺宁、福德、福吉、宝廷等六皇店，专门经管来京各地贩卖兽皮、布匹、棉花、食用油，以及地方特产的商人的商税，“一年所征之银，约数万两”[5]，供皇室挥霍。奉旨前去经管皇店的太监更是从中贪污，其数往往是上缴税款的数倍[6]。

明朝自宪宗成化以后特有的当行制度，本缘于前代的和买制度，即凡官买之物均由经营此物的行业中签选一家商铺当差。但是，官府虽说和买实为强取，商人实际所得尚不到货价的一半。专职为皇室购物的光禄寺，“概以势取，负贩遇之，如被劫掠”[7]。明世宗嘉靖初年，大兴等县缎子等行诉称：自武宗正德三年（1508年）到嘉靖元年（1522年）的十余年间，被官府取走物料不等，“均系本行自行办纳，并无支给官价”。世宗嘉靖、神宗万历时虽然改为征收行银制度，即按户等征收不等的行银，届时由官召商领行银置办，但实际上，当行银不敷开支时仍要商人垫付，事后并不还钱，熹宗天启时“有输物于官终不得一钱者”[8]。

明代，北京城内市场上的工商业在嘉靖年间有180余种；万历年间有132行，其中本小利微的有32行[9]。资金多的商家有千万两白银，少的只有数两。当然，以上所说的130—180余行中也包括手工业在内，但在封建社会中手工制造业往往和商业很难截然分开。由于采取前店后厂的经营方式，手工制造业者也同时直接从事商业贸易活动。

综上所述，明朝北京的贸易虽然很发达，但与元代相比，海外贸易明显不如。北京市场上主要是国内各地的产品。明代北京商业的特点：

（一）商铺分工比以前更细

北京市场上资金雄厚的行业达100行之多，这是商业经济发展的标志之一。

（二）城市商业中心转移

随漕运码头的改变，北京城市商业中心从城中心的钟鼓楼转移到城市的东半部，形成东部大兴县市廛稠密，西部宛平县铺面稀少的局面。

（三）宦官勒索无厌

明朝宦官当权的政治局面，不但影响朝政，而且也渗入到京

1 《帝京景物略》卷二《灯市》；卷四《城隍庙市》。北京颜料会馆清乾隆六年《建修戏台罩棚碑记》：“我行先辈，立业都门……自明代以至国朝，百有余年矣。”道光十六年《颜料行会馆碑记》：“京师称天下首善之地，货行会馆之多，不啻十百倍于天下各外省；且正阳、崇文、宣武三门外，货行会馆之多，又不啻十百于京师各门外。”引自李华《明清以来北京工商会馆碑刻选编》，北京：文物出版社1980年

2 《宛署杂记》卷十三《铺行》

3 《骨董续记》卷四《明末京城市肆》

4 史玄《旧京遗事》

5 《明宫史·木集》“宝和等店”

6 《明史》卷二百二十六《吕坤传》

7 （142）《明史》卷八十一《食货志五》“商税”；卷八十二《食货志六》“上供采造”

8 《明经世文编》卷一百九十一

9 《宛署杂记》卷十三《铺行》

师北京商业市场。他们除了利用管理皇店的职权对商人进行巨额勒索外，还伙同奸人以皇店名义私开黑店，征收商税。也就是说，明代北京商业市场上非常混乱，除了以皇帝为首的官家的苛重征敛之外，恶势力横行，巧取豪夺，商人往往因此败家。

（四）明代北京商业具有很大的寄生性

明代北京市场的繁华主要依靠贵族、官僚的奢侈性消费。明人张瀚《松窗梦语》记述说：北京自元朝到明朝“皆建都焉；沿习既深，渐染成俗，故今侈糜特甚。余尝数游燕中（指北京），睹百货充溢，宝藏丰盈，服御新华，器用精巧，宫室壮丽。此皆百工呈能而献技，巨室罗致而取盈。”他慨叹：“盖四方之货，不产于燕（指北京）而毕聚于燕，其物值既贵，故东南之人不远千里，乐于趋附者，为重糈也。”弘治初年朝鲜官员崔溥自浙江到北京，其在日记中写到：北京城内居民虽然“业商贾，不业农”，但是城市中“人物之伙，楼台之盛，市肆之富，恐不及于苏杭。其城中所需，皆自南京及苏杭而来”[1]。万历年间来到北京的意大利传教士利马窦在日记中也说：“北京什么也不生产，但什么也不缺少。”[2]这可以说是中国封建社会都城商业市场上的普遍现象，明代北京皇室、贵族、官僚的巨大消费能力支撑了市场昂贵的物价，从而吸引物产丰富和海外贸易活跃[3]的东南地区商人携带大批精细产品和海外奇珍异宝到北京市场上博取厚利。

（五）商人对官府有很大的依赖性

明代，外地商货进京本来有一定的税收额，“凡商货进京者，河西务给红单，赴崇文门并纳正、条、船税；其不进京者，河西务只收正税”[4]。但实际上，皇店、税监还要征收各种无名杂税。坐地铺商，大多是外地来京商人，初有当行制度，一被签选当差就会因为应付不完的供纳负担而破产；改为征收行银以后，商人除缴纳行银外，实际还要承担各种额外的杂税，所以北京市场上每年都有不少商家破产。在这种情况下，商人要想正常生存下去，就势必不得不谋求官府的保护。也就是说，在中国封建社会中，即使商业贸易再发展的时期，在封建势力的高压下，商人为了免于遭受摧残，也不得不依赖封建政权的保护。这就是从中国封建社会中的商业经济中无法产生资本主义经济萌芽的重要原因。

六、清代北京商业

清代北京的商业经历了一个曲折的发展过程。清顺治初年，满洲贵族刚刚进入北京时，北京市场在经历了明末清初战乱后正处于十分衰败的境地，加之南方尚在南明抗清势力控制之下，对东南经济依赖颇深的北京商业经济更是难以一时恢复。直到顺治十一年（1654 年）时北京城内的市场还是“不如昔日之盛”[5]。再加之满洲贵族不改奴隶制残余恶习，纵容家仆在市场内外强抢豪夺，更加重了市场凋敝的局面。位高权重的内大臣索尼奉旨上疏，其中就说到，北京城市的繁荣全仰赖四方商贾往来贸易，但现在满洲豪势人家或仗势霸占市井贸易，或纵容家人强抢外来商人的货物，以至于商人均裹足不前，造成北京市场凋敝[6]。索尼说这话时已是顺治十七年（1660 年）。也就是说，清朝在北京建都已 17 年的时间，北京商业市场还没有得到恢复。这种局面的改变是在康熙、雍正之世。康熙八年（1669 年）正式下令停止圈占农民土地，并定更名田之法，刺激农民的生产积极性；二十年（1681 年）平定吴三桂等三藩之乱，东南宁静。雍正七年（1729 年）正式在全国实行地丁合一制度，将人口税转入地赋，按粮起征，减轻了人口多而土地少的贫穷农民的负担。在农业、手工业全面恢复的基础上，清代各地商业也继元明之后再次发展起来。

清顺治初年，在北京城内外实行“兵民分居”的政策，只有皇室和具有军籍的满、蒙、汉八旗军人及其家属才能居住在内

1 崔溥《漂海录》弘治元年（1488 年）四月二十三日。按：崔氏是朝鲜官员，奉差出海，遇暴风漂流到中国浙江台州临海县海岸，被当地官府送至杭州，再沿运河经扬州、天津到北京，复从北京由陆路经辽东回到朝鲜。因此，他关于北京与南京、苏杭市场的比较是客观、真实的。

2《利玛窦中国行记》第四卷第二章“从南京到北京”

3《明史》卷八十一《食货志五》“市舶”：明朝政府在浙江、福建、广东设三市舶司，专掌对外的海外贸易。同时，日本商人与中国浙江、福建沿海商人勾结的走私贸易更是规模巨大

4《明史》卷八十一《食货志五》“商税”

5 谈迁：《北游录·纪邮上》。

6《清史稿》卷二百四十九《索尼传》；蒋良骐：《东华录》卷八 顺治十七年七月

城，其他人等一律只能居住在外城。由于进关的满族人无论贵贱都有军籍，所以都住在内城，而有资格居住在内城的汉军旗人又是少数，所以人们通常也把这种规定叫做“满汉分居”。这种居住格局带来北京内城市场衰落，昔日繁华一时的城隍庙市此时也只等同于一般的庙会。

清代北京商业市场和明代相同的一点是城市的商业中心仍然在外城的前门（即正阳门）一带。这是由于清代通惠河的西端码头和明代一样，仍然是在东便门外大通桥的缘故。清末光绪二十六年（1900年）“庚子事变”时，义和团焚烧前门外大栅栏老德记大药房时引起大火，延烧至大栅栏庆和园戏楼、齐家胡同、观音寺、杨梅竹斜街、煤市街、纸巷子、廊房头条、廊房二条、廊房三条、门框胡同、珠宝市、粮市店、西河沿、前门大街、前门桥头、西城根。其大致范围：东至前门大街路西为止，南至粮市店、王皮胡同为止，西至煤市街、大齐家胡同为止，北至西河沿、西月墙至城墙为止，大致即今前门大街以西部分。在此范围内“约略延烧铺户一千八百余家，大小房间七千余间”。如果连同前门大街以东未烧及的店铺一同统计，那么当时这里的商家的数目当十分可观。当时人称“凡天下各国、中华各省、金银珠宝、古玩玉器、绸缎估衣、钟表玩物、饭庄饭馆、烟馆戏园无不毕集其中。京师之精华，尽在于此，热闹繁华，亦莫过于此。今遭此奇灾，一旦而尽”[1]。不过，我们还应看到，清代前门外中心市场的重心实际是在大街以东。据清人《乾隆日记》所述：清代内府光禄寺所需物品，向例由京师殷实富户承办，而当时前门外大街以东被签选者有二十一户，街西却只有三数家，由此有北京“东富西贵”之说[2]。清末民初人夏仁虎《旧京琐记》说：清代北京汉官除非是大臣得到皇帝赐宅或在朝中值守才可以住在内城，其他汉官“多在宣武门外”，“土著富室则多在崇文门外，故有东富西贵之说”[3]。以上两说虽然解释不同，但在外城以前门大街为界，东部市廛稠密，因而形成“东富西贵”的现象这一点上，意见却是一致的。其实，如上所述，这种格局在明代就已经形成了，前门大街以东正是明清大兴县境内。只不过，在明代没有清朝兵民分城而居的政策，所以外城是东富而西不贵。清朝实行分城而居政策的一个副产品，就是北京外城由此更加繁华。在明代相对比较稀疏的宣武门外琉璃厂、菜市口等所谓“宣南”地区，这时由于聚居了大量汉族官僚和士人而繁荣了起来。同时，自乾隆时代起，或者更早，住在内城的八旗贵族、官僚就已经开始被外城繁华的市场和酒楼、戏院所吸引，不断违禁到外城游娱，甚至彻夜不归；更有甚者，干脆在外城私置产业，长期生活在外城。为此，乾隆皇帝不断发出谕旨，加以制约。

清代，北京外城市场除了前门、宣武门、崇文门外，京东朝阳门外城厢市场也十分繁荣。这是由于自通州到北京大通桥下的通惠河只允许走官船，从运河运到北京的南方货物必须在通州上岸，沿陆途用马车运到北京各市场，朝阳门是其入京必经之地，所以这里成为仅次于前三门外的北京第二大市场。实际上这个市场也可以看作是元代朝阳门（时称齐化门）外东岳庙市场的延续。明代，自通州至北京的道路本是土路。清朝雍正七年（1729年）改修成石道，并立碑以纪其事。碑文中说：“自朝阳门至通州四十里，为国东门孔道。凡正供输将，匪颁诏糈，由通州达京师者，悉道是路。潞河（潮白河）为万国朝宗之地，四海九州岁致百货，千樯万艘，辐辏云集。商贾行旅，梯山航海而至者，车毂织络，相望于道。盖仓庾之都会，而水陆之冲逵也。”所修石路长5588丈有奇，宽两丈。石道两旁的土道各宽1.5丈。通州新、旧城及自码头至各仓门、东西沿河两道也都修了石道，共长1050余丈，宽1.2—1.5丈不等。这条石道由于往来货车频繁，乾隆二十二年（1757年）又加以重修，并立碑以纪其事，碑文中说：“直省漕艘佑舶，帆樯数千里，经天津北上，至潞城（通州古称潞）而止，是为外河。引玉泉之水，由京师汇大通桥

1 仲芳氏《庚子记事》，北京：中华书局1978，第13页

2《骨董续记》卷一《乾隆癸酉日记》

3《旧京琐记》卷八《城厢》

（在北京东便门外），东流以达于潞（即通州），用以转运者，是为内河（即通惠河）。然外阔而内狭，故自太仓官廪兵糈暨廛市南北百货，或舍舟遵陆，径趋朝阳门。”[1]这两通碑文就明白说出了朝阳门大街之所以成为清代北京繁华商业中心之一的原因。据一位自幼生长在北京的长辈告诉笔者，直至1930年前后，朝阳门大街的商市虽然已经不如前门大街，但街两侧店铺的气派、规模仍不逊于前门大街的店铺，由此可以想见其当年的繁华。

清代北京商业市场上自蒙古和西藏、新疆来的蒙古族、藏族和维吾尔族王公贵族和商人在每年觐见时也可以携带当地土产商货到北京贸易。市场就在他们下榻的南、北会同馆，又称里馆、外馆。里馆即南会同馆，在皇城外玉河西南，又叫玉河馆。外馆在安定门外黄寺附近，规模较大，东至安定门大街，西至黄寺西村，北至北土城，南至安定门关厢。由于这两个地方是北京商人和蒙古、藏族等民族交易商品的地方，所以北京人又称其为里市、外市。直到民国时期外市的贸易还很繁盛，时称其为蒙古、藏族地区在北京商品总汇之地。北京商人在这里进货，无论采取的形式是买是换，仍然都要到崇文门税关缴税[2]。

由于元明清都在北京建都，历代官僚客居北京的人数自然不少，其中不少世代为宦者寄籍北京大兴、宛平。年月既久，各省人士在北京构织出一个同乡网，为了照顾刚刚来到北京的同乡，纷纷集资建立同乡会馆，便于从家乡来到北京参加科举考试的士子等人临时居住。集资时往往是以有身份的官僚倡议，参加出资的人除了官吏、退休的缙绅，当然也少不了被视为财神爷的商人，虽然他们的社会地位没有官僚、缙绅高。到清朝康熙、乾隆时代以后，随着商人势力的壮大，各省寓居北京的同乡中商人的比重愈来愈大，会馆遂主要成为商人联谊、议事的场所，同乡会馆演变为工商会馆。由于中国封建社会中工商业的封建宗法色彩极为浓厚，同一地域的商人都经营同一种商品，所以这种以同乡会馆为基础建立的同乡商人会馆，也就自然成为行业会馆，这种情况经常见于以地域命名而实际为同乡同业商人活动场所的会馆，例如由山西颜料、桐油商人成立的颜料会馆，最初就是山西平遥会馆；又如由山西临汾、襄陵两县为主的汾河东部山西油商成立的北京油料商人行会，最初是山右会馆，康熙时改名为临襄会馆，并且成为北京油料贸易市场。但是这种演变并没有完全取代各省公立的单纯同乡会性质的会馆，即行馆、试馆。所以清代一些在京势力雄厚的地区，往往在北京分别有两个会馆，一个是商人行会会馆，一个是单纯的同乡会馆。另外，在清乾隆时期玉器行商人就成立了基本没有地域色彩，专以行业为特征的商业会馆，例如玉器行奉金元之际的道教领袖、长春真人邱处机为本行业的保护神，所以会馆叫做长春会馆，商人则来自各个地方。但是，由于中国封建社会中宗法性的组织结构，大多数工商行业都受很强的宗法性制约，具有很强的地域色彩，所以北京的工商会馆大多是以行业与地域相结合的形式出现。例如号称银号会馆的正乙祠，就是在北京经营银号业务的浙江绍兴商人在康熙年间成立的。

清代北京工商会馆的作用主要有以下几个方面：

（一）以乡谊为纽带，加强行业间的团结

例如颜料会馆的碑文中就说，会馆以北京前门外芦草园原仙翁庙旧址，集资翻盖正殿、戏台，每年九月以祭祀葛、梅二仙翁诞辰为名，在京经营颜料、桐油的山西商人齐集会馆，“献戏设供”，从而加强同乡同业的联络和感情。同是山西商人成立的临襄会馆，开宗明义就说，“会馆之立，所以联乡谊，笃友谊也”。再如正乙祠，也是浙江银号商人看到“京师正阳门（按：即前门）左右列肆而居，强半吾乡之人居多焉，向之居于是者，未尝有集会之所，饮食燕乐之地”，于是集资在前门外西河沿购房一处，翻建成正乙祠。所谓银号，在清代是以熔化金、银，制作金

1 《日下旧闻考》卷八十八《郊坰·东一》引《世宗御制朝阳门至阳州石道碑文》；《御制重修朝阳门石道碑文》

2 林传甲《大中华京师地理志》民国八年出版；咸丰九年《崇文门税关告示碑》，引自李华：《明清以来北京工商会馆碑刻选编》，北京：文物出版社 1980

银元宝为业，所以他们的会馆以正乙玄坛神——炉神为祭祀的主神，并以此命名。

（二）保护行业利益

外地商人在北京经商，难免会受到本地地痞的欺负，这时工商会馆就可以发挥保护本乡本行利益的作用。例如颜料会馆乾隆年间立的碑刻中就说到，本来山西商人都是自己到通州码头进货，运到京城货卖，但乾隆十五年（1750年）间京城经纪人强行从中夺利，“既不开行，又不评价，不知执何年何月之帖，凭空索取牙用”。经过会馆告官，才击退牙行经纪的勒索，得以正常开展业务。这种情况在经营纸、烟、干果、颜料、杂货等五行的山西临汾商人成立的临汾会馆于清末光绪九年（1883年）所立的碑刻和道光十五年（1835年）靛行会馆碑刻中也反映出来。临汾会馆碑刻提到，光绪九年京城牙行六吉、六合、广豫三店，突兴讹赖之举，要求各行从天津进货，一律按每件银二钱经其手纳税，临汾各行商人不服，三家牙行于是将会馆所属星记、洪吉、源吉、敬记四家纸店以漏税名义告官。然而，就在宛平县尚未审结的时候，朝官鲁琪光上疏指斥京城牙行借官府差派之名强行勒索，得到皇帝“永行禁止”的命令，于是临汾商人借势反击，由会馆所属干果商铺永顺义、颜料商铺全升李、烟商铺德泰厚出面在大兴县将牙行呈告，后经大、宛两县审结，“不准牙行妄生支节”，五行的山西商人大获全胜。五行山西商人立碑誓约，“自今以往，倘牙行再生事端，或崇文门税务另行讹诈，除私事不理外，凡涉同行公事，一行出首，众行俱宜帮助资力，不可借端推委，致失和气”。靛行会馆碑刻提到，在京靛行坊铺从无购靛料纳税之说，因为靛行各铺有染坊和出售靛料的区别。染坊购靛料是为了自用，当然不用纳税。但是乾隆五十五年（1790年）“有外牙索诈滋扰，诬控成讼”，于是靛行公议，公推四人为靛行经纪，凡是自置自用靛料，每车缴银数钱，由经纪人“输纳国课应卯”。年月既久，各店铺缴银除纳税外还剩余一千余两，于是在嘉庆十五年（1810年）购房，成立了靛行会馆。

（三）便利居京乡里

北京工商会馆虽然是商人成立的组织，但一方面是为了加强同乡的团结；同时，在京师经商也需要本乡本土京官的保护，所以会馆也对除商人以外的本省人士开放，为他们提供住房、养病等帮助。这些房屋有的收取少量房租，有的不收取房租。另外，会馆还在北京近郊购置荒地，设立义园，安葬本省客死京城而无力将灵柩运回家乡的人士。例如浙江银号商人正乙祠在康熙年间成立时就设立了土地祠义园，“乡人殁而无归者，皆殡焉”；以后又增置了二郎庙、回香亭、葛家庙、东庄等处，共计五处义园。但是在同治四年（1865 年）的碑刻中就已改为安葬“同人之没而无所归者”。这个规定一直延续到民国时期，即义园中只可安葬浙江籍银号商人及其家属，其他在京浙江籍贯的人只有在行会中管事人即所谓会首的介绍下才能葬于义园。至于緜行会馆则在购置义地时就明确是为“吾行中凡有客死京邸，棺木无力回里者，准其报明会中，杠抬入地安葬”。

（四）规范行业经营行为

行会各有行规，制约着入会商人的经营行为。例如正乙祠银号会馆就规定，每家店铺熔制的金、银元宝上都要打上自家店铺戳记，如有搀假和分量不足的情况，则由自家店铺负责赔偿，一概与行会无关；行会并将该店铺从会馆中开除。这是为了保护行业声誉的措施。又如，由山西烟商成立的河东会馆，于乾隆年间规定全行公设官秤一杆，“凡五路烟包进京”，均用这杆秤称重量缴税，避免偷税的现象发生，维护行业在官方的声誉。如有违反，该商人除了要被官府罚款外，行会还要按每斛罚银一钱加以处罚。

（五）制止同行间恶性竞争

制止同行业之间的过度或不正当竞争、调节行业同人之间的关系，是行会会馆的主要任务。例如由北京和南方糕点商人于康熙四十八年（1709年）共同成立的北京糖饼行会馆（后称公所）就分别于道光二十年（1840年）、光绪三十四年（1908年）在行规中规定停止收徒弟五年、三年不等，这是为了制约行业间的过度竞争。而且，在光绪三十四年的行规中还规定，各家店铺今后永远每三年只许招收徒弟一名，违反者将被处罚，出钱演戏，向同行谢罪。该行会行规中，对于所雇工人的工资、增长工人工资的数量、一年中的工作时间、每天开始营业的时间等等，都有严格的规定，其目的也是为了制约同行之间的不正当竞争。

玉器行的长春会馆则规定，每年由行会指定的两家到新疆采买璞玉（按：即外面包着岩石的玉矿石），运回北京后，约期每家掌柜领有识别玉石经验的师傅一人到行会来挑选。另外，大多数行会也多规定，会员之间发生纠纷，由会首负责调停，不服从者受罚或除名。还规定，凡有新入会的商人必须缴纳一定数量的会费，否则不准入会。有的行会还更严格，规定入会的商人必须有本行会员一人介绍[1]。

1 仁井田升《北京工商ギルド资料集》(二)，东京大学东洋文化研究所 1976；李华《明清以来北京工商会馆碑刻选编》，北京：文物出版社 1980

第八章　金、元、明、清时期北京首都地位的确立和巩固

阅读提示

笔者认为：

通常意义上，北京都城的建设过程分为金中都、元大都、明北京城、明北京外城四次大的改建。金中都是北京历史上第一座体现儒家理想的都城。明清北京城是中国封建社会最成熟的都城形式。其实，如果结合都城历史地位的形成过程，北京城的建设应该分为辽、金、元、明、清五个阶段更为合适。

第一节　中国古代都城以神权为基础的规划思想

“天人合一”思想最早起源于古人的敬天观念。在自然界的各个领域中惟有天空是人类在当时根本无法触及的神秘世界；又惟有天空中会演化出奇异的雷鸣闪电等各种令人恐怖的景象；但同时又惟有天空中日月星辰的日复一日、年复一年的严格有序、周而复始的轮替，令古人类无比神往，视“天”为有生命的至高无上的实体。这种概念不但反映在东方古代文化中，而且也反映在西方古代文化中。因此，自从人类社会有阶级产生以来，统治者就将“上天”作为自己统治人类社会的依据。这大约始于新石器时代末期。

奴隶制社会的殷商时期，人类已经有了“帝”的概念。王国维认为，“帝者，蒂也……但像花萼全形，未为审谛，故多于其首加一……以识其在人之首”[1]。郭沫若据此进一步引申，认为其最初反映出对植物繁殖崇拜，看到“籽之一粒复可化为亿百无

1 王国维《观堂集林》卷六“释天”

穷子孙”“此必神之所寄”，因此宇宙的主宰称为“帝”，“人王乃天帝之替代，而帝号遂通摄于天人矣”[1]。商代殷墟甲骨文中对上天称“帝”或“上帝”，也指先祖。殷王则为人间的“帝”，代表上帝的意志。巫者则为沟通上帝和下帝之间的神职人员，故地位甚高。也就是说，“帝”的概念实际是古人对生殖崇拜和对天象崇拜的综合体。周代，对周王的称号已是“天王”“天子”，将这种人神关系进一步法理化。西方人类学的研究指出：巴比伦天文学已不再局限于有限的、原始的空间，“可以说，空间已从地上转到了天上。但是在转向天的现象的秩序时，人类不可能就忘记其地上的需要和利益。如果人首先把他的目光指向天上，那并不是为了满足单纯的理智好奇心。人在天上所真正寻找的乃是他自己的倒影和他那人的世界的秩序。”[2] 这正确地揭示了阶级社会中“天人合一”观念的起源及其历经数千年而息息相传的社会原因。

“天人合一”观念既然是古代社会统治者建立皇权地位的法理和精神基础，统治者就必然不仅从精神上灌输，而且要采用各种有形的方式加以强调，以凸显其在人类社会中的精神统治地位。这方面，在古代都城和宫室建筑中表现得尤为明显。

质言之，“天人合一”观念在人类社会的实践，首先就是在实际生活中表现并加强帝王的神权地位，即所谓“君权神授”。《周易·系辞上传》中说：“六爻之动，三极之道也。”所谓三极就是天、地、人，其意思就是说：周易中爻卦的变化就是反映宇宙中天、地、人的相互变化。该书还说，《周易》的思想“仰以观于天文，俯以察于地理”[3]，反映了天、地、人之间的互动关系。战国时期的吕不韦进一步明确指出：“古之清世（按：即清平之世），是法天地凡十二纪者……上揆之天，下验之地，中审之人。”[4] 总而言之，人世间的万事万物都是遵循天的运行规律。因此，人世间的社会生活也应当符合上天的秩序，代表上天维持这个秩序的就是帝王。奴隶制社会和封建制社会的统治就是在这个理论的基础上建立起来的。

作为这种理论的最强有力的有形标志就是帝王居住的都城和宫室。中国古代建立都城的选址，《管子·乘马篇》中说："凡立国都，非于大山之下，必于广川之上。高毋近旱而水用足，下毋近水而沟防省。"[5] 管子是战国齐人，《管子》一书虽然思想驳杂，并非出自管子一人，但大致可以视为战国时期的思想。其所说的"国都"是战国时期的诸侯国的国都，选址的优先原则是地理形势。但是对于春秋战国以前的被奉为宗主的西周来说，其国都选址则不但要考虑地理形势，还更主要的是考虑能否给其王权笼罩上神权的意义。西周初年，武王灭商，封功臣及先圣王后裔于各地。武王死后，文王年幼，周公、召公分辅左右。成王七年，周公将政权返交给已经成年的成王，成王即位。成王自周都丰、镐迁都洛邑（今洛阳），使召公"先相宅"，周公营之。《尚书·召诰》中说："王来绍上帝，自服于土中。"汉代孔安国解释说："言王今来居洛邑，继天为治，躬自服行教化于地势正中。"[6] 意思是说，成王要亲自替上天教化天下百姓，由于洛邑在"地势正中"，所以迁都于此。唐代孔颖达等学者也同意孔安国的解释。在这里，我们看到了天子居天下地势正中，即所谓"土中"的思想。正是为了确保洛邑是天下地势正中，所以才使召公先前往"相宅"。"相宅"的内容除了占卜吉凶外，还有一个重要任务就是确定"地势正中"。天子居地势正中的思想就是来源于统治者对天象的崇拜和追求，力求在地面上也建立一个如天象那样有序而受众星拱卫的强有力的王权地位。人类站在地面上看到的位于正中的星宿就是"北斗七星"，以及其北的北极星（又称天极星）。《史记·天官书》称："中宫天极星，其一明者，太一长居也；旁三星三公，或曰子属。后句四星，末大星正妃，余三星后宫之属也。环之匡卫十二星，藩臣。皆曰紫宫"。又说："北斗七星……斗为帝车，运于中央，临制四向，分阴阳，建四时，均

1 《甲骨文研究》"释祖妣"

2 ［德］恩斯特·卡西尔《人论》（甘阳译），上海译文出版社 2004，第 66 页

3 《周易》卷九《系辞上传》

4 《吕氏春秋》卷十二《序意》

5 《管子》卷一《乘马》

6 《尚书》卷十五《周书·召诰》

五行，移节度，定诸纪，皆系于斗。”就是总结前人的这种思想。在古人看来，北斗七星、其北的北极星和紫微十五星，共同构成天帝所居的紫微垣，又称紫宫。位于紫宫正中的天极星——北极星即为太一天帝之星[1]。紫宫在天球之北，是天帝的居所。北极星位于紫宫正中，为众星所拱卫、环绕，故尊为帝星。

公元前221年秦国灭山东六国，统一天下。秦始皇在都城咸阳的营造过程中，更是把这一思想发挥得淋漓尽致。

秦都咸阳在今西安市西北的渭河北岸。从秦孝公十二年（公元前350年）迁都于此，到秦朝灭亡，前后营建了140余年。秦都咸阳遗址在今咸阳市东的窑店乡一带，大致北至泾水，南至渭河北岸之间；至于其跨过渭河以南的部分则是以阿房宫（今西安市西郊三桥镇南大古村一带）为代表的宫殿群。秦始皇之世，咸阳的建筑盛极一时。《史记·秦始皇本纪》称：秦始皇于公元前221年统一中国以后“收天下兵，聚之咸阳，销以为钟鐻，金人十二，重各千石，置延宫中……徙天下豪富于咸阳十二万户。诸庙及章台、上林皆在渭南。秦每破诸侯，写放其宫室，作之咸阳北陂（今西安市西北）上，南临渭，自雍门以东至泾、渭，殿屋复道周阁相属”。二十七年（公元前220年）秦始皇在渭南修筑了信宫，“已更命信宫为极庙，象天极。自极庙道通郦山，作甘泉前殿。筑通道，自咸阳属之”。“三十五年（公元前212年）乃营作朝宫渭南上林苑中。先作前殿阿房……自阿房渡渭，属之咸阳，以象天极、阁道绝汉（银河）抵营室（星宿）也。阿房未成，成，欲更择令名名之。作宫阿房，故天下谓之阿房宫……关中计宫三百，关外四百余。”[2]阿房宫遗址在今西安市西三桥镇南，该建筑群直至秦亡也没有竣工。《汉书·贾山传》亦称“秦起咸阳而西至雍，离宫三百。”[3]

秦都咸阳城市布局是分散的居住址和宫殿建筑群，至今没有发现外城墙，其原因大概也正是在于为了模仿星象而过于分散的缘故。唐代司马贞《史记索引》说：“天文有五官。官者，星官也……众星列布……是有三十五名：一居中央，谓之北斗；四布于方各七，为二十八舍。”他所说的居于中央的“北斗”，其北即北极星。秦始皇筑宫殿模拟天上的星宿，《本纪》中所谓的“天极”“阁道”“营室”“天汉”等都是星宿的名称。特别是他以渭河象征天汉即银河，别出心裁，并成为后世帝王都城“金水河”的定制。《三辅黄图》说：“秦始皇穷极奢侈，筑咸阳宫，因北陵营殿，端门四达，以则紫宫，象帝居。渭水贯都，以象天汉；横桥南渡，以法牵牛。”紫宫、天汉、牵牛也都是星宿的名字。

秦始皇自比天帝，按天象分布宫殿，己居中央，充分体现了封建帝王的政治理想和统治愿望，并把这种精神以无比豪华富丽的建筑群的形式表达出来。为了强调这一点，秦始皇还修改了历法。本来历法的产生是缘于农作物的生长，是为了适应农业生产的需要，即使修改历法也是为了适应农时。但是秦始皇看到十月时天上众星的位置和咸阳象征天象的诸宫殿的位置相应，所谓“正（释“征”，即征象之意）以十月”，所以在二十六年（前221年）灭六国，统一天下，即皇帝位之时，“改年始，朝贺皆以十月朔”[4]，即以十月为一年的开始。以后在营建宫殿时，也从十月时的星象出发选址。尽管其后“历度闰余”[5]与实际并不完全相符，也在所不计。

公元前207年秦朝灭于农民起义和六国旧贵族的武力反抗。汉高祖刘邦于公元前206年建立西汉政权。刘邦经过数年的苦战，终于在五年（公元前202年）灭项羽，取得天下。他采纳了戍卒刘敬、谋士张良的建议，在关东洛阳和关中沣镐之间选择在长安建都。

汉长安位于秦都咸阳东南的渭河南岸，在龙首山之北。汉长安城是丞相萧何督建。他首先傍龙首山建设宫殿主体未央宫，七

1 《史记》卷二十七《天官书》。此处多承李江浙先生指教

2 《史记》卷六《秦始皇本纪》

3 《汉书》卷五十一《贾山传》

4 《史记》卷六《秦始皇本纪》

5 《史记》卷二十六《历书》

年（公元前200年）成，立东阙、北阙、前殿、武库、太仓，规模壮丽有过于长乐宫，目的在于“天子以四海为家，非壮丽无以重威，且无令后世有以加也”[1]。未央宫在长安城内西南隅，周回二十八里，前殿东西五十丈，深十五丈，高三十五丈。台殿四十三所，池十三处，土山六处，宫殿门九十五处。有宣室、麒麟、金华、承明、武台、钩弋等殿。又有殿阁三十二，分别命名寿成、万岁、广明、椒房、清凉、永延、玉堂、寿安、平就、宣德、东明、飞雨、凤凰、通光、曲台、白虎、等等[2]。未央宫建在长安城内西南部的龙首原高亢之地，东汉张衡《西京赋》称未央宫前殿是“疏龙首以抗殿”。“抗”就是举起的意思，说明当时是借地势以增高宫殿的位置。秦汉时期是中国古代高台建筑发展的兴盛时期。在平地上一般是夯筑高台以建宫殿。未央宫则是把宫殿修在斜高的山坡上，从而在造型上更加突出天子地位崇高的强烈印象。

不过，西汉长安的未央宫虽然借龙首山达到了抬高前殿的目的，但却限于地势，位置偏在城内西南隅，这似乎不符合帝居中央的“土中”原则。但是有学者指出，按十二地支定方位，“未”是西南方；而在八卦中，主西南的是坤卦，《周易·坤卦》说：“坤……西南得朋。”[3]按照《周易》的理论，“乾”象征天，“坤”象征地。因此，“未央”一名是在表达该宫位于城的西南即“未位”的中央，正处于《周易》所说的天下地势正中[4]。也就是说，汉朝人以宫殿的命名，仍然表达了汉帝是奉天命而立的不可动摇的神权思想。不过，这也不纯粹是刘邦君臣的发明。实际上，早在周秦之际，中原地区的人们就有以西南为尊的风俗习惯。《尔雅》是中国最早的辞书，由汉初学者缀辑周汉诸书旧文而成。《尔雅·释宫》中说：“西南隅谓之奥。”晋人郭璞注云：“室中隐奥之处。”宋人邢昺疏云：“西南隅最为深隐，故谓之奥。而祭祀及尊者常处焉。”清人郝懿行进一步解释说：汉代“室向东南，开户西南，安牖，牖内隐奥无事，恒尊者所居之处也。”[5]这说明在当时人的风俗观念中，屋内的西南位本来就是长者或有地位的尊者所处之地。都城是帝王之居，其西南隅自然也就是“恒尊者所居之处”了。因此，西汉长安城中的主体建筑未央宫建在城内西南隅，既依山而起，造型上显示出地位崇高的效果；又符合帝王居中央的“土中”神权观念；同时也符合当时社会的普遍观念，达到君权、神权、社会风俗习惯三位一体的高度和谐。

西汉长安城的发展可以分为三个阶段：第一个阶段是汉高祖刘邦以秦兴乐宫为中心建都，将兴乐宫改建为汉长乐宫，又在其西建未央宫。两宫之间建武库。第二个阶段是汉惠帝时修建了长安城廓，并在城内西北设置东、西两市场。第三个阶段是汉武帝时在长乐宫之北建明光宫，在未央宫之北建桂宫、修北宫，在西郊外建建章宫。这是汉长安城市发展的鼎盛时期。西汉长安的城市规模至此大致完备[6]。西汉长安城为不规则方形，缺西北角。“城南为南斗形，北为北斗形”，故《三辅黄图》说：“至今人呼汉京城为斗城是也。”[7]如前所述，汉朝人的观念中，北斗是帝车。从这里可以明显看出，西汉长安的外形模仿北斗，仍然是在按照星象设计、建造都城。汉天子被奉为天上的上帝在地面的化身，即所谓天子。不过，在东汉以后，封建统治者设计都城时已不再简单地模仿天象，而是采取各种手法——如对称、城市中轴线等——努力追求突出皇帝的威严和皇宫的封闭及安全。星象在都城设计中不再那么具体，愈来愈具有虚幻的象征意义。这反映社会阶级对立更加严重，社会矛盾更加激烈。人类社会充满矛盾、斗争的现实改变了都城布局的格式。

如前所述，天象上的天帝居所为紫微垣，又称紫宫，所以地上的帝王的皇宫也就称紫禁城。这种称号一直延续了几千年，直至清朝灭亡。由于帝星（即北极星）在紫宫内之北，所以历朝帝王所居的宫室一般也在皇宫大内的北部。《周礼·考工记》

1 《史记》卷八《高祖本纪》

2 《三辅黄图》卷二《汉宫·未央宫》

3 《周易》卷一《坤卦第二》

4 陈江风：《天文与人文》，北京：国际文化出版公司 1988 年，第 137 页

5 （清）郝懿行：《尔雅义疏》

6 王仲殊《中国古代都城概说》，《考古》1982 年第二期

7 《三辅黄图》卷一《汉长安故城》

说："匠人营国，方九里，旁三门。左祖右社，面朝后市。"[1]《周礼》一书虽然较晚，但反映的却是东周时期儒家的政治理想和国都的理想模式。不过，东周春秋战国之际无论是东周洛邑的王城，还是战国时期齐国的国都临淄，其平面都不是按照《周礼》所说的营国制度布局，而且皇宫都位于都城的西南隅，只有曲阜鲁国都城的平面布局与《考工记》相似。这已经被考古发掘所证明。

就目前所发现的都城遗址而言，东汉末年曹操被封为魏王以后在邺城营建的都城是最早接近按照《考工记》规划的都城。首先，邺城将宫室按照"前朝后寝"的形式建造在一个封闭的宫城内；其次，将宫城设计在全城的中央靠北，更加符合北极的天象；其三，宫城正对邺城南门广阳门，形成一条南北中轴线，宫城内的正殿听政殿和后宫都正处于该中轴线上。"前朝后寝"制度演变来自周代的"前庙后寝"。《礼记·月令》说："仲春之月……寝庙既毕。"汉代学者郑玄解释说："凡庙，前曰庙，后曰寝。"郝懿行《尔雅义疏》解释说："庙是接神之处，其处尊，故在前。寝，衣冠所藏之处，对庙为卑，故在后。"这种制度对于生人所居的"室"来说，就是"前堂后寝"；对于皇帝居住的宫殿来说，就是"前朝后寝"。"前朝"就是皇帝举行庆贺大典或处理重大国务时的正殿，"后寝"就是皇帝及后宫居住和日常处理政务的寝宫便殿。这一形式被曹操用在邺城的规划上以后，几千年来一直被延续下来。

西汉长安城经过东汉末年和十六国时期的混战已经彻底毁坏。隋文帝杨坚在结束了南北朝混乱之际，仍选长安为都城，在原西汉长安旧城址的东南20里亦即龙首山的南侧开阔地择址新建城市，改城名为大兴城，这是因为杨坚在北周王朝中曾被封为大兴公的缘故。《隋书·高祖纪上》：开皇二年（公元582年）六月丙申，诏曰："此城（指西汉长安城）从汉，凋残日久，屡为战场，旧经丧乱。今之宫室，事近权宜，又非谋筮从龟，瞻星揆日，不足建皇之邑……龙首山川原秀丽（按：指龙首山南侧，今西安之地），卉物滋阜，卜食相土，宜建都邑，定鼎之基永固，无穷之业在期。公私府宅，规模远近，营构资费，随事条奏。”“仍诏左仆射高颎、将作大匠刘龙、钜鹿郡公贺娄子干、太府少卿高龙叉等创造新都。”“十二月丙子，名新都曰大兴城。”“开皇三年（公元583年）三月丙辰，常服入新都。”营建隋大兴城的主要人物还有宇文恺，《隋书》本传称其有巧思，多技艺，“及迁都（指大兴城），上（指文帝）以恺有巧思，诏领营新都副监。高颎虽总大纲，凡所规划皆处于恺”。大兴城外的仁寿宫（今陕西麟游县西）就是宇文恺于开皇十三年（公元593年）一手规划营建的，自京师向西北到仁寿宫，中途建行宫12座。仁寿宫中有大宝殿，文帝崩逝于此。大兴殿是皇帝视朝治事的朝宫。还有武德殿为讲武之所，又有文思殿[2]。

唐朝继承了隋朝的都城，改大兴城复称长安城。唐长安城继承了隋大兴城布局并增建了不少宫殿、街市。隋唐长安城是当时亚洲乃至全世界文明的大城市，和当时欧亚各国有着广泛的经济、文化联系。其城市形制也被一些国家在都城建筑中加以模仿。例如日本在公元7世纪初年建造的斑鸠宫和7世纪中叶建造的难波（今大阪）、藤原京（在奈良东部）、平城京（今奈良）、平安京（今京都）都是成条格形的布局，规制严整，有些街道甚至就是以唐长安的街道命名，如朱雀门大街等，布局也均为条坊制。日本学者关野贞《平城京及大内考》在进行比较研究之后认为，“日本平城京（今奈良）大概是参考了当时唐朝的首都西京（即长安）的规划。”

在日本，学术界把平城京、长冈京、平安京，以及日本的所有故都，大都认为是模仿唐代长安城的观点，几乎成为通说[3]。隋唐长安城的布局：宫城位于城中央最北，皇城紧靠宫城南侧，仅隔一条街道，实际是宫城的延伸部分。皇城和宫城两侧及以南

1 《周礼》卷四十一《考工记·匠人》

2 《隋书》卷一《高祖纪》；卷六十八《宇文恺传》

3 拙译《日本宫都和中国的都城》，《中国城市科学》第2期

是居住区。皇城的南门朱雀门向北和宫城的正门广阳门相对，向南经过笔直的朱雀门大街和整座城市的正门明德门相对，从而形成一条城市的南北中轴线，皇城、宫城的所有主要建筑和皇帝所居的太极宫都位于这条中轴线上[1]。这既反映了皇帝作为天子居于“土中”，又反映了天子位北极，居北中的神权思想。虽然隋唐长安城内的“市”是在皇城以南的中轴线东西两侧，不符合《周礼》的营国制度，但就对称这一点来说，也还是模仿星象布置，例如北极星（即天极星、帝星）之北的紫微十五星就是东八、西七排列，因此这样安排也还是为了体现了帝王的尊严。著名中国古建筑学家傅熹年先生在探讨隋唐长安、洛阳的规划原则时指出：隋唐在规划长安、洛阳城时，都是先建宫城，然后以宫城之广、长为基准即所谓模数，按一定比例向四周扩展，皇城、外城都是宫城的相似形。例如，长安宫城的广（按：东西长度）与长（按：南北长度）之比是18.9:1，而自皇城以南的居住区其广与长的比例也是18.9:1，明显是宫城的放大。至于洛阳，也是以宫城的中心部分——大内为基准，把它放大四倍即为皇城和宫城的总和。换句话来说，也就是洛阳全城共计103坊，聚四坊为大内，聚16坊为皇城和宫城的总合[2]。我们可以清楚看出，无论是像长安那样将皇城、宫城置于中轴线上且居北；还是以宫城之广、长为基准，向四周推而广之去建皇城、外郭，其目的都是在于把宫城置于全城的中心，要达到突出帝王居“土中”的神权效果。

明清北京城是中国封建社会最成熟的都城形式。

其一，明清北京城有着突出的南北中轴线，包括外郭、内城、皇城、宫城在内的所有正中的城门和宫内的外朝、内廷的六大宫殿都处于这条笔直的南北中轴线上，无可置疑的向世人显示出帝王作为天子的尊贵地位。

其二，宫城内的外朝三大殿（太和、中和、保和）和内廷两宫（乾清宫、坤宁宫。按：明嘉靖年间在两宫之间建交泰殿，形成和外朝三大殿相似的形式）都是分别建筑在“工”字形的巨大台基上，形成皇家宫殿特有的高台建筑。中国古代高台建筑始于春秋战国，兴盛于秦汉，衰弱于隋唐。例如，战国时期燕有宁台、赵有丛台、魏有范台、秦有章台、鲁有泉台、齐有檀台、晋有九层之台、楚有章华台，等等。秦汉之际，作为高台建筑最为著名的就是秦的阿房宫和汉的未央宫。隋唐以后夯土为台的建筑方法被木结构代替，但在宫殿建筑方面却一直延续下来，以便不但在精神上，而且在建筑形式上表现出天子的君临天下的崇高地位。

其三，如同隋唐长安的建筑一样，明清北京宫殿在设计时也严格利用建筑尺度的比例来象征封建君主的神权地位。都城是国家政治、精神的中心，其内的皇城则是中央统治机构所在地，核心的宫城则是帝居，是天下的中心。在外朝内廷格局的宫城内，外朝三大殿是举行包括皇帝即位等各种重大典礼之处，是国家政权的象征；后两宫是帝后的寝宫，是处理一般政务和休憩之所，是家族皇权的象征。傅熹年先生指出：在明清北京宫殿的设计中，外郭、皇城、宫城的尺度也都有严格的比例关系。例如，北京城外郭与皇城南北长度之比是5.5:1，东西长度之比是9:1。如果就皇城、宫城尺度的关系而言，则是以内廷两宫的尺度为基准，外朝三大殿的东西、南北长度分别是内廷两宫的两倍，包括外朝内廷在内的宫城东西、南北长度分别是内廷两宫的三倍。如果折合成面积，则分别是4:1和9:1的关系。在都城的规划中，宫城内的帝、后居住的寝宫就是一般意义上的“家”，在皇宫内是家族皇权的象征。明清北京都城设计中以后廷两宫（按：后加建交泰殿）为基准，使象征国家权力的皇城及整座都城都是它的倍数关系，成为其放大若干倍的相似形，“实即隐寓一姓世袭为君‘化家为国’之意，目的是在都城规划中体现国家从属于皇权、源出于皇权和皇权涵盖一切、化生一切、无所不在的至高无上的地位。这应该是在规划中采用这种手法在政治上的含义”[3]。

1 宿白《隋唐长安城和洛阳城》，《考古》1976年第6期

2 傅熹年《隋唐长安、洛阳城规划手法的探讨》，《文物》1995年第3期

3 傅熹年《隋唐长安、洛阳城规划手法的探讨》，《文物》1995年第3期；傅熹年：《中国古代城市规划建筑群布局及建筑设计方法研究》（上册），北京：中国建筑工业出版社2001，第24页

对于代表国家权力的外朝三殿，其尺度比例的设计更寓有深意。外朝三殿所在的太和门以内的宫院的东西长度为234米，院内上载三大殿的工字形大台基东西长度为129米，两者之比为1.81∶1，前后比项各扩大五倍就是9.05∶1，实际就是9∶5。傅熹年先生指出："在古代，九与五两个数字相连，只能是皇帝专用的。在《周易》履卦有'刚中正，履帝位而不疚，光明也。'《疏》云：'以刚处中，得其正位，得九五之尊。'同书《系辞下》说：'崇高莫大乎富贵。'《疏》云：'王者居九五富贵之位。'这就是古代以'九五'象征帝位的来源，后世遂以'九五之尊'称皇帝。在前三殿殿廷和工字形大台基之间采用九与五的比例，正是用数字比例关系来隐喻前三殿是九五富贵之位的帝王之宫的意思。"[1]神权思想在帝居建筑设计上的这种匠心运用，经过傅先生的实测和分析首次得到如此清晰的揭示。

其四，营国制度中所说的"左祖右社"，在金元北京城（金称中都、元称大都）的布局早就得到体现，但是"祖"即太庙和"社"即社稷坛，都是在皇城以外、都城以内。在明清北京城，两者都改设在皇城内，分置于天安门的东、西两侧，布局更加紧凑，同时也更加符合《周礼》的规定。

其五，明清北京城在设计和建造中除了通过《周礼》《周易》来突出帝王的尊贵和神权以外，也并没有忘记继承秦汉以来的模仿星象的做法，例如引水自紫禁城西北隅向东南斜贯皇城，名金水河。金水河在宫内特意从正殿太和门前穿过，上架五座石桥，这就是贯彻"渭水贯都，以象天汉；横桥南渡，以法牵牛"的精神，从而使封建帝王的神权地位更加形象和巩固。流经宫城的金水河叫内金水河，宫城外皇城内的叫外金水河。

明清北京城市的这种布局，本身就是为了加强封建统治者的政治地位服务的，不过在神化的外衣下也还有着实际的用处。首先，明清北京城内的皇城、宫城布局更加封闭。这种多层封闭的重城结构，一方面是沿袭前代的礼制，同时也起到重要的保卫作用，加强了统治者的安全。当然，这也反映了封建社会后期阶级矛盾的激化。其次，外朝内廷建筑采取高台建筑的形式，一方面是沿袭历朝制度，另一方面也有其实际的功用。早在春秋时期，诸侯、卿大夫在宅中普遍建高台建筑，除游娱之外也有一旦发生事变时避难的考虑。清朝学者梁履绳《左通补释》中说：《左传》中经常有政变的记载，失败的一方“遇难者每登台而请，乃知古人做游观之具皆有深意”。就北京而言，清嘉庆十八年（1813 年）林清领导的天理教起义中，起义会众从东、西华门分两路攻进皇宫，直抵内廷东、西两门，嘉庆皇帝当时正在承德避暑，皇次子旻宁（即后来的道光皇帝）命令将内廷宫门全部关闭，这才得以避险。另外，金水河实际有在宫中防火的作用。明朝太监刘若愚《明宫室》在叙述金水河的用处时就明白指出：“非故为曲折，以耗物料，盖恐有意外火灾，则此水赖焉。天启四年（1624 年）六科廊灾；六年（1626 年），武英殿西油漆作灾，皆得此水之济。”[2]清朝虽然在宫内设置了各种防火工具，还用石料建筑了防火墙，但金水河的作用仍很重要。例如，1911 年辛亥革命后清朝虽然已经被推翻，但逊帝溥仪等皇室人员仍居住在后宫。1923 年农历五月十三日夜，建福宫突然起火，但是水源短缺，救火人员奉命将神武门西的金水河水闸门提起，增加金水河中的流量，用以灭火。直至次日上午九时大火才完全熄灭[3]。在这次事件中，金水河仍然起到了重要的防火作用。

从以上事例中，我们可以看到，包括明清北京在内的中国古代都城、皇城的布局及建筑设计虽然是遵从礼制和凸显神权思想，但也有其实际的功用。

综上所述，中国古代都城建设中，把“天人合一”思想贯彻在都城设计中，其目的是为了强调君主的神权地位，加强人间的统治秩序，这一点毫无疑义。这种现象在中国历史上可以分为前后两个阶段。以曹魏邺城为分水岭，前期的秦汉时期在都城布

1 傅熹年《中国古代城市规划建筑群布局及建筑设计方法研究》（上册），北京：中国建筑工业出版社 2001，第 25 页。

2 《明宫史》“金集”

3 “威胁故宫的三大灾害”，载《紫禁城》2005 年第 5 期

局中更强调布局模仿具体的星象，后期的魏晋——明清则更多的是通过对称、城市中轴线、高度的封闭性等手段强调皇宫在都城位置的威严和不可侵犯，以及君主的神权地位。星象的因素虽然仍不可缺少，但在都城设计中已不再那么具体，愈来愈具有虚拟的象征意义。其导致这种变化的原因在于人类社会阶级对立的加强和城市建筑美学思想的发展。

第二节　辽南京和金中都城

一、辽南京形成沿革

汉代蓟城乃沿袭战国蓟城之旧，地址未变。学者认为今北京城区西南部的白云观西墙外的一处高土台即是蓟丘，从而推测战国时的蓟城也就在此一带。1974 年发掘结果，发现这土台是东汉一处古城残桓遗址。因此可以断定东汉时期蓟城（今北京）就在今北京东南隅的广安门一带。这处古土城残垣为南北走向，北端向东转，因此这里应是古城的西北角[1]。

唐代幽州城的规模，《太平寰宇记》引《郡国志》云："蓟城南北九里，东西七里，开十门"。据此，唐幽州城（今北京）周长 32 里，约合今 23 里（每一唐里约合今 0.72 里），是一座南北略长，东西略窄的长方形城市。根据已发现的唐人墓志铭文和鲁琪先生的研究，唐幽州城的东垣应当在今宣武区烂缦胡同和法源寺之间的南北一线。烂缦胡同即唐幽州城西城壕；南城垣当在姚家井与祟效胡同之间；西垣当在由白云观西土城台遗址向南经小红庙村之南北一线；北城垣当即在西城区头发胡同、白云观西土城台之东西一线。北京西城区新文化街受水河胡同即唐幽州城之北城壕[2]。唐幽州城内有小城，叫做子城，在城市的西南隅。子城南、西两面依在大城的西南城角，东、北两面城垣是在大城内围筑。子城东门和幽州城的东南门相对，两门之间的街道就是今法源寺前的街道。法源寺在唐代叫悯忠寺，是唐太宗贞观年间所建，用以悼念征辽东战役中死亡的将士。

契丹贵族建立的辽朝，以今北京为南京，利用的是唐幽州城的旧城，只是将子城建筑成皇城并将内外城门按照都城的要求重新命名。《辽史·地理志》载：南京城有八门，“东曰安东（东面偏北之门，简称东北门，下同）、迎春（东南门），南曰开阳（南东门）丹凤（南西门），西曰显南（西南门）、清晋（西北门），北曰通天（北西门）、拱辰（北东门）。”宋使许亢宗《宣和乙巳奉使行程录》也记述说城开八门，正与《辽史·地理志》相符。宋使路振《乘轺录》没说城门数目，而且所举城门名称每与《辽史·地理志》不同，如称东南门曰水窗门，西门曰青音门，北门曰东安门等。原因在于，有些属于后世传写所讹，如青音当是清晋；有些或属当地民间俗称，犹如现代北京人称正阳门为前门一样，北安门当即通天门，水窗门当即迎春门。所谓水窗，又叫做水门，是指装置在城墙下部既可任水流出又可防止人们阴潜出入城的水栅[3]。北京城地势西北高，东南低。辽南京迎春门之所以又称水窗门，应该是这座城门附近有引水出城的水门。

二、北京历史上第一座体现儒家理想的都城——金中都

宋宣和二年（1120 年），北宋与女真族的金朝订立海上之盟，相约南北夹击辽朝。宣和四年（1122 年），金朝在攻陷辽上京、中京、西京之后，同年十二月又陷辽南京（今北京）。宣和五年（1123 年）四月，经过反复交涉，金朝以北宋每年交岁币 40 万，年输燕山代税钱 100 万缗为条件，将辽南京（今北京）及涿、易、檀、顺、景、蓟六州 24 县之地归还宋朝。金人撤出辽南京时，“尽毁诸州及燕山城壁楼橹，要害皆平之。又尽括燕山（即辽南京）金银钱物，民庶寺院一扫皆空。以辽人旧大臣及仪仗车马玉帛辎重尽由松亭关去”[4]。四月十七日，童贯、蔡偹等率宋军进入辽南京城，“入燕山大内（即辽南京皇宫），毁一

1 赵其昌《蓟城的探索》，载《北京史研究》第 1 辑

2 鲁琪《唐幽州城考》，载《北京史论文集》第 2 辑，第 114 页

3 水窗系以铁铸造，置于城墙底部，见《续资治通鉴长编》卷三百四十八载：宋神宗元丰七年（1084 年）八月辛卯，“雄州（治今河北雄县）言：‘……高阳关铸城下九铁水窗，工料以数十万。缘今窗上下城堑坚固，本州最处极边，若置铁窗须开掘城身面三十尺、底十尺……欲渐计工料，候有水窗城随损处修换’从之。”

4《三朝北盟会编》卷十六引《北征纪实》

小殿（兽）吻，受诸将贺”[1]。兽吻、鸱尾是帝王宫殿专用的装饰物，童贯等为避免越制，才下令毁一小殿顶上的兽吻，在此举行贺礼。许亢宗《宣和乙巳奉使行程录》云：宋燕山府“州宅用契丹旧内”。依理推测，宋燕山府时期，原辽南京皇城内的建筑，部分当遭毁损，至少诸殿的兽吻、鸱尾一类饰物已尽行销毁。

宋宣和五年（1123年），金太祖阿骨打死，其弟吴乞买继位，改元天会，是为金太宗，天会三年（1125年），金太宗诏诸将伐北宋。金军兵分二路，东路由宗望率阇母、刘彦宗陷宋燕山府（今北京），随即南下；西路由宗翰率领金军围宋太原府，破宋信德府。十二月丙午，原叛辽归宋的常胜军将领郭药师降金，宗望率金军进入燕山，从此开始金朝在幽燕地区90余年的统治。燕山乃改称燕京。金朝初立中书省、枢密院于广宁（今辽宁北镇），后移平州（今河北卢龙），至此复移置燕京，以刘彦宗为枢密院使。掌管汉地的官员选授、调发租赋等民政事务。刘彦宗又召易州人张通古为枢密院主奏，涿州人赵元为枢密院令史。金熙宗天眷元年（1138年），改燕京枢密院为行台尚书省，直至海陵王天德二年（1150年）欲以燕京为京师时始罢，这距金人占领燕京已有25年。金初的燕京，一度失去其国都的地位，成为金朝南面的一个重镇。

金初既以燕京为军事重镇，其于城市布局亦出于军事目的而相应改动。张师颜《南迁录》云：“忠献王粘罕（即宗翰），有志都燕，因辽人宫阙，于内城外筑四小城，每城各三里，前后各一门，楼橹池堑，一如边城。每城之内，立仓廒甲仗库，各穿复道，与内城通。”宇文懋昭《大金国志》记此事与《南迁录》相同，可能是互为转录。宗翰系金朝国相撒改之子，开国元勋，官至太保领三省事，封爵晋国王。宗望陷宋燕山府在天会三年（1125年）十二月，宗翰卒于天会十五年（1137年），故筑四子城的时间当在此十余年之间。这四座子城在《金史》中不见记载，其他著述中不见提及，当代考古亦无发现，其形制、方位乃至于存在与否，遂成疑案。但《南迁录》《大金国志》

言之凿凿，述之甚详，亦不容轻易否定。学界多认为《南迁录》是一部伪书。确实该书所记史事年代多有错讹不符的地方。但笔者认为，所谓“伪书”多属后人所著但因种种原因而假托前人所著，然而其编纂一般也有根据。金中城直至明初尚存，故关于其形制的记载即使“伪书”也不可能不着边际。（宋）周麟之《海陵集》称“燕京城内地大半入宫禁，百姓绝少。其宫阙壮丽，延亘阡陌，上切霄汉，虽秦阿房，汉建章不过如是。”周麟之语使金国事，“多附会夸诞之词”[2]，但其“燕京城内地大半入宫禁”的印象，或许与内城四隅的子城有关。据《南迁录》和《大金国志》记载，四座子城位于原辽南京皇城四隅。子城和内城并不直接相依，中间有复道相通。所谓复道，即上下各有道路相通的甬道。《汉书·高帝纪》载：“上（刘邦）已封功臣二十余人，其余争功，未得行封。上居南宫，从复道上见诸将往往耦语。”注引如淳曰：“上下有道，故谓之复。”据此可知，宗翰所筑复道，当是在内城和子城之间筑起两道夹墙，城上可行走，地面夹道中亦可通行，故《南迁录》又称此为“甬道城”。子城开门，一门临子城外，以便出击或退守；一门在夹城内，以通内城。这四座于内城四隅突出的子城，犹如动物的四足，消灭了守城的死角，可以从各个角度歼灭攻城之敌，其形制在中国城市建筑史上似乎前所未有。海陵王在此营建金中都城时，曾欲平毁这四座子城，后被翟天祺谏止，保存如故。

金熙宗皇统九年（1149 年）十二月，平章政事完颜亮（宗干之子）与附马唐括辩、左丞相秉德等弑熙宗于寝殿。完颜亮篡取帝位，改元天德，是为海陵炀王。海陵王弑熙宗而自立为帝，为镇压宗室贵族的反抗，大杀宗室诸王，其中包括太宗子孙 70 余人、宗干子孙 30 余人、诸宗室 50 余人。虽然如此，他在上京

1 《三朝北盟会编》卷十六引《北征纪实》

2 《四库全书简明目录》卷十六《集部四·别集类三》

仍不能高枕无忧，时时要提防宗室贵族发动宫廷政变；加之，金上京会宁府（今黑龙江阿城）偏在一隅“供馈困于转输，使命苦于驿顿”[1]，于是不顾女真旧贵族按答海（宗雄次子）等人反对，决意迁都燕京。

在海陵王迁都前，原在燕京的辽宫室仍基本保存。《金史·世宗纪下》载：大定二十八年（1188 年），世宗谓宰臣曰：“宫殿制度，苟务华饰，必不坚固。今仁政殿辽时所建，全无华饰，但见它处岁岁修完，惟此殿如旧，以此见虚华无实者，不能经久也。”据此可知，即使在海陵王营建中都城以后，原辽南京宫殿也有部分得以保留。天德三年（1151 年）三月壬辰，海陵王“诏广燕城，建宫室”。四月丙午，海陵王“诏迁都燕京”[2]。数日之后，有司呈上燕城宫室制度图样。其先，海陵王曾遣画工至原北宋都城东京（今河南开封）绘其“宫室制度，至于阔狭修短，曲画其数”[3]。燕京宫室制度实即仿原北宋东京（今河南开封）制度。同年闰四月，海陵王将尚书右丞张浩调选燕京，主持营建新都事宜。参与其事的还有燕京留守刘筈、大名尹卢彦伦、工部员外郎韩锡，以及苏保衡、翟永固、李石等，由张浩总其事。张浩取真定府（今河北正定）潭园材木、营建宫室。其间，秘书少监张仲轲为中伤张浩，奏言潭园材木低劣不可用。海陵王揣度仲轲受真定人士请托，遂免其官。营建新都工程自天德三年（1151 年）至贞元元年（1153 年），历时三年。因工程浩大，工期又急，从役的百余万工匠、民夫挣扎劳作，倒毙者不计其数。《金史·张浩传》载：“既而暑月，工役多疾疫。诏发燕京五百里内医者，使治疗，官给药物，全活多者与官，其次给赏。”这是由于役夫疾疫、倒毙严重影响工程进展，故海陵王以赏官的办法募医者给民夫治病。这也从一个侧面反映了营造新都的工匠、民夫的悲惨命运。贞元元年（1153 年）三月辛亥，海陵王至燕京。乙卯，以迁都诏中外，改燕京为中都（今北京），府曰大兴，汴京为南京，中京（今内蒙古宁城西）为北京。为防止留居上京的女真贵族作乱，正隆二年（1157 年）海陵王“命吏部郎中萧彦良尽毁上京宫殿、宗庙、诸大族邸第及储庆寺，夷其址，耕垦之”[4]。由此，更加巩固了金中都作为金朝政治中心的地位。

金朝营建中都的工程比较仓促，工程质量势必难保，在竣工后的第七年，中都城垣即出现崩坏，“正隆四年（1159 年）二月丁未，修中都城”[5]。中都城的维修由京师防城军中的牢城军承担，充当牢城军的都是犯过盗窃罪的人，处罚后使其为牢城军“以充防筑之役”[6]。

中都城地处今华北平原北端，踞此可分控南北，对于统治黄河以北大部分的金朝来说，具有重要意义。正隆六年（1161年），金东京留守、曹国公完颜雍乘海陵王南伐南宋之机，据东京（今辽宁辽阳）称帝，改元大定，是为金世宗。当时，其属下对于首先占领上京，还是首先占领中都，曾有歧议。李石奏曰：“正隆（海陵王）远在江淮，寇盗蜂起，万姓引领东向，宜因此时直赴中都，据腹心以号令天下，万世之业也。”[7]张玄素亦力主其议。金世宗遂纳李石、张玄素之义，“十一月辛巳，以如中都期日诏群臣”[8]，天下风从，海陵王陷入进退失据的困境。同月乙未，金浙西兵马都统制完颜元宜弑海陵王于帐中。十二月，金世宗至中都（今北京），牢牢控制了金朝政权。金中都的地位远非辽南京可比。辽南京之于辽朝，只不过是五京之一，且辽帝以四时捺钵的方式统治全土，政治中心本无定处。而金中都“地处雄要，北倚山险，南压区夏，若坐堂隍、俯视庭宇，……燕盖京都之选首也，况今又有宫阙井邑之繁丽，仓府武库之充实，百官家属皆处其内，非同昔日之陪京也”[9]。因此，如果说辽南京时期是古代北京由区域城市向都城的过渡，那么金中都时期它已成为中国北部的政治中心，从城市的职能上来看，已具有都城的特征。

金中都城不但在政治职能上具有了都城的特征，而且在城市

1 《建炎以来系年要录》卷一百六十二

2 《金史》卷五《海陵王纪》

3 《金虏图经》

4 《金史》卷二十四《地理志上》

5 《金史》卷五《海陵王纪》

6 《金史》卷四十四《兵志》

7 《金史》卷八十六《李石传》

8 《金史》卷六《世宗纪上》

9 《金史》卷九十六《梁襄传》

的布局和形式上也具有了中国古代都城的各种特征和要素。例如辽南京由于是继承的汉唐幽州城，所以皇城即原旧城的子城是位于大城的西南隅。如果我们考虑到汉唐幽州城有可能继承的是战国时期的燕国都城蓟都的话，这就是一个很有意思的现象。因为，考古勘查表明，春秋、战国时期的今洛阳东周王城、今山东临淄的齐国都城临淄、今陕西凤翔县的秦都雍城、今河北邯郸的赵国都城邯郸的布局中，天子或皇帝所居的皇城、主要宫殿区都是位于大城即外郭的西南隅[1]。很可能这是当时中原地区都城的具有代表性的格局。这种布局反映出来的就是前已分析的，古人以西南位为尊的观念。自战国以后，蓟城已不再是都城，所以历朝历代对这座城市的布局也没有加以在意。汉代，虽然它曾是皇帝分封宗室诸子燕王的王都，但其布局不可能按照天子国都的形式即皇城居中的样子来改造。那样的话，会有僭越之罪。因此，这种改变只能出现在金代，即金海陵王在这里建造金朝的都城——金中都的时候。

天德三年（1151 年）三月壬辰，海陵王“诏广燕城，建宫室”。四月丙午，海陵王“诏迁都燕京”[2]。燕城宫室制度实即仿原北宋东京（今河南开封）制度。海陵王迁都诏曰“广阡陌以展西、南之城。”[3]但考古发掘证实，海陵王营建中都城，实际上是将旧城的外城郭东、西、南三面均扩展了约三里。推测拓展西、南两面，是规划时的设想；而拓展东、西、南三面，则是实际施工时的变动。

1958 年，北京大学阎文儒先生对金中都遗址进行了考察。1965—1966 年，中国社会科学院考古研究所又对金中都城的四至进行发掘和勘测。兹简述其发现如下：

（一）金中都的东垣

四路通村以北是今永定门火车站，过去这里曾有一道南北方向的土岭，称窑岗子，至今火车站北也还有一道百余米长的土岭。建火车站时，曾在窑岗子内外发掘出几百座汉代及辽代墓葬。自窑岗子向北是陶然亭公园，再北的地方称窑台，从地名可知这里过去曾有高出周围平地的土丘。以上土岭、土丘，都就是金中都东城墙的遗迹。由窑台向北是黑窑厂胡同，街道西边还存在着较高的台地。由此再北，则为位于今北京宣武区虎坊桥以北的梁家花园。梁家花园也是被研究辽金燕京城故址的学者普遍注意的地方。据明人刘定之《呆斋集》记载：梁氏园外有废城，称萧太后城。当地人常在这里取土，或掘作墓地。孙承泽《春明梦余录》也记载：梁家花园在废城边，城东有渠。《光绪顺天府志》也记载：虎坊桥下旧有枯沟。这条梁家花园废城东的枯沟应当原是金中都的东护城河。金中都东城墙的南端在四路通村，北端则在依此一线向北延伸与金中都北城墙会合的宣武门内翠花街以西。金中都东城墙经实测约有4510米。

（二）金中都的南垣

在北京丰台区凤凰咀村以南不远，有一道自西东流的灌田渠水，应是金中都南护城河的遗迹，而金中都的南城墙则应在这道渠水之北。从凤凰咀土城遗址向东延伸，所经万泉寺、石门村、霍道口、祖家庄、菜户营等地，也有连续不断的土丘形城墙遗迹。但从右安门大街以东，就没有遗迹可见了。然而，虽然金中都的东南角没有遗迹可寻，但只要从凤凰咀经万泉寺、石门村、霍道口、祖家庄、菜户营等地的土城遗址向东延伸，其与金中都东城墙（下有详述）会合之点，必定是金中都城的东南角无疑。这一会合点就是今永定门火车站以南的四路通村。金中都南城墙经实测约有4750米。

（三）金中都的西垣

金中都的西城墙目前还有很多遗迹，分布在今北京广安门外的马连道仓库、蝎子门、高楼村、凤凰咀村一带。城墙的北端在

1 中国科学院考古研究所洛阳发掘队《洛阳涧滨东周城址发掘报告》，《考古学报》1959年第2期；群力《临淄齐国故城勘探纪要》，《文物》1972年第5期；山东文物管理处《山东临淄故城试掘报告》，《考古》1961年第6期；陕西省雍城考古队《秦都雍城钻探试掘报告》，《考古与文物》1985年第2期；邯郸市文物保管所《河北邯郸市区古遗址调查报告》，《考古》1980年第2期；河北省文物管理处等《赵都邯郸故城调查报告》，《考古学集刊》第4辑

2 《金史》卷五《海陵王纪》

3 《建炎以来系年要录》卷一百六十二

军事博物馆南的黄亭子，南端在凤凰咀村。

（四）金中都的北垣

金中都的北城墙也就是唐幽州城和辽南京旧城的北城墙旧址，没有什么改变[1]。原在白云观北有一段古土城遗迹，1958年踏勘时已经无存。从白云观向西约一公里，有会城门村。会城门是金中都北城偏西的城门，今城门虽早已不存，但城门的名称却保留下来，是确定金中都北城墙位置的重要依据。自会城门村再向西、至黄亭子，金中都北城墙向西延伸到这里和西城墙北端相接。黄亭子是金中都城的西北角。金中都北城墙经实测约4900米。

中国古代都城有引水贯穿城市以象征天汉的理论，例如秦始皇“筑咸阳宫，端门四达，以象紫宫；引渭水贯都，以象天汉；横桥南渡，以法牵牛”[2]。金朝建造中都城时，拓展了旧辽南京的西、南两面城墙之后，正好将洗马沟（今莲花河）入原西城壕并由东南门外流注古永定河（今凤河、凉水河）的这一段河道括入城内，而呈现河水贯都的天汉之象，在皇城南门外架设的龙津桥又呈现牵牛之象[3]，从而更加突出皇帝贵为天子的神权地位。括入城内的这段河道成为金中都的金水河，该河自龙津桥向东南流，在中都城东南隅经水关穿城而出。1990年9月在今北京右安门外以西的玉林小区园林局宿舍楼工程基地发现了这处水关遗址。该水关处于中都景风门（南东门）之西侧城墙下，呈南北长方形，城内入水口处呈喇叭口。水关以石板铺底，石板下衬有粗大方横木，方横木下又有成排地钉和横方木用榫卯相接。入水口处石板用大铁钉和方横木固定，石板之间则用银锭铁固定，因此整体结构非常坚固[4]。

金中都皇城大致就是原辽南京皇城的位置，也就是原唐幽州子城旧址。辽南京皇城本是傍大城西南隅。但是，金朝营建中都时，由于将外城郭东、西、南三面各向外扩展约三里，所以皇城的位置就变成几乎位于城市中部，从而突出了天子居天下之中的地位。这样一来，金中都城市的布局就基本符合了东汉末年以后中国封建都城的礼制。路振《乘轺录》说：辽南京皇城

"幅员五里"。《大金国志·燕京制度》记载说金中都皇城的"四围凡九里三十步"。由此可知，金中都皇城规模比旧辽南京皇城略有扩展，主要是南部略有延伸。金中都皇宫内宫殿林立，"瓦悉覆以琉璃，日色辉映……图画莫克摹写"[5]，其盛况远非昔日辽南京宫殿可比。《大金国志·燕京制度》称金中都皇宫中"内殿凡九重，殿凡三十有六，楼阁倍之。正中位曰皇帝正位，后曰皇后正位。位之东曰内省，西曰十六位，乃妃嫔居之"。

如前所述，《周礼·考工记》中说"匠人营国，方九里，旁三门……左祖右社，面朝后市"。《周礼》一书虽属晚出，但无疑是后人对西周礼制的追述和儒家政治理想的体现。"匠人营国"一语中的"国"就是指国都而言。但是在实际考古勘察中所发现的西周和春秋战国时期的都城很少有符合这一规划的。真正在都城布局中实现这一理想的是东汉末年曹操经营的魏王都邺城，宫殿区位于全城的中央偏北，处于外郭正南门和王宫正南门形成的城市南北中轴线上。这一模式基本符合周礼的要求，并被以后唐宋历朝历代所遵循。金中都既然是仿照北宋都城东京开封规划、建造的，自然也就体现了这一精神。

金中都皇宫正殿大安殿和其北的常朝便殿仁政殿都位于金中都宫城内的中路，就整座城市而言也就是位于自南而北的都城正南城门丰宜门、皇城正南门宣阳门、宫城正南门应天门、外朝正门大安门、内朝正门宣明门和政和门、皇城正北门拱辰门、都城正北门通玄门所形成的城市南北中轴线上。

海陵王营建金中都城时，已是南宋高宗绍兴二十一年（1151年）。在宋朝，自北宋中叶以后，由于商业经济的发展，诸大城市封闭的坊里制度已经彻底崩溃。金中都城既然仿照北宋东京制度营建，自然不再保持旧的坊里制度。考古勘察发现，金中都城

1 赵其昌《金中都城坊考》（载《首都博物馆国庆四十周年文集》）"军事博物馆往南数百米有会城门村，此处应是金中都北城墙会城门旧址所在。旧址北面东、西两侧仍有濠沟歼迹，当原是护城河道。当地在零星施工中，出土了不少大型条石，当是原城基或护城河桥梁用石。如果以会城门旧址为准，往东、西作引线，金中都北城墙可以复原。但是这条延伸线与1974年笔者（即赵先生）在白云观以西发现的东汉至唐、辽的蓟城西北城角向东的引线，南北相距百米左右。"因此，赵文认为金中都的北城墙也向北有扩展，虽无文献记载，有遗址为证。这一观点颇为重要，且录之待考

2《三辅黄图》卷一"咸阳故城"

3 牵牛，星宿名，又称河鼓，在天汉之南，象天军之鼓

4 北京市文物研究所《北京考古信息报》，1991年第1期

5《北辕录》，载陶宗仪《说郛》卷五十六

的中心部位，其布局仍保持辽南京时的坊制格局，这是因为营建中都时对旧居民区不曾重建的缘故。但是在金中都城的扩建部分，则完全采用开放式的坊巷制。金中都城西南部，经钻探发现，这里的东西方向街道大多是一些平行的等距离的胡同。另外，仍保留在今北京宣武区的故金中都城东部，即宣武门外大街及其东部的一些南北方向的胡同，如椿树胡同、陕西巷等，也是金中都街道的遗迹[1]。这些平行的胡同都是以城市的主干道为轴线，在两旁排列的。金中都的城市布局，混合着“坊巷”和“坊”两种新老格局，这是在当时中国南北城市中普遍存在的现象，反映着中国古代城市由封建社会中期向后期的过渡。商铺和居住区混杂在一起，这表明封建社会前期封闭的坊市制度至此已经彻底瓦解。但是旧的市墙、市门也并没有拆除，只不过是徒具形式，工商业的经营已不受“市”这一固定封闭范围的约束。

金中都虽不复存在封闭式的坊制，但在城市布局上仍以坊相称，只是这时的坊不再是四周有坊墙，中有十字街通四面坊门的坊，而是一段段的街道，故又称坊巷。金中都城内计有62坊[2]，比辽南京时多36坊，这是由于城郭扩展后，居民区也相应扩大了的缘故，金中都的出现在北京城市发展史上具有里程碑的意义。它是今北京由北方重镇——幽州蓟城发展到全中国的政治、文化中心——元大都、明清北京城的转折点。金中都城的出现开辟了北京城市发展的新纪元。历元明清三代，北京以全中国政治、文化中心的崭新面貌登上中国历史舞台，从而最终完成了中国封建社会发展过程中统一都城自西北关中地区向东北部地区的转移。

第三节　元大都城

蒙古灭金之后占领了北京地区。1227年成吉思汗死，其后数十年间蒙古宗室贵族内部展开展开了激烈而残酷的夺位斗争，毒杀、赐死、战争不断。1260年成吉思汗之孙忽必烈即大汗位于开平（今内蒙古正蓝旗境内），建元中统，这就是历史上赫赫有名的元世祖。元世祖平定了蒙古旧贵族的武装反抗之后，以旧金中都城东北隅的原金太宁宫（东至今故宫，西至今白塔寺）为中心，建造新的都城即后来的元大都。元大都城的建造工程从至元四年（1267 年）正月开始，至元二十年（1283 年）十一月大都宫殿、宫城、皇城及外城城郭全部建成；至元二十二年（1285 年）正式投入使用。

元大都城的设计者是忽必烈的谋士、汉族士人刘秉忠和他的学生赵秉温。刘秉忠是忽必烈的亲信重臣，元朝的国号和都城的命名都是出自他的建议。他按照《周礼》的要求设计大都城的布局，由于没有旧城的制约，所以元大都城比旧中都城更加符合《周礼》的要求。

《元史・地理志一》记载，元大都城周长 60 里，今实测 2.86 万米。

元大都的北城垣在今北京海淀区北土城一线。

元大都的南城垣在今东、西长安大街南侧。今建国门古观象台是元大都城的东南。

也就是说，元大都的南城墙和北城墙都比明清时期北京城的南、北城墙靠北。现在北京城比元大都整体向南平移的平面布局，是明代改变的。

元大都城的东、西城垣是今北京东直门、朝阳门一线和阜成门、西直门一线。明朝建造北京城时，东、西两面城墙没有改动。

元大都共有 11 座城门。南面三座：顺承（后世改为宣武门）、丽正（后世改为正阳门）、文明（后世改为崇文门）。北面两座：健德（后世改为德胜门）、安贞（后世改为安定门，遗址在今安定门小关）。东面三座：光熙（今名广熙门，遗址在东城

1 徐苹芳《古代北京的城市规则》,《环境变迁研究》第 1 辑

2 《元一统志》卷一《坊郭乡镇》

区和平里东)、崇仁(后世改为东直门)、齐化(后世改为朝阳门)。西面三座:肃清(今名小西门,遗址在海淀区学院南路西端)、和义(后世改为西直门)、平则(后世改为阜成门)[1]。

大家都很熟悉,意大利商人马可波罗在元世祖至元年间来到中国,还曾一度在元朝政府中任官,后来回到欧洲,写下了著名的《马可波罗行纪》(又译《马可波罗游记》)。他在书中对元大都(今北京)城有一番描述,城市"周围有二十四里,其形正方,由是每方各有六哩,环以土墙(按:拉施特《史集》说元世祖晚年曾计划用砖石敷砌城墙,但因去世而没有来得及实现。据《析津志》记述,直到元末,大都城也只是西城角上约略用砖而已),墙根厚十步,然愈高愈削,墙头仅厚三步;遍筑女墙(按:又叫女儿墙、压檐墙,这里指城墙上面的矮墙),女墙色白,墙高十步。全城有十二门(按:误,应为11城门),各门之上有一大宫(按:即指城楼),颇为壮丽。四面[城墙的每一面]各有三门(按:误,北面只有二城门)五宫,盖每角亦各有一宫(按,指元大都城的城墙上四隅各有一个角楼),壮丽相等。宫中有殿广大,其中贮藏守城者之兵杖。街道甚直,此端可见彼端,盖其布置,使此门可由街道远望彼门也。城中有壮丽宫殿,复有美丽邸舍甚多。城中央有一极大宫殿,中悬大钟一口(按:指钟楼。元代钟楼在城市接近正中,明朝初年将元大都城北部缩减到今德胜门一线以后,钟楼的位置就变成城北)……每城门命千人执兵器把守。""全城中划地为方形,划线整齐,建筑房舍。每方足以建筑大屋,连同庭院园囿而有余。以方地赐各部落首领……方地周围皆是美丽道路,行人由这往来。全城地面规划有如棋盘,其美善之极,未可言宣。"意大利旅行家鄂多立克于元英宗至治二年到泰定帝泰定五年(1322—1328年)期间在中国境内漫游,其间在北京居住了三年。在他写的《东游录》中是这样描写元朝中后期的大都城的:在旧金中都城的半里之遥,是鞑靼人(按:即蒙古)另建的大都城。两城之间也有大量居民。大都城中"有一座大宫殿,城墙周长约四英里(按:指皇城),其中尚有很多其他壮丽宫殿。在这道城墙内，还有第二层围墙（按：指宫城）……总之，他居住的宫殿雄伟壮丽，殿基离地面约两步高”，整座城市“是世界最井井有条者”。

金中都皇城虽然已经位于城市中心，成为内外环围的重城布局，但皇城和宫城却为前后套院形式。元大都则由外城、皇城、宫城三重城墙环围，已经形成唐宋以来典型中国封建社会后期都城布局，并被以后明清相沿不改。在元大都城中，外城、皇城、宫城的正南门丽正、灵星、崇天门和皇城的正北门后载门形成了从南到北的中轴线。宫城内的外朝正殿大明殿和内廷中的中心建筑延春阁都处于这条中轴线上。中轴线的最北端就是钟楼，在今鼓楼西的旧鼓楼大街。元大都城市的中轴线比明清北京城的中轴线略微偏西。

《马可波罗行纪》中记述：元大都城“其形甚方”，“街道甚直，此端可见彼端，盖其布置，使此门可见彼门也”[2]。元大都城内的居民区就是用这些横竖交错的街道分割成50坊。商店、官署、居民全部混杂在这些坊中。这些坊已经是全新的、开放形式的居住区，彻底摒弃了金中都那种封闭和开放混杂的过渡形式。

元朝是中国封建社会后期最为辉煌的时期，元大都城（今北京）作为元朝的都城举世闻名。从国内政治地理角度来看，自隋唐大运河出现以后，幽燕之地就已经具有“南控江淮，北连朔漠”，位于天下之中的优势。因此，历朝封建统治者要想全面控制国家的政治局势，“驻跸之所，非燕不可”[3]。在忽必烈即大汗位之初，他的谋士、汉族士人郝经总结这种政治地理优势为：“东控辽碣，西连三晋，背负关岭，瞰临河朔，南面以临天下。”[4]我们应该认识到，在中国大地上尚没有出现新的交通工具以前，北京的这种政治地理优势自隋唐以后是始终存在的。只有资本主

1 《元史》卷五十八《地理志一》

2 《马可波罗行纪》（冯承钧译，党宝海注），石家庄：河北人民出版社 1999，第318页；《鄂多立克东游录》何高济译，北京：中华书局 1981，第73页

3 《元史》卷一百十九《木华黎传》附霸突鲁传

4 《郝文忠公集》卷三十二《便宜新政》

义新的生产力——蒸汽机的出现，才扭转了中国封建社会中这种政治地理格局。

第四节　明清北京城

一、明代北京城

朱元璋建立了明朝政权以后，建都南京。这不但是因为当时元朝蒙古贵族政权还占据黄河以北地区，元大都还在元朝控制之下，更主要的是当时天下水旱饥荒，北方遍地尸骨，村无炊烟。新的政权只有背负江淮富庶产粮区才有生存的保障。所以即使明朝将元朝蒙古贵族势力完全驱赶到长城以北以后，在长达30多年的时间里也仍以南京为都。在这段时间里，明朝政府只是不断地向北方山东、河北、北京（时称北平）等地移民，力图尽快恢复北方的农业生产。

朱元璋死后，皇太孙继承皇位。驻守在今北京的朱元璋之子燕王朱棣率军攻陷南京，夺取帝位。这就是历史上的明成祖。明成祖出于政治上的考虑，从即位之初就在进行从南京迁都北京的计划。首先宣布以北平为北京，给以陪都的地位。其后又派大臣到各地采集木料，准备建造北京宫室。又营建山陵于北京昌平。在进行了一系列的物质准备和舆论准备之后，明成祖永乐十四年（1416年）正式开始大规模营建北京都城的工程。在明初大将军徐达率领众将领占领元大都城的时候，就因为考虑到大都城市过于空阔，不便防守，将大都城的北城墙向南移五里，到今北京安定门、德胜门一线。现在明成祖要在北京建都，缩小的元大都城就显得过于狭小。所以在这次营建北京都城的时候，永乐十七年（1419年）就将原来的元大都的南城墙也顺势向南移三里，到今北京宣武、正阳、崇文门一线。这样，计划中新建的皇城南墙和北京城的南城墙之间才有了一定的空间。这就是现在的天安门广场。明清北京城的内城区由此最终确定，这也就是今北京二环路以内的城市中心区[1]。明初北京城南面三门，其他三个方向分别是两门，计有九门：北面是安定、德胜二门，分别与其北的旧元大都安贞、健德二门相对。东面是东直、齐化（后改朝阳）。西面是西直、平则（后改阜成）。南面是丽正（后改正阳）、文明（后改崇文）、顺承（后改宣武）。

永乐十八年（1420年）九月明成祖宣布以北京为京师，南京为陪都；十一月宣布迁都北京。十九年（1421年）将皇室和满朝文武全部迁到北京。明成祖永乐年间营建北京城和元代营建大都城一样，都是先建宫城、皇城而后及北京城郭，也就是按由内及外的顺序修建。史称经过这次营建以后北京城市更加宏壮，其实这只是相对于故元大都城而言。如果与后世相比，当时的北京城仍然还很简陋，城墙外侧敷砌的小砖是利用的元朝旧砖，凸凹不平；内侧仍然是元代的土城墙。虽然各城门都建了瓮城，但城楼低矮。但是，由于在迁都到北京的当年（1421年）四月，北京皇宫的外朝三大殿不慎失火，全部焚毁。次年（1422年）内廷乾清宫又失火，焚毁皇帝和皇后居住的乾清、坤宁二宫，这一系列事变对于通过战争手段夺得帝位的明成祖来说，是一个沉重的心理打击。他出于对天意示儆垂戒的惧祸心理，同时也是国库财力不继，终其一世再也没有修建北京城市的举动。直到明英宗正统五年（1440年）重建外朝三殿和内廷二宫之前，明帝始终是“御奉天门受朝”。

明仁宗、宣宗之世一度打算回迁南京，并且宣布了以南京为京师，北京为陪都。但是朝廷实际并没有迁回南京，明朝皇帝和政府实际还是在北京治理这个国家。宣德十年（1435年）明宣宗去世，皇太子朱祁镇即位，改元正统。这就是明英宗。明英宗遵循明成祖永乐之制，在正统六年（1441年）宣布恢复以北京为京师。从此北京一直作为明朝的都城，再没有变化。

明朝初年，成祖永乐十八年（1420年）的年底波斯国王沙

1 《明太祖实录》卷三十四 洪武元年（1368年）八月丁丑；《明太宗实录》卷二百十八 永乐十七年（1419年）十一月甲子

哈鲁派遣的使团抵达北京，当时明成祖已经宣布迁都北京，北京城也刚刚竣工。随行的盖耶素丁写的《沙哈鲁遣使中国记》中记述说：使团于12月14日抵达北京，“天还没有亮时抵达城门。北京是一座很雄伟的城市，城池四边各长一法儿珊。在城池周围，由于仍在兴建，有用十万根各长五十腕尺的竹竿搭成的架子。因为天尚早，城门还没有打开，使臣被允许从正在兴建的城楼入城，并在皇城门前停留。在通往内城的入口处，铺有一条用整齐石头砌成的长七百步的道路。”[1]该行纪对明代北京皇宫记述颇详，而对城市的记述却很简略。明孝宗弘治元年（1488年）朝鲜官员崔溥乘船遇台风，漂流到中国浙江，被送到北京，住在玉河桥会同馆（又叫玉河馆、里馆），后经东北陆路回国。其著《漂海录》中对北京的描述：“京城即元之大都，永乐间增广修筑。城门有九……城之中又有皇城。”吏、户、礼、兵、工、刑六部中，除刑部外，其他五部和五军都督府、宗人府、钦天监、太医院、鸿胪寺、锦衣卫、翰林院等中枢机构和皇家机构都在皇城长安左、右门以南。此外，诸如刑部、大理院、都察院（按：在今民族宫一带）、五城兵马司，以及府军等诸卫、顺天、宛平、大兴等地方政府的官衙也都在城中。北有皇陵区——天寿山（今十三陵），西北有西山、香山、仰山、韩家山、潭柘、五华诸山。城市还有南北两个水泽区，叫做海子[2]。

如上所述，从明太祖朱元璋洪武年间到明英宗正统六年以前的70余年中，明朝政府在都城定址的问题上屡有变化。这是什么原因呢？笔者认为，这要分两个方面来看。首先，明成祖朱棣迁都北京，这肯定和其政治意图有关。他作为燕王驻守北京（时称北平），担负着防止蒙古旧元势力卷土重来的守土御边重责，在诸王当中是军事力量最强的一个；论才能也在朱元璋的其他皇子之上。只不过由于皇家礼法规定的皇帝传位于嫡长子的制度，他才没有得到合法继承皇位的机会。由于皇太子先于朱元璋去世，所以朱元璋以皇长孙为皇位继承人。皇长孙朱允炆生长在深宫大院，与分封在外的且在战争中久经沙场的诸皇叔相比，无论在年龄上还是才能上都远远不及，这就为朱元璋死后的皇室动乱埋下了隐患。朱元璋在位时为了保住家族的皇位，制造冤狱，大杀功臣，动辄牵连数万人，其残忍前所未有。但是，对于皇室内乱，他显然没有充分的准备。然而，作为即将继承皇位的皇长孙朱允炆，坐在南京却感受到了远在千里之外的诸皇叔的威胁。洪武三十一年（1398 年）闰五月朱元璋死，朱允炆即位为惠帝，改明年为建文。六月，他就与亲信定议削弱分封诸王的势力，派二十四人充采访使，分行天下，搜集诸王的所谓罪证，并下令剥夺诸王对部下文武官吏的统管权。他罗织罪名，在不到一年的时间里，就废除了周王、湘王、齐王、代王、岷王，其中湘王被迫自焚。对拥有重兵的燕王朱棣，他也派亲信到北平进行监视，进而派大军分驻开平、山海关、临清，对北平形成三面包围之势。在这种情况下建文元年（1399 年）七月燕王朱棣在北平发动了所谓靖难之役，并于建文四年（1402 年）六月攻陷南京。史称当燕军进入南京城时，“宫中火起，帝（指朱允炆）不知所终”[3]。从后来太监从火中找出了皇后尸体的情况判断，惠帝朱允炆大概是在绝望之中点燃宫室全家自焚了。

客观地说，明惠帝朱允炆急于削藩，对于巩固帝位来说，有其合理的理由，只不过操之过急，不分青红皂白地乱来一通，结果宗室之内死的死、废的废、反的反，局势大乱，终于不可收拾。但是，从另一方面来看，即使不发生这些事情，燕王朱棣也不会久居人臣的地位，夺位的事情早晚也会发生，只不过历史的场景将会是另一个画面。

中国封建社会中皇权的地位在传统观念中是从不可怀疑和动摇的，所谓“君要臣死，臣不能不死”就是这一铁的法则的生动体现。正缘于此，朱元璋才在大杀拥有重权的功臣时，对分封在外的诸皇子却意外地放心，甚至破例允许燕王朱棣利用旧元政

1 《沙哈鲁遣使中国记》（何高济译），北京：中华书局 1981，第 117 页

2 葛振家《崔溥“漂海录”评注》，线装书局 2002，第 161—162 页

3 《明史》卷四《恭悯帝纪》

权皇城旧殿作为燕王的王府；也正缘于此，明惠帝朱允炆在即位以后才能轻而易举地逼废了五位藩王。而燕王朱棣即使举兵，开始时也只能祭起“清君侧”的法宝，不敢把矛头指向真正打算消灭他的惠帝。只有在建文四年（1402年）正月燕军已经攻陷河北、山东各地，进军到江苏徐州，稳操胜券时，游戏的法则已由“君要臣死，臣不能不死”变成“成者王侯，败者贼”。这时，朱棣才不再遮遮掩掩，断然拒绝惠帝一再提出的割地求和请求，以极其惨烈的形式公然夺取了帝位。当我们了解了这些背景之后，就会理解明成祖朱棣在南京皇帝宝座上的不安或者说惶恐。因为，只要在南京，一草一木都会使他想起自己僭越者和杀侄夺位的罪名，每时每刻都会感到道德的鞭挞，这是令人难以忍受的沉重心理负担。正如一个罪犯急于离开犯罪现场一样，明成祖朱棣也急于离开南京，寻找一个使他能够感到心安的地方，这当然就是他所谓的龙升之地——北京。这是明成祖永乐之世迁都北京的首要原因。

笔者的这个分析并非凭空猜想。我们可将金朝海陵王从东北上京（今黑龙江阿城）迁都到北京（时称中都）的事例，与明永乐之世迁都北京作一比较。金海陵王和明成祖都是弑君篡位当上的皇帝。但海陵王贞元元年（1153年）迁都以后，贞元三年（1155年）就将太祖以下各帝包括被他杀死的金熙宗的梓宫迁到了北京，营建皇家山陵，借助神权巩固自己皇位和新都城的正统性。反观明成祖，他在迁都北京的时候，并没有将明太祖朱元璋的孝陵迁到北京，尽管这样作对他政治上有利。今北京明代皇家陵寝十三陵，最早的一个就是明成祖的长陵。明太祖朱元璋的孝陵始终是留在了南京。很明显，在迁都到北京的时候，明成祖朱棣对南京的一切都是有所避讳，更遑论对他有着沉重道德压力的孝陵。

不过，我们也不应该过于低估明成祖的政治勇气和谋略。以上的分析只是迁都的原因之一。朱棣在明太祖洪武三年（1370年）四月被封为燕王，十三年（1380年）就藩。但是直到洪武二十三年（1390年）以前，明朝防御北边和深入沙漠扫荡旧元势力的主要还是大将军徐达和傅友德、汤和、蓝玉等诸将。洪武十八年（1385年）徐达死，二十年（1387年）九月以蓝玉为大将军，率诸将北征，次年（1386年）八月俘旧元宗室以下数万人而还。洪武二十三年（1390年）对于朱棣是具有决定意义的一年。这年，他受命率军与晋王一同北征，独获全胜，次年又率傅友德等名将北征，再获大胜，显示了他杰出的军事天才。从此，他取代了其他诸将，掌控了明朝防御北边的半数军事力量。特别是洪武二十六年至二十八年（1393—1395年）蓝玉、傅友德等名将先后以罪受诛、汤和又以病身死之后，燕王朱棣更是全面掌握了北平的军事力量，屡次率明朝大军出塞作战，受命指挥北方沿边明军，威名大振[1]。而在他夺得帝位之后，也始终重视北边蒙古诸部的动向，永乐八年（1410年）甚至从南京出发，亲自率大军50万出塞北征蒙古可汗本雅失里，取胜后复击蒙古阿鲁台部，获得全胜[2]。永乐十二年（1414年）再次御驾亲征蒙古瓦剌。迁都北京以后，自永乐二十年（1422年）到二十二年（1424年）他以60余岁高龄每年都要亲征蒙古阿鲁台部，一直到永乐二十二年（1424年）七月死在北征途中榆木川。虽然这其中也有他需要用不断的胜利来证明自己力量和克服“三殿二宫事件”心理打击的需要，但蒙古边外势力的威胁也确实是明显的事实。综上所述，明成祖迁都北京，和他在即位前后所感受到的蒙古鞑靼、阿鲁台、瓦剌等部的威胁，应该也有深刻的关系。后人为此称之为“天子守边”。

明仁宗在位只有一年，明宣宗在位十年。他们一方面感受到蒙古诸部叛服不常的困扰，同时又没有明成祖在南京所感受到的那种道德心理压力，所以想将首都迁回南京是很自然的事情。但是自成祖以后愈来愈紧张的北边民族关系，又使得他们一时难以从北京脱身。及宣宗死后，明英宗即位，蒙古族内乱不止，鞑

1《明史》卷三《太祖纪三》；卷五《成祖纪一》

2《明史》卷六《成祖纪二》；卷三百二十七《鞑靼传》

靼、瓦剌分踞南北，此消彼长，叛服不常。西自甘肃、宁夏，东至辽东，边地数千里，岁无宁日。明军或讨或守，或者招抚，均不见效。在这种情况下，明朝政府南迁南京自然更不可能。所以，明英宗即位以后，从正统元年（1436 年）到四年（1439 年）大修北京城垣宫室，修复了废毁十余年的外朝三大殿和内廷二宫，并于正统四年竣工之际将北京各城门中沿用旧元大都名称的如齐化、平则、文明、丽正、顺承等门都改命新名。正统六年（1441 年），明朝政府正式宣布仍以北京为首都[1]。

在明英宗正统年间之后，除了明末崇祯末年在关外满洲大军压力下曾一度有迁都南京的议论外，终明朝一代对定都北京再没有动摇过。即使是“己巳之变”的正统十四年（1449 年）明英宗御驾亲征蒙古，被瓦剌部可汗也先俘于怀来土木堡，并抵达北京城下；“庚戌之变”的明世宗嘉靖二十九年（1550 年）鞑靼部俺答汗破长城古北口，掠怀柔，围顺义，抵通州，分兵略北京四郊，明朝政府也从没有南迁都城的想法。因为在这种情况下都城南迁，其结果将是把北方边土拱手相让，同时也是向旧元势力示弱的表现，这是视自己为天下之尊的明朝历代帝王绝不能容忍的。我们可以看到，明成祖以后明朝定都北京的考虑，明显是受蒙古势力牵制做出的决定。

蒙古瓦剌部在明世宗嘉靖九年（1530 年）被吐鲁番、哈密所败，除降伏明朝者外，其他则融入边外各族。鞑靼部的骚扰却一直伴随明朝始终，直到崇祯末年投附清军，一同入关取得天下。蒙古势力的威胁虽然没有改变明朝定都北京的局面，但是由于自明宪宗成化年间到神宗万历年间，靠近明朝北边的鞑靼部的入犯愈演愈烈，动辄出动骑兵十万余骑，杀掠尤惨，所以明朝也不能不有所准备。这就导致了明世宗嘉靖三十二年（1553 年）兴建北京外城之役。永乐年间修建的北京城是外城、皇城、宫城三重城。正统年间，明朝政府只是将宫室重修、城郭加固，并没有改变城市的格局。嘉靖三十二年的这次工程从明宪宗成化十年（1474 年）以后屡经酝酿，直到嘉靖二十九年（1550 年）庚戌之变蒙古鞑靼部数万骑纵横北京城外三日夜，饱掠之后由原路从容而退，明军在蒙古强悍的骑兵面前毫无抵挡之力，这时明朝政府才决定增筑北京外城。按照规划，完工之后的北京城将是由新建的外罗城、外城（今二环路）、皇城、宫城四重城构成。明朝政治腐败，军事力量懦弱不堪，抵挡不住蒙古骑兵的冲击，只好将都城的安全寄托在重叠的城墙上。

嘉靖三十二年（1553 年）增筑北京外城，原来的计划是在北京郊外北部和西北、东北部还残存的元大都旧城墙，以及西南部还残存的旧金中都城墙的基础上，再补充建筑一部分新城墙，从而在北京城外围形成一道新的防线。在兵部尚书聂豹、锦衣卫都督陆炳、总督京营戎政陈圭等人上呈的图纸上是这样描绘的：以正阳门（今前门）外东道口（今永定门东）起，向东经天坛南墙外、直到荫水庵东墙（今龙潭湖东南）止，这是计划中的新外城南城墙的东半部分；向北经神木厂（今朝阳双井北）至广禧门（按：即元大都广熙门，今朝阳区光熙门），这是计划中的新外城东城墙北半部分；从广禧门再向北少许，到元大都北土城的东北角向西折，就是计划中新外城的北城墙，完全是利用的旧元大都残存的北城墙，即今海淀小关、塔院的北土城一线。至于计划中的新外城西城墙，北半部仍是利用旧元大都残存的西北角旧城墙，自今海淀罗家庄东边向南到小西门，即元大都西面的最北门——肃清门。从小西门再往南经索家坟就该和明北京城的西城墙相接了，为了达到将北京城全部围括起来的目的，从小西门起不再沿用元大都西土城，而是向西南到今紫竹院三虎桥村东，再向南在丰台高楼村北与旧金中都西城墙相接，直至旧金中都城的西南角——凤凰咀村，这是计划中的新外城西城墙。凤凰咀村既是金中都城的西南角，也是拟议中的明北京城新外城的西南角。从凤凰咀往东，经山川坛南墙外，到正阳门外西道口，与

1《明英宗实录》卷二十三，正统元年（1436 年）十月辛卯；卷五十四，正统四年（1439 年）四月丙午；《明史》卷十《英宗前纪》

东道口相接，这就是计划中的新外城南城墙的西半部分[1]。

综上所述，拟议中的明北京城的新外城，其东北、西北也就是旧元大都城的东北、西北角；西南则是旧金中都城的西南角；只有东南角是新创。由于新外城的作用只是北京城外围的一道新防线，所以在平面上并不是中规中矩、横平竖直。这主要是明北京城的东、西两面利用的是旧元大都的城墙，拟议中的新外城的东、西两面既要想法利用上旧元大都城墙的东北半段和旧金中都城墙的西南半段，又要将其整体包括在新外城中。这样，拟议中的新外城的东、西城墙就不可避免地呈现南扩北缩，近似于梯形。

不过，这也还只是纸面上的计划，实际施工时却出现了意想不到的情况。由于明北京的郊坛——天坛、山川坛都在南郊，所以增建新外城的工程是从南面开始的。但是，由于西段从凤凰咀到道口一线正横穿于永定河古河道（按：唐清泉河），东段也是水泉丰富，流沙层厚至七八尺不等，开挖城基经常塌方，筑城十分困难，费工数十天进展缓慢。四月，嘉靖皇帝采纳宰相严嵩和具体负责工程的平江伯陈圭的建议，决定将新外城由原来拟议包围北京城的四周之制，改为只筑南边外城一面。改变后的新外城东南角仍在今龙潭湖南，向北直到崇文门东的北京城东南角与内城墙相接；西南角则向回收，缩到凤凰咀的东北端、菜户营之北。另一方面，由于新外城东西约长 13 里，合 2300 余丈；而北京原南城墙即宣武、正阳、崇文一线东西只有约 1800 余丈，所以新外城北端比北京原城墙宽，其相接处必须分别向内折，从而形成外城墙北端的两肩。明朝政府在这两肩处分别面北各开辟一城门，这就是东便门和西便门。外城墙的其他三面：南面与正北的北京宣武、正阳、崇文三门相对，分别开辟了右安门、永定门、左安门。北京城的南北中轴线又向南延长到永定门。新外城东、西城墙各开一门：东面叫广渠门，俗称沙窝门，这是由于该处水泉众多，土脉流沙的缘故。西面叫广宁门，这里由于接近旧金中都城的西北门彰义门，所以自金代以后当地百姓一直称这里是彰义门，即使元代这里没有城门时也还称这里是彰义门街，明代相沿不改。建筑新外城后既然这里有了城门，百姓当然就使用习惯的旧称——彰义门，尽管政府的正式命名是广宁门。由此可见，历史地理名称的传统性是如何顽强，也正由于此，我们才可以通过历史地理地名的研究发掘出历史的若干原貌。

明北京外城始建于嘉靖三十二年（1553 年）闰三月，十月竣工[2]，历时半年。新外城建筑成了以后，原北京城成为内城，北京城整体变为平面呈“凸”字形的内外城之制。清代相沿不改。增筑外城以后的北京城，内城九门，外城七门，共计 16 门。

二、清代北京城

在李自成农民军占领北京以前清朝政府是以沈阳（时称盛京）为都城，1644 年 5 月清睿亲王多尔衮（清太祖努尔哈赤第十四子）率满洲诸亲王及大军占领北京以后，对于是否定都北京的问题满洲贵族中曾有一番争议。英亲王阿济格还是囿于清太宗皇太极时期满洲贵族害怕进入汉族农耕区以后被逐渐同化的思想，仍坚持以沈阳为都，认为应该乘明亡而李自成又兵败大伤的时机，在长城以内各地大肆掠夺、屠戮，只留一亲王驻守北京，清朝大军则或退守沈阳，或退守山海关，这样才是万全之策[3]。但是多尔衮以政治家的远见卓识认为，目前社会人心浮动，占领北京以后又弃而东归，就等于前功尽弃。现在，清朝政权应该立即迁都北京，昭示天下，并立即南下以图中原，建立清朝的一统天下。经过一番激烈的争议，诸王和其他宗室贵族、大臣才基本达成一致的见解，决定建都北京。六月，多尔衮派宗室贵族、辅国公屯齐喀等三人速回沈阳迎清顺治皇帝、皇后等皇室入关，九月抵达北京。在此期间，多尔衮在北京先后建立满洲祭祖的神坛——堂子、颁布新历法——时宪历、重建被李自成农民军烧毁的

1《明世宗实录》卷三百九十六　嘉靖三十二年（1553 年）闰三月乙丑

2《明世宗实录》卷四百三，嘉靖三十二年十月辛丑。又，《光绪顺天府志》称外城竣工于嘉靖四十三年（1564 年），误。四十三年是建外城（又称重城）各门的瓮城

3《朝鲜李朝实录·仁祖大王实录七》二十二年八月戊寅

皇帝居处乾清宫，进行一系列准备工作。这些工作，有些是实际的需要，例如：满洲既然要在北京永远居住下去，当然会想到必须有个祭天的神坛，以求保佑；顺治皇帝就要到达北京，当然要有个与皇帝身份相符的居住宫殿。但是也有些是出于政治上的考虑，如多尔衮进入北京不到一个月，就急切地将明太祖朱元璋的神主牌位迁到历代帝王庙，这就是在向天下宣布明朝和以往的唐宋等王朝一样已不再存在，以动摇分裂反清阵营；同时考订历法，只用不到几天的工夫就颁布了时宪历，这就是在昭示天下，以清朝代替明朝是顺天承运的鼎新革命。这和李自成农民军进入北京以后，只是一味地追赃助饷，直到兵败以后才匆匆忙忙地在武英殿举行一下即位仪式就退出北京的行为相比，多尔衮的一系列措施在政治上就要英明得多。九月十九日，顺治皇帝到达北京，自正阳门入宫，二十五日多尔衮率众满、汉大臣朝贺、劝进。十月初一，顺治皇帝亲至南郊祭告天地，正式即皇帝位，从此揭开了清朝统治中国200余年的历史。

清代，北京城市格局与明代相比基本没有什么变化。由于李自成农民军从北京撤出时放火烧毁了除武英殿以外的明朝宫室，所以清朝初期北京大规模的建筑工程主要是修建北京皇宫大内和诸部衙门，以便建立起稳定的统治基础。例如，顺治元年（1644年）建乾清宫，二年（1645年）乾清宫成，复建外朝太和殿、中和殿、保和殿和左右体仁、弘义二阁。三年（1646年）太和、中和、保和三殿、太和门和左右体仁、弘义二阁竣工，外朝建筑始有规模。以后，顺序建筑午门（宫城南门）、天安门（初名承天门，顺治八年重建后改）。自此，清北京宫室才草具外朝内廷的布局。顺治十年（1653年）修建皇太后的居所慈宁宫，此后清廷专一于内廷建筑，以其原先的建筑过于简陋，再次重建乾清宫、交泰殿、坤宁宫，并且建筑了左、右三宫以居嫔妃。总而言之，清初顺治时期，清廷修复了北京皇宫的皇城门、宫城门、外朝太和等三大殿和内廷乾清等三宫，初步具备了皇家宫室应有的格局，但仍很简陋，与明代相比“修复尚未及半也”[1]。清代北京宫室的完全恢复是在清圣祖康熙皇帝时期。康熙皇帝在位六十一年，文治武功都取得很大成就，既有足够的财力又有足够的时间来完成这些土木工程。他首先重新翻盖了最具有皇权代表性的外朝太和殿和内廷乾清宫，使之更加壮丽宏伟，树立皇帝的威严。继而又将顺治时期建得比较简陋的内廷交泰殿、坤宁宫及内太庙奉先殿进行翻盖。同时，按照明代旧规将左、右后宫各增加三座，成为名副其实的左、右六宫；恢复了外朝东路的文华殿等建筑，与西边武英殿等建筑相对应。

关于清初北京城的情景，康熙十五年（1676 年）抵达北京的俄国使臣米列斯库有较详细的描述："约三百年前，明成祖对北京大举修缮，因为他是大明朝从南京迁都北京的第一个皇帝。他之所以迁都北京，是为了更易于抵御蒙古人的入侵，因为蒙古人离北京很近。城市的结构是：城墙不是圆的，而是正方形的，每边长十华里，每华里等于三百六十呼，墙宽三呼，可以在上面骑马而行；墙高约等于我京城莫斯科的克里姆林宫宫墙之高……墙四周挖掘深沟，从远处山里引水灌满……全帝国所有之权皆源于此，全帝国之财富汇集于此，全帝国稀世珍宝此地无不应有尽有。一切奢侈品、一切劳动用品，在这里都可以找到……北京郊外还有一个相当大的居民区，堪称第二城（按：指北京外城区)，住了大量泥堪人，因为博格达人（按：指满洲统治者）把几乎全部汉人和泥堪人迁居城外。同样，所有外国人：赫萨尔巴什人、布哈拉人、喀尔木克人等，也被迫居于城外，只有我们(俄罗斯人)、葡萄牙人和荷兰人被准许住在城内。不过，在城外这些贫民区，各种货物一应俱全，与城里一样……北京城南有两道坚固的城墙（按：即前门一线内城墙和永定门一线外城墙)"“城北只有一道城墙，四面城墙均由大块烧砖筑成，墙基

1 《国朝宫室》卷十一至卷十六《宫殿》；朱偰《明清两代宫苑建制沿革图考》

是石块，”“在建筑规模之宏大和城墙之坚实方面，只有南京才可与之媲美。可是，在人口之众、官员、贵族和士兵之多方面，北京又优于南京。”“北京街巷很少没有铺石头的，街巷上有水井，街道两旁挖有水沟，与河流湖泊相通。下雨时，雨水就沿着路旁的水沟泄走。家家户户院子里的雨水也通过一些水管，流入路旁的水沟。”“由于道路泥泞，城市面积广阔，所以城里到处都有驴马、车辆和轿子供人随意租用，租金十分低廉。”“城内有些官府十分豪华，虽不如欧洲的大理石宫殿，却更洁净宽敞。”[1]

清高宗乾隆皇帝在位60年，国家富强，财力充沛，是清朝鼎盛时期。这段时间是清北京宫室发展的繁荣时期。乾隆皇帝在宫城范围之内新增加了很多崇丽的宫室建筑，为他将来退位后准备居住的宁寿宫是其中典型代表。乾隆皇帝时期，对北京城市影响最大的工程是天安门至大清门之间和大清门外棋盘街的扩展。其具体过程是，乾隆十九年（1754年）增筑长安左门外围墙155丈，长安右门外围墙167丈，各辟三座门[2]。明代在长安门内曾筑公生门，现在长安门外又筑三座门，这样从长安街进入皇城就需要先后经过三道大门，可谓门禁森严。另外，北京正阳门内到皇城南门大清门（明称大明门）之间有棋盘街，明代时这里就是繁华的市场，清代仍然如此，“四周列肆，长廊百货云集”，乾隆四十年（1775年）修筑了棋盘街周围石栏，“以崇体制”[3]。

值得注意的是，清初顺治年间满洲贵族统治集团曾有迁城的计划，打算在北京城东边今广渠门外建筑新城。起因是顺治六年（1649年）三月，豫亲王多铎在北京患痘疹（按：即天花）死，时年仅36岁。多铎是清太祖努尔哈赤第十五子，是摄政王、睿亲王多尔衮的同母兄弟。他从21岁就开始跟从清太宗皇太极征战，参加了清朝（时称后金）与明朝和蒙古的各次重要战役。顺治元年（1644年）跟从睿亲王多尔衮率清军入关，奠定了清王朝大一统江山的基础。此后，他又受命率清军西入潼关、西安，追剿李自成农民军；南征明朝余部，渡长江，占南京；复北征蒙古苏尼特部、喀尔喀部，皆获大胜。每次他得胜回到北京，顺治皇帝或到安定门外亲迎，或在南苑举行郊劳礼，十分隆重。所以他的突然病卒，在清朝朝廷中引起的震动，非同小可。

在清朝初年，满洲刚从寒冷的东北地区进入北京，对北京经常流行的痘疹等传染病的防御能力很低。虽然满洲入关之前，在山海关外的辽宁地区就已有过痘疹流行的经历。如明天启七年(后金皇太极天聪元年，1627 年）皇太极在筹划辽锦之役时就曾考虑到痘疹对战争的影响因素。此后，皇太极天聪二年（1628 年)、五年（1631 年）辽宁地区又曾再次发生痘疹流行。但自清世祖顺治元年（1644 年）清朝入关，建都北京以后，长期生活在寒冷的东北地区的八旗官兵，对于河北地区更加凶猛的痘疹，显然比当地居民更加缺少抵抗力，曾一度达到谈痘色变的地步。清世祖顺治皇帝抵达北京的第二年即顺治二年（1645 年）冬季，北京地区就暴发了痘疹，“十一月，京师出痘者众”[4]。此后，顺治皇帝为了避免被传染上痘疹，分别在痘疹流行最凶猛的顺治三年（1646 年)、六年（1649 年)、九年（1652 年）正月，诏令暂停当年的朝贺大典[5]，以免痘疹传播到宫内。这都从一个侧面反映出当时北京地区痘疹流行的严重情况。史书记载，“王师(指清军）入燕之初，凡民间出痘者，移之四十里外，防传染也。”[6]又说，“满人不出疹，自入长安（指北京)，多出疹而殆。始谓汉人染之也。于是民间以疹闻，立逐出都城二十里。”[7]满洲贵族不但害怕八旗官兵受到北京汉族居民传染，而且害怕痘疹在八旗军队中传播。摄政王多尔衮在军队中设立查痘章京（按：章京，武官名）“理旗人痘疹及内城民人痘疹迁移之政令，久之，事乃定。”[8]然而，尽管清朝政府采取了严格的隔离措施，仍然不能杜绝痘疹的流行。

顺治六年（1649 年）三月，征战南北屡建战功的豫亲王多

1 尼·斯·米列斯库《中国漫记》(蒋本良等译)，北京：中华书局 1989，第 67—69 页

2《国朝宫室》卷十一《宫殿一》

3《光绪顺天府志》卷十三《京师志十三·坊巷志上》。

4《清世祖实录》卷二十一顺治二年（1645 年）十一月壬子

5《清世祖实录》卷二十三顺治三年（1646 年）正月丁丑；卷四十二顺治六年(1649 年）正月庚申朔；卷六十二顺治九年（1952 年）正月癸酉朔

6《养吉斋丛录》卷二十五

7《北游录·纪闻下》“驱疹”

8《癸巳存稿》卷九《查痘章京》

铎，在北京被痘疫击倒，这是《清史稿》中明确记载的第一位因痘疹死于北京的满洲贵族亲王。以多铎地位之尊，年轻体壮，竟然也逃不过痘疹的致命传染，可见北京地区痘疹盛行之猛。多铎的病逝，使满洲皇室，特别是同母兄摄政王多尔衮受到极大震动。当时，多尔衮正率清军在大同作战，闻讯急忙赶回北京，参加多铎的丧礼。一个月之后，多尔衮就立即提出迁城的建议。他说："京城水苦，人多疾病，欲于京东神木厂（按：在广渠门外二里）创建新城移居。"[1]但是，由于大部分满洲贵族认为工程浩大，势将财力不支，这个建议没有得到朝廷的允许。七年（1650 年）七月，多尔衮复提出："京城（按：指北京）建都年久，地污水咸。春秋冬三季犹可居止，至于夏月，溽暑难堪。但念京城乃历代都会之地，营建匪易，不可迁移。稽之辽金元，曾于边外上都等城为夏日避暑之地。予思若仍前代造建大城，恐糜费钱粮……今拟只建小城一座，以便往来避暑。"[2]这个建议得到了朝议的同意，多尔衮随后就命户部向直隶、山西、浙江、山东、江南、河南、湖广、江西、陕西等九省加派地丁银 249 万余两，运到北京以准备兴工。但是，当年十二月多尔衮病死。由于多尔衮在世时位高权重，顺治皇帝先后加赐其号为皇叔摄政王、皇父摄政王，可谓人臣之极。这样的情势，必然会召来其他满洲贵族的怨恨，其实顺治皇帝内心对他也有很深的疑忌。所以，他死后，其部属苏克萨哈和王府护卫詹岱在其他满洲贵族如郑亲王济尔哈朗（多尔衮从兄弟）等人的唆使下，上告多尔衮有图谋不轨行为，八年（1651 年）正月顺治皇帝立即授苏、詹二人为议政大臣，并很快将多尔衮定罪，除抄家之外，还削其尊号及母妻追封。兴建边外小城的建议也就再次搁置。多尔衮建议修建的边外小城具体是在什么地方，史书没有记载。但根据他在七年（1650 年）七月提出建议之后在北京就患了一场大病，十一月稍有好转就"猎于边外"，十二月死于喀喇城[3]的情况分析。十一月，北京已经是天寒地冻，多尔衮没有必要在这时避暑边外，所谓"猎于边外"实际应该是多尔衮去实施建筑边外避暑小城的计划。今河北承德西边有喀喇河屯一地，"河屯"在蒙古语中就是旧城的意思，原为金章宗所建。清康熙皇帝在设置木兰围场以后，从北京到围场沿途修建数处行宫，喀喇河屯是古北口外八处行宫之一。后来，其中的热河行宫发展为避暑山庄，其他行宫的地位逐渐降低。因此，笔者认为顺治七年（1650 年）多尔衮拟议建筑的边外小城，应该就是喀剌和屯。

梁思成先生将北京都城的建设过程分为金中都、元大都、明北京城、明北京外城四次大改建[4]。这主要是从城市平面布局的变化着眼，进行的分析。其实，如果结合都城历史地位的形成过程来看，北京城的建设过程和都城地位的形成过程，应该分为辽、金、元、明、清五个阶段更为合适。因为，辽南京（今北京）虽然是继承的唐幽州城的格局，但在“安史之乱”中曾是叛军的都城多年，安、史都在这里经营多年，甚至仿照唐西京长安城来命名幽州各城门，又营造殿阁，“僭拟宫室”[5]。辽代，虽然没有改变唐幽州城的格局，但在子城（按，即辽南京皇城）内也按照皇家制度修建了正殿、便殿，其中有些还被金朝继承下来。如金中都宫城内正殿大安殿后的仁政殿就是继承的辽南京弘政殿旧物[6]。更何况，在辽朝统治几近 200 年中，北京地区辽朝的离宫、园囿更为数不少，这也是城市建设中不可或缺的重要一部分，因此视为一个阶段并不过分。而清代，虽然在城市布局方面没有根本性的改变，但其对宫城里的外朝、内廷主要建筑的屡屡重建，使之更加崇高雄伟，最终形成与皇家帝都相匹配的风貌，这应该看做是清朝对北京城市建设的贡献。特别值得指出的是，清朝对北京西郊园林的营造，经过自康熙以下、特别是乾隆之世，百余年来的大规模经营，终于形成举世闻名的三山五园景观，最大限度地发挥了北京地形、地貌的一切优势，成为北京城市建设不可分离的有机的一部分，是留给后世的一份珍贵遗产。

1 《清世祖实录》卷四十四顺治六年五月癸亥

2 《清世祖实录》卷四十九顺治七年（1650 年）七月乙卯

3 《清史稿》卷四《世祖本纪一》

4 《北京——都市计划的无比杰作》，引自《梁思成全集》第五集，北京：中国建筑工业出版社 2001

5 《安禄山事迹》下

6 《金史》卷八《世宗纪》载“大定二十八年（1188 年）十一月，世宗谓宰臣曰：宫殿制度，苟务华饰，必不坚固。今仁政殿辽时所建，全无华饰，但见他处岁岁修完，惟此殿如旧……”

它不但是北京的和中国的，也是世界的。它的珍贵不但体现在文化上，也体现在城市建设理论上，明确表述出城市建筑只有生活在自然中才是真正有生命的，这一即使在今天也闪烁着理论光辉的先进思想。

第九章　北京城市的历史文化成就

阅读提示

笔者认为：

北京在中国历史上之所以最终成为全国的首都，其本身深厚的文化基础是重要的原因之一，城市与环境、文化的高度统一。而当今的北京旧城的改造，不应当以大杂院为模式。城市毕竟不是博物馆，在保护北京古都风貌的同时，必须随着历史的发展使北京城变得更加适合居民生活的需要。

第一节　深厚的人文积淀

北京在中国历史上之所以能够最终成为全中国的首都，除了政治地理、经济地理和民族关系的因素之外，本身具有较深的文化基础也是一个重要的原因。

先秦时期，燕和蓟由于先后与殷商和周族的血缘关系，所以和商周王朝都有广泛的联系，这其中也包括文化关系。战国时期，燕昭王为了振兴国势，在北京筑黄金台，广招包括齐国邹衍在内的天下贤士。这不但给燕国带来了国家的富强，而且也奠定了本地区在秦汉以及此后数千年发展的文化基础。

汉代，封建社会的主流思想——儒家经学在北京地区有很大的发展。西汉著名学者韩婴，就是燕地人氏，对《诗经》《周易》很有研究。当时燕赵即今河北地区士人学习《诗经》《周易》都膺服他的学说，所谓“燕、赵间言‘诗’者由韩生（按：即韩婴）”[1]。东汉时涿郡安平（今河北安平）的崔氏家族，其先

1《史记》卷一百二十一《儒林列传》

祖崔朝在西汉昭帝时在今北京任官，为幽州从事，因劝告幽州刺史不要和有谋反企图的燕王刘旦接近，所以在刘旦事败赐死后，被举荐为侍御史，自此以后安平崔氏子孙历经两汉，世代为官，成为世族高门。其中，东汉章、和帝之际的崔駰、顺帝之世的崔瑗、桓帝之世的崔寔祖孙三人最为著名。崔駰13岁就能精通《诗经》《周易》《春秋》，专攻儒家经学典籍，与班固等人齐名。和帝之世，他与国戚、大将军窦宪有嫌隙，因其家族是当世高门，窦宪也将其无可奈何，只能将其发往远地为官。崔瑗尽得父传，精通儒学，与当时的著名文士马融、张衡交游甚深，在当时的知识界有很高的名望。他的文辞优美，所写的赋、碑、铭、记都被传诵一时，“诸能为文者皆自以弗及”。崔氏家学传至崔寔早已经为世人肯定。崔寔不但精于儒家经典、长于文辞，而且有治世之才，历任边郡五原郡（治今内蒙古包头西）、辽东郡（治今辽宁辽阳）太守，政绩卓著[1]。

西汉安平县在今河北保定以南，距北京300余里，以今天的眼光来看似乎相离太远，但在当时却是属同一个政区，彼此经济、文化均为一体。例如，崔氏的先祖崔朝就是幽州从事。只是后来崔氏的名气大了，才开始到朝廷任官。除了崔氏以外，幽州涿郡（后世改称范阳）涿县（治今河北涿州）的卢氏是比崔氏门第更高的世家大族。卢氏家族闻名于世是始于东汉末年灵帝之世的卢植。卢植是马融的学生，精通五经和文字学，卓有文名，曹操称之为“声著海内，学为儒宗，士之楷模，国之桢干”[2]。河北涿州距今北京不过80里，卢氏家学毫无疑问应当是北京历史文化的一部分。卢氏起家虽晚于崔氏，但在历史上其起的作用却大于崔氏。从卢植开始，魏晋时期卢氏家族在北方的地位逐渐抬升，直到隋唐时期，卢氏家族仍代出有人，特别是北魏时的卢玄更是成为公认的幽州地区学术代表人物，极盛一时。北魏太武帝初年，征召天下儒俊，以卢玄为首，可见其名气之高。

魏晋时期，北京地区的文化代表人物除了卢氏家族的卢钦（按：卢植之孙）、卢谌（卢钦从孙、卢玄曾祖）外，刘沈、张华、霍原也都是天下知名的名士。刘沈居住在蓟城内，其家世世代代是北方名族，在幽州很有地位，西晋惠帝元康年间担任幽州燕国负责评选士人品级的大中正，曾举荐霍原为二品[3]。霍原年少时家境贫寒，曾一度经商为生。但是他的家族门第高贵，祖辈曾身为列侯，显佩金紫，所以他也有较深的儒学修养。他后来专攻儒术，名声鹊起，隐居在山中，门徒有100余人，连被封在蓟城的燕王等西晋宗室贵族也对其优礼有加，每月派人奉送活羊和酒。西晋末年“八王之乱”中，晋安北将军、幽州刺史王浚图谋僭立，受到霍原等幽州士人的反对，霍原由此被杀[4]。张华是西晋初年武帝泰始年间的人物，范阳方城县人。西晋时的方城县北部在今北京大兴县境内。今大兴县南部有张华村，方志中说该地是张华故里。张华的父亲曾任渔阳郡太守，但后来家道中落，他年少时曾放羊为生。自东汉至西晋、北朝，是门阀氏族势力最为发展的时期，评价人物首先要看他的出生门第。张华是郡太守之后，虽然家贫但身份不低，加之聪敏好学，不但精通儒家经典，而且博览群书，图纬方技、先朝典章制度无不知晓，由此他受到世族高门卢钦和刘放的赏识。刘放还将女儿嫁与张华为妻。张华后官至中书令，晋朝仪礼宪章和皇帝诏书均出自他的制订和草拟。又曾出任幽州刺史、安北将军，家藏图书30车，死后家无余财，只有书籍[5]。

北魏时期，北京地区的文化代表人物，如前所述，最著名的当属出自范阳卢氏家族的卢玄。不过，出身于渔阳雍奴（今天津武清）高氏家族的高闾在北魏孝文帝之世也是一位著名的学者。他的祖辈在西晋时曾或任上谷太守或任幽州别驾。高闾博综经史，文才俊伟，在孝文帝初年出任中书令，北魏诏令书檄碑铭皆出其手，文名与当时著名学者高允相当。高闾晚年失宠，曾出任过幽州刺史[6]。北魏时期，北京及周边地区还有北平无终阳氏和

1 《后汉书》卷五十二《崔骃传》附瑗、寔传

2 《后汉书》卷六十四《卢植传》

3 《晋书》卷八十九《刘沈传》

4 《晋书》卷九十四《霍原传》

5 《晋书》卷三十六《张华传》

6 《魏书》卷五十四《高闾传》

上谷侯氏、寇氏等世家大族。这些世家大族的特点除了世代为官之外，还必须有家学传世，在学术上有其独特之处，在学界有很高的声誉。史书称，北魏中期天下稳定，学业大盛，“燕、齐、赵、魏之间，教授者不可胜数，弟子著录多者千余人，少者犹数百，州举茂异，郡贡孝廉，每年逾众”[1]。孝文帝时期，燕国蓟人（今北京）平恒出身官宦，研综经史，对历代兴衰之由有很深的见解，曾出任幽州别驾。居住在赵郡的梁祚笃志好学，讲学授徒，孜孜不倦。他是平恒学术上的好友，举家迁居于蓟（今北京）。平恒经常与他研讨学问[2]。北魏末年著名学者、陕西华阴人徐遵明为了求学，从关中到山东，又到今北京地区，后来就在这一地区讲学，燕郡蓟（今北京）人平鉴曾受学业于徐遵明[3]。从以上叙述的史事中，我们可以看到，魏晋北朝时期，由于继续推行自汉以来的州、郡推举的选官制度，所以一直保持“学而优则仕”的传统，拥有家学传统的世家大族占有优势，同时带动了一个地区的学术风气。到了隋代，虽然开始以科举代替推举，但北京地区自战国以后1000年左右积累下来的文化积淀却昌盛不衰，所以《隋书·地理志中》称：虽然山西及河北的北部地区各州县都是边郡，人性强悍，习于戎马，多勇侠之士，但“涿郡（按：今北京。隋代废州，只存郡、县两级行政，幽州改称涿郡）、太原自前代以来，皆多文雅之士，虽俱曰边郡，然风教不为比也”[4]。这番评价十分恰当，深刻揭示了自古以来山西太原和今北京地区的深厚文化积淀。而且，自隋唐以后由于南北大运河的作用，北京地区比太原要开放得多，所以在文化上的优势就更加凸显。

辽代，契丹统治者在北京（时称南京、燕京）开科取士，北方的汉族士人都到北京应考。金代，自海陵王定都北京（时称中都）以后，北京在北方的文化地位就已经基本确定下来。这里成为黄淮以北士人游学进身之地，各地著名学者会聚于此，授徒讲学，树立自己的学术地位。由此，北京地区的学术气氛十分浓厚。元代，北京（时称大都）是名副其实的亚、欧经济、文化交流中心，欧洲和亚洲各地、各民族、各宗教的文化都在这里交汇，北京地区文化进入空前昌盛时期。外来文化对本地文化的影响，可与盛唐时期西域文化对长安文化的影响相比。当然，北京地区文化同时也在欧、亚有着自己独立的地位。明清时期北京的首都地位已经确定，并通过这种政治上的优势进一步在文化上领先天下。例如，虽然明代浙东学派在中国学术界占有统军地位，但其代表人物的学术地位也必须在北京获得学术界的认可，才最终可以确立。所以，江南学者成名之后往往都会游历北京，以学会友，从而得到学术界的承认。

封建社会的科举制度和学而优则仕的传统，使得金元明清统治者得以将南北各地的著名学者网罗到北京，为统治阶级服务。数百年来聚集在北京的各地学者大多最后落籍北京，成为北京特有的文人阶层，造成北京特有的文化特色。举例来说，元朝初年著名宰相、出身契丹贵族的耶律楚材，本是辽朝辽东丹王突欲之八世孙，到他祖父一代才归顺金朝。耶律楚材的父亲受到金世宗和章宗的重用，官至尚书右丞。耶律楚材本人也凭才识官至开州同知。金末，他与完颜承晖留守燕京，被蒙古军队所破，于是转归成吉思汗麾下。窝阔台汗时期，他官至中书令即宰相位。窝阔台汗死后，乃马真皇后称制，三年（1244 年）耶律楚材死，归葬燕京瓮山下即今北京颐和园昆明湖西岸知春亭东[5]。综观耶律楚材的一生，他生长在北京，金元之际的政治活动也大多是在北京。所以说，自辽以下，数百年来朝代更替之际，由前朝遗留下来的贵族、士人传承的文化内容，也是构成北京历史文化积淀的一部分。

由于首都地位而形成的人口辐辏，商业繁荣，元明清时期市民阶层在北京城市社会中占有较大比例，因此适应他们需要的曲艺、戏曲等文艺形式也发展起来。元代，由散曲发展而来的杂剧

1《资治通鉴》卷一百四十五梁纪一 梁武帝天监三年（504年）

2《魏书》卷八十四《平恒传》；卷八十四《梁祚传》

3《魏书》卷二十六《徐遵明传》；《北齐书》卷二十六《平鉴传》

4《隋书》卷三十《地理志中》

5《湛然居士文集·附录》“中书令耶律公神道碑”

在山东东平和大都（今北京）首先出现。如记载元杂剧的《录鬼簿》中所记元前期57位有成就的杂剧作家中，属今北京籍贯的就有17人。被后世研究者称为元曲四大家的关汉卿、马致远、王实甫、白朴，其中前三位就是北京人士。关汉卿的《窦娥冤》至今脍炙人口，成为传世不朽之作。陶宗仪《辍耕录》中说："金季国初（按：指元初），乐府犹宋辞之流，传奇（按：一种戏曲形式）犹宋戏曲之变，世传谓之杂剧。"他在书中记录下来的元杂剧曲牌名就有234个。元杂剧在大都的兴起还主要是得缘于聚居在大都城中的文人雅士的欣赏和参与。著名文人虞集在一次宴会上听到当时著名杂剧艺人顺时秀（按：本姓朱氏）唱散曲"折桂令"（按：一名广寒秋、天香第一枝、蟾宫引），非常喜爱，当即就赋一曲。文人的参与对元杂剧的发展有很大意义。明代，北京的戏剧除了继承元杂剧而形成明杂剧之外，由江西弋阳、浙江余姚、海盐、江苏昆山四地的南派地方声腔发展而来的传奇戏在北京占有主流地位。这当然和明代南方文人和商人在北京官场和市场上占据了主流地位有关。清代北京，最初是弋腔、昆腔两个剧种，乾隆五十五年（1790年）南方具有很大影响的徽州地方剧种相继进入北京，被叫做乱弹、西皮二黄，是京剧的前身。朱季黄先生指出，清朝内务府升平署（原叫南府）档案表明，虽然作为京剧前身乱弹早在乾隆以后就在民间演出，但并没有社会地位，被宫内叫做侉腔。道光、咸丰朝北京清宫内演出的正式剧目还是昆腔、弋腔，乱弹极少，而且道光朝还一度禁止民间演乱弹，宫内偶尔要听的时候，也要选择不是赏王大臣听戏的日子。同治八年（1869年）以后乱弹戏在宫内演出才开始增多，并且命一些升平署太监学乱弹戏目，但演出仍以昆腔为主，乱弹较少。当时北京民间有16个戏班，其中昆腔八个、昆弋合班两个，仍占多数。光绪朝时乱弹才真正在社会上站住了脚，当时著名演员大都是所谓"昆乱不挡"，就是既会昆腔又会乱弹的演员。从光绪到宣统，清宫内演出的剧目中乱弹已占十分之八九。以后，徽调和汉调合流，乱弹演变成为京剧[1]。

民国时期，1927年以后虽然政治中心南迁到南京，继而在上海形成新文化中心，但北京的文化中心地位并没有改变。北京城市历史上千百年来的深厚文化积淀，奠定了其在北方的地位。

第二节　举世罕见的皇家建筑

自辽金先后以今北京为陪都和都城以来，北京地区就开始兴建大量宫廷建筑。辽代的南京（今北京）皇城虽然是沿用的唐幽州子城，但其中的建筑物如宫殿、门楼等也大加翻建，使之符合皇家的身份。金中都（今北京）就更不必说，皇宫大内很多是仿照北宋都城开封的格局设计、建造的，其壮丽雄于北方。

据史籍记载，辽南京皇城内有元和殿、昭庆殿、便殿、内殿、嘉宁殿、弘政殿[2]、紫宸殿。还有供奉辽景宗耶律贤、圣宗耶律隆绪二帝御像的二座御容殿。元和殿为正殿。辽帝不但在元和殿举行朝贺，而且在此犒赏从军有功将士。在南京元和殿举行的最隆重的仪式，是统和二十四年（1006年）册上圣宗及其母承天萧太后尊号的盛典。昭庆殿是辽帝与南京群臣欢宴之地。如辽太宗会同三年（公元940年）“四月壬戌，御昭庆殿，宴南京群臣。”[3]辽景宗、圣宗二御容殿在皇城内，是契丹皇室供景、圣二先帝御像以为祭奠的宫殿。紫宸殿，据命名判断，当在元和殿之北。古代称天为紫虚，又称北斗星座东北之十五星为紫宫（又称紫微宫、紫宫垣、紫垣），依“天人合一”学说，视为“大帝之座也，天子之常居也”[4]。因此，帝王宫禁又称紫宫、紫禁城，帝京之道路又称紫陌；唐代史思明以幽州城为燕京称帝时，改子城内原节度使厅为紫微殿。唐代西京长安大明宫内有紫宸殿，在正殿宣政殿之北。依惯例，紫宸只能用来命名天子所御宫殿，但契丹族来自塞外，本不必严格遵守中原礼制，且圣宗幼年即位，

1 朱家溍《故宫退食录》下，北京出版社1999，第556页

2《文献通考》卷三百四十六《四裔考二十三·契丹中》引王曾《上契丹事》记弘政殿为洪政殿。洪、弘音同，应是传写所误。今从《辽史》

3《辽史》卷四《太宗纪下》

4《晋书》卷十一《天文志上》

承天萧太后权重，其宫殿以紫宸命名亦无不可。弘政殿，似应在元和殿与紫宸殿之间。金代，中都（将辽南京展筑而成）正殿大安殿后有仁政殿，是辽南京旧殿，仁政殿或即辽代弘政殿。紫宸殿、弘政殿当分别是承天萧太后和圣宗的便殿，即召见百官之地。辽南京还有瑶池殿、临水殿。辽南京大内宫殿高崇壮丽，殿前有丹墀，殿门有高大的户限，殿顶饰有帝王才可使用的兽吻。各殿之间有甬道相通。主要宫殿除前有朝门外，庭院两侧还有便门以供出入。辽亡以后，宋廷仍以之为子城，作为宋燕山府的衙署。许亢宗《宣和乙巳奉使行程录》称赞曰："契丹旧内，壮丽夐绝。"足见其辉煌极致，可与北宋东都汴梁（今河南开封）的宫殿媲美。

辽南京既然是辽朝五京之一，除宫室之外必然还要有皇家苑囿、离宫等设置。何况契丹族是游牧民族，辽帝统治其领土的方式是以春、夏、秋、冬四时捺钵巡视各地，其于辽南京当然也不能满足于深宫楼台，而要求有避暑、狩猎的苑囿和离宫。辽南京当时有长春宫、延芳淀、华林和天柱二庄、瑶池殿等处，其中最著名的是在今通州南部的延芳淀。《辽史》中屡见辽帝幸华林、天柱之事，如辽景宗乾亨四年（公元982年）"正月己亥，如华林、天柱"[1]。圣宗之世，更是频频临幸，且均在正月。《辽史·地理志四》"南京道顺州"条载：顺州领怀柔县（治今北京顺义县），南有北齐长城，"城东北有华林、天柱二庄，辽建凉殿，春赏花，夏纳凉"。北齐长城在温榆河南岸，而华林、天柱二庄在齐长城东北，亦即顺州怀柔县西南。顾炎武《昌平山水记》卷下云："顺义县西南二十里有天柱村，三十里有苇沟村，村东临温榆河渡，渡南有长城遗迹。"此天柱村即今北京东郊天竺镇，当为辽天柱庄遗址。华林又写做华黎，《光绪顺天府志·金石二》载："《燕京析津县华黎庄兴建木塔记》。存。……乾统五年五月。在东直门外花黎坎。"花黎坎今其名没变，在天竺西北三里有余，这里就是辽代华林庄遗址。另外，今天竺镇与前、后苇沟村之间的楼台庄，大约也是辽凉殿楼阁遗址。

如前所述，金朝建设金中都之前海陵王曾遣画工至原北宋都城东京（今河南开封）绘其“宫室制度，至于阔狭修短，曲画其数”[2]。燕城宫室制度实即仿原北宋东京（今河南开封）制度。金中都皇宫内宫殿林立，“瓦悉覆以琉璃，日色辉映……图画莫克摹写”[3]，其盛况远非昔日辽南京宫殿可比。《大金国志·燕京制度》称金中都皇宫中“内殿凡九重，殿凡三十有六，楼阁倍之。正中位曰皇帝正位，后曰皇后正位。位之东曰内省，西曰十六位，乃妃嫔居之。”宋人周麟之《海陵集》称“燕京城（按：指金中都）内地大半入宫禁，百姓绝少。其宫阙壮丽，延亘阡陌，上切霄汉，虽秦阿房［宫］，汉建章［宫］不过如是。”

金中都皇宫内的正殿是大安殿，在大安门内，即所谓皇帝正位，其地位相当于清北京故宫中的太和殿。金朝皇帝、皇后即位和上尊号、册宝等各种大典都在这里举行。大安殿之北是常朝便殿仁政殿，是利用的辽南京旧殿。金朝皇帝平日在这里上朝，召见群臣和外国使臣。大定八年（1168 年）正月，世宗“册皇太子天大安殿，奉表于仁政殿”[4]。在金中都大内中，仁政殿的地位仅次于大安殿。根据宋朝使者的记述，可知仁政殿规模九楹，殿庭铺双凤图案毛毡，可容数百人，外邦使臣及金国臣属朝见时即拜于此，左右两侧有朵殿，有钟鼓楼。仁政殿内遍地铺礼佛毯，殿柱饰以文绣。东宫在大安殿东北，是皇太子居所，内有承华殿，亭观甚多。

大安殿、仁政殿为金中都宫城内的中路，均在自南而北的宣阳门、端门、应天门、宣明门、拱辰门的南北中轴线上。东宫在大安殿东北，属宫城内东路。在中路与东路之间有一南北长巷，自南而北有敷德门、会通门、承明门、昭庆门。敷德门在左掖门北。《金虏图经》载：“正中位曰皇帝位，后曰皇后正位。位之东曰内省，西曰十六位，乃妃嫔所居之地也。”正中位即宫城内

1 《辽史》卷九《景宗纪下》

2 《金虏图经》

3 《北辕录》，引自陶宗仪《说郛》卷五十六

4 《金史》卷四十一《仪卫志上》

的中路，故正位之西的十六位当在西路隔仁政殿与内省东西遥对的位置。所谓十六位，即十六殿位的省称，内居妃嫔。十六殿位是一幢幢小楼。十六殿位之侧又有神龙殿，《金史·五行志》载：“大定二年（1162年）闰二月辛卯，神龙殿、十六位焚，延及太和、厚德殿。”大安殿之西有泓池水，池西北岸高阁耸立称蓬莱阁，此外即蓬莱院。蓬莱阁下有观音寺，金帝常于此游娱或焚香拜佛。碧池即今北京广安门外青年湖，金代名鱼藻池，有鱼藻殿。张棣《金虏图经》称金中都大内“内殿凡九重，殿三十有六”。今可推考而得者只是极少部分，尚有大部分宫殿史书阙载，或只知其名而不知方位。例如，薰风殿、贞元殿、广仁殿、庆和殿、集贤殿、精辉殿、凝和殿、天香殿、崇政殿，等等。又有福安殿，世宗、章宗皆卒于福安殿，福安殿应当是皇帝的寝殿。

金中都宫城西，出玉华门有同乐园。《大金国志·燕京制度》载云：“西出玉华门曰同乐园，若瑶池、蓬瀛、柳庄、杏村，尽在于是。”同乐园因是皇家园囿，所以又叫做琼林苑。《金史·地理志上》中都路条载：“琼林苑有横翠殿、宁德宫”，实即指同乐园而言。琼林苑和同乐园，当一为正称，一为俗称。同乐园又称芳苑。同乐园又以在宫城之西，所以又叫做西苑、西园。金中都南城外有广乐园，又称熙春园、南园。广乐园内有常武殿、毬场。金中都南郊有建春宫，大约是金章宗时所建。《金史·章宗纪二》载：“明昌五年（1194年）正月丁亥，幸城南别宫。”即指建春宫而言，当时以初建尚未命名。章宗常于此春猎。承安三年（1198年）正月，章宗如城南春水（按：春猎），“己未，以都南行宫名建春宫”[1]。《金史·地理志上》中都路条载：中都路大兴府大兴县有建春宫。金朝大兴府大兴县管辖中都城内外东部，故建春宫应在中都城南偏东，大约即今北京南苑附近。建春宫是金中都规模较大的离宫，章宗巡幸建春宫的记载仅在《金史·章宗本纪》中就有十余次之多。建春宫中有宫殿。今北京西郊的香山，辽代已见其名，并建有香山寺。金代，香山、玉泉山一带更成为游览胜地。金章宗游幸玉泉山、香山最为频繁，仅

《金史·章宗本纪》中记载即各有七次。明蒋一葵《长安客话》云：“玉泉山顶有金行宫芙蓉殿故址，相传章宗尝避暑于此。”口碑相传，当有所据。

金中都城中规模最为宏丽、对后世北京城市发展影响最大的建筑群，就是中都城东北的离宫太宁宫。元大都城即建于此，明清北京城，乃至今日北京城亦皆在此基础上发展而来。太宁宫建成于金世宗大定十九年（1179 年）。《金史·地理志上》中都路条载：“京城北离宫有太宁宫，大定十九年（1179 年）建，后更为寿宁，又更为寿安，明昌二年（1191 年）更为万宁宫。”

如元人房祺所编《河汾诸老诗集》卷八曹之谦《北宫》诗云：“光泰门边避暑宫，翠华南去几年中。干戈浩荡人情变，池岛荒芜树影空，鱼藻有基埋宿草，广寒无殿贮清风。登临欲问前朝事，红日西沉碧水东。”又如元人王恽《秋涧先生大全文集》卷二十四《游琼华岛诗》之八云：“光泰门东日明曨，五云仙仗记当年。不烦细读江南赋，老树遗台倍黯然。”曹之谦是金朝遗老，与元好问为友，其诗所记是金亡以后中都城的情况。王恽是元初人（1227—1304 年），其《游琼华岛诗》作于正统元年（1260 年），那时元朝尚未建都于燕，所记述的实际也是金亡以后中都城的情况。两首诗中所谓的“北宫”“避暑宫”都是指金中都太宁宫，其址在今北海公园东西一带。太宁宫之西有西园，《金史·地理志上》中都路条载：“西园有瑶光台，又有琼华岛，又有瑶光楼。”琼华岛即今北京北海公园琼华岛，又称琼岛，瑶光台则为其南的今北海公园南门外西侧的团城，其处址既称西园，则太宁宫当在其东。又据元初人郝经《琼华岛赋》云：“岁癸丑（1253 年）夏，经入于燕。五月初吉，由万宁故宫登琼华岛。”[2]当时蒙古尚未以燕京为都，故郝经得以游于万宁宫，琼华

1 《金史》卷十一《章宗纪三》

2 《日下旧闻考》卷二十九引

岛。依郝经所述，万宁宫在琼华岛紧邻，当即在明清北京故宫一带。

太宁宫是一片包括宫殿园囿在内的宫殿区，因其在中都城之东北，故又称北宫、北苑。太宁宫宫殿壮丽，依傍浩淼碧波，晨光暮色，引人入胜。（金）赵摅《早赴北宫》诗云："苍龙双阙郁层云，湖水鳞鳞柳色新，绝似江行看清晓，不知身是趁朝人。"[1]北宫的佳丽风光，竟使作者恍忽间忘记自己是去上朝。金世宗、章宗二帝经常游幸太宁宫，长期住在那里避暑，处理国政。太宁宫之于金中都城，犹如清代圆明园之于北京城。金世宗临终前，竟不顾礼制，舍大安殿而"遗诏移梓宫寿安宫（即太宁宫）"，如此钟情这里的青山秀水、渺渺碧波。章宗召集百官商议，曰："朕日夜思之，舍正殿而奠于别宫，情有所不忍，且于礼未安。"于是仍殡于大安殿[2]。章宗废于国政，耽于娱乐，为游太宁宫更是一切在所不计。明昌二年（1190 年）正月辛酉，孝懿皇后（章宗之毋）卒。章宗不顾母丧，同年四月仍幸太宁宫。同月"庚子，改寿安宫（太宁宫）为万宁宫；壬寅，如万宁宫。八月癸未，至自万宁宫"[3]，一住就是四个月。太宁宫中有宫殿和楼台亭阁等建筑，雕梁画栋，极其崇丽。金人赵秉文《扈跸万宁宫》诗云："遥想熏风临水殿，五弦声里阜民财。"[4]由此可知，太宁宫中有薰风殿、临水殿。《金史·章宗纪二》载："明昌四年（1193 年）四月庚戌，如万宁宫。辛亥，右丞相清臣率百官及耆艾等复请上尊号，学官刘玑亦率六学诸生赵楷等七百五十人诣紫宸门请上尊号，如唐元和故事，不许。八月甲辰，至自万宁宫。"章宗自四月至八月在太宁宫避暑，四月辛亥又为庚戌的次日，故学官刘玑等七百余人所诣之紫宸门即在太宁宫内，紫宸门内又有紫宸殿。《金史·章宗纪二》载："承安元年（1196 年）七月庚辰，御紫宸殿，受诸王、百官贺。"即太宁宫紫宸殿。金章宗每年庆二次生日，一为其出生日七月二十七，一为其自选定的九月初一，前引文字即述章宗在太宁宫紫宸殿庆生辰事。同《纪》又载："承安二年（1197 年）七月戊辰，天寿节，御紫宸殿受朝。"皆此之类。金世宗、章宗在太宁宫避暑，一住数月，其处理政务、召见大臣就在紫宸殿。紫宸殿是太宁宫的正殿。

太宁宫以西的西园，即今北京北海公园的太液池、琼岛、团城一带。《金史·地理志上》中都路条载：西园有瑶光台、瑶光楼。瑶光台即今北海团城，据《故宫遗录》记载，直至明初，今北海团城四周仍为水域，不与陆地相连。瑶光台上有瑶光楼，为金主纳凉之所。元人郝经《琼华岛赋》云："瑶光楼起，金碧钩连，断霓饮海，颉地颃天。"霓即彩虹外环，在此喻指桥梁。颉为鸟自低高飞貌，颃为鸟自高低飞貌。瑶光楼所在的瑶光台正北就是高耸的今北海公园琼华岛，据郝经所述，其间当有桥梁。瑶光台与琼华岛高低相错，正成颉颃之貌。瑶光楼金碧辉煌，飞檐重叠，斗拱交错，是太宁宫西园中著名的建筑。金章宗曾计划将之扩建为瑶光殿，后因故而罢。瑶光楼面对开阔浩淼的水面，金章宗常在此纳凉赏月。琼华岛，金代又称寿乐山，堆砌着很多假山石，相传即海陵王营建中都时取自故北宋东京（今河南开封）的艮岳。宋艮岳山石采自太湖，玲珑剔透，千姿百态，既高雅，又纯系天成，至今尚保存在北海公园琼岛的山麓上。琼华岛山顶上有广寒殿，与正南的瑶光楼遥遥相对。

太宁宫有宫墙，赵秉文《北苑寓直》诗云："柳外宫墙粉一围，飞尘障面卷斜晖。潇潇几点莲塘雨，曾上诗人下直衣。"这是指太宁宫宫殿区的宫墙。《金史·刑志》载：大定二十六年(1186年)，"监察御史陶钧以携妓游北苑（按，即太宁宫），歌饮池岛间，迫近殿廷，提控官石玠闻而发之……诏以钧耳目之官，携妓入禁苑，无上下之分，杖六十。"可见太宁宫西园（今北京北海、中海）在管理上并不是非常严格，像监察御史官阶的官僚竟然也可以携带歌妓荡舟于湖水之中，只有当接近瑶光台和琼华岛时才被视为大不敬而受处罚。金朝太宁宫西园的范围大致东起今故宫博物院西墙外即西华门外，西至今白塔寺以西至阜成

1《中州集》卷九

2《金史》卷九十五《移剌履传》

3《金史》卷九《章宗纪一》

4《闲闲老人滏水文集》卷七

门一带。

元明清时期的北京城内宫殿，无论是规划布局，还是个体建筑，都是辽金时期所不能相比的。这一方面是由于中国长期处于大一统局面，封建统治者自我尊大心理空前膨胀；另一方面也是当时国力比辽金时期更加强盛，有能力承担规模更加浩大的工程。当封建统治者对神权地位毫无限制的追求与比较充分的国力、财力结合在一起的时候，各种世间罕见的宏伟皇家建筑就产生了。同时，我们还应看到，虽然明初曾毁掉元大都（今北京）的大量宫廷建筑和皇家园林，但元明清三代北京作为都城基本是在同一个位置上。因此，我们今天看到的北京皇家建筑实际上是600余年积累的结果，并非是一朝一代之功。例如，今北京玉泉山、香山的皇家建筑，实际从金世宗时就开始经营行宫，一直到清朝在这里建静明园、静宜园。

元代，北京（时称大都）宫城内的皇家建筑虽然也分外朝、内廷两部分，但与明清时期的重大区别是，外朝和内廷都各只有一组建筑，而不是三组建筑。

据史料记载，元代北京宫城正南门叫崇天门，相当于明代北京承天门、清代北京天安门。进入崇天门后，就是外朝正殿大明殿的大明门。大明门相当于清代太和门，大明殿相当于清代太和殿。元朝历代皇帝登基、贺正旦、贺寿、会朝大典等各种盛大的典礼都在这里举行。大明殿后有一个长240尺的柱廊，尽头是一座寝殿，整体呈“工”字形，这是元朝宫殿布局独有的特点。在元代北京城的考古发掘中也曾发现，元代一些讲究的宅院中，也有呈“工”字形的房基，看来这是当时讲究的建筑形式。在元外朝正殿大明殿的左右和后面各有一座单独的宫殿，叫文思殿、紫檀殿、宝云殿，它们和大明殿一起组成了外朝建筑群，四周有庑廊围绕，形成外朝建筑封闭的格局。出这个建筑群后门，经过一个广场，北边就是内廷正门延春门。内廷的主要建筑是延春阁，阁的底层是延春堂，室内东隅有木梯，循梯而上就是延春阁。延春阁是元皇宫内最高大的建筑，比大明殿还高出10尺。延春阁后有长140尺的柱廊，尽头也是寝殿，与大明殿一样，平面也是呈“工”字形格局。延春阁也是由庑廊围绕的封闭格局。大明殿、延春阁分别是一个封闭的格局，但在它们的外围，北起崇天门还有一道围墙，将这两组建筑围绕成一个整体，形成了皇宫内的宫城。大明殿是元朝皇帝举行各种盛典的处所，延春阁是元朝皇帝日常生活所居和议政的处所。所以，元朝皇后的寝宫（按：称斡耳朵）就建筑在延春阁东庑廊外、皇城东华门内，中有坤德殿。

大明殿东西宽 200 尺，进深 120 尺，高 90 尺，建筑在高出地面 10 尺的殿基上。殿基用汉白玉石砌筑，上下分三层，每层都用雕刻龙凤的白玉石栏围绕，栏下有排水孔道，雕以伸出的石鳌头形象，形制与清太和殿相仿。大明殿内正中安置着山字形玲珑红屏台，台上有金龙床，又叫做七宝云龙御榻，这实际就相当于明清时期的金銮宝座和龙椅。不过与明清不同的是，在红屏台下通常是大臣站立的地方，分左、右两列安置两排小床。看来，在举行盛典时，元朝皇帝是坐在大明殿正中高高的御榻上，其他蒙古贵族则可以坐在宝座下的小榻上，而不是站立。这种形式可谓“*前无古人，后无来者*”，反映出的是蒙古族自成吉思汗时期就形成的原始军事民主形式的残余。大明殿中还有一个与众不同的地方，就是在殿内有一个高一丈七尺的漆制大酒瓮，可装酒 50 余石。这反映出蒙古族长期生活在草原地区形成的生活习惯。

延春阁东西宽 150 尺，进深 90 尺，高 100 尺，重檐三层，也是建筑在高大的殿基上。延春堂地面铺砌的是用核桃磨过的浚州花板石，光亮可鉴。殿正中是皇帝坐的玉台床，四周是为大臣设置的漆红小连床。在玉台床前也有一个金制的酒瓮。延春阁重檐之上是拱形攒顶，上盘金龙，四周是金珠琐窗，窗外环以周廊，凭栏远眺，至为雄杰。

从以上叙述中，我们可以看到，元代北京的宫殿建筑，既借鉴了前朝或者说是汉族的宫殿制度，例如分外朝、内廷，且各为两个封闭的建筑区，等等。但是，在宫殿的建筑格式上却充分考虑到了蒙古族的生活习惯、政治体制和审美观点。由此，在外朝和内廷正殿中才出现了大酒瓮和为贵族、大臣准备的小榻；内廷的主要建筑才会设计成崇阁的形式。

元代北京宫殿的崇丽不但表现在宫城之内，更表现在宫城以外的苑囿等处。在宫城的西边是太液池，即今北海、中海。这里是金太宁宫的一部分，在金代已经屡加经营。元代，将瑶光台（今北海团城）改称瀛洲，琼华岛（今北海琼岛）改称万岁山[1]，金代在山顶上建筑广寒殿。元世祖忽必烈中统三年至五年（1262—1264 年）修复了万岁山宫殿，作为他在北京的居所。这座湖心小岛遍山幽芳碧草，还种植着各种名贵的树木，而且“不特树绿，其山亦绿，”有岩石叫翠岩，所以《马可波罗行纪》说当时人们称这座山为“绿山”[2]。金代在山顶上建筑的广寒殿在金亡后被毁，元代重建的广寒殿比旧物更加壮丽辉煌。元万寿山广寒殿东西长 120 尺、进深 62 尺、高 50 尺，用贵重的纹石铺地，四面都是线金朱红琐窗，便于眺望四周的青山绿水。广寒殿内外立有 12 根雕刻饰金盘龙的殿柱，东、西、北三面墙壁装饰着数千片香木制作的祥云，也都饰以黄金，一直拥结于殿顶。殿顶上，在金闪闪的祥云中，塑造了一个饰金盘龙。所以，从远处望去，这座建筑在绿山上的金殿在日光照射下闪烁着耀眼的光芒，犹如天宫。广寒殿内的布置和后来的延春阁等宫殿建筑一样，正中是御榻，左右是侍宴大臣和贵族的座位——金红连床。御榻前则是大酒瓮。不过，其他宫殿的酒瓮或是木制漆器，或是黄金制造，而广寒殿中的酒瓮却是用一块巨大的玉石凿刻成的。这块玉石十分珍贵，其质黑白相间，能工巧匠随着玉石的纹理雕刻成鱼兽出没于波涛之中的图象，既出于技艺，又出于天成，这就是现在保存在北海公园团城中“渎山大玉海”。广寒殿是元万岁山上的主建筑，除此之外山上还有仁智、介福、延和、荷叶等殿，以及金露、方壶、玉虹、瀛洲、胭脂等亭，还有温石浴室。万岁山南有石桥与瀛洲（今北海团城）相连，东面则有石桥与太液池东岸相接。当时这座石桥是行人和石渠的两用桥，自西北流入皇城的金水河从桥上的石渠流到万岁山北，用机械汲到山顶，然后从一石雕龙首中喷出，从前山流下，其想象之丰富，设计之绝妙，令世人赞叹不已[3]。

在太液池的西岸，即今北海大桥西端的南北两侧，元朝分别建筑了兴圣宫（在北）和隆福宫（在南）。大致说来，隆福宫本是皇太子居住的东宫，元文宗之世才改名隆福宫，成为皇太后的居所；兴圣宫是皇太后或太皇太后的居所，但其间也曾做过皇太子的居所或皇帝的别宫。东宫也就是后来的隆福宫建造在前，是元世祖至元十一年（1274 年）建造的。最初住在这里的是皇太子真金（忽必烈之子），真金受谗忧死，忽必烈复立真金第三子铁穆尔为皇太子。至元三十一年（1294 年）忽必烈死后，铁穆尔即位为元文宗，遂尊其父真金为皇帝、其母为皇太后，并改东宫为隆福宫。兴圣宫建造在后，是元武宗在皇室内乱中即位后为感念母后恩德于至大元年（1308 年）建造的，比隆福宫晚建 34 年。

兴圣宫的布局和元朝皇帝的宫城大内基本一致。如前所述，元朝宫城内前有大明殿，后有延春阁；兴圣宫内则前有兴圣殿，后有延华阁。后人称赞说：延华阁“东西翼为仙桥，四起雕窗，中报彩楼，皆为凤翅飞檐，鹿顶层出，极尽巧奇”。

隆福宫在南，明代继承下来成为西苑的一部分。隆福宫东起中南海的西岸，西至今西皇城根。因为这里原来是皇太子的东宫，所以主要宫殿建筑是仿照皇宫大内的外朝格局。《马可波罗行记》中说：“在皇帝居住的宏伟皇宫对面，另有一座宫殿，它无论从那一方面都和正宫一样，这就是皇太子真金的住所。”当

1 《辍耕录》卷二十一《宫阙制度》；《故宫遗录》；元大都考古队《元大都的勘查和发掘》，《考古》1972 年第 1 期

2 《马可波罗行记》（冯承钧译，党宝海注），石家庄：河北人民出版社 1999，第 311 页

3 《辍耕录》卷二十一《万岁山》

然，在兴圣宫建造起来以后就不能这样说了，但这时马可波罗已经离开了中国。隆福宫内的正殿是光天殿，平面呈“工”字形；光天殿三面有寿昌、沉香、嘉禧三殿，平面呈“品”字形格局。此外，还有针线、文德、鹿顶、睿安等殿[1]。

明代北京皇家建筑比元代毫不逊色。明初永乐十九年（1421 年）正月波斯国使臣在明成祖迁入北京新建的宫殿时，曾被召入新宫参加庆贺，记述说：“那天晚上，在那座大城中，每人都用火炬、蜡和灯把屋舍和店铺照得通亮，使你以为太阳已经升起……当晚寒气大减，允许所有人进入新宫。”他们还说：“要恰当描述那座宫殿也非笔墨所能办到。简要说，从朝见殿的门到外门，有一千九百二十五步远。不许人进入后宫。左右是亘绵不绝的殿室、亭阁和花园。它的整个地板是用大块光滑瓷砖铺成的，其色泽极似白大理石。它的面积长宽为二百或三百腕尺。地板瓷砖的接头丝毫不显偏斜弯曲，致使人们以为它是用笔画出来的。石块镶有中国的龙和凤，光泽如玉石，使人惊叹。论石工、木工、装饰、绘画和瓦工的手艺，所有这些地方（原按：即波斯）没有人能与他们（原按：即中国人）相比。如这些地方的名匠一见这些东西，那么他们会同样信服和表示他们的赞赏。”波斯也是亚洲的古国，不但又有悠久的传统，而且由于地处欧、亚两大洲之间，其文化和手工艺技术也在世界上享有很高的声誉。所以波斯使团对北京宫殿的评价，在客观上至少是反映了明北京宫殿在亚洲的水平。不过，需要注意的是，这里所说的还只是明朝最早的北京宫殿。自永乐十九年（1421 年）四月，即这次接见后的不到三个月的时间，北京宫殿发生毁灭性的大火灾。波斯使团亲眼目睹了那场大火，记述说：“空中的雷电击中了皇帝新建的宫室顶，发生的大火把它卷没，以致看起来就像里面点着千万支添油加蜡的火把。火灾最早烧着的那部分宫室，是一座长八十腕尺、宽三十腕尺的大殿……火势猛烈，乃至全城都被火光照亮，同时火从该地蔓延至离它二十腕尺远的一个宫殿，也把在朝见殿后面，建筑得比它更豪华的后宫焚毁。在那座宫殿四周用作库藏的厅室和房舍，也着了火。其结果是大约二百呼的地方化为灰烬，烧死了很多男人和女人。大火就这样一直烧到了白天，尽管极力抢救，在午后祈祷之前不能把火控制住。”[2]终明朝一代200余年，北京宫殿先后在成祖、武宗、世宗、神宗之世即1421年、1514年、1557年、1596年、1597年发生过五次同样毁灭性的大火灾。这些大火灾或将外朝奉天（后改称皇极）等三大殿烧毁，或将内廷乾清等三宫烧毁，特别是最后的神宗万历二十四年（1596年）三月和二十五（1597年）年六月的连续两次大火，先后将内廷、外朝宫殿烧得一干二净，宫城之内尽是一片焦土。所以明朝北京宫殿在英宗、武宗末年、世宗末年、神宗末年到熹宗初年即1441年、1521年、1562年、1551—1626年又经过四次重建。其中，明英宗正统六年（1441年）和明世宗嘉靖四十一年（1562年）的重建工程完成得最好，将宫室修建得超过前代，达到了极致的水平。而最后一次的修复，由于明朝政权已经非常腐败，且内乱外患已起，财政窘迫，所以修复工程从万历三十年（1551年）开始，一直拖拉到熹宗天启六年（1626年）才最终完成，前后竟经过16年之久，而且工程质量也是最差的。这就无怪乎清朝迁都北京以后，自康熙至乾隆时代屡次重建外朝、内廷各殿。

明代北京宫室，除了皇宫大内各殿外，位于皇宫西面的西苑也是不可忽视的建筑群。明北京西苑在宫城西墙与皇城西墙之间，即今北海公园、中南海及其以西一带，东至今故宫西华门外，西至今西皇城根，是在过去的元大都万岁山（今北海公园琼岛）、瀛洲（今北海公园团城）和故元隆福宫、兴圣宫的基础上发展起来的园林建筑群。由于明宣宗宣德之世和英宗天顺之世曾赏赐公侯伯及文臣等人游西苑，所以留下了不少记载。杨士奇

1 《故宫遗录》；《辍耕录》卷二十一《宫阙制度》

2 《沙哈鲁遣使中国记》（何高济译），北京：中华书局1981，第126、134页

《赐游西苑诗序》说：宣德八年（1433年）他与众人蒙赏赐游西苑，“自西苑门入，循太液池之东而南（今南海、中海、北海东岸）观新作之圆殿，改作之清暑殿……降而登万岁山，至广寒殿，而仁智、介福、延和三殿及瀛洲、方壶、玉虹、金露之亭咸得遍游。”圆殿在今北海团城内，是元朝瀛洲仪天殿旧址，明代改建承光殿，又称圆殿。其他所说的广寒诸殿、方壶诸亭也都是在元朝旧物的基础上新建的。元代，今团城的东西两边都是水域。明代，将东边的水域填平，陆路与西华门相接，西边在英宗之世还是和元代一样用浮桥相通。韩雍《赐游西苑记》中说，他在英宗天顺三年（1459年）与众大臣一起游西苑时，站在圆殿，只见“其西以舟作浮桥，横亘池面，北则万岁山琼岛在焉。”代替浮桥的北海石桥是在明孝宗弘治二年（1489年）修建的，当时叫金鳌玉蝀桥或金海桥，1949年以后又加以展宽。金鳌玉蝀桥西端的北边有玉熙宫（今国家图书馆一带），更北有迎翠殿，周围还有众多亭、殿。在今北海的西北角有一个用草覆顶的建筑叫太素殿，在众多华丽的皇家建筑中别具一格。该殿始建于英宗天顺四年（1460年），世宗嘉靖年间改为寿源殿。殿东门外有临水轩、会景亭，后来改建成自岸边向水中突出的五座亭子，彼此之间有石桥屈曲相连，嘉靖二十二年（1543年）把这一景区定名为五龙亭，五亭分别命名为滋香、澄祥、龙泽、涌瑞、浮翠。金鳌玉蝀桥西端的南边则有蚕池即内先蚕坛，其东有永寿宫（后失火，重建后改名万寿宫），宫西的大光明殿布局如天坛之制，殿门内前有高数十尺的圆殿，后有太极殿和香阁，是祭祀上帝的地方。大光明殿之南是兔园山，又叫兔儿山，是元代隆福宫西苑之山。明代这里又叫做赛蓬莱。李贤于英宗天顺三年（1459年）写的《赐游西苑记》中记述说：“西南有小山，至则殿依山，山下有洞，洞上有岩，横列密孔，泉出迸流而下曰水帘，水声泠泠然潜入石池，龙昂其首，口中喷出，复潜绕殿前为流觞曲水，左右危石，盘折为径。山畔有殿翼然，至其顶一室正中，四面帘栊，栏槛之外，奇峰回互，下转山前一殿，深静高爽，殿前石桥极精巧，左右有沼，沼中有台。”[1]兔园山的各建筑物大多是元代旧物，山顶的宫殿叫清虚殿。明代，每逢重阳节时，明朝皇帝或登今景山，或登兔园山，以凭高望远。这处景区在清康熙时还存在，乾隆时废毁，遗址就在今北京西皇城根图样山胡同。“图样山”是“兔儿山”的谐音。

清代，历经康熙、雍正、乾隆三代的努力，北京宫殿建筑达到了城市建设的顶峰。康熙十五年（1676年）抵达北京的俄国使臣米列斯库，觐见了康熙皇帝。他记述说：“皇城所在的红城南起北京城墙，十分宽阔。虽比南京的皇城略小，但更加华丽，更加迷人……皇城之瑰丽与雄伟，使欧洲所有皇宫都相形见绌。城围十二里，东南西北各有一座城门。不过主要还是从南门出入。红城（按：指皇城）有三道高大坚固的城墙，均以大块砖头砌成……在第一道墙和第二道墙之间（按：指皇城墙与宫城墙之间），驻守着保卫皇帝和守卫皇城的御兵，太监也住在这里，朝廷大臣和官员也在这里向皇帝禀报帝国的事物。第三道墙（按：这似乎是指宫城墙即午门以内，但又好像是指乾清门以内的后宫）以内的面积比前两道墙之间的面积更大，皇帝就住在这里……这里有豪华的宫殿、宽敞的御花园、参天的树木、小溪、假山，皇帝娱乐之所需一应俱全。”“最大、最辉煌的宫殿是皇帝一人居住的（按：指乾清宫），第二大宫殿（按：指坤宁宫）是皇帝的第一个妻子（按：指皇后）居住的，第三大宫殿（按：指东宫）是皇帝的孩子居住的（按：当是指皇太子），第四大宫殿（按：指慈宁宫）住的是皇帝的母亲（按：即皇太后）。他们都是一人一座宫殿。”“皇城里有许多汉白玉石狮，做工精巧细致，还有许多亭台楼阁、精妙的小桥，以及其他工艺品，令人赏心悦目，赞叹不已。宫中所有的建筑均用黄色——皇帝的标志——琉璃瓦盖成。木制品都是镏金的，或髹以别的色彩，表面再

1 以上杨士奇、李贤、韩雍等人游记，均引自《日下旧闻考》卷三十五

涂一层中国漆。宫殿的建筑结构与欧洲不同：一般为砖墙，木制的天花板支撑在高大的圆柱上，柱子上有精巧的浮雕，并以镏金粉饰，大梁上有五彩缤纷的绘画。”“总之，中华帝国一切稀世珍宝，皇城内无不应有尽有。另外，国外进贡的所有珍宝也都收藏在这里。所以，整个皇城犹如一座宝城，拥有的珍宝璀璨夺目，举世无双。”[1]从康熙二十六年到三十一年（1687—1692年）在中国生活了将近五年的法国传教士李明在致德内穆尔公爵夫人的信中说道，“夫人，很难详细叙说并描述这座令人喜爱的宫殿，因为它的美不在于组成这座宫殿的建筑物，而在于由建筑物组合的奇妙的整体，没有尽头的院子和建筑得有规有矩的园子的结合，的确显示出庄重，并表现出这里主人的权威。”他还提到皇宫内的正殿——太和殿。他描述说，“在一个大院子的中央，有一个高坛，一个特别大的方形土台，四周不与任何建筑物相连，底座四周有护栏……第一基座上又建一座较小的土台，也装饰有与第一基座相似的护栏。这座土台就这样一直升高至五层，一层比一层小，上面建了一座砖砌的方形大厅，覆盖着琉璃瓦的屋顶也是支撑在四面的墙上，一列排得整齐的上了油漆的大柱子，环抱皇帝的宝座而立，并托着屋架。这些宽大的土台，五层白大理石的护栏，一层叠在一层之上，当阳光照耀时，像是处在熠熠闪着金光和红光的宫殿的怀抱中，特别因为它们位于一个大院子的中心，在几排住房的环绕中（按：即庑廊周绕），确实显得壮丽威严”。不过，李明在描述殿基时有一个重大的疏忽，这就是五层殿基虽然是夯土建成，但都铺砌着加工精致的汉白玉石板和石块。所以，确切地说，大殿应是建筑在五层宽敞的逐级上升的汉白玉殿基上。另外，他在致富尔斯登堡主教的信中还说道，法国首都巴黎城至多只是北京城市面积的1/4，人口则是1/2。虽然他对北京城市有不少批评的评语，但他也不得不承认北京皇宫是一座伟大的建筑。他说：“皇宫不仅包括皇帝的寝宫和花园，而且还是一座小城市，其中朝廷的各级官员们有各自的私宅，还有许多工人住在城内（按：这里应是指皇城而言），为皇帝效力和受雇于皇帝……外城四周有高墙环绕，与内宫之间还有一座稍矮的墙相隔。”“内宫是由处于同一水平上的九个大院子组成（按：这里是指宫城而言），（从大清门至神武门）全部在一条中轴线上……连通院子的门是大理石的（按：误，应当是漆成红色的厚木门），上面均建有哥特式的大亭子，屋顶尖端的亭子的构架成为相当奇特的装饰。这是用很多块木头叠砌而成的（按：指屋檐的斗拱），向外突出，呈挑檐状，从远处望去，产生相当美的效果。”“皇帝的府邸更不一般，粗柱支撑的牌楼，通往前厅的白大理石的台阶，覆盖着光彩夺目的琉璃瓦的屋顶，雕刻的装饰，清漆金饰，墙饰，几乎一色大理石或陶瓷铺设的路面，尤其是组成这一切的数量极大，所有的东西都具有一种华丽庄严的气势，显示出伟大皇帝的宫殿的气派。”[2]乾隆五十八年（1793年）英国国王乔治三世向中国派出的以马戛尔尼为首的使团抵达北京。在他们写下的见闻录中说：北京城内“和皇帝有关系的所有建筑物都是黄色琉璃瓦的屋顶。这些黄色琉璃瓦顶，当中没有烟筒，在边上和背脊上搭成调和的凹形线条。这样比一条整个长直线好看得多。瓦上面刻着各种事物形象或者幻想式创造，在太阳下面发出闪闪金光，确是伟大壮观。”他们还记述道：北京皇宫建在北京城中心。虽然北京是一个尘土飞扬的地方，“但皇宫之内却似乎是天造地设的另一个天地。里面的山和谷，湖水和河水，断崖和斜坡，是这样的配合，这样的协调，任何一个外来的参观者进到皇宫之后，都会自然怀疑到，这究竟是一个天造地设的胜景，还是人工的创造。”[3]

当然，要说清代北京的皇家建筑，就不能不提到从明朝继承下来的西苑（今北海、中南海一带）和始建于康熙、终于乾隆时代的北京西郊三山五园。所谓三山五园，就是指北京西郊布满皇家建筑的万寿山（按：元代叫做瓮山）、香山、玉泉山和清朝

1 尼·斯·米列斯库：《中国漫记》（蒋本良等译），北京：中华书局1989，第69—71页

2 李明《中国近事报道》（郭强等译），郑州：大象出版社2004，第50—68页

3 《英使谒见乾隆纪实》（叶笃义译），上海书店出版社2005，第292页

在这些地区建筑的清漪园（按：清末改名颐和园）、静宜园（今香山公园）、静明园（今玉泉山）、圆明园、畅春园（已废，旧址在今北京大学西门外）五座大规模园林式宫殿建筑群。实际上这里的皇家园林建筑中，有些最早的还始于金代，如香山、玉泉山就或见于金代文献记载，或见于当地金代皇家碑刻。而北京城内的西苑甚至远在辽代就有了瑶屿等皇家建筑。清代，更是登峰造极，在这些皇家园囿里面，既有高大宏丽的宫殿建筑、庙宇，也有幽林曲径、亭阁水榭，还有遮天蔽日的参天松柏、奇花异草和烟波浩淼的宽阔湖面。华丽而富贵的建筑循地势在茂密的树林中时隐时现，自成天趣。在这里，人工建筑与天然景观融为一体，看似天然，实际都是经过精心巧妙的布局和规划。特别是康熙和乾隆皇帝，都曾将其到江南所见到的著名园林建筑，详细绘图，在北京西郊的这些园林中重新再现出来，从而使得清代北京西郊皇家园林成为中华民族园林艺术的宝库。乾隆年间来到北京的英国马戛尔尼为首的使团记述说："圆明园是一处引人入胜的地方。它不是东拼西凑的杂乱无章的一些建筑，整个花园形成一个完整的调和的天然风景……中国人在一块土地上点缀天然景色的本领真是无人可比。花园的最前部是一些苍翠的大树，后面树木越来越小，颜色越来越浅。整个园地断断续续地不规则地布满了成簇的树木，在不同的季节里，总有不同种类的树木繁荣茂盛。有些衰老矮小的树木生长在岩石缝中，可能是天然的，也可能是有意种的。中国人布置园艺极具含蓄隐蔽的本事。在园内，有时往往通过一丛林小路看过去只是一堵小墙，而实际走到头，则豁然开朗，却是一大片风景。园内有很多片人工湖泊……由一些人造岩石包围着，看上去好象是天然的。""唯一妨碍风景的是中国建筑物单调的形状和眩目的色彩。不过，中国建筑的房顶总是盖成起伏波动的形状；这一点起到了补偿这个缺点的作用。园内建筑物柱廊的上面总有突出的前檐，这可以起一个柔和的作用。高大的砖塔适合远景观看，因此大多总是建在高地上。"[1]

第三节 城市与环境、文化的高度和谐统一

众所周知，无论古今中外，城市的社会环境（包括政治环境和文化环境）、人文精神风格等这些内在的城市精神，经过千百年历史的锤炼，肯定和城市地位及建筑布局、主要建筑的风格是一致的。两者的分裂不可想象，哪怕是不协调也会造成对城市面貌的严重破坏。

在二次世界大战以后，前苏联著名的城市建筑史学家窝罗宁在其《苏联沦陷区解放后之重建》一书中明确地指出：城市的规划和重建“必须顾到它所在的地区生活的历史传统和建筑的传统”。“人民在便利、经济和美感方面的需要，他们在习俗与文化方面的需要，是重建计划中所必须遵循的第一条规则”。城市的规划“必须考虑到民族传统，把他融入到新计划之中；把它和新兴的、现代标准所需要于建设的各方面调和起来”，应该“保留一切合理的和有历史价值”的东西。新的城市应该是“构成自然地形风景中的一部分”，“城市的整体必须与当地的地形和风景相和谐”[2]。这些原则并非是窝罗宁的创造，实际上他只不过是在客观地强调历史文化城市在长期历史过程中形成的人文精神与“物”即城市布局和建筑风格之间存在的有机联系。然而，这种作为城市生命的传统与现实、人文精神与建筑的联系，在城市的重新规划和建设中往往被人们所忽略。于是本来不该发生的事情发生了，大量珍贵的、足以傲视于世人的、浸润着我们祖先数千百年智慧文化的东西被毫不留情铲除，依赖这种环境存在的各种文化传统自然也就逐渐归于消失。城市依然还在原来的地方，但是已经“人”“物”两非，城市的历史文化传统已被割

1 《英使谒见乾隆纪实》（叶笃义译），上海书店出版社 2005，第 378—379 页

2 转引自《梁思成全集》第 5 集，北京：中国建筑工业出版社 2001 年

断。这种事例在世界历史上时有发生，欧洲的伦敦、巴黎都发生过这一类的事情，这种教训值得世人记取。

当我们考察历史上的北京城时会发现，在历史运动的过程中，北京城市历史地位在上升，城市居民的身份也在变化，并由此造成一种特殊的社会环境和文化环境，即定格于金元明清的京城精神和文化。同时，这种精神和文化传统也在对北京古代城市的布局和建设发生影响。北京之所以称之为北京，就在于它不但是新中国的首都，而且是具有悠久历史文化传统的城市。否则，它就和世界其他国家首都没有什么区别了，也就仅仅不过是一个国家的政治中心而已。

北京城坐落在华北平原的北部，太行山、燕山环绕其北、东、西三面，南向平原，东南靠近渤海湾，永定河、潮白河、巨马河穿越其境，可谓依山靠水，自古以来就是便于人类生存和发展的地方。北京城出现在这里以后，经过几千年的发展，特别是金元明清近七百年的都城发展史，本身就是一个宏大的历史文物，是中华民族珍贵的文化遗产。抗日战争中著名的守城将军傅作义先生，在解放战争中之所以能和解放军达成协议，以和平方式将北京城归还人民，不能不承认，除了迫于当时强大的政治、军事形势外，其不愿冒天下之大不韪使北京古城毁于战火之中，也是重要考虑之一。

由于是都城，所以几百年来，始建于元，完善于明，最终定型于清的北京城墙比中国任何城市的城墙都要雄伟壮观。当人们经过长途跋涉，在平原上从远方就发现地平线上浮现的雄峻城墙时，该是如何的兴奋和鼓舞。城墙在古代不但是防卫设施，像北京城这样的城墙在当时实际已具有国家地位象征的意义，使任何来到这里的人们不能不从内心产生敬畏之意。

在历代文人的笔下，不乏对北京城市的赞颂之辞。例如，元人李洧孙《大都赋》称赞说：元大都城（今北京）在古迹方面“访遗迹则金台之旧址，石鼓之断籀，东掖之铜马（按：《水经注》载，十六国时期，前燕慕容俊在蓟城为坐骑铸铜马），闾城之石兽，经山（按：指今北京房山云居寺石经山）之镌刻，卢沟之结构”。在城市布局方面，“浚三五之折沟，建十一之通门……取法于大壮，盖重威于帝京……上法微垣，屹峙禁城，竦五门之高阙，拔埃壒而上征”，“左则太庙之崇，规遵重屋，制堂室之几筵，班祖宗之昭穆”，“既辨方而正位，亦列署而建官”。在城市贸易方面，“川陕豪商，吴楚大贾，飞帆一苇，径抵辇下……百廛悬旌，万货别区，匪但迩至，亦自远输”[1]。至于明代的北京城，明人杨士奇：《都城胜览纪略》记述：明英宗正统四年（1439 年）重建北京九门城楼，彻底完成了北京的全部工程之后，“崇台杰宇，岿巍弘壮，环城之池，既浚既筑，堤坚水深，澄洁如镜”，“盖京都之伟望，万年之盛致也”。站在正阳门上远望，远近景致尽收眼底，“高山长川之环固，平原广甸之衍迤，泰坛清庙之崇严，宫阙楼观之壮丽，官府居民之鳞次，廛市衢道之棋布……四顾毕得之”[2]。清代，北京城基本沿袭明代的旧制，但城郭经过雍正、乾隆之世加力修整，更加壮丽。北京内、外城垣经过雍正八年（1730 年）、乾隆三十六年（1771 年）使用大量城砖、石灰进行砌筑、夯筑。城脚筑以青石，城砖敷面，高三丈五尺有余，底宽六丈二尺，顶宽五丈。每座城门上都有城楼，“朱楹丹壁，檐三层，封檐列脊，均绿琉璃”，比明代更加壮丽。北京内城的四隅各建一座角楼，制度和皇宫相同。城墙上建有更多的火药房、炮窗、枪窦、旗炮房和在城墙上巡城士兵值班时住宿的“拨房”。明代嘉靖年间修建的北京外城墙，也是下石上砖，但制度比内城低一等，高二丈，比内城少一丈五尺；底宽二丈，顶宽一丈四尺，城墙厚度比内城少的更多。但经过这次修建，即使是北京外城墙比明代也显得气派得多。特别是，外城的永定和广宁门（按：后改为广安门），由于一座城门是正位于城市的南北中轴线上，一座城门是经卢沟桥出入北京城

1《日下旧闻考》卷六《形胜》引

2《春明梦余录》卷三《城池》引

的重要门户，所以在乾隆三十二年（1767年）将城门楼各增高为三层檐，显得更加壮观。不过，由于自清初就实行“兵民分城而居”的政策，所以内城居住的是皇室贵族和八旗官兵，而汉族士人、百姓、商贾和中下级官僚都居住在外城即今宣武、崇文区内。内城的满、蒙古、汉军八旗分驻方位是：北面，镶黄旗在安定门内，正黄旗在德胜门内；东面，正白旗在东直门内，镶白旗在朝阳门内；西面，正红旗在西直门内，镶红旗在阜成门内；南面，正蓝旗在崇文门内，镶蓝旗在宣武门内[1]。

历史上北京城市的布局和规划，强调庄严、崇高与和谐。贯穿城市南北正中的南北中轴线和位于中轴线上的皇城建筑显示出城市整体的严整和至高无上的尊严。皇城内外的封闭格局和自午门由外向内（按：即自南向北）一座座前后有序的高台建筑，一直到景山五峰正中的万寿亭为止，这种在视觉效果上造成的高山仰止的感觉，即通过有严格规划的建筑群，造成了凛然不可侵犯的城市精神。同时，皇城以外，以南北中轴线和天安门前从东往西的东西中轴线为经纬，东西对称和南北对称的坛庙、官衙和以胡同为单位的居民区，显示出城市的高度和谐与规整。以今天北京的地位来说，我们剔除城市布局、建筑中的封建神权因素，其中得以表现城市庄严、崇高、尊严精神的有价值的东西仍然应该保存。在这方面，北京的天安门广场是一个极好的例子。保存下来的天安门和前门城楼，南北对映；东西两侧的人民大会堂和历史博物馆，高高的台基、罗马式的廊柱和琉璃瓦的四坡顶，衬托出广场的肃穆和庄严。这里是北京城市的中心，也是北京城市灵魂和精神所在。特别是广场的四周，东至北京饭店，西至六部口，北至钟、鼓楼，南至珠市口，方圆数里基本上并没有其他高大建筑物，因此广场的环境没有受到太大影响，这在北京城市建设飞速发展的时代背景下是十分难得的。这也是今后在东、西长安街沿途建筑设计中必须遵循的标准。而且，在天安门广场以外的北京其他部位的改造中，笔者认为，也应该遵循天安门广场的经验，确定城市的中心，使其他建筑的存在都对这个中心起着拱托的作用，使新时代的北京城，在继承历史文化传统的基础上仍然保持着其庄严、崇高、尊严的精神，以和正在崛起的中华民族精神相匹配。

如果说，历史上封闭的皇城区主观上造成君权神授、皇权至高无上的效果；客观上则保护了统治者的安全的话，那么城市中主要是东西方向的一排排的胡同，和北方特有的四合院住宅，则为城市居民提供了安静适宜的居住环境。院落毗邻，都是一个个家族单独聚居，家族中的长者是家族的主人，他既拥有管理这个家庭的权力，也负有支撑这个家庭的责任。这些家庭构成了北京城市中的最基本社会单位。家族的秩序也就是社会的秩序。四合院的形式虽然是一个个单独的家族单元，但一座座的四合院彼此只有一墙之隔，虽然没有亲缘关系的家庭决不会无故往来，但居住在一个胡同中的四合院的主人世代相承，几代、十几代下来也就会成为祖辈传下来的家族友谊。对于处于社会底层的劳动人民来说，也就是通常所说的“老街坊”。这对于城市的管理有着极大的好处。因为社会关系的密切，必然对人的社会行为产生巨大的约束力，加强彼此的道德监督；相反，社会关系的松解，必然会导致这种监督和约束的削弱。当社会人口处于不稳定、甚至流动状态时，彼此之间缺乏联系，社会解组程度空前严重，社会越轨行为就会愈多。从这个角度来看，历史上北京城的胡同结构和四合院的建筑形式，确实在稳定社会秩序方面起到了良好的作用。

城市与自然环境的高度和谐是北京城市在历史上备受世人高度称赞之处。因为，世界上其他国家的首都虽然也大多有河流穿城而过，给城市带来不可或缺的水源，但像北京城这样在城区内有着积水潭、前后海、北海、中南海这样浩大的湖泊水面的城市确实还是绝无仅有。这不但可以调节城市的情趣，使这个庞大帝

1《光绪顺天府志》卷一《京师志一》

国的京城在威严之中显示出自然、活跃的一面，而且也可以调节、改善城市的环境。但是，我们要知道，这样的苦心经营，是自辽代以来，经过金元明清近千年不断努力的结果。另外，北京城市居民为了躲过夏日的炎热，在自己的院子里都会种上槐树、榆树等乔木，或者石榴、丁香、枣树等花果类的树木。所以，外人来到北京，就会感到北京城市是在一片树林之中。俄国使团描述清初的北京时就说："北京所处的位置景色宜人，尤其是城外，一片平原，处处铺缀着房屋、宫殿和花园。"[1]清末光绪二十二年（1896年）来到北京的奥匈帝国临时代办（后转为公使）的纳色恩是这样描述夏天的北京："北京所有的房子都是平房。因为每一所房子都有至少有一两棵树的院子，所以从城墙上看，整座城市就像一个树木园圃。西望山岚，风光秀丽，那脉络纷繁的山岭有30公里远。"随丈夫在中国经商20余年的英国女作家立德夫人在其于光绪二十七年（1901年）出版的著作中也介绍道："北京有很多迷人的花园。我们路过的时候，花园里鲜花盛开，每个从花园出来的人，手上都拿满了晚香玉花。前门外周围弥漫着香味，它来自一排排等待出售的小树……从城墙上看，北京像个大公园而不是一个人口众多的城市。城里到处是树。许多宫殿前都有一排排郁郁葱葱的树，[民居] 每个院子里至少有一棵树，大的庭院则几乎栽满了树。"[2]

除了皇家和民居之外，自明代开始，北京城市内外贵族官僚营建园林之盛，是前代少见的。例如，明代，海淀地区因水泉丰富而成为这些人建筑私家花园的最佳选择。当时最著名的就是皇亲武清侯李氏（按：明万历皇帝的母亲李太后之父李伟在万历之世被封为武清侯。天启、崇祯之世，其子李文全、孙李铭诚、重孙李国瑞等先后袭爵）的李园和官至太仆的米万钟的米园。明人刘侗等《帝京景物略》中记述：海淀分北海淀、南海淀，"远树绿以青青，远风无闻而有色。巴沟自青龙桥，东南入于淀。淀南五里，丹陵沜。沜南，陂者六，达白石桥，与高梁水（今长河）併。沜而西，广可舟矣，武清侯李皇亲园之，方十里"，园中有亭、有堂、有桥、有假山、荷花塘，还有牡丹、芍药等奇花异卉，争奇斗艳。“山水之际，高楼斯起，楼之斯台，平看香山，俯看玉泉。”园中水程十数里，坐船可到达各处园景。酷似真的自然风景的假山有百座。乔木以千记，竹以万记，花以亿万计。米万钟的米园在李园的西面，又称勺园（今北京大学西部），方圆百亩，虽然规模不能和李园相比，但米万钟性喜奇石，文化修养远远高于武清侯，所以米园有隐蔽屈折的特点，除了园中有各种松、柳、槐、竹等花木外，还有堂楼亭榭。最绝妙之处是“望园一方，皆水也，水皆莲，莲皆以白……水之，使不得径也；栈而阁道之，使不得舟也，堂室无通户，左右无兼径”，经过万般曲折，幽林石径，小桥流水，回绕反复，才到达园门，其中的景致常有“山穷水尽疑无路，柳暗花明又一村”的效果，使人在迷失和忘却时光的景况下欣赏各种美境。而凭窗远望园外的千顷稻田，又更加强了园内景色的天然野趣。当时人评价说：“李园壮丽，米园曲折。米园不俗，李园不酸。”明代海淀地区的私家花园为清代建造皇家园囿奠定了基础。明代北京城内的王公贵族府第也都有花园。例如，位于北京城西北隅德胜门附近的“定国公花园”、地安门银锭桥观音庵旁的“英国公新园”都是傍今积水潭的临湖面水的花园，其中遍植垂柳高槐及各种花树，还挖有池塘种植荷花，建有长廊曲池，假山复阁，在喧嚣的城市中别有洞天。再如东城今美术馆东大佛寺附近的“成国公花园”，其中最突出的是建有许多高台亭阁，人称“一门复一门，墙屏多于地”；又由于该址位于紫禁城东，所以又说“高台亭子禁城东，少得浮埃多得空”。同时园中还有许多高柳老榆、苍藤翠竹，特别是右堂前有池塘三四亩，后有巨大槐树据说已有四五百年，树身粗壮无比，占地达半间房屋，其顶嵯峨若山，是极其珍贵的古树。该园又叫“适园”，所以当时的北京人

1 尼·斯·米列斯库《中国漫记》（蒋本良等译），北京：中华书局1989，第71页

2 格·卡明斯基等著《庚子见闻录——奥匈使团驻华纪实》（申文林译），天津：百花文艺出版社1991，第29页；阿绮波德·立德著：《穿蓝色长袍的国度》（刘云浩等译），北京：中华书局2006，第4页

又都叫其为“十景园”，其遗址今称什锦花园胡同。位于北京城东南的今外交部街在明代叫石大人胡同，当时内有冉驸马的“宜园”。其园始创自明武宗正德时的咸宁侯仇鸾，后归成国公，再归冉驸马。园中老树林立，亭阁高台与树木交相掩蔽。园中的假山石最为著名，是由数百万碎石天然结成。东城还有万驸马“曲水花园”，本是宁远伯故园，后赏赐给万驸马。该园的得名是由于园中有两处城中少见的清澈渠水，沿着迢迢曲折的渠水又修建了长长的曲廊，所以叫做曲水园。这个园子远离北京城中的湖泊河道，无法引水，所以园中所有的渠水都是从深井中汲取，但因此水质清冽，比宜园中的水池靠下雨积水要高超得多。从园东门进入，向西去，夹着小径，沿途迢迢都是北京少见的翠竹，竹径尽头，再往西，迢迢皆水，“曲廊与水而曲”。东有亭，西有高台，均临水而建，渠水从中穿过。再往西，又有渠水和傍水的曲廊，水一曲再曲，廊也一曲再曲，给人无穷无尽的感觉。这里临水有一台一室，其中保存着一块世间少见的完整的松树化石，“根拳曲而株婆娑”，化石表面还清晰可见松树的鱼鳞状树皮。明嘉靖年间在今北京前门外又修建了北京外城区，这里也有贵族花园。前述李皇太后家族——武清侯李氏因为嫌海淀离京城太远，所以在前门外三里河又修建了一座新花园，人称李皇亲新园。当时人有诗为记：“海淀微嫌道路长，背城特地又新庄。”三里河本无河源，明英宗正统年间修缮北京城及城壕时，恐护城河中在夏季雨大时河水漫溢，所以选择前门外东南地势低洼处开通壕口，下雨时就成为积水之处，由此有三里河的名称。三里河下至八里庄，再接旧永定河河道，东南至通州张家湾入北运河。新园就是借引三里河积水营造的花园，虽然自然条件与海淀无法相比，但武清侯挥金如土，不惜工本，在这里营造可以泛舟的湖泊，以及亭、台、楼、桥、长廊、饭店、酒肆，犹如“渔市城村”。建筑物穷尽奇巧，“亭如鸥，台如凫，楼如船，桥如鱼龙”，一直到明朝灭亡，这个工程也没有竣工[1]。令人叹息的是，这些皇亲国戚享受起来挥金如土，但对国家却吝啬得要命。明末崇祯之世，内有张献忠、李自成等农民军起义如火如荼，外有辽东后金满洲贵族政权不断进犯，再加上连年灾荒，国家财政捉襟见肘，崇祯皇帝采纳大学士薛国观建言，强令武清侯李国瑞捐银40万两以助军饷，众皇亲国戚人人惶恐，但就是不肯拿出一文钱，最后还是在皇太后的保护下不了了之。不多久，建言其事的薛国观反而因事被杀[2]。

当然，明代北京城外决不是仅有以上所说的李园和米园，城内也绝不是仅有以上所说的成国公园、英国公园、定国公园、宜园、曲水园、李皇亲新园，以上所说不过是其中最著名的几处园林。其实，明代北京城内的大官僚家中一般也都有花园，只不过规模与以上无法相比而已。

清代，北京城内外的园林在皇室和贵族的推动下进一步发展。郊外的皇家园林自西直门外高梁桥迤俪而西，一直到今香上脚下，其规模早已不是明代的李园和米园可比。城内的众王府和官僚的私人花园，无论是就其规模还是园艺成就，也都超过了前代。例如，至今还有迹可寻的，就有朝阳门内北小街的孚郡王府、地安门南锣鼓巷内的阿王府（按：因是僧格林沁的王府，所以又误称僧王府）、正义路原御河东岸的肃亲王府、北小街东仓南胡同的恭勤贝勒府、张自忠路的和亲王府、斐苏贝勒府、和敬公主府、正义路原御河西岸的淳亲王府、安定门内方家胡同的循亲王府、东华门大街以南的睿亲王府和外交部街的睿亲王府、西直门内路北的永堪贝勒府、平安里的和庄亲王府、西长安街电报大楼东的仪亲王府、定府大街今卫戍区机关的庆亲王府、新文化街今新文化街第二小学的克勤郡王府、大木仓胡同今国家教育委员会的郑亲王府、西四南大街今九三学社一带的定亲王府、赵登禹路今全国政协机关的顺承郡王府、西直门内大街路南的恂郡王府、西单北大街今中央组织部一带的洵贝勒府、前海西街的恭王

1《帝京景物略》卷一、卷二、卷三

2《明史》卷三百《外戚·李伟传》

府、定府西街辅仁大学旧址和十三中学的涛贝勒府、新街口今积水潭医院的庄静公主府（后为贝子昆布扎布府，所以民间又称棍贝子府）、平安里官园今中国少年儿童活动中心的端郡王府、后海北沿的醇亲王府（今宋庆龄故居）和宣武门西太平湖今中央音乐学院的醇亲王府等等。除此之外，北京城内还有清朝贵族官僚的私人花园，例如前述的恭王府花园的府第，其前身就是乾隆时期的权相和珅的宅第和花园；后海北岸的醇亲王府，其前身也是康熙时期的大学士明珠的府第。还有南锣鼓巷帽儿胡同的可园是清末大学士文煜的宅第和花园，朝阳门内芳嘉园的桂公府原是清朝将领胜保的宅第，后转赐给慈禧皇太后的弟弟承恩公桂祥，叫桂公府，小石桥文化部宿舍原是清末邮传部大臣盛宣怀的“盛园”，等等。前述明朝的十景园（即成国公园、适园）在清代也被继承下来，至今其地还保存着晚清时期的建筑[1]。

值得注意的是，北京外城的今北京南城宣武区、崇文区在元代和明代嘉靖以前一直是北京的近郊区，嘉靖以后围筑外城，才将之圈入城内。所以从元代就有文人、官僚在此地筑园，例如，在崇文门外，曾有水木清华亭，是元代侍御使王俨的别墅，“园池构筑，甲诸邸第”。当时的文人许有壬、虞集都有诗记述其地。另外，婆娑亭、饮山亭在广安门内，是元人马文友的别墅。明代，除了明末武清侯在前门三里河修建的李园之外，清人吴长元说：在今天坛北草场胡同东旧有平乐园、南官园、北官园、贾家花园等名，“要皆昔时园亭遗址”。另外，今虎坊桥北的梁家园，也是明代北京梁氏所建，“亭榭花木极一时之胜……有水可以泛舟”。清朝在北京实行兵民分城而居的政策，所以除了汉军八旗以外的汉人，包括没有旗籍的汉族大员和一般官僚、知识分子都迁到外城区即居住，由此清代北京宅院园林更加在南城发展起来。例如，梁家园北的孙公园是孙承泽的故居。孙承泽是明末清初北京人氏，在明曾为刑科都给事中，在清曾为吏部左侍郎。他同朱彝尊一样，在清初奉诏从北京内城迁居到外城。朱彝尊住在海波寺街。广渠门内东南角有万柳堂，是清代大学士冯溥别业，康熙时归仓场侍郎石文柱，改建为拈花禅寺。雍正朝时大学士朱轼的住宅在前门外珠市口大街以北的煤市街。大学士李光地的住宅在西珠市大街。乾隆朝著名文臣纪晓岚的住宅也在西珠市大街即今晋阳饭庄。外城西部还有同园，康熙年间文臣查慎行有诗为记。户科给事中赵吉士的寄园在今教子胡同，原为明朝冉驸马张园遗址。忏园在增寿寺夹道，是贵州巡抚王燕的别业。查慎行的友人顾侠君住西便门附近，名晚翠阁，查氏也有诗为记。康熙年间大学士王熙的怡园在南横街，中有亭馆。大学士陈元龙住绳匠胡同，西有花园等等[2]。按照中国都城官僚府第的惯常形式，这些宅院中都要带有或大或小的花园。即使平常百姓家，也会为了居住的舒适而种上一两棵树木。这就无怪乎直到清朝灭亡前夕，整座北京城从高处俯视还像是一片树木园圃，仍保持着它迷人的魅力。

第四节　关于北京旧城的改造

在回顾了北京城市的悠久历史之后，我们也要看到，与世间任何事物一样，城市也是需要随着历史的前进而发生改变。事实上，世界上没有一个国家的首都在历史上没有发生过变化，有些甚至是根本性的变化。例如，中古时期的欧洲，当教会掌握国家权力时，都城的设计就是以教堂为中心；当国王与资产阶级联盟从教会手中夺回国家权力以后，都城的设计就逐渐改为以国王所在的皇宫为中心；而在资产阶级革命发生以后，就会要求在城市布局规划中反映资产阶级的政治地位和经济利益。英国是欧洲最早发生资产阶级革命的国家，英国的伦敦在资产阶级革命前就已经成为生产和经济中心，但由于人口拥挤，卫生条件很差，成为自1499—1665年间欧洲暴发大规模鼠疫（又叫黑死病）最多的

1 以上资料参考北京文物局编《北京名胜古迹辞典》，北京燕山出版社1989年

2 《宸垣识略》卷九《外城一》；卷十《外城二》

城市。1664—1665年间发生的被称为“伦敦大瘟疫”的鼠疫流行，使得7.5万居民死亡。当时人们缺乏对鼠疫的认识，烧硫磺、胡椒粉或者旧鞋、牛角等物，试图用辛辣的气味驱赶瘟疫。结果，1666年发生的一场几乎将伦敦全部烧毁的大火，却意外地使瘟疫平息下来，老鼠也销声灭迹。这场大火为伦敦旧城的改造提供了机会。虽然，最终克里斯托弗·仑提出的充分反映资产阶级重视城市交通和经济功能新观念的规划没有被采纳，但这个规划却反映出资产阶级认为城市的主人不再是教会和国王，而应当反映资产阶级的政治地位和经济利益。在重建伦敦时，一方面加大了街道的宽度，以防止街道一边的火灾蔓延到对面的房屋，同时还将建筑材料改为砖和耐火物。但即使这样，伦敦的街道也比当时北京的街道相对狭窄。清乾隆五十八年（1793年）英国乔治三世派出的马戛尔尼使团到达北京，他们记述说：“初进北京大门，第一个印象是它同欧洲城市相反：这里街道有100呎宽，但两边房屋绝大部分都是平房。欧洲城市街道很窄，但房子很高，从街的这一头向那一头望，两边房子好似彼此互相倾斜靠近一起。北京空气流通，阳光充足，人民表现非常活泼愉快。”[1]但是，毕竟当时的英国已经进入资本主义社会，在1688年建立了大地主贵族和大资产阶级联盟的联合专政，并从1764年进入工业革命阶段，1782年瓦特发明了蒸汽机，推动了并最终完成了资产阶级工业革命。就是在这种时代背景下，早在17世纪末和18世纪初，英国有计划地在伦敦西郊建造了新型的居住建筑群，有整齐富丽的外貌和方形的规则广场，叫做“伦敦斯贵尔”。从18世纪30年代英国还兴起一股汲取中国园林追求自然变化的“英华庭园”的园林设计思潮。在城市建设方面，英国与法国一样，兴起一股罗马复兴建筑潮流。除了伦敦之外，英国避暑胜地巴斯城是一个很好的范例。这里，1764年建造了大型的圆形广场，四周环抱着一圈三层建筑群；1769年建造“皇家新月”广场，是一个月牙形的建筑群，面对着一片绿地。这两个建筑群都是采用了欧洲古典主义的设计手法，底层是基座层，上两层用巨柱式即所谓三层叠柱式的建筑形式，具有典型纪念性建筑的风格，两个广场之间有大道连接，道路两侧也有整齐的连排住宅[2]。正因为英国伦敦等城市在中国清朝乾隆五十八年即1793年马戛尔尼使团到达北京之前已经发生了如此的变化，所以他们在初次穿过北京城后，虽然对北京城内宽阔的道路赞不绝口，但还是感觉“实际所看到的一切，除了皇宫以外，远没有未到之前想象的那么美好。”他们认为，“假如一个中国人观光了英国的首都之后做出一个公正的判断，他将会认为，无论从商店、桥梁、广场和公共建筑的规模和国家财富的象征来比较，大不列颠的首都是超过北京的”[3]。

实际上，欧洲早在资产阶级革命发生前，也就是17世纪后半叶封建国王联合资产阶级新贵族反对教会势力和割据势力的绝对君权时期，城市面貌就已经发生了巨大变化。例如法国的巴黎，在亨利四世在位（1589—1610年）即17世纪初的时候建造了法兰西广场、皇家广场，并且把大道和广场周围的破烂房屋改建成整齐划一的砖石结构的建筑，城市面貌十分壮观。在法国绝对君权最为强盛的路易十四在位（1643—1715年）即17世纪后半叶的时候，体现秩序、永恒和王权至上的古典主义占统治地位。路易十四在巴黎修建了路易十四广场、胜利广场，改造卢浮宫和建造一大批雄伟建筑物。特别是1682年前后在巴黎西南23公里修建的凡尔赛宫，是路易十四时期绝对君权的代表性建筑。凡尔赛宫的横中轴线向东和巴黎城内的中轴线即后来形成的爱丽舍田园大道连成一线，成为城市最壮丽的景观。凡尔赛宫在1682年以后成为宫廷和中央政府的所在地，位于这条中轴线的终端。因此，在康熙二十七年（1688年）来到北京的法国传教士李明在不断惊叹北京城市规模是巴黎的四倍，并称赞北京街道宽阔的同时，却也指出北京的“街道与两侧建造得不好且低矮的

1 《英使谒见乾隆纪实》（叶笃义译），上海书店出版社2005，第290页

2 陈志华著《外国建筑史》，北京：中国建筑工业出版社1979，第167页；沈玉麟编《外国城市建设史》，北京：中国建筑工业出版社1989，第99—101页

3 《英使谒见乾隆纪实》（叶笃义译），上海书店出版社2005，第294—295页

房屋不成比例”。同时，他还指出北京的街道用黄土铺道，与中国在其他方面所表现出的高度文明也极不相称。他甚至说：“整个北京除了皇宫以外，再也找不着其他建筑物值得一提了。”当然，李明的这个断语未免过于片面，清代北京的府邸花园其实并不逊色，只不过李明作为传教士没有机会看到而已。不过，我们也必须承认，李明的这种印象是有一定原因的。因为，明清400余年间确实没有修建过城市中的房屋，即使是南北中轴线和东西中轴线两侧的房屋也没有整修过。这确实无法和亨利四世和路易十四大规模修建的巴黎各大广场和大道两旁二至三层的砖石结构的楼房相比。清末光绪年间的英国立德夫人，尽管对中国的悠久文化赞不绝口，认为“事实上，如果北京是像它规划的那样——或许它曾经就是那样——我想不出有比北京更雄伟的城市。北京城的整体规划规模宏大，特别是站在钟楼往鼓楼或站在鼓楼往钟楼看，其透视和比例的安排极佳，既有距离感又注重细节……可能没有一个城市规划得比北京更宏伟，它的骨架庞大而壮观。作为历史遗物，北京城引人入胜”。但是，现实城市道路的坑凹颠簸和泥泞、街道的凌乱不堪和垃圾遍地、空气的污浊和市民的贫困，使她仍然不得不发出这样的感慨：“北京城留给我们的只有深深的遗憾：构思完美、规模宏大的北京城竟然如此破旧”。虽然她也还仍然力图站在东方人的角度为中国辩解，讽刺那些带着种族歧视的有色眼镜看待中国的西方人士，对英国伦敦终年大雾污染无动于衷，却对中国社会生活中的缺点喋喋不休是“对自己的缺点熟视无睹，却对邻居睁大眼睛”[1]。但是，北京作为中国首都在世界的地位在17世纪后半叶显然远远落后于欧洲城市，已经是明显的事实。

当然，历史上的北京城也是在不断发展变化的。例如，金代的中都城不但扩大了古代北京城的范围，更主要的是城市的布局也随着社会的发展而发生了根本性质的变化。因为北宋、南宋之际，随着坊市制度的瓦解，开放的街巷和临街的商铺代替了封闭的坊市，称之为坊巷。由此坊巷制代替了坊市制。金中都是仿照北宋都城开封建造的，其布局也采纳了开封的形式，在新城扩建的地方完全是以街道为界的坊巷，即使旧城区也推倒了坊墙和市墙，变成了开放的局面。元大都更是从今北京城西南隅的旧金中都向东北迁到了今北京城址，从而古代北京城面貌一新，拥有广阔的水面和各种自然景观，除了辉煌富丽的皇宫和皇家园囿，还拥有高大的城墙，繁华的市场，整齐宽敞的街道，和胡同里排列有序的住宅。这时的北京城不但在城市建筑上居欧、亚首位，而且也是两大洲经济、文化、政治的交流中心。明朝永乐元年（1403 年）前后对元大都进行了改造，到明成祖永乐十九年（1421 年）正式迁都北京时止，内城区比元大都缩小了 1/3 左右。明世宗嘉靖三十二年（1553 年）展筑北京外城以后，内、外城的总面积比元大都稍大。但是，我们要看到，当时的外城区是在元大都关厢基础上发展起来的，除了两坛是经过规划的建筑之外，其他大多是根据自己需要搭建的店铺和住宅，有的高大豪华，有的低矮粗陋，十分不协调。特别是居住区，大多是沿着旧排水沟渠的临时建筑经过多年定型的街道，不但房屋低矮简陋，不抗风雨，而且形成的街道也是顺原始河道走向，纵横交错，杂乱无章，与内城横竖有序的布局形成强烈对比。元明清三代，除了元初曾对北京住宅区进行过规划（按：但也是由个人营造），明成祖永乐十九年（1421 年）于迁都北京之前由官方建造过一些廊房出租给商家和居民外，在这近 700 年中历代朝廷只是对皇家宫殿、园囿不遗余力地进行兴建，并在明英宗、世宗的正统、嘉靖年间，以及清世宗、高宗的雍正、乾隆年间大规模修整过北京城墙外，对城市的居民区和街道基本没有投入任何财力和物力。北京的居民区经过数百年的风风雨雨，显得破烂不堪。这就无怪乎明清时期外国人士到达北京后都在惊叹北京皇宫和皇家园囿的雄伟富丽、巧夺天工之余，又对北京居民区的简陋和破败感

1 李明《中国近事报道》(郭强等译)，郑州：大象出版社 2004，第 67 页；阿绮波德·立德《穿蓝色长袍的国度》(刘云浩等译)，北京：中华书局 2006，第 9 页

到十分不理解，认为不成比例。

元明清时期北京城市管理上的一大缺点，就是对于居民垃圾的处理没有明确的规定和方案。宫禁、衙门的垃圾自然有专人运到城外；贵戚、豪富也可以雇人用车运到城外抛弃。但是，一般人户却没有这样的财力和能力，大多是随手丢弃在门外。当然，城市的主要干道上是不允许抛弃垃圾污物的，但在小街巷中却随处可见。北京居民每天的生活垃圾大多随手倒在门前的街道上或者沟渠中。垃圾倒在排水沟渠中，自然会妨碍污水的排泄，以致臭气熏天。垃圾倒在街道上，自然会使得城市变得十分肮脏。自元代以后，特别是明清时期，北京居民烧炊、取暖已经较多使用煤炭，煤渣成为生活垃圾的主要内容。这些垃圾随手倒在门前街巷。官府清扫街道也只是在街巷的垃圾上铺垫一层黄土，碾实、洒水而已。这样路面愈来愈高，本来高于街道路面的居民院落就逐渐变得相对低洼。明代万历年间宛平县县令沈榜在提到城市街道时说：城内按居民户数多寡划分为若干铺，每铺设铺头率火夫三五人。各铺总归总甲管辖。这些铺头、火夫除负责巡视街巷治安外，“每月督催房号（即房税），每年终催浚沟渠、平街道”也是其承担的任务[1]。不过，我们看到，其任务是“平街道”，而不是清扫垃圾。这样的结果，造成北京城市居民宅院内地面普遍低于街巷路面的独特现象。在光绪二十六年（1900年）以后驻京的外国使团记述中，也提到北京的垃圾问题，说：“垃圾在有些街道中堆到房顶一样高，只在街道一边还留有一条狭窄的小路。”[2]光绪三十三年（1907年）的记述中说：北京各家庭厨房的废弃物，无可丢弃的特别场所，亦无处理此物的清洁公司，故皆丢弃于道路。新修的马路上不许丢弃垃圾，故不见污物，但小巷则到处可见丢弃物。虽然实行新法以后，巡警指挥夫役清扫街道，并要求各户不得随意到垃圾，派装土车到小巷将脏土运到城外。但是，由于居民没有养成集中到垃圾的习惯，街巷上还是随除随脏[3]。清末人记述：“人家扫除之物悉倾于门外，灶烬炉灰瓷碎瓦屑堆如山积，街道高于屋者至有丈余，入门则循级而下，如落坑谷。”[4]虽然他所说的是比较极端的例子，但旧北京街面高于院内地面确实是比较普遍的现象，以致于人们必须在门内砌筑数级台阶才能出入。北京人习称之为“倒台阶”。也就是说，从街上回家，入门后必须如下山一样拾级而下，才能站在自己的院子里。这样的情况在现在北京的旧宅子里还可以看到。显而易见，在这样的情况下，遇到夏季降雨，街道上的积水势必会倒灌居民院里。如果院里下水道不是十分畅通，院内积水过膝，甚至抵胸的现象也是常有的。如果我们考虑到北京街巷中堆积如山的垃圾是在数百年间形成的，那么对其危害性就会有一个比较清楚的认识。历史上，北京居民曾祖祖辈辈生活在垃圾之中，健康和生命受到的威胁不言而喻。

特别是，我们今天说北京旧城区时，所指的已不是明清时期北京人的居住环境。因为清朝实行兵民分城居住的制度，内城居住的是满、蒙、汉八旗军队和其家属。上至王公贵族，下至八旗兵丁，住宅都是由清政府按照等级和驻防地区分配。高级的是有几进院子甚至带有花园的府邸、宅院，低级的是只有一两面到四面住房的小院子，叫四合和三合、二合院。但无论好坏，都是一家一户住一个院子，而不是像现在这样几户甚至十几户人家住在一起的大杂院。只要实际走街串巷地看一看，就可以知道，现在北京胡同里真正象样的符合旧北京宅院或四合院标准，有北京市文物局“四合院”标识的建筑已是凤毛麟角。现在北京旧城区大杂院的居住环境是在清末、民国初年，或者是 1900 年以后形成的。因此在考虑北京旧城区的改造时，笔者认为就不应以大杂院为模式，将现在的平房大杂院改建成楼式也仍然是大杂院，并没有恢复北京的古都风貌。如果将大杂院误认为是北京的古都风貌，那么现在到处兴建的楼房小区却符合这个标准，几十家、上百家住在一座楼里，开门相遇，闭门鸡犬之声相闻，倒也是不寂

1 《宛署杂记》卷五《街道》

2 （奥地利）格·卡明斯基等著《庚子闻见录——奥匈使团驻华记实》，申文林译，天津：百花文艺出版社 1991，第 39 页

3 《清末北京史料》（日）服部宇之吉编，张宗平等译，北京：燕山出版社 1994

4 《燕京杂记》

寞。楼房小区既有平房大杂院中邻里相助的优点，也有相互骚扰、易生纠纷的缺点。可惜，这既不是北京的历史面貌，也不符和北京人的传统生活习惯。如前所述，历史上的北京居民是一家一户聚族而居，邻里之间彼此并不走门串户的来往，社会关系主要是靠亲属和僚属、同乡关系维系。所谓亲戚，大多是姻亲关系，即使是像两姨亲家姥姥的某某某这样拐弯抹角的关系，也是需要经常走动的，这就是宗法社会的特点。邻里之间，如果没有这层关系，即使住上几代，至多是在街上相遇时互相致意，绝不会到家里走动。但是，同僚之间却可以互相拜访，而且上一代的友谊传到后辈，成为所谓世交。笔者认为，如果单纯是为了改善北京居民的生活环境和居住条件，那没有什么可说，只要将住房翻建就可以。但是，如果说是为了恢复北京古都风貌，那么就应该首先保护好现存的北京胡同里的宅院和四合院、三合院，同时将那些大杂院根据条件统统改建成（按：实际是恢复成）一家一户的宅院、四合院、三合院，甚至是二合院。这样，在城市面貌方面（按：指北京市政府宣布加以保护的几处旧城区）可以改变自民国以来形成的大杂院，并恢复遭到破坏的明清古都风貌。同时，由于居民成分结构简单化，也可以便于城市管理。而且，只有这样的居住环境才与北京文化传统相匹配。当然，在人口稠密的旧城区实现这样的想法会是一件很困难的事情。不过，事情也并不像人们想象的那么不可企及。相对北京目前令百姓难以承受的高昂房价而言，私房主翻建住宅，由于不必交纳土地使用费（因旧城区的私房主本身拥有房屋产权和土地使用权）和免于开发商高额利润的盘剥，那么实际花在建筑上和建筑商合理利润上的钱，肯定不会像人们想象的那么多。真正的建筑成本应该能控制在每平方米 2000 元以内，很可能私房主盖一个四合院的实际费用还不到买一套 60 平方米的一居室商品房的价钱。目前城市居民热衷的小产权房之所以价钱便宜，道理也就在这里。

在这里应该考虑的应该是那些既无旧房产权又没有充分财力购买价格高昂商品房的大量城市租房户。旧城改造是政府为改善城市居民生活条件而进行的一项政府行为，应该是政府而不是居民为这项工程承担经济责任。如果旧城改造的结果是大量城市居民负债累累，或拿着有限的几个动迁费而居无定所，那肯定不是旧城改造的初衷。至于个别学者说什么，“北京旧城里80%以上都是房管所的房子，房管所就是房东，房东让你走，你就得走。现在给你贴着钱，让你从一个无产者变成有产者还不满足！”这实在是一种极不负责任的言论。任何一个负责任的政府都不会允许以强力剥夺居民的居住权包括租住权。如果对于一个贫困的城市居民家庭（请注意，旧城区正是有着不少这样的家庭）来说，如果改造之前他们还有一个可以遮风避雨之地，改造之后反而连这样的一个地方都无处可觅，那他们凭什么应该感到满足？就凭手里那连半间房都买不起的动迁费吗？相信政府不会采纳这种专家的意见。值得欣慰的是，近日国务院出台了《国务院关于解决城市低收入家庭住房困难的若干意见》，对这个问题初步提出了解决办法。《意见》中提出政府将建造经济适用房和廉租房，提供给城市低收入居民，并在2007年和2008年底前落实到城市和县城。《意见》明确指出，经济适用房是政策性住房，笔者认为十分重要。同时笔者认为，还应该进一步明确经济适用房在任何时候都绝对不允许进入流通领域，经济适用房和廉租房在任何时候都不得出租和转租，这样才能彻底打消投机者在里面混水摸鱼的行为。也只有这样，才能保证购买经济适用房的人是真正自己居住而不是为了牟利。政府对于收上来的经济适用房的房价款，应该采取封闭管理方式，随时准备用来回购，保证经济适用房不再流失。同时经济适用房和廉租房的房价、房租应该能让低收入家庭承担得起，不影响他们的正常生活。在这方面，北京市政府最近出台的城镇老年居民医疗保险措施采取的主要由政府补助的办法是一个可以参考的样板。

总而言之，旧城改造是一项政府行为，是一个政策性的行为，有关房地产管理部门不能把它当成一项商业经营去做，不能把赚钱当成目的。如果真赚了钱，那这件事就肯定对百姓不利，不会受到人民的支持和欢迎。

实际上，北京的古都风貌在历史上已是经过几次大变，明代的北京城已经不是元大都的局面，清代的北京城与明代相比也有不少变化，民国时期的北京就已经不再是清代的北京城了。北京城内很多始建于唐代、元代的寺庙等建筑，实际在明清时期也都经过改建。城市面貌的改变不但是历史发展过程中政治因素的需要，例如英国、法国资产阶级革命以后城市规划重心的转移；更主要的是历史的发展、社会的进步、社会生活水平的提高，城市居民必然会对城市的方方面面提出与以前不同的要求。清朝灭亡以后，民国初年首先在北京东、西、南三面城墙上开辟出建国、复兴、和平三门，就是为了适应城市东西和南北交通的需要；继而又于民国十六年（1927 年）拆除北京皇城，开辟了府右街、西黄城根、东黄城根、西皮市等南北方向的街道，更进一步极大地便利了城市内的交通，适应了新式交通工具和居民出行的需要。

北京作为一座古都，确实应该精心保护其历史文化传统和风貌，因为这不但是中国珍贵的古代文化瑰宝，而且也是反映人类文明的世界文化遗产的一部分。但是，我们也要看到，城市毕竟不是一座博物馆，它的内部不是僵化的文物，而是数以十万、百万活生生的居民，在保护北京古都风貌的同时，必须随着历史的发展使北京城变得更加适合居民生活的需要。我们可以设想，以北京城墙来说，能不能一直保留原来的局面？首先，从 20 世纪 50—80 年代，自行车已经普遍成为人们的代步工具，使外国人叹为观止的每天早晚数十万自行车洪流，再加上近百条线路的公交车，如果只能从有限的几个城门洞出入，显然不太现实。特别是现在，北京外来人口大量增加、私家汽车大量增加，连被视为城市弱势群体的小商贩、报贩、菜贩也都使用上电动三轮车的时候，旧有的内城墙显然是保不住的。在清代，就有过在傍晚关闭城门时，行人和马车争相出入城门而发生伤损人命的惨剧。其实真正的问题并不在于城墙的拆与不拆，为了使城市适合北京现代城市交通的需要，城墙肯定要拆。只不过，我们需要吸取的教训是，拆的时候不要一窝蜂似的乱拆一通，而应该有计划地按照实际需要去拆，在满足交通需要的前提下，有意识地保留几处具有标志意义的城墙，从而在现代城市中保留着古代城市的风采。这在民国初年也有相同的教训，当时虽然做了不少积极的工作，将排泄污水的大明沟改为暗沟，开辟了不少城市交通路线，而且在旧城改造中也注意到文物的保护问题，例如民国十九年（1930 年）为了保护天安门前的青石板路古迹，特在石板路和电车轨道之间另开辟中山路（按：今东、西华表之间）。但在民国二十一年（1932 年）将宣武门瓮城城墙拆除，用其城砖改筑南河沿暗沟，却又实在是不智之举[1]。因为改建暗沟，并不需要非拆宣武门瓮城墙不可。究其原因，这些都是对北京古都历史文化认识不够的结果。不过，联想到民国初年的时候，民国议会中曾有拍卖故宫珍宝的建议和 1924 年清逊帝溥仪曾打算把颐和园变卖为商场的现象，拆宣武门瓮城墙用来改建暗沟的行为也就不足为怪了。

1949 年中华人民共和国建国以后，我们也曾有过不少成功的经验，例如前述对天安门广场的改造，以及向南扩展北海大桥，保护了团城；还有保留了天安门左右的中山公园（明清社稷坛）和劳动人民文化宫（明清太庙），从而保留了皇宫左祖右庙的完整格局；以及保留前门城楼、故宫、景山、钟鼓楼，从而坚持了历史上北京城市南北中轴线基本格局，等等。当然，其中教训也不少。分析其原因，除了对历史文化遗产的认识不足之外，也和当时的条件有关。例如东单和西单牌楼，如果放在现在，我们肯定可以采取在交叉路口处设置一处环岛的方式加以圆满解

1《北京市志稿·建置志》卷一《道路》

决。但是如果我们考虑到当年东单、西单路口的狭窄，显然目前考虑到的这种解决方式在那时是不可能实现的。应该看到，目前长安街的宽度是在50余年来经过数次大的翻修才形成的。这不但是交通流量猛增的压力促成的，而且也和国家的财力、物力有关。当交通现状没有提出进一步的要求，或国家没有力量进行大规模建筑时，就不会有扩宽长安街之举，当然也就没有保留两牌楼的条件。所以，如果我们以现在的条件来谈50年前的事情，那恐怕也不是客观的态度。

需要注意的是，不重视保护北京历史文化遗产的思想是不对的，但无视社会发展的需要一味要求对旧事旧物丝毫不能动的想法也是不对的，同时也是不现实的。可以试问，即使当初新建北京城，北京旧城就能保得住吗？首先，占旧城绝大面积的民房的修缮就是一个问题。过去劳动力价钱低廉，材料也便宜，平房朽坏了还修得起。但以后人工、材料价钱日昂，请问有几户北京人家能承担修房的经济负担？几十年来，北京内城平房的维修实际上都在靠国家的房管所支撑。其实，现代许多老辈北京人对北京旧城区的留恋是和对自己曾经拥有过的生活经历的回忆情感掺杂在一起的，这也是人之常情，但如果将其作为保护北京历史风貌的依据，就显然不合适了。在到处是超市、商场的时代，还想着恢复走街串巷叫卖声，显然不实际。在已经是21世纪的今天，还坚持采取骑毛驴、抬大轿、全套吹打班子的结婚仪式，那也只能是个别人的猎奇和偏好。总而言之，时代不同了，社会不同了，人们的生活标准、情趣，以及物质、精神生活要求都发生了巨大变化。人类不可能总是遵循旧的生活方式生活，城市也不可能总是保持不变。我们需要注意的是，既不要采取虚无主义的态度粗暴地抛弃祖国宝贵的历史文化遗产，又要使城市体现新时代劳动人民的利益和崭新的城市政治精神面貌。总而言之，应该“保留一切合理的和有历史价值”的东西并“把它和新兴的、现代标准所需要于建设的各方面调和起来”。

我们现在所说的北京古都风貌，实际主要是指清代遗留下来的城市布局和建筑。北京的居民也是如此，更早的时期不说，元初建大都城时，“方60里”，东西与今相同，南北从今北京长安街到北土城的那么大的面积内，却只迁民382户[1]。可见当时北京地区户口之少。后来元大都户口繁盛，大部分是从外地迁进来的。明朝洪武元年（1368年）十月明军刚刚占领北京地区时，明朝为了防止蒙古势力复辟，朱元璋曾下令“徙北平在城兵民于汴梁（今开封）”[2]。而包括今北京地区在内的河北地区（按：即元大都路，明初北平府）的户口只有元末的1/10。这说明，在明朝统治北京的200余年中，大量北京居民也是外来的。例如元大都的东北城门光熙门，在明代讹称为广熙门，这种语音的变化，就反映出明代北京新居民与元大都时期北京居民原居住地域上的不同。历史文献中还有明确记载，明朝政府巩固了在北京的军事占领之后，为了恢复北京地区的商业和农业经济，洪武及永乐之世明朝政府先后将所谓“沙漠遗民”和已迁入内地的旧元降卒又迁回北京地区屯田，并先后两次将山西无地农民迁入北京地区。特别是明成祖永乐之世，由于要为迁都北京作准备，更是大规模地将苏州富民、山西、山东农户迁到北京，迁富户是为了发展商业，迁农户是为了发展农业。为了解决劳动力匮乏的矛盾，永乐年间还将部分包括死罪犯人及其家属迁到北京种田，经过三至五年后就可以编为良民[3]。从这些措施中可以判断，明初北京居民的来源又已经发生巨大变化。清代也是这样，由于八旗官兵在北京大量圈占土地，所以成书于康熙二十四年（1685年）的康熙《大兴县志》中说：“今大兴为畿辅首地，旗屯星列，田在官而不在民（按，旗地属于国家所有，所以称田在官而不在民），故土著者寡而户口稀，无足怪也。至于市廛之民，五方杂处，来去无常……”北京旧有的百姓只不过十占一二而已。当时的大兴县

1 《元史》卷七《世祖纪四》

2 《明太祖实录》卷三十五 洪武元年十月戊子

3 《明太祖实录》卷六十六 洪武四年六月戊申；《明成祖实录》卷十二下 洪武（1368年）三十五年九月乙未；卷二十二 永乐元年（1430年）八月甲戌；卷三十六 永乐二年（1404年）九月丁卯；卷四十六 永乐三年（1405年）九月丁巳

令张茂节在《序》中也说，北京的人口是“五方辐辏，聚天下不耕不织之人（按，指从事商业和服务业的人口），于官民杂处之地”[1]。因此我们说，北京居民从历史上看，实际是来自祖国四面八方，北京文化实际也是各地或者各民族文化的综合体，具有极大的包容性和多样性。

所以，当我们今天说到保护北京古都风貌和北京历史文化传统时，应该考虑到以上因素，这样才可以较好地处理北京城市现代发展和保护古都风貌的矛盾，避免任何一方面的偏差。

1 康熙《大兴县志》卷三《户口考》

图书在版编目（CIP）数据

北京史通论／于德源著．—北京：学苑出版社，2008.6
（北京旧闻故影书系）
ISBN 978-7-5077-3084-5

Ⅰ.北… Ⅱ.于… Ⅲ.北京史－地方史－Ⅳ.K291

中国版本图书馆 CIP 数据核字（2008）第 076914 号

责任编辑：刘 涟
封面设计：韦 梦
出版发行：学苑出版社
社　　址：北京市丰台区南方庄 2 号院 1 号楼
邮政编码：100079
网　　址：www.book001.com
电子信箱：xueyuan@public.bta.net.cn
销售电话：010-67675512　67602949　67678944
经　　销：新华书店
印 刷 厂：北京东君印刷有限公司
开本尺寸：720 × 980　1/16
印　　张：22
版　　次：2008 年 6 月北京第 1 版
印　　次：2008 年 6 月北京第 1 次印刷
印　　数：0001-3000 册
定　　价：38.00 元

北 京 史 通 论